8 Lk 2 4690 (6)

Le Mans
1905

Anonyme

Cartulaire de Château-du-Loir

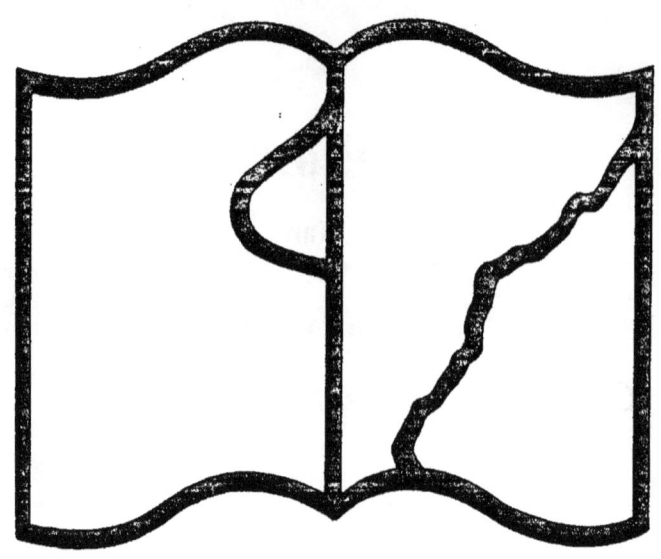

Symbole applicable
pour tout, ou partie
des documents microfilmés

Texte détérioré — reliure défectueuse
NF Z 43-120-11

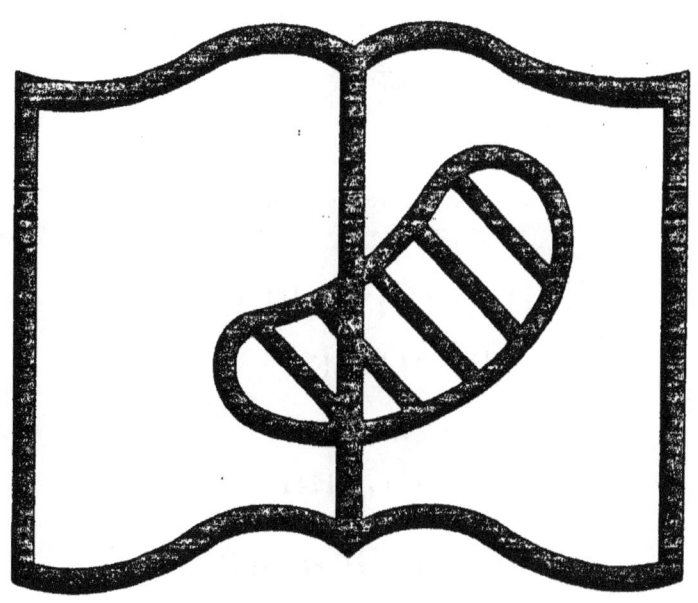

Symbole applicable
pour tout, ou partie
des documents microfilmés

Original illisible

NF Z 43-120-10

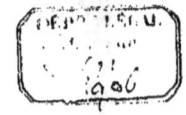

SOCIÉTÉ DES ARCHIVES HISTORIQUES DU MAINE

ARCHIVES HISTORIQUES
DU MAINE

VI

CARTULAIRE
DE
CHATEAU-DU-LOIR

PUBLIÉ PAR

Eugène Vallée

AU MANS
AU SIÈGE DE LA SOCIÉTÉ, MAISON SCARRON
1905

ARCHIVES HISTORIQUES DU MAINE

VI

CARTULAIRE

DE

CHATEAU-DU-LOIR

Tiré à deux cents exemplaires.

N°

SOCIÉTÉ DES ARCHIVES HISTORIQUES DU MAINE

ARCHIVES HISTORIQUES
DU MAINE

VI

CARTULAIRE
DE
CHATEAU-DU-LOIR

PUBLIÉ PAR
Eugène Vallée

AU MANS
AU SIÈGE DE LA SOCIÉTÉ, MAISON SCARRON
1905

INTRODUCTION

Le recueil publié ici sous le titre de *Cartulaire de Château-du-Loir* est formé de documents provenant de sources diverses. Nous dirons quelques mots des principales.

La première et la plus importante est le manuscrit latin 9067 de la Bibliothèque nationale, registre in-folio de 383 feuillets, autrefois tome XXI des copies de la Chambre des comptes, dont les originaux furent détruits dans l'incendie du palais de justice en 1737. Le commencement du volume, folios 1 à 249, concerne la Normandie. La fin, folios 250 à 383, contient une série d'actes intéressant la baronnie de Château-du-Loir. Ces copies se divisent en deux parties. La première, intitulée : *Maine et Anjou. Fundations et Noblesses anciennes*, etc., comprend quarante et une chartes de 1145 à 1397. La seconde partie débute par un titre dont voici les premières lignes : *Hoc est antiquum scriptum de militibus et feodalibus de terra de Castro Lidi*. Elle se compose en majeure partie de listes de vassaux et de coutumes, mais renferme aussi quelques chartes. Chaque partie est complétée par une table reproduisant les titres anciens des pièces avec leur numéro d'ordre. Ce manuscrit, à lui seul, a fourni cent neuf actes ou listes, sur lesquels soixante-cinq ne sont connus que par les copies qu'il en donne. À l'exception de quelques numéros, dont nous avons jugé bon de n'imprimer que le sommaire, nous l'avons reproduit en entier. On a seulement omis l'ordonnance promulguée en 1289 par Charles II d'Anjou contre les Juifs et les Lombards, pièce d'intérêt général, transcrite au folio 274.

Malheureusement, ces copies, d'une très belle écriture du xviiie siècle, présentent souvent un texte des plus défectueux. Nous n'avons, en principe, corrigé que les fautes évidentes. Les listes de vassaux sont presque toutes sans date. Il est d'autant plus difficile d'en préciser l'époque qu'elles paraissent avoir été augmentées à différentes reprises. Telle liste comprend des noms de seigneurs vivant à un siècle de distance. On doit donc les utiliser avec une extrême réserve. La même remarque s'applique aux coutumes. Elles ont dû subir plus d'une modification depuis leur élaboration première. Mais il est aisé de reconnaître qu'elles remontent à une époque fort ancienne. Celles de Château-du-Loir datent certainement du temps de l'évêque Gervais. La baronnie y prend le nom d'*honor Archiepiscopi*. Une curieuse étude à faire serait celle des lois régissant le domaine forestier. Le Cartulaire est assez riche dans cet ordre. Mais, là surtout, on se trouve parfois en présence d'un texte tellement défiguré qu'il est devenu tout à fait incompréhensible.

Trois autres volumes de la Bibliothèque nationale complètent le manuscrit latin 9067. Ce sont : le ms. fr. 9501, copies prises par Du Cange sur le registre de la Chambre des comptes intitulé : *Regestum Castri Lidi in Andibus*; le ms. fr. 20.691 (Saint-Magloire 48), copié par Nicolas-Charles de Sainte-Marthe en 1648, 1649 et 1650, et le ms. fr. nouv. acq. 7412 (De Camps 82 : *Histoire de la Levée des Troupes*).

INTRODUCTION

Ces copies, faites par des érudits, sont par malheur très sommaires. Mais elles donnent un texte plus pur et d'heureuses variantes.

Nous avons enrichi le Cartulaire au moyen de différents actes tirés de la collection dom Housseau et recueils analogues. Les soixante-huit premiers numéros ne donnent que très peu d'inédit. Ils ont été rappelés dans le but de condenser les faits qui font connaître l'ancienne maison de Château-du-Loir. Quelques sommaires d'aveux des xiv° et xv° siècles, extraits de la série P des Archives nationales, ont permis d'identifier certains noms de vassaux et de fiefs avec ceux que l'on rencontre à une époque antérieure. Notons encore une série d'actes signalés par M. le comte de Broussillon, donnant les mutations de seigneurs engagistes ou apanagés. La dernière pièce est l'intéressante enchère de quarantaine de 1748. M. l'abbé Ledru l'a déjà publiée dans la *Province du Maine*. Si nous avons reproduit son texte à nouveau, c'est qu'il donne en détail la composition de la terre de Château-du-Loir aux dernières années du régime féodal.

La *Table alphabétique*, en rapprochant des noms qui sont donnés dans les copies avec des variantes parfois très disparates, nous a suggéré un certain nombre de rectifications. Nous avons tenté des identifications peut-être hasardeuses. Bien des points demeurent obscurs, soit que le texte ait été corrompu ou que les noms de lieu ou de personne n'aient laissé aucune trace, soit encore que nos recherches aient été infructueuses. Le lecteur attentif sera plus heureux que nous et saura mieux reconnaître le personnage ou le fief qu'il désire étudier.

Nous adressons nos sincères remerciements aux personnes qui ont bien voulu nous aider de leurs conseils et de leurs communications. Qu'il nous soit permis de nommer M. le comte de Broussillon et M. l'abbé Busson, qui se sont donné la peine de lire attentivement les épreuves ; MM. les abbés Froger, Ledru et Denis ; M. le vicomte d'Elbenne ; M. le comte de Saint-Venant ; M. Julien Chappée, qui nous a gracieusement autorisé à publier le curieux fragment inédit des comptes de Château-du-Loir à la fin du xv° siècle.

20 novembre 1905.

TABLE CHRONOLOGIQUE

DES

SEIGNEURS DE CHATEAU-DU-LOIR

Les premiers seigneurs de Château-du-Loir paraissent originaires du pays de Laval. Au x⁰ siècle, Rorans, grand'-mère d'Haimon, reçut en douaire le domaine d'Argentré et le transmit à son petit-fils ; Rotrude, fille de celui-ci, épousa Guy I⁰ʳ de Laval, et, à la fin du xI⁰ siècle, on voit Adam de Château-du-Loir posséder à Parné des biens qui lui venaient sans doute de ses ancêtres.

HAIMON DE CHATEAU-DU-LOIR (vers 1005-vers 1030), dont nous ne connaissons ni le père ni la mère, était, en 1013-1014, l'un des fidèles du comte du Maine Hugues I⁰ʳ, de qui il reçut probablement l'inféodation de Château-du-Loir, avant 1007. Il vécut au moins jusqu'en 1028. Il avait épousé, au plus tard en 1006, HILDEBURGE DE BELLÊME, fille d'Yves de Creil, seigneur de Bellême, et sœur de l'évêque Avesgaud [1].

Leurs enfants furent :

1⁰ GERVAIS DE CHATEAU-DU-LOIR (vers 1030-1067), né à Château-du-Loir le 2 février 1007, seigneur de Château-

---

[1]. Nous nous abstenons de citer les Preuves tirées du *Cartulaire*. Il est facile de les consulter au moyen de la *Table alphabétique*.

du-Loir après 1028, évêque du Mans le 16 décembre 1036[1], archevêque de Reims le 15 octobre 1055, mort à Reims le 4 juillet 1067.

2° *Robert*, qui suit.

3° *Avesgaud*. Il n'est connu que par sa présence à la fondation du prieuré de Saint-Jean-de-la-Motte, 1028-1036.

4° *Guillaume*. Voici les quelques actes où il comparait, et seulement en qualité de témoin : 1028-1036, fondation du prieuré de Saint-Jean-de-la-Motte ; il y est nommé le second, après son frère Avesgaud, mais nous le croyons le puîné de Robert ; 1039, 25 juin, au Grand-Lucé, donation des étangs de Villedieu à la Trinité de Vendôme par l'évêque Gervais ; 1040, 31 mai, à Vendôme, privilèges accordés à la même abbaye par Geoffroy Martel.

Il est probable que Guillaume mourut dans un âge peu avancé, mais non peut-être sans postérité. Nous voyons en effet un neveu de l'évêque Gervais, du nom d'*Hugues*, témoin à Angers, 1056-1060, de la donation de l'église de Saint-Pierre-des-Ormes faite à l'abbaye de Saint-Aubin. Cet Hugues n'est certainement pas fils de Robert : autrement on le verrait dans les actes mentionnant les enfants de ce dernier. Il pourrait, à la rigueur, être fils d'Avesgaud. On peut l'identifier avec un autre *Hugues*, surnommé *le Long*, également neveu du prélat et son héritier, et qui était, en 1072, le mari d'*Alexandrie de Bouloire*. Le rapport entre la donation des étangs de Villedieu, faite en 1039, à laquelle assistait Guillaume, et la revendication des mêmes étangs, faite en 1072 par Hugues de Château-du-Loir, donne une certaine vraisemblance à notre supposition. On remarquera en outre qu'à l'acte de 1039, après la signature de l'évêque et celle de son frère Guillaume, figure immédiatement celle de Rahier de Bouloire. Ce seigneur, contemporain de Guillaume, a pu

---

1. *Actus*, p. 363.

donner la main de sa fille, Alexandrie, à Hugues, fils présumé de Guillaume. Un autre Rahier de Bouloire, probablement frère d'Alexandrie, est témoin à Château-du-Loir, vers 1085, en même temps que Gervais II, Gervais le jeune et Adam, tous trois fils de Robert de Château-du-Loir, et Élisabeth, leur mère, d'un abandon fait au prieuré de Cohémon. Hugues, neveu de l'évêque Gervais pourrait encore être le même personnage que le *Hugo de Castello Lidi* témoin, vers 1090, d'une reconnaissance en faveur de Saint-Serge.

5° *Rotrude*. D'un premier mariage elle avait eu un fils nommé Gautier. Elle épousa en secondes noces *Guy Ier de Laval*, veuf de Berthe de Toesny, et lui donna deux fils, Guy et Gervais [1].

ROBERT DE CHATEAU-DU-LOIR, surnommé *Brochard*, est témoin de plusieurs actes entre 1028 et 1065. Nulle part il ne figure en qualité de seigneur de Château-du-Loir. Il ne paraît pas avoir vécu au delà de l'année 1065, et mourut très probablement avant son frère l'archevêque. Sa femme se nommait ÉLISABETH. Elle s'éteignit dans un âge avancé, vers 1095, alors que Mathilde, sa petite-fille, était, depuis plusieurs années, mariée au comte Hélie.

Robert et Élisabeth eurent pour enfants :

1° *Gervais II*, qui suit.

2° *Adam de Château-du-Loir*. Il fut un personnage marquant de la seconde moitié du xie siècle. Entre 1060 et 1067, il abandonna à Saint-Aubin l'église de Bousse et les droits qu'il possédait à Luché. Il assista, en 1067-1068, à la donation de Saint-Guingalois. Vers 1090, il fit don à Saint-Nicolas d'Angers de la moitié de l'église de Parné et de la moitié d'une ouche de terre pour y construire un bourg. Il est, en 1095, parmi les barons angevins attachés à Foulques Réchin. Sa mort dut arriver vers 1097.

1. Cf. Comte Bertrand de Broussillon : *La Maison de Laval*, t. Ier.

On lui connaît un fils, *Hamelin*, qui confirma le don de Parné fait par son père. Deux autres personnages portant le nom de Château-du-Loir, *Jean*, témoin vers 1130 d'une charte du Ronceray concernant un moulin à Morannes, et *Mainier*, témoin en 1132 de la donation d'une dîme à Mareil-sur-Loir, faite à la même abbaye, pourraient, eux aussi, être fils d'Adam, ou ses petits-fils. Il y a peu de doute qu'ils ne fussent de sa postérité, étant données les positions des lieux où ils figurent. Le *Hugo de Castello Lidi* de vers 1090, placé plus haut comme fils de Guillaume, pourrait aussi bien être fils d'Adam.

3° *Gervais*, le jeune. Il était clerc en 1067-1068, et chanoine de Saint-Martin d'Angers vers 1085. Nous pensons que c'est lui qui, neveu de l'évêque Gervais, fut, entre les années 1083 et 1090, installé doyen de l'église du Mans, puis déposé peu de temps après.

4° *Robert*, dont on ne trouve la trace que dans la donation de Saint-Guingalois, 1067-1068.

GERVAIS DE CHATEAU-DU-LOIR, deuxième du nom (1067-vers 1095), succéda à son oncle dans le fief de Château-du-Loir. Il comparaît pour la première fois, en 1064-1065, à côté de son père et à la suite de Guillaume le Conquérant, de l'évêque Vulgrin et d'une nombreuse assemblée de la noblesse du Maine, à l'acte énumérant les biens situés au Mans abandonnés par Abelin à l'abbaye de Marmoutier. Il est particulièrement connu par la restauration de Saint-Guingalois [1]. Nous ne rappellerons pas ici tous les actes où il figure jusqu'aux dernières années du XI° siècle. Sa mort peut être placée vers 1095. Sa première femme, nommée *Éremburge*, fille de Mathilde, mourut un peu avant lui. Il épousa en

---

1. Voir l'étude de l'abbé Robert Charles dans la *Revue du Maine*, t. V, pp. 75 et suivantes.

secondes noces, sur la fin de sa vie, *Garsende*, qui lui survécut.

Gervais ne laissait qu'une fille, *Mathilde*, issue de sa première alliance.

Mathilde de Chateau-du-Loir devint, vers 1090, la femme d'Hélie, comte du Maine, et lui apporta la terre de Château-du-Loir. Elle mourut en mars 1099, laissant à son mari une fille, Éremburge, qui épousa, vers 1097, Foulques V, comte d'Anjou. Celui-ci, à la mort d'Hélie, le 11 juillet 1110 [1], fut à la fois comte d'Anjou et du Maine et baron de Château-du-Loir. Il mourut à la fin de 1144.

Geoffroy Plantagenet, leur fils, né le 24 août 1013, duc de Normandie, comte d'Anjou et du Maine et baron de Château-du-Loir, mourut le 7 septembre 1151. De sa femme, Mathilde, fille d'Henri Ier, roi d'Angleterre, il eut, entre autres enfants :

Henri II, roi d'Angleterre, né le 5 mars 1133, mort le 6 juillet 1189, mari d'Éléonore d'Aquitaine. Parmi leurs enfants furent :

1° Richard-Cœur-de-Lion, né au plus tard à la fin de l'année 1157, mort le 6 avril 1199, sans postérité de Bérengère de Navarre.

2° *Geoffroy*, né le 23 septembre 1158, duc de Bretagne par son mariage avec *Constance de Bretagne*, mort le 18 août 1186, laissant sa femme enceinte d'un fils qui fut Artur de Bretagne, né le 30 avril 1187.

3° Jean-sans-Terre. Il disputa la succession de Richard à son neveu Artur, lequel faisait valoir la loi de représentation. Philippe-Auguste soutint d'abord Artur, mais le traité du 22 mai 1200, conclu entre le roi de France et Jean-sans-Terre,

---

1. Les dates non données par le *Cartulaire* sont tirées du *Trésor de Chronologie*, du comte de Mas Latrie, col. 1539, 1633 et 1652.

réduisit le jeune prince à la Bretagne. A la suite de l'assassinat d'Artur par son oncle, le 3 avril 1203, Jean-sans-Terre fut cité à la cour des pairs et ses domaines en France furent confisqués et réunis à la couronne [1].

Pendant le court espace de temps qu'Artur de Bretagne fut reconnu comte d'Anjou et du Maine, il avait conféré à Guillaume des Roches la sénéchaussée d'Anjou et du Maine, avec Mayet et la forêt de Berçay. Ce don fut confirmé par Philippe-Auguste en mai 1199. L'année d'après, à la suite du traité entre le roi de France et Jean-sans-Terre, celui-ci fit le même don à Guillaume des Roches, 24 juin 1200. Le 30 août suivant, Jean donna en douaire à la reine ISABELLE D'ANGOULÊME, sa femme, les villes de Saintes, Niort, Saumur, la Flèche, Beaufort, Baugé, Château-du-Loir, Trôo et leurs dépendances. A une date indéterminée (août 1204 ?), Bérengère de Navarre, veuve de Richard-Cœur-de-Lion, abandonna à Guillaume des Roches ce qu'à titre de douaire elle avait à Château-du-Loir, et celui-ci promit de ne pas exercer, pendant la vie de la reine, son droit de sénéchal dans la cité du Mans, que le roi avait assignée à cette princesse pour lui tenir lieu de douaire.

GUILLAUME DES ROCHES (1204-1222) ne tarda pas à être investi du fief de Château-du-Loir. Par acte daté de Chinon, 1204, probablement au mois de septembre, Philippe-Auguste lui donna à foi et hommage lige cette terre avec ses dépendances [2]. Il était fils de Baudouin des Roches et petit-fils

---

1. La date de l'assassinat d'Artur et la condamnation de Jean-sans-Terre sont controversées. Voir à ce sujet la *Notice sur Guillaume des Roches* de M. Beautemps-Beaupré, pp. 35 et 36, et *la Maison de Craon*, du comte de Broussillon, I, 122, 123, d'après une étude de M. Bémont : *La condamnation de Jean-sans-Terre par la cour des pairs de France en 1202*, publiée au tome XXXII de la *Revue historique*, pp. 33 et 290.

2. Sur Guillaume des Roches, voir le travail inachevé de M. Gaston Dubois, *Bibliothèque de l'École des Chartes*, années 1869, 1871 et 1873;

d'Herbert des Roches. Cette famille paraît être des environs de Château-du-Loir; du moins elle y possédait des propriétés. Guillaume, né vers 1155-1160, avait eu une première femme nommée *Philippa*, fille d'Hilaria. Il se remaria, vers 1190, à Marguerite de Sablé, fille aînée de Robert IV et de Clémence de Mayenne. La dot de Marguerite consistait en Sablé, Louplande, la Suze, Précigné, Briollay et Brion. Il mourut le 15 juillet 1222 et fut inhumé en l'abbaye de Bonlieu, qu'il avait fondée.

De Guillaume des Roches et de Marguerite de Sablé naquirent deux filles :

1° *Jeanne*, héritière de Sablé, Briollay, Châteauneuf-sur-Sarthe, Précigné et Brion, mariée à *Amaury de Craon*.

2° *Clémence*, qui suit.

Clémence des Roches eut en partage Château-du-Loir, Mayet, la Suze et Louplande. Elle fut unie d'abord à *Thibault VI, comte de Blois*, mort en 1218. En secondes noces elle épousa, après le 17 mai 1219 et avant la mort de son père, Geoffroy V de Chateaudun, fils de Geoffroy IV et d'Alice de Fréteval [1], vicomte de Châteaudun en 1218, seigneur de Château-du-Loir, etc., 1222-1250, mort à la croisade, probablement le 6 février 1250. Clémence survécut à son mari, auquel elle donna deux filles :

1° *Jeanne*, qui suit.

2° *Clémence*. Elle fut mariée à *Robert de Dreux*, qui devint, par cette alliance, vicomte de Châteaudun, seigneur de Mondoubleau et de Saint-Calais.

Jeanne de Chateaudun, dame de Château-du-Loir, épousa 1° Jean de Montfort, comte de Montfort-l'Amaury, fils

---

la *Notice* de M. Beautemps-Beaupré, Chaumont, 1889 : les *Sceaux de Guillaume des Roches*, par Eugène Hucher, dans la *Revue du Maine*, t. VI, pp. 292 et suiv.; la *Maison de Craon*, par le comte de Broussillon, t. Ier, pp. 132 et suiv.

1. Cf. *Chronologie des vicomtes de Châteaudun*, par Ch. Cuissard, dans les *Bulletins de la Société dunoise*, t. VIII, pp. 25 et suivantes.

d'Amaury VI et de Béatrix de Viennois, mort en Chypre en 1249 ; 2° Jean de Brienne, dit d'Acre, bouteiller de France, fils de Jean Iᵉʳ de Brienne, roi de Jérusalem, et de Bérengère de Léon, sa troisième femme, mort en 1297 [1].

1ᵉʳ Lit : *Béatrix*, qui suit.

2ᵉ Lit : *Blanche de Brienne, dite d'Acre*, mariée à *Guillaume de Fiennes*.

Béatrix de Montfort fut unie, en 1259, à Robert IV, comte de Dreux, fils de Jean Iᵉʳ et de Marie de Bourbon, mort le 14 novembre 1282. Dame de Château-du-Loir jusqu'à sa mort, arrivée le 9 mars 1312, Béatrix prit une part active à l'administration de ses domaines. Elle eut six enfants.

1° *Jean II de Dreux*, qui suit.

2° Robert, qualifié seigneur de Château-du-Loir, décédé vers l'an 1303.

3° *Marie*, femme de *Mathieu IV de Montmorency*.

4° *Yolande*, comtesse de Montfort, femme d'*Alexandre III*, roi d'Écosse, et d'*Artur II*, duc de Bretagne.

5° *Jeanne*, femme de *Jean IV de Roucy* et de *Jean de Bar*, seigneur de la Puisaie. Elle fut mère de Jean V, comte de Roucy, et de Béatrix de Roucy. Celle-ci reçut en don de Béatrix de Montfort, sa grand'mère, par acte de juillet 1311, la châtellenie de la Suze, et devint la seconde femme, en octobre 1312, d'Amaury III, seigneur de Craon et de Sablé [2].

6° *Béatrix*, abbesse de Port-Royal.

Jean II, comte de Dreux, mourut avant sa mère, le 7 mars 1309. Il fut marié deux fois : 1° en 1293 à Jeanne de Beaujeu, fille d'Humbert de Beaujeu, seigneur de Montpensier, connétable de France ; 2° en 1308, à Péronnelle de Sully, fille d'Henri III, sire de Sully, et de Marguerite

---

1. De Mas Latrie : *Trésor*, col. 1577.
2. Comte de Broussillon : *La Maison de Craon*, t. Iᵉʳ, p. 260.

de Beaumez. Du premier lit il eut trois fils : *Robert V*, *Jean III* et *Pierre de Dreux* qui furent successivement seigneurs de Château-du-Loir.

Robert V de Dreux mourut le 22 mars 1330, sans laisser de postérité de Marie d'Enghien, sa femme.

Jean III de Dreux survécut peu à son frère aîné. Son décès arriva dans les premiers mois de 1332 [1]. Sa femme, Ida de Mauvoisin, fille de Guy IV de Mauvoisin, sire de Rosny, se remaria en 1332 à Mathieu de Trie, maréchal de France.

Pierre de Dreux épousa Isabelle de Melun, fille de Jean Ier, vicomte de Melun, et mourut le 3 novembre 1345 [2]. Le 12 mai 1337, Pierre de Dreux vendit la baronnie de Château-du-Loir au roi de France Philippe VI de Valois, pour la somme de 31.000 livres tournois.

A dater de 1337, les destinées de Château-du-Loir suivirent, à peu de chose près, celles du comté du Maine. Mais la baronnie eut encore, d'une façon irrégulière, des seigneurs apanagés, usufruitiers ou engagistes.

Dès le mois qui suivit l'acquisition faite par Philippe VI, celui-ci donna Château-du-Loir en apanage à son fils *Jean*, duc de Normandie, comte d'Anjou et du Maine, par lettres de juin 1337. Devenu roi de France, Jean II donna à son tour les comtés d'Anjou et du Maine et la baronnie de Château-du-Loir à son deuxième fils, connu sous le nom de *Louis Ier d'Anjou*, octobre 1360 [3].

Par lettres de Charles VIII, datées de Lyon, février 1496, confirmées le 16 novembre suivant, la terre de Château-du-

---

1. Et non en 1331. Le numéro 239 du *Cartulaire* prouve qu'il vivait encore le 6 janvier 1332.
2. De Mas Latrie : *Trésor*, col. 1593, 1642, 1646 et 1671.
3. Voir, pour la suite, la *Chronologie des comtes du Maine*, de J.-R. Pesche, pp. cxii et suivantes, et le *Trésor de Chronologie*, du comte de Mas Latrie, col. 1539, 1633 et 1634.

Loir fut donnée au maréchal *Jean-Jacques Trivulce*, qui la transmit par échange, en 1500, à *Pierre de Rohan*, seigneur de Gié, maréchal de France, des descendants de qui elle fut retirée en vertu d'un arrêt du 16 octobre 1563. Donnée en usufruit à *Catherine de Médicis* le 10 octobre 1569, elle faisait, en 1576, partie de l'apanage de *François*, duc d'Anjou et d'Alençon et comte du Maine, mort sans alliance le 10 juin 1584.

Au XVII° siècle, Château-du-Loir fut engagé à *Emmanuel-Philbert-Amédée de Savoie*, prince de Carignan, fils de Thomas-François de Savoie, prince de Carignan, et de Marie de Bourbon, comtesse de Soissons [1]. Le prince de Carignan s'en dessaisit, par contrat du 27 juillet 1701, en faveur de *Philippe de Courcillon*, marquis de Dangeau, et de *Sophie de Bavière de Levinstein*, sa seconde femme.

La baronnie fut ensuite aliénée, les 14 mars et 27 juillet 1725, par les héritiers du marquis de Dangeau, savoir : 1° Sophie de Bavière, sa veuve, héritière pour la moitié ; 2° *Charles-Philippe d'Albert*, duc de Luynes et de Chevreuse, fils de feus *Charles-Honoré d'Albert*, duc de Montfort et de Chevreuse, et *Marie-Anne-Jeanne de Courcillon*, seule fille du premier mariage du marquis de Dangeau, héritier d'un sixième en l'autre moitié ; 3° *Paul*, abbé *d'Albert* et de Montfort, frère du précédent, aussi héritier d'un sixième en la seconde moitié ; 4° *Marie-Sophie de Courcillon*, lors mineure, fille de feu *Philippe-Égon de Courcillon*, marquis de Dangeau (seul enfant du second lit de Philippe de Courcillon), et de *Françoise de Pompadour*, sa veuve, héritière des deux tiers de la seconde moitié. Les acquéreurs étaient *Pierre-Gaspard de Clermont*, marquis de Gallerande, et *Gabrielle-Françoise d'O*, sa femme.

Le 24 novembre 1747, Château-du-Loir fut racheté des

---

1. De Mas Latrie : *Trésor*, col. 1684.

sieur et dame de Clermont-Gallerande par *Marie-Sophie de Courcillon*, alors princesse de Rohan et de Soubise par son mariage avec *Hercule-Mériadec*, prince de Rohan et de Soubise, sur laquelle la terre et baronnie de Château-du-Loir fut saisie réellement le 5 février 1748, puis mise à l'enchère, le 24 septembre suivant, pour la somme de 20.000 livres.

Marie-Sophie de Courcillon mourut le 4 avril 1756. D'après Le Paige, en 1777 Château-du-Loir appartenait, sous le même titre d'engagement, à M. le duc *de Chevreuse*, comme descendant de *Marie-Anne de Courcillon* de Dangeau, femme d'*Honoré-Charles d'Albert*, duc de Chevreuse.

CARTULAIRE

DE

CHATEAU-DU-LOIR

---

1. — Vers l'an 1000. — Donation de l'église de Parigné-l'Évêque faite par Avesgaud, évêque du Mans, a sa sœur aînée, Hildeburge [1]. — (Imprimé : *Actus pontificum Cenomannis in urbe degentium*, publiés par l'abbé G. Busson et l'abbé A. Ledru, p. 357.)

... Emit a canonicis suis ecclesiam de Prorigniaco et ecclesiam de Loiaco, et dedit unam Hildeburgi, sorori suae primogenitae, et alteram Godehildae, germanae suae secundae.

2. — 1007, 2 février, Château-du-Loir. — Naissance de Gervais de Château-du-Loir, plus tard évêque du Mans et archevêque de Reims. — (Imprimé : Dom Bouquet : *Historiens des Gaules*, t. X, p. 271.)

Ex chronico Remensi. — Anno MVII [2]. — Natus fuit Gervasius IV nonas februarias, apud Castrum Lidi.

1. Hildeburge de Bellême, qui devint femme d'Haimon de Château-du-Loir. Sans doute est-ce dans les premières années de son épiscopat, peut-être comme cadeaux de noces, qu'Avesgaud donna à ses sœurs les églises de Parigné-l'Évêque et de Loué.

2. Le style de Pâques n'a pas commencé dans le Maine avant la fin du XIe siècle. MVII ne doit donc pas se traduire par 1008.

3. — Vers 1013[1], le Mans. — ACTE PAR LEQUEL HUGUES Ier, COMTE DU MAINE, CONFIRME LA DONATION DU PRIEURÉ DE TUFFÉ, FAITE PAR HUGUES DOUBLEAU. — (Imprimé : *Cartulaire de l'abbaye de Saint-Vincent*, publié par l'abbé R. Charles et S. Menjot d'Elbenne, n° 186.)

… S. Benedicti VIII, papae. S. Hugonis, Cenomannensis civitatis comitis. S. Avesgaudi, episcopi ipsius civitatis… S. Hugonis, ipsius militis qui hoc preceptum fieri jussit. S. Hugonis, filii ejus. S. Haimonis. S. Haimonis de super Litus[2].

Actum Cenomannis publice, regnante Roberto, humili rege.

4. — 1014, le Mans. — DIPLOME PAR LEQUEL HUGUES Ier FAIT DON A L'ABBAYE DU MONT-SAINT-MICHEL DE LA TERRE DE VOIVRES. — (Imprimé : *Cartulaire de Saint-Victeur*, publié par le comte Bertrand de Broussillon, pp. 5-6.)

… Signum Roscelini, vicecomitis. Signum Hameli de Leido Castello. Signum Haymonis de Medano. Signum Herberti, fratris comitis… Signum Avesgaudi, episcopi…

Firmata Cenomannis, anno ab Incarnatione Domini millesimo XIIII.

5. — 1028, 19 juin, le Mans. — ACCORD ENTRE AVESGAUD, ÉVÊQUE DU MANS, ET LES MOINES DE LA COUTURE. — (Imprimé : *Liber Albus Capituli*, pp. 100-101.)

… Signum Avesgaudi, presulis… Signum Haimonis [3], militis…

Perfirmatum est hoc testamentum Cenomannis, XIII kal. julii, luna XXII, regnante Roberto, rege [4].

---

1. La présence de Benoît VIII en France n'est pas signalée dans l'itinéraire de ce pape. Élu le 11 ou 12 mai 1012, on ne connaît aucun acte de lui au cours de l'année 1013. En 1014 il ne paraît pas s'être éloigné de Rome. On peut donc supposer avec vraisemblance que la confirmation du comte Hugues eut lieu vers 1013.

2. Nous croyons reconnaître dans ce nom Haimon de Château-du-Loir, témoin également, dans les deux actes de 1014 et de 1028, à côté de l'évêque Avesgaud, son beau-frère. Le personnage qui le précède pourrait être Haimon de Mayenne, comme dans le n° 4.

3. Probablement Haimon ou Hamelin de Château-du-Loir.

4. Le *Liber Albus* date cette pièce du 19 juin 1009. Nous suivons l'opinion de M. le comte de Broussillon, *Cartulaire de l'Évêché du Mans*, p. 1, note 3.

6. — **1028-1036.** — Fondation du prieuré de Saint-Jean-de-la-Motte, au fief de Gervais de Chateau-du-Loir [1]. — (Imprimé : *Actus,* pp. 360-362.)

... Ego Suavis, miles,... quemdam locum... juxta castellum quod, jure hereditario, dono senioris mei Gervasii teneo, licentia et permissione ejusdem... trado... scilicet domnus meus Gervasius quae ibidem proprium tenebat concessit cuncta... Tam ego quam dominus meus Gervasius... adivimus in cunctis egregium antistitem Cenomannensem Avisgaldum comitemque... Herbertum...

Domino meo assistente Gervasio fratribusque ipsius : Avisgaudo, Guillelmo, Roberto...

7. — **1037, 5 novembre, le Mans.** — Gervais, évêque du Mans [2], donne la chapelle de la forêt de Gatines, appelée Villedieu, a l'abbaye de la Trinité de Vendôme. — (Imprimé : *Cartulaire de la Trinité de Vendôme,* publié par l'abbé Ch. Métais, n° 14.)

... Signum Gervasii, praesulis, qui hoc scriptum fieri fecit et... firmavit...

Actum Cenomanis, nonas novembris, anno Incarnationis millesimo tricesimo septimo, indictione sexta [3], regnante Hainrico rege.

---

1. Les éditeurs des *Actus* mettent en doute l'authenticité de ce document. Quoi qu'il en soit, il semble que le suzerain appelé Gervais désigne Gervais de Château-du-Loir, fils et successeur d'Haimon, et futur évêque du Mans. Parmi les frères de Gervais l'on connaît Guillaume et Robert. Avesgaud ne se rencontre que dans cet acte. S'agit-il d'un fils d'Haimon, ou bien le rédacteur a-t-il, par confusion, voulu nommer ici l'évêque Avesgaud, lequel était, non pas frère, mais oncle de Gervais de Château-du-Loir ? Si l'on accepte pour l'acte précédent la date de 1028 et l'identification du chevalier Haimon avec Haimon de Château-du-Loir, il faut admettre également que le futur évêque Gervais, fils d'Haimon, ne succéda à son père qu'en 1028 au plus tôt. La date de fondation du prieuré de Saint-Jean-de-la-Motte devrait ainsi être circonscrite entre les années 1028 et 1036.

2. Cet acte est le premier dans lequel Gervais de Château-du-Loir comparaît avec le titre d'évêque du Mans.

3. A propos de cet acte et du n° 9, remarquons que les années 1037 et 1039 sont données avec l'indiction VI, laquelle marque en réalité l'année 1038.

8. — 1038. — Charte notice dans laquelle il est relaté comment Geoffroy Martel, obligé de conclure la paix avec Gervais, évêque du Mans, lui céda plusieurs fiefs, entre autres ceux de Salomon de Lavardin et de Nihard de Montoire. — (Imprimé : *Cartulaire de la Trinité*, n° 68.)

9. — 1039, 25 juin, le Grand-Lucé. — Gervais, évêque du Mans, a la prière de Geoffroy Martel, donne a l'abbaye de la Trinité de Vendome le cours du ruisseau de Villedieu, a charge d'y faire un étang et de payer un cens annuel de douze deniers. — (Imprimé : *Cartulaire de la Trinité*, n° 15.)

... Signum Gervasii, presulis, qui hoc scriptum fieri precepit et propria manu firmavit. S. Guillelmi, fratris ejus. S. Raherii de Boloria...

Episcopaliter actum sive roboratum apud Luciaci castrum, septimo kalendas julii, anno Incarnationis Dominicæ millesimo tricesimo nono, indictione sexta, regnante Hainrico rege.

10. — 1039, 11 novembre, Château-du-Loir. — Charte de Guy Ier de Laval, qui, avant de partir pour Jérusalem, abandonne au chapitre du Mans, a la prière de l'évêque Gervais, les coutumes mises par lui sur la terre d'Asnières. — (Imprimé : *Cartulaire de l'évêché du Mans*, publié par le comte Bertrand de Broussillon, n° 7.)

11. — 1036-1039. — Acte par lequel un nommé Hubert abandonne a l'abbaye du Ronceray d'Angers la terre de Ferrières, qu'il avait d'abord contestée : ladite renonciation faite après la plainte des religieuses portée devant le comte d'Anjou, Foulques Nerra [1]. — (Imprimé : *Cartulaire de l'abbaye du Ronceray d'Angers*, publié par Paul Marchegay, n° 258.)

... Videntibus et audientibus his testibus : Roberto, fratre Gervasii presulis...

---

1. Mort à Metz le 21 juin 1040, au retour d'un pèlerinage en Terre Sainte.

12. — 1036-1055. — CHARTE RELATANT LA RESTITUTION DES ÉGLISES DE SARCÉ ET DE COULONGÉ, FAITE A L'ABBAYE DE SAINT-VINCENT PAR L'ÉVÊQUE GERVAIS DE CHATEAU-DU-LOIR. — (Imprimé : *Cartulaire de l'abbaye de Saint-Vincent*, n° 62.)

... Ego Gervasius, primo sedis Cenomannicæ episcopus, deinde, illa michi immerito ablata, Remense archiepiscopium gratia Dei adeptus, eo tempore quo Cenomannensem pontifex regebam ecclesiam, restaurare laboravi... monasterium... sub honore beatorum martirum Vincentii atque Laurentii... De proprietatibus quoque patrimonii mei... hec autem sunt... : ecclesia scilicet de Sartiaco, pariterque ecclesia de Colongiaco...

13. — 1040, 31 mai, Vendôme. — FONDATION DE L'ABBAYE DE LA TRINITÉ DE VENDOME PAR GEOFFROY MARTEL ET AGNÈS DE POITIERS, SA FEMME. — (Imprimé : *Cartulaire de la Trinité*, n°ˢ 35 et 36.)

... Signum Goffridi, comitis Andegavorum. Signum Agnetis, conjugis suæ... S. Salomonis de Lavarzino. S. Nihardi de Monte-Aureo. S. Landrici de Balgentiaco... S. Guillelmi, fratris Gervasii episcopi. S. Arduini de Rupibus...

14. — 1040, 31 mai, Vendôme. — PRIVILÈGES ACCORDÉS PAR THIERRY, ÉVÊQUE DE CHARTRES, A LA TRINITÉ DE VENDOME, EN PRÉSENCE D'UN GRAND NOMBRE D'ÉVÊQUES ET D'ABBÉS. — (Imprimé : *Cartulaire de la Trinité*, n° 39.)

... Fuerunt honorabiles personæ episcoporum, abbatum et clericorum, Arnulfus scilicet, Turonorum archiepiscopus ; Isembertus, Pictavorum episcopus ; Gervasius, Cenomanensium præsul ; Hubertus, pontifex Andegavensis...

15. — 1040, 31 mai, Vendôme. — CONFIRMATION PAR ARNOUL, ARCHEVÊQUE DE TOURS, DE LA POSSESSION DES BIENS SITUÉS DANS SON DIOCÈSE DONNÉS A LA TRINITÉ DE VENDOME. — (Imprimé : *Cartulaire de la Trinité*, n° 40.)

... Viderunt et audierunt... : Theodericus, Carnotensis episcopus ; Gervasius, Cenomanensis episcopus ; Hubertus, Andegavensis episcopus... Nomina baronum : Goffridus, comes

Andegavorum ; Agnes, comitissa ;... Guillelmus, frater Gervasii episcopi ; Harduinus de Rupibus...

16. — Vers 1041. — Notice dans laquelle les moines de Saint-Aubin relatent comment les églises de Bousse et d'Arthezé, a eux enlevées par Foulques Nerra et données a Hamelin de Chateau-du-Loir, leur furent rendues par l'évêque Gervais. — (Imprimé : *Cartulaire de l'abbaye de Saint-Aubin d'Angers*, publié par le comte Bertrand de Broussillon, t. Ier, pp. 372-375.)

Fulcho comes abstulit monachis Sancti Albini ecclesiam de Comburniaco et ecclesiam de Artisiaco... et dedit eas Hamelino de Castro Ledi... Hamelinus autem redonavit ecclesiam de Comburniaco Widdoni de Valle, cum filia sua in maritagio, et Waldino Vetulo de Malicornant illam de Artisiaco. Waldinus autem Vetulus dedit item ecclesiam de Artisiaco Walterio Restivo, cum filia sua in maritagio.

... Mortuo Hamelino et in paterno honore hereditante episcopo Gervasio, contigit quadam vice ut apud castrum Lusdi episcopus Gervasius adveniret ibique cum comite Gaufrido familiariter ageret... Concordaverunt... quod comes Gaufridus dedit episcopo pro ecclesiis in scambium dimidium fevum Ingelgerii de Camberlaiaco, et episcopus reddidit ecclesias Sancto Albino.

Hoc fecit episcopus consilio et auctoramento Willelmi et Roberti, fratrum suorum, et Waldini Vetuli de Malicornant...

17. — 1040-1047. — Testament de l'évêque Gervais de Chateau-du-Loir. — (Imprimé : *Actus*, pp. 367-372.)

... In primis igitur, pro magna mei mole peccaminum indulgenda, sanctique intercessoris[1] et avunculi mei Avesgandi requie impetranda... necnon et genitoris cum genitrice mea, Haimonis scilicet et Hildeburga... do vobis villulam... nomine Benais... et ecclesiam quandam, me vivente, dimidiam, et decedente totam... in territorio Leddunensis sitam, Patriniacum vocatam, quam predicti parentes mei viventes jure possede-

---

1. Pour *antecessoris*.

runt et a novo reedificaverunt, proprioque michi dimiserunt. Universas quoque consuetudines vobis trado, que a vestris terris patri meo persolvebantur, pertinentes ad ejusdem Castrum Lid vocatum...

Annualis avunculi mei domini Avesgaudi, episcopi, quotannis decenter agatur, qui Iherosolimis rediens, apud Verdunis, VI kalendas novembris, obiit in pace, ibique sepultus est a sanctissimo Ramberto episcopo, in basilica sue sedis : sic et qui eadem die accidit, sororis ejus, matris quippe mee Hyldeburge : nec pretermittatur ille patris mei Haimonis XVIII kalendas februarii accidens ; necnon et ordinationis mee, XIIII kalendas januarii, meque nutu Dei migrante vertatur in illud[1].

18. — Vers 1050. — NOTICE DES MOINES DE MARMOUTIER RELATANT UN DON DE GUY Ier DE LAVAL. PARMI LES TÉMOINS : ROTRUDE DE CHATEAU-DU-LOIR, SECONDE FEMME DE GUY, ET GAUTIER, FILS DU PREMIER MARIAGE DE ROTRUDE. — (Imprimé : Comte de Broussillon : *La Maison de Laval*, t. Ier, pp. 29-31, n° 17 du *Cartulaire*.)

Testibus...: ... Rotrudis, uxor predicti Widonis [de Valle]; Gualterius, filius ejus... De auctoramento Haimonis [de Valle] :... Gualterius, filius Rotrudis.

19. — Vers 1050. — NOTICE DES MOINES DE MARMOUTIER RELATANT LES CONDITIONS DU PARTAGE ENTRE EUX ET GUY Ier DE LAVAL DU PROFIT DES MARCHÉS ET DES FOIRES DE LAVAL. PARMI LES TÉMOINS : ROTRUDE, FEMME DE GUY. — (Imprimé : *La Maison de Laval*, t. Ier, pp. 31-35, n° 18 du *Cartulaire*.)

... Hujus rei testes : De dono Guidonis et de concessu Hamonis et Guidonis : ... Rotrudis, supradicti Guidonis uxor; Gualterius, filius ejus...

---

1. Gervais de Château-du-Loir succéda à son oncle Avesgaud sur le siège du Mans probablement le 16 décembre 1036. Installé à Reims le 15 octobre 1055, il y mourut le 4 juillet 1067. « VI kal. novembris. Eodem die, obiit Avesgaudus, Cenomannensium episcopus. Ipso die obiit Hildeburgis. — XVIII kal. februarii. Ipso die obiit Haimo de Castro Lit. » Cf. *Actus*, pp. 362, note 3 ; 367, note 1 ; 371, notes 1 et 2.

20. — 1051-1062, le Mans. — Acte par lequel les chanoines de Saint-Pierre-de-la-Cour abandonnent des vignes a Abelin, leur confrère, qui les donne aux moines de Marmoutier. — (Imprimé : *Cartulaire de Saint-Pierre-de-la-Cour*, publié par le vicomte Menjot d'Elbenne, n° 5.)

… Favente Herberto, Cinomannorum comite, cum fidelibus suis ; Rotberto [1], filio Hamelini…

21. — 1056-1060, Angers. — Notice du don fait à l'abbaye de Saint-Aubin d'Angers, par un chevalier nommé Herbert, de l'église de Saint-Pierre-des-Ormes. — (Imprimé : *Cartulaire de Saint-Aubin d'Angers*, t. II, p. 115.)

… Venit Herbertus in capitulum Sancti Albini, ibique beneficium ecclesie accepit, et cum eo quidam nepos Gervasii episcopi, Hugo nomine…

22. — 1055-1067. — Lettre de Gervais, archevêque de Reims, à Éven, abbé de Saint-Mélaine, au sujet des reliques de saint Mélaine. — (Imprimé : *Acta Sanctorum*, I, 333. *Vita sancti Melanii*.)

Gervasius, Dei gratia Remorum archiepiscopus, Eveno, Sancti Melanii venerando abbati, salutem in Christo.

Petisti a me quondam, frater dilectissime, ut reliquias insignis confessoris Melanii, genitori meo mihique valde percaras, tibi tradidissem : quas, ne tanti patroni pignore locus vester privaretur, et Haimonis genitoris, genitricisque meae Hildeburgis, necnon domini mei Henrici regis, meaque apud vos æterna servaretur memoria, multis precibus impetrasti. Nunc autem, ut sanctum industriumque virum oportet, de ejusdem predicti confessoris miraculis dilectionem tuam me sollicitare non piguit, quorum partem mihi visam, partem etiam non frivola quorumdam relatione cognitam, ad ædificationem legentium caritati tuæ breviter expedire non differam.

Cum quadam die felicis memoriæ Rorans, avia mea, in Cenomanensi pago, in villa quadam sui dotalitii, Argentrada

---

1. Probablement Robert de Château-du-Loir, que l'on trouve témoin de la charte d'Abelin publiée plus loin sous le n° 24.

nomine, moraretur, predictæ pars villæ maximo forte incendio conflagravit. Ignis vero validus postquam eo productus est, ut horrei sui juxta ecclesiam positi fastigium crepitantibus lamberet flammis, illa reliquiarum, quas secum asportaverat, reminiscens, mox sibi afferri præcepit : quibus elevatis, et e regione contra ignem positis, quasi cœlitus imbre demisso, subito admiranterque noxius ille ignis extinctus est. Quas reliquias, post obitum suum, nepoti suo, quem de filio suscepit, nomine Haimoni, patri scilicet meo, cum dotalitio reliquit.

Ipse vero has ad castrum suum nomine Lith transtulit : ubi multa pro meritis ejusdem sancti pontificis patrata sunt miracula : sanitates ægrotantibus multis reddita, tam de lumine privato quam cæteris debilitatibus, et si quis super eas falso jurabat, confestim falsitas comperiebatur.

Me vidente quidam pugnaturus juravit, qui, statim cæcus factus, latrocinium boum confessus est. Alter non impar similiter pugnaturus falso juravit, et antequam inde se elevaret, mingere cœpit : quo casu illum esse reum, intuentibus notum fuit. Similiter de innumerabilibus sacramentis editis, nostri, quæ videbant, referebant nobis signa.

Egomet vero vidi aliud insigne. Cum predictus genitor meus, a quibusdam divitibus suscepturus fidelitatem, has reliquias secum deferri juberet, in cujusdam forestarii sui domum se recepit. Quarum portitor, ut sibi visum fuit, non aptius locum inveniens, in quadam magna area super frumentum noctu reposuit : infra quam similiter ex altera parte candelam accensam imposuit. Qui diluculo veniens, partem areæ invenit concrematam, excepta parte illa qua sanctæ reliquiæ conditæ erant. Pallium vero, quo involutæ erant, incombustum repertum est, quamvis super illud plurimi incensi invenirentur carbones.

Quamplurimos audivimus super prædictas reliquias captionem jurasse, qui cum fugere vellent non potuerunt et reversi sunt. Ad hæc quoque quamplurima prædicti patris audivimus miracula, quæ si per aptum tempus colligi possent, satis in eis quid scriberet, scriptor haberet.

23. — 1055-1067. — Accord entre Hubert Riboul et Saint-Vincent, constatant que l'abbaye avait reçu en don d'Hélinand Curbegalli certains objets a Courdemanche « favore domni Gervasii, archiepiscopi, et Roberti, fratris ejus ». — (Imprimé : *Cartulaire de Saint-Vincent*, n° 252.)

24. — 1064-1065, avant le 10 mai. — Acte dans lequel Abelin énumère les biens situés au Mans donnés par lui a Marmoutier. — (B. N., Latin 12.878, fol. 297.)

Quandoquidem fugax praeteritorum memoria rerum nullo modo tenetur melius quam litterarum apicibus, optimum fore duxi, ego Abelinus, ad nostrorum prudentiam successorum corroborandam, omnia quaecumque beatissimo Martino Majoris Monasterii, jubente Deo, sibique illic famulantibus monachis de meo jure pro redemtione animae meae et parentum meorum ac filii mei Ansegili libere contuli, in istis litteris [declarare], domos scilicet meas in civitate Cynomannis quasdam quae fuerunt fratris mei Gauscelini, sitas in terra Ivonis de Belismo, quas sicuti sunt hodie, faventibus filiis illius Guilelmo, Avesgaudo praesule atque Ivone, cum curia quoque quae sita est a salice usque ad ulmum et ab ulmo usque ad portam Hamelini, patris mei, absque censu sive ulla consuetudine et absque calumnia, in omni sua nobilitate, sicut et ego post eum tenui ita, itemque hiis praeterea domum aliam valde congruam in terra vicecomitis Rodulfi situm, cunctis ex consuetudinibus quietam, sed censum sex denariorum in exceptione beatorum Gervasii et Protasii martyrum nonis decembris solummodo reddentem, quae Herberti Francesci fuit, quam ab Herberto comite cognomento Bacone emi et postmodum veluti mihi placuit totam triplicem, cum cellario valde bono, et solario, necnon et camera pro posse condidi ; iterum hanc ante domum viridarium quoddam in terra Gervasii archipresulis situm, ab omni impedimento, quod emi ex Harduino, Achardi filio, quietum excepto quatuor in festivitate sancti Johannis Baptistae censu denariorum. Denique aliud viridarium magnum et pulcherrimum, in terra canonicorum Sancti Petri situm, omni ex consuetudine liberum praeter duorum denariorum in ipsius sancti solemnitate, scilicet cathedrae, censum, quod ex me Rannulfus tenebat canonicus in fevum.

Post haec, tres vinearum arpennos in hujus sancti terra, quas cuncti vocant Plantas, ex omni consuetudine liberas, sed tamen censum scilicet duos solidos in ipsius sancti festivitate, hoc est cathedrae, solventes, et decimam omni cum misericordia anno.

Et si quis voluerit scire cur habuerim et quo modo, alias reperiet litteras ex hoc in beatissimi Martini, si bene vult, armario.

Ad hoc ex altera parte civitatis in monte Balgeio, in terra Isahac divitis, quae nunc est Herberti, illius nepotis, beatissimo Martino alias dedi vineas valde preciosas, praeter censum et decimam omnium consuetudinem liberrimas.

Quod si aliquis quomodo meae fuerint vel quomodo sint scire exoptat, aliud scriptum in armario sancto requirat.

Iterumque, has inter vineas, beatissimo ipsi duos vinearum arpennos modo simili tribui, fevum scilicet Guidonis vicarii, quas, eo die quo illi in fevum dedi, ita ut meam domum in dominio meo, extra censum et decimam, balagiumque comitis possidebam.

Omnium harum testes rerum : Guillelmus, dux Normannorum, quin etiam sublimis nobilitas Cynomannorum ex quibus nonnullos subter scribere providimus utillimum fore et in futurum prodesse : Vulgrinus, episcopus; Rotbertus, decanus; Tescelinus, archidiaconus; Ingelbertus, cantor; Ernaldus, grammaticus; Herbertus de Semmuro; Fulcodius, scriba; Rannulfus, canonicus; Johannes, filius Alberti; Gervasius, filius Alberici; Rodulfus, vicecomes; Hubertus, filius ejus; Rotbertus de Castro Lidi; Gervasius, filius ejus; Rainaldus de Susa; Fulco de Bozeria; Rodulfus de Monte Suro; Maino Brito; Hugo, filius Ansgerii; Rotgerius, filius Alberici; Herbertus de Asceio; Herbertus, filius ejus; Algerius, scutarius; Rainaldus, filius Anchiae; Rodulfus, medicus; Hugo de Cadurcis; Gaufridus, frater ejus; Buchardus de Cadurcis; Richardus, nepos Abelini; Vulgrinus, nepos episcopi.

25. — 1060-1067. — Notice dans laquelle les moines de Saint-Aubin relatent la revendication par Adam, fils de Robert de Chateau-du-Loir et neveu de Gervais, archevêque de Reims, de l'église de Bousse et de ses droits a Luché et l'abandon qu'il en fit a l'abbé Otbran a condition que l'abbaye accepterait comme moine un chevalier d'Adam nommé Hugues. — (Imprimé : *Cartulaire de Saint-Aubin*, t. II, pp. 375-377.)

Quidam nobilis homo, nomine Adam, filius Rotberti de Castro Ledi, nepos Gervasii archiepiscopi, calumpniabatur... ecclesiam de Comburniaco et vicariam alodii de Adelini Campo. Quarum rerum unam, videlicet ecclesiam, de jure antiquo monachorum Sancti Albini a Fulcone comite violenter ablatam et Hamelino de Castro Ledi injuste donatam, Gervasius, filius Hamelini, frater Rotberti, patris hujus Adam, recognoscens jus monachorum... per assensum fratris sui et deprecatu comitis Gaufridi reddiderat monachis solidam et quietam. Vicariam quoque de jure suo in jus transfuderat monachorum, donando eis illam, per assensum item fratris sui, pro animabus suis ac parentum suorum. Quod utrumque.... supradictus Adam non solum non auctorizabat, sed et calumpniabatur.

Contigit autem ut quidam miles Adam, nomine Hugo, qui ei de servitio seculari strenue servierat, monachus fieri vellet. Mandavit ergo Adam abbati Otbranno et congregationi monasterii Sancti Albini... ut pro amore suo facerent monachum de milite supradicto, et ille eis amica vicissitudine et ecclesiam concederet et vicariam perdonaret.

Convenit igitur ita inter monachos et dominum Adam... et dominus Adam exequutus est eis quod proloquutus erat... his verbis : «... Omnem rectitudinem meam quam habeo in ecclesia de Comburniaco, cum adjacentibus suis, et vicariam meam quam habeo apud Luchiacum, in illorum alodio integre... concedo ego, Adam... Sancto Albino... »

Hoc auctoramentum... sic auctorizavit Rotbertus, frater Adam, gratanter et libenter de sua parte, per deprecatum Adam, fratris sui... apud Motam Achardi...

26. — 1067, 4 juillet. — Décès de Gervais de Chateau-du-Loir, archevêque de Reims. — (Imprimé : Marlot : *Histoire de Reims*, t. III, p. 708, d'après l'obituaire de Reims.)
Donations de Gervais à la cathédrale de Reims.

... Anno episcopatus domini Gervasii duodecimo nondum finito, sed in ipsis idibus octobris si viveret finiendo [1], III calendas julii, festivitate SS. Petri et Pauli, ad vesperam, aggravatus infirmitate qua post VI die mortuus est, prædictus domnus Gervasius archiepiscopus fecit ad se fratres et canonicos convocari qui tunc inveniri poterant.

Quibus accersitis et præsentibus, credulitatem suam aperuit, et ut vere catholicus confessionem suam fecit ; sicque postea communicavit de sacrificio altaris Domini. Nobis quoque ut ei ante Dominum testes fuissemus quod idem vere corpus et sanguinem credidisset injunxit et postulavit.

Post hæc, admonitus ut de malis quæ fecerat in terris nostris resipisceret, vadium dedit Odalrico præposito, quod adhuc penes nos habemus, et de omnibus forisfactis, invasionibus et injusticiis quas in terris et villis nostris præceperat, fieri jussit [2], et se emendaturum de omnibus, si viveret, repromisit.

Sic etiam fecit Herimaro, abbati Sancti Remigii.

Erant autem ibi : prædictus Odalricus, præpositus ; Guidricus, decanus ; Leuvinus ; Odo ; Constantius Longobardus ; Drogo, capellanus ; Guillebertus, capellanus ; Odo, cantor ; Herimannus, filius Leunbli ; Guillelmus Carnotensis ; Johannes et alii multi.

27. — 1067, de septembre au 23 septembre 1068 [3]. — Acte

[1]. Voici qui permet de fixer très exactement le point de départ des années de Gervais comme archevêque de Reims aux ides d'octobre (15 octobre) 1055.

[2]. L'éditeur de ce texte a mal à propos substitué ici le mot *justificavit* au mot *jussit*.

[3]. Grâce à la présence de l'évêque Arnaud, successeur de Vulgrin après une vacance de deux ans et quatre mois (*Actus*, p. 9), et dont l'épiscopat commença seulement en septembre 1067 (Vulgrin étant mort le 10 ou 11 mai 1065), on peut limiter la date de cet acte entre septembre 1067 et le 23 septembre 1068, époque de la confirmation par Alexandre II. En outre, le contexte prouve que la donation de Gervais est postérieure à la

PAR LEQUEL GERVAIS DE CHATEAU-DU-LOIR DONNE A MARMOUTIER L'ÉGLISE DE SAINT-GUINGALOIS DE CHATEAU-DU-LOIR [1].
— (Archives de la Sarthe, H 361. *Orig. parch.*)

Preceptum de Sancto Wingualoeo, De Castro Lidi [2].

Ad sananda variorum vulnera peccatorum que cum mortalibus universis tum maxime surrepunt occupatis seculi negociis, congruentem bonitas divina providit elemosynarum medicinam, ut que curis terrenorum damna accidunt celestium compensentur terrenarum largitate facultatum, et unde processit obligatio, sequatur absolutio. Bonum autem elemosyne non tantum abolet mala, verum etiam adauget merita bona, et quod datur in abolitionem delictorum provehit incrementa virtutum, sicque studiosus misericordie duplum in suam lucrum convectat animam, dum et penas viciis debitas redimit et premia virtutibus proposita conquirit.

Hac consideratione permotus, ego, Gervasius, homo milicie seculari deditus, curam gerens de salute anime mee et perpendens me jejuniis et orationibus meis ad Deum pervenire non posse, cogitavi aliquo modo me illis commendare qui Deo in talibus die ac nocte deserviunt, ut eorum intercessionibus, quia per me non poteram, salutem illam mereri invenire. Cum igitur aliquid hujusmodi hominibus ad subsidium vite presentis istius rei gratia vellem impendere, nec michi de rebus meis suppeteret quod eis digne possem offerre, subiit spes de misericordia Domini, quod si ea que a majoribus meis Deo ad usum servorum ejus collata fuerant, sed modo deserta sunt ac vastata, in pristinum statum revocare possem, et peccatorum meorum consequerer veniam et anime mee salutem perpetuam.

Est in pago Cenomannensi, in Castello Ledi, ecclesia in honorem sancti Guingaloei constructa, cui multa majores mei contulerunt ad usum Deo inibi servientium, ad quod Dei ser-

mort de son oncle, l'archevêque de Reims, auquel il succéda dans le fief de Château-du-Loir.

1. Nous reproduisons cette charte d'après une révision faite sur l'original par M. l'abbé Froger. Le texte imprimé par l'abbé R. Charles au t. V, p. 333 de la *Revue du Maine*, offre quelques variantes.

2. On lit ce titre au dos de la pièce, en écriture des XIIe et XIIIe siècles.

vicium canonicos constituerunt. Orto autem bello inter comitem
Gaisfredum et dominum illius castelli, cum idem comes cuncta
per circuitum castelli ferro et flamma disperderet, res quoque
hujus quam dicimus ecclesie ipsas rapere ac vastare sicut et
cœtera minime formidavit, ita ut plerique de canonicis, inopia
coacti, diffugerent et ecclesiam cui deserviebant desererent.

Ex eo jam tempore et divinum officium cepit negligentius
in ipsa ecclesia celebrari et res ejus quotidie decidere et in
deterius devenire : quod ego, considerans et maxime dolens
non ea qua dignum erat honestate ac reverentia famulatum
Deo in sepedicta ecclesia exhiberi, cepi mecum anxius pertractare, si forte possem invenire tales homines qui et honeste
divinum cultum in ipsa ecclesia frequentarent, et res ad eam
pertinentes jam pene annulatas in pristinum vigorem repararent, quorum eciam suffulti orationibus, ego, scilicet Gervasius,
et pater meus Rotbertus, et mater mea Elisabeth, et uxor mea
Aremburgis, necnon et avus meus Amelinus, et avia mea Hildeburgis, et Gervasius, Remorum archiepiscopus, qui locum
illum fundaverunt, peccatorum veniam a Domino consequamur
et salutem.

Itaque, adhibito procerum meorum et amicorum, necnon et
episcopi Cenomanensis, domni Ernaldi, consilio, rogavi venire
ad me domnum Bartholomeum, Majoris Monasterii abbatem,
eumque multis precibus oravi ut susciperet a me, in dominium
Sancti Martini, hanc de qua loquimur ecclesiam, cum omnibus
ad eam pertinentibus, constitueretque in ea monachos qui ibi
die ac nocte divino cultui diligenter deservirent. Quod cum,
Deo donante, apud illum obtinere meruissem, tradidi ei sepedictam ecclesiam, cum omnibus sibi subjectis rebus de quibus
donata usque tunc temporis erat, sicuti illius canonici in die
illa tenebant, et cetera cuncta que prius in sua habuit potestate,
ex quibus per malorum tirannidem despoliata erat ; promittens
quoque me ei undique vindicaturum et sicut antea habuit in
jus suum traditurum.

Omnia hec concessi libera et quieta ab omni consuetudine
exactionis, vel vicarii, seu ceterorum vectigalium, quemadmo-

dum majores mei eidem ecclesie legitime contulerunt, ita ut eam, sine ulla mea vel cujusquam successorum meorum contradictione, congregationi Majoris Monasterii suisque successoribus tum abbatibus qui eis pro tempore precrunt, liceat jure perpetuo possidere. Et quicquid inde agendum decreverint liberam potestatem habeant faciendi, ordinandi, et qualitercumque eis placuerit meliusque visum fuerit, disponendi, tam presentibus quam futuris temporibus, et in arbitrio supradicti abbatis et eorum qui ei successuri sunt qui abbates Majoris Monasterii fuerint, pendeat de numero et qualitate illorum fratrum qui ad predictum locum sunt transmittendi.

Hanc autem donationem feci consensu et auctoritate matris mee omniumque fratrum meorum et canonicorum ipsius loci omnium.

Que ut stabilis illis et inconvulsa in perpetuum existeret, nec deinceps ibi ab aliquo calumniam inferri pertimesceret, ego, Gervasius, et canonici ejusdem loci, materque mea et fratres mei, ut libentius firmiusque auctorizati, de supradictis monachis Sancti videlicet Martini tantum singuli accepimus : ego, Gervasius, III^{or} milia solidorum; mater mea Elisabet, c solidos; Adam, x libras; Rotbertus, x libras; Gervasius, clericus, c solidos; Ursus, canonicus, xl solidos; Haimo, canonicus, xxx solidos; Rannulfus, canonicus, xl solidos; Odricus, canonicus, xxx solidos; Guido, canonicus, xl solidos; Fulcodius, canonicus, lx solidos; Gualterius, canonicus, xx solidos; Herbertus, canonicus, xl solidos; Teduinus, canonicus, xl solidos; Witernus, canonicus, xv solidos; Guarnerus, canonicus, xx solidos.

Nomina monachorum qui locum receperunt : Bartholomeus, abbas; Fulchardus, monachus; Gualterius, monachus; Ernaldus, monachus; Adradus, monachus; Ansegisus, monachus; Guillelmus, monachus de Relliaco; Girulfus, clericus; Guarinus, clericus; Boselinus, clericus.

Testes hujus rei : Hilduinus Drudis; Drogo de Semuro; Suavis Calvus; Hamelinus Espinardus; Rotbertus de Acrisilva; Gilduinus, miles; Drogo de Curtiran; Guillelmus de

Mangiaco; Bencelinus, senescalcus; Guarinus, filius Aimeris; Hugo de Flaciaco; Girardus, camerarius; Rotbertus Piellus; Giraldus, cellararius; Rodulfus Toetus; Belinus de Marson; Hubaldus, vicarius; Andreas, tolonearius; Gauffredus Loupes; Gundrannus, forestarius; Guarinus, filius Huberti; Vivianus de Papia; Rodgerius, cambiator; Gaisfredus de Guulardo; Gauffredus, pellitarius; Frodelenus, pellitarius; Tetbaldus Belsiovennus; Ulricus de Relliaco; Gualterius Battestam; Herbertus, prepositus; Guarnerius, major; Bernardus, major; Ingelbaldus de Ponte; Tetbaldus, coquus; Durandus, mariscalcus; Petrus, coquus; Obelinus, filius Hervei; Otgerius, famulus; Durandus Calvus.

Testes de auctoramento : Aremburgis, uxor Gervasii; Bencelinus, senescalcus; Hugo Frigida Coralia; Gualterius, filius Arburgis; Guarnerius, camerarius.

Hoc autem notum sit omnibus quod de denariis domni Gervasii quos ei dedimus suos canonici denarios acceperunt [1].

28. — 1068, 23 septembre, Lucques. — BULLE D'ALEXANDRE II, CONFIRMANT LA DONATION FAITE PAR GERVAIS DE CHATEAU-DU-LOIR. — (B. N., Fr. 20.691, p. 540.)

Alexander episcopus, servus servorum Dei, Bartholomæo, venerabili abbati Sancti Martini Majoris Monasterii, Turonis constituti, suisque successoribus in perpetuum. Notum fieri volumus quod humilitas filii nostri Gervasii de Castro Lidi obnoxie suppliciterque nos est deprecata ut donationi quæ est facta ab ipso, Sancto Martino Majoris Monasterii, de loco Sancti Guingaloei, siti in pago Cenomanico, apud Castrum Lidi,

1. Cette charte nous apprend que Robert, père de Gervais et frère de l'archevêque, était déjà mort, et que par conséquent il ne fut point seigneur de Château-du-Loir, ou ne le fut que quelques mois. Élisabeth, femme de Robert et mère de Gervais, vivait encore. Enfin, les trois frères survivants de Gervais, Adam, Robert et Gervais, ce dernier, clerc, ainsi que la femme de Gervais, Aremburge, comparaissent dans l'acte. Au dos de la pièce on lit, en écriture du XVIIe siècle : « Littera concessionis ecclesiæ Sancti Guingaloei a Gervasio, domino de Castrolidi, factæ abbati et monachis Majoris Monasterii pro summa 4200 solidorum et 20 librarum ei et parentibus ejus soluta. »

nostra authoritate firmaremus : unde et nos, considerantes quieti et proposito monachorum non modo noxium, verum etiam valde periculosum, vel secularia frequentare negotia vel publica sectari judicia, defendere etiam cupientes nostra eundem locum devotione, propter honorem beati Martini, petitioni ejus præbuimus gratanter assensum.

Prædictum itaque locum Sancti Guingaloei, cum omnibus sibi subjectis rebus quæ illi juste datæ sunt vel accessu temporis dandæ sunt, tam in ecclesiis quam in possessionibus, molendinis, vineis sive ceteris universis et aliis quibuscumque rebus, ad usum monachorum Sancti Martini Majoris Monasterii, præsenti privilegio confirmamus. Et ut nullus, ex omnibus iis rebus, supra memorato loco injustitiam aliquam faciat vel violentiam inferre præsumat, sive in minorando sive mutando aut omnino auferendo, authoritate apostolica prohibemus.

Ut autem hoc nostrum interdictum infringat nemo, sigillo beati Petri, Apostolorum principis, communimus, etc.

Datum Lucæ, VIIII calendas octobris, per manus Petri, Sanctæ Romanæ Ecclesiæ subdiaconi ac bibliothecarii, anno septimo pontificatus domini Alexandri papæ secundi, anno Incarnationis Dominicæ MLXVII [1], indictione VI.

29. — Après 1067. — COUTUMES DE SAINT-GUINGALOIS SOUS GERVAIS DE CHATEAU-DU-LOIR. — (Imprimé : *Revue du Maine*, t. V, p. 337.)

30. — Après 1067. — CHIROGRAPHE CONSTATANT L'ABANDON FAIT AUX MOINES DE MARMOUTIER PAR CEUX DE SAINT-AUBIN DE TOUS LEURS DROITS SUR L'ÉGLISE DE SAINT-GUINGALOIS DE CHATEAU-DU-LOIR. — (Imprimé : *Cartulaire de Saint-Aubin*, t. II, p. 9.)

Inter monachos Sancti Majoris Monasterii et monachos

---

1. La date de l'année est fausse. En 1067, l'indiction était V, tandis que l'indiction VI est celle de 1068. De plus, la septième année du pontificat d'Alexandre II commença seulement le 1er octobre 1067 pour finir le 30 septembre 1068. Enfin, la présence de ce pape est signalée à Lucques le 23 septembre 1068. C'est donc bien la date de la bulle pour Saint-Guingalois. Cf. Mas Latrie : *Trésor de Chronologie*.

Sancti Albini... nata est discordia pro ecclesia Sancti Wingaloei de Castro Ledi, quam monachi Sancti Albini de comite Gauffredo, filio Fulconis, qui illud castrum cum toto honore habebat dominico, emerunt ac quietum in vita sua tenuerunt. Postquam autem illius decessui successerunt heredes pueri, ejusque hereditas, quantum antea abierat, tantum postea rediit, ac sicut profecerat defecit, monachi quoque Sancti Albini calumnia et minis archiepiscopi Gervasii fratrisque ejus, Rotberti, qui illum honorem comitem Gauffredum sibi injuste abstulisse clamabant, territi, tandemque coacti, certe inviti, guerpierunt ecclesiam illorum potestati, spem tamen... ponentes... recuperandi.

Dum hac itaque expectatione penderent, et a Gervasio, filio Rotberti ac nepote archiepiscopi Gervasii, qui illorum, jam defunctorum, heres, honorem illum, a comite Gaufrido Juniore patri suo redditum, disponere seu potius deponere videbatur, aditum recuperandi quærerent... mille... quingentos solidos, quindecim libris relaxatis, restauraverunt...

31. — Après 1067. — CHARTE CONSTATANT QUE L'ARCHEVÊQUE GERVAIS AVAIT DONNÉ A L'ABBAYE DE SAINT-VINCENT L'ÉGLISE DE SAINT-VINCENT-DU-LOROUER. — (Imprimé : *Cartulaire de Saint-Vincent*, nº 229.)

32. — Après 1067. — ACTE PAR LEQUEL GERVAIS DE CHATEAU-DU-LOIR DONNE AU CHAPITRE DE SAINT-PIERRE-DE-LA-COUR LE CHATEAU ET LA CHAPELLE DE HAUTE-PERCHE [1]. — (Le Corvaisier de Courteilles : *Histoire des évesques du Mans*, pp. 353-354.)

Gervais, seigneur du Chasteau du Loir, donna au chapitre de Sainct Pierre de la Cour le chasteau et chapelle de Haute Perche, avec un espace limité par certains retranchemens pour bastir des maisons. Cette donation fut acceptée par le doyen, à la charge aussi de prier Dieu pour la prospérité de leur

---

1. L'original de cet acte est probablement perdu. Nous reproduisons le texte de Le Corvaisier, tel que l'a donné M. le vicomte d'Elbenne au supplément du *Cartulaire de Saint-Pierre-de-la-Cour*, nº CCVII, p. 293.

bienfaiteur pendant sa vie, et, après son décès, pour le repos de son âme, comme aussi pour le salut de son père Robert, d'Aymon, son ayeul, et de l'archevesque Gervais, son oncle.

33. — 1067-1070. — Acte constatant qu'Hamelin de Château-du-Loir avait donné a Renaud de la Suze l'église de Savigné-l'Evêque [1]. — (Imprimé : *Liber Albus*, pp. 99-100.)

... Raginaldus de Secusa... reddidit Deo et Beato Juliano ecclesiam de Sauviniaco... Habuit quoque idem Raginaldus convenientiam domno Arnaldo, Cenomanensi episcopo, quod hoc donum, immo redditionem, predicte ecclesie faciet anni et ex toto confirmari a suo filio et ab herede Hamelini de Castro Lid, de cujus manu ipsam ecclesiam tenuerat...

34. — 1067-1070. — Charte relatant que Cléophas « Cleopas Malranni de Noviastro filius » a donné à l'abbaye de Saint-Vincent le panage pour cent porcs en la forêt de Berçay « in foreste sua de Burceio ». — (Imprimé : *Cartulaire de Saint-Vincent*, n° 245.)

... Testes sunt isti : Hubertus, ejusdem Cleope filius ;... Wauterius de Ascheron ; Gausbertus, forestarius ;... Warinus, nepos Wauterii de Ascherone, dominicus...

35. — 1071, 8 mars, Château-du-Loir. — Accord entre Gervais de Château-du-Loir et l'abbaye de Saint-Vincent au sujet des coutumes de Sarcé. — (Imprimé : *Cartulaire de Saint-Vincent*, n° 312.)

Robertus, vicarius Gervasii, distringens per vicariam II homines Sancti Vincentii de Sarciaco, abstulit uni v solidos et alii XII. Ob quam causam perrexerunt duo monachi... ad Castellum Lid, ante Gervasium, filium Roberti, placitare... Cumque Gervasius jussisset predicto vicario, et ventum esset ad reddendum denarios... monachi concedentes acceperunt IV denarios de manu Roberti vicarii, quod prestitit illis Hato de Curcellon...

---

1. Au lieu de 1067-1076, date adoptée par M. l'abbé Lotin, il faut limiter la période de cet acte entre 1067 et 1070. Cf. *Cartulaire de l'Évêché du Mans*, p. 3, note 3.

Testibus : Gervasio videlicet, filio Roberti ; Adam, fratre ejus ;... Hatone de Curcellon et Willelmo, ejus filio ; Bencelino, senescallo...

36. — 1072. — Accord entre Hugues de Chateau-du-Loir et la Trinité de Vendome au sujet des étangs de Villedieu [1]. — (Imprimé : *Histoire de Vendôme*, par l'abbé Simon, t. II, pp. 223 et 224.)

En 1039, le 7 des calendes de juillet, c'est-à-dire le 25 juin, il (l'évêque Gervais) donna un espace de pré le long de la rivière pour faire deux grands étangs, moyennant douze deniers de cens. Dans la suite, Hugues le Long [2], seigneur de Château-du-Loir et de Colmaimon, neveu de Gervais et son héritier, avec sa femme Alexandrie, fille d'un seigneur de Bouloire, voulurent disputer la donation ; mais pour empêcher les procédures, on leur donna, l'an 1072, quarante sous tournois et un psautier de la valeur de dix sous, qu'ils exigèrent ; et enfin à quatre de leurs enfants chacun deux deniers, moyennant quoi, non seulement ils ratifièrent la donation de leur oncle, mais encore ils ajoutèrent à cette donation d'autres terres qui étaient de l'autre côté de la rivière, pour y bâtir des moulins et des maisons.

37. — 1070-1074. — Confirmation de la charte par laquelle Hamelin de Langeais avait donné Sainte-Marie de Tuffé a l'abbaye de Saint-Vincent. — (Imprimé : *Cartulaire de Saint-Vincent*, n° 178.)

... S. Gervasii, filii Roberti de Castello Lid, qui hanc cartam firmavit, sub Monte Cordis...

38. — 1070-1076, Mayet. — Acte par lequel Gervais de Chateau-du-Loir, neveu de l'évêque Gervais, confirme

---

1. Cette charte ne figure point au *Cartulaire de la Trinité*. M. l'abbé Métais, consulté à ce propos, nous a dit n'en avoir trouvé trace nulle part.
2. Il n'y eut jamais d'Hugues le Long seigneur de Château-du-Loir après l'évêque Gervais, lequel eut pour successeur son neveu appelé comme lui Gervais. Il est certain toutefois que l'évêque eut un neveu du nom d'Hugues, mentionné ci-dessus sous le n° 21. Nous rencontrerons plus loin, vers 1090 (n° 59), Hugo de Castello Lidi.

A SAINT-VINCENT LA TERRE DE SARCÉ. — (Imprimé : *Cartulaire de Saint-Vincent*, n° 304.)

... Postquam Gervasius archipresul excussit Herberto de Miletia terram de Sarciaco et reddidit eam Sancto Vincentio, donavit et in perpetuum annuit Sancto Vincentio quicquid consuetudinis ipse et pater suus antea in eadem terra juste aut injuste facere habuerat. Post mortem autem ipsius domni Gervasii archiepiscopi, confirmavit et corroboravit omnino Gervasius, ipsius nepos, donum hoc...

... Quinto idus aprilis, in Magito, in receptaculo quod dicunt Rupi, annuente fratre suo Adam, et testibus viris plurimis quorum hic conscripta sunt nomina : ... Drogo de Semmur ; ... Robertus de Acri Silva...

39. — 1070-1076. — RATIFICATION, PAR ADAM DE CHATEAU-DU-LOIR, DU DON DE L'ÉGLISE DE SAINT-GERVAIS-EN-BELIN FAIT A SAINT-VINCENT. — (Imprimé : *Cartulaire de Saint-Vincent*, n° 343.)

... Adam, frater Gervasii de Castello, annuit... illud beneficium quod Robertus, filius Hugonis, reliquerat... scilicet ecclesiam Sancti Gervasii...

Videntibus istis : ... Roberto de Acra Silva...

40. — 1070-1076, Montmirail. — ACTE CONSTATANT LA SUZERAINETÉ DE GUILLAUME II GOUET SUR CHATEAU-DU-LOIR. — (Imprimé : *Cartulaire de Saint-Vincent*, n° 314.)

... Willelmus Goietus, cum uxore sua,... annuit et in perpetuum auctorizavit Sancto Vincentio... omnia illa que ad honorem Castelli Lid pertinent... id est : Tufiacum, et terram de Banneolis, et Laboratorium, et Curiam Dominici, et ecclesiam Sancti Gervasii de Belino, et omnes consuetudines Sarciaci, et si qua alia sunt que ad casamentum Castelli Lid pertineant quibus ipso die Sanctus Vincentius et monachi ejus vestiti et saisiti erant...

41. — Vers 1075. — ACCORD ENTRE MARMOUTIER ET GUILLAUME II GOUET, PAR LEQUEL CELUI-CI RENONCE A SES ENTREPRISES SUR LA DONATION FAITE A SAINT-GUINGALOIS PAR

Gervais de Chateau-du-Loir. — (Imprimé : *Revue du Maine*, t. V, pp. 342-344.)

... Emptionem illam quam fecimus a Gervasio et fratribus ejus de Sancto Guingualoco calumpniatus est nobis Guillelmus cognomento Goietus, eo quod sine assensu et auctoritate sua feceramus. Reclamabat enim jus in honore Castelli Ledi, per donum quod inde factum fuerat sibi et patri suo a majoribus suis...

42. — 1067-1095. — Confirmation par Gervais de Chateau-du-Loir et Éremburge, sa femme, des dons faits a Saint-Vincent par Robert, son père, et l'archevêque Gervais, son oncle. — (Imprimé : *Cartulaire de Saint-Vincent*, n° 232.)

Si quid autem predecessores sui, pater videlicet Robertus atque Gervasius archipresul, avunculus suus, tribuerunt vel annuerunt... annuit atque favit idem Gervasius ipse, Roberti suprascripti filius.

Hujus vero deliberationis atque annuitionis isti sunt testes : Eremburgis, uxor ejusdem Gervasii ; ... Herbertus de Vovriaco ; ... Goffredus, vicarius ; Harduinus, forestarius ; Fulcherius, forestarius ; ... Rainulfus, cocus Gervasii ; ... Fulco, filius Ursionis de Monasteriolo ; ... Drogo de Semmuro ; Hugo, filius ejus ; Goslenus, alter filius ejus...

43. — 1067-1097. — Jugement de Gervais de Chateau-du-Loir en faveur de Saint-Vincent, ordonnant a Foucher, son forestier, de laisser aux hommes de l'abbaye résidant a Courdemanche l'usage du bois et le panage des porcs dans la forêt de Berçay. — (Imprimé : *Cartulaire de Saint-Vincent*, n° 231.)

44. — 1067-1097. — Acte par lequel Hélinand, fils d'Hugues, ayant été remis, par Gervais de Chateau-du-Loir et Herbert de la Suze, en possession du fief que lui avait enlevé l'archevêque Gervais, confirme a Saint-Vincent l'église de Courdemanche. — (Imprimé : *Cartulaire de Saint-Vincent*, n° 233.)

45. — 1067-1097. — Charte par laquelle Gervais de Chateau-du-Loir donne la villa de « Cupanis » a l'abbaye de Saint-Vincent. — (Imprimé : *Cartulaire de Saint-Vincent*, n° 255.)

Luciaco castello casu destructo, venerunt castellani, jussu Gervasii, cujus castellum erat, et abstulerunt vi vallum de quo ecclesia Sancti Vincentii Curtis Dominice cingebatur, ad illud claudendum. De qua re Hugo monachus, ville illius prefectus, valde contristatus est. Quo contristato, non longe post, tam pro redemptione quam pro restauratione valli illius, dedit Sancto Vincentio idem Gervasius unam mansuram terre, sicuti eam tenebat, cum omni consuetudine, que villa Cupanis nominatur, ad illam supradictam parrochiam pertinentem.

Hii affuerunt testes : Drogo de Semmuro ; Mainardus de Exportiaco, Theobaudus Traginus.

46. — 1067-1097. — Accord entre Gervais de Chateau-du-Loir et Saint-Vincent au sujet d'une pièce de terre. — (Imprimé : *Cartulaire de Saint-Vincent*, n° 259.)

... Gervasius de Castello Lit quoddam bordagium terre calumpniabatur monachis Sancti Vincentii. Unde finem fecerunt cum eo... monachi, dando sibi ii modios frumenti et x s.

... Testibus istis : ... Matheo de Monte Aureo ; Gauscelino, filio Drogonis ; Willelmo de Mangeio ; Roberto de Acri Silva ; Radulfo, dapifero ; Fulcoio de Monasteriolo.

47. — Vers 1080, Château-du-Loir. — Jugement de Gervais de Chateau-du-Loir au sujet d'une pièce de terre a Courdemanche, sur la Veuve. — (Imprimé : *Cartulaire de Saint-Vincent*, n° 253.)

... In curia Gervasii Castelli Lith...

Testes : ... Robertus de Acrisilva ; Bencelinus ; Willelmus de Mangiaco... Affuit etiam Elisabeth, mater Gervasii ; Eremburgis, uxor ejusdem Gervasii.

48. — 1083-1090. — Le clerc Gervais [1], neveu de

---

1. Ce Gervais, neveu de l'évêque du même nom, pourrait être le fils de Guy 1er de Laval et de Rotrude de Château-du-Loir. Mais on l'identifiera

L'ÉVÊQUE GERVAIS, EST INSTALLÉ DOYEN DE L'ÉGLISE DU MANS, PUIS DÉPOSÉ PEU DE TEMPS APRÈS. — (Imprimé : *Actus*, pp. 388, 392.)

... Quemdam nobilem juvenem, Gervasium nomine, nepotem scilicet illius nominatissimi Gervasii, ejusdem ecclesie quondam episcopi... [clerici] constituerunt...

Gervasium tamen,... qui, contra decreta ecclesiastica, decani nomen et honorem usurpaverat, ab ipsius ecclesie societate in perpetuum esse fecit exortem...

49. — Vers 1085. — ACTE PAR LEQUEL GERVAIS DE CHATEAU-DU-LOIR, EN CONFIRMANT LES DONATIONS FAITES PAR MATHIEU DE MONTOIRE AU PRIEURÉ DE COHÉMON, DONNE AUX RELIGIEUSES LE DROIT D'USAGE COMPLET DANS SES PROPRES FORÊTS. — (Imprimé : *Cartulaire du Ronceray*, n° 392.)

... Concessu Gervasii de Castello Lit... Et domnus Gervasius dedit vendas quas habebat in eadem terra et pasnagium in suis silvis de propriis porcis Sancte Marie et silvam ad facienda opera.

Teste : ... Drogone de Curtiranno ; ... Hugone de Silmuro ; ... Achardo de Mota ; ... Roberto de Acra Silva ; Drogone de Silmuro...

50. — Vers 1085, Château-du-Loir. — ABANDON FAIT PAR LE CHEVALIER GUISCELIN DE SES PRÉTENTIONS SUR COHÉMON. — (Imprimé : *Cartulaire du Ronceray*, n° 393.)

... Venit abbatissa Richildis coram domno Gervasio... In presentia domni Gervasii, et Ade, et Gervasii, canonici Sancti Martini.

Hujus concessionis sunt testes : Gervasius de Castro Ledi et Gervasius, frater ejus, canonicus Sancti Martini ; Adam, frater eorum ; Helisabeth, mater eorum ; ... Drogo de Curia Tiranni ; Hugo de Saumur ; Goslinus, frater ejus ; Robertus

plus vraisemblablement avec le chanoine de Saint-Martin d'Angers, frère de Gervais de Château-du-Loir et témoin avec lui de la charte 393 du Ronceray. Voir n° 50. Dans la donation de Saint-Guingalois, à la suite d'Adam et de Robert, frères de Gervais, on trouve *Gervasius, clericus*.

de Acri Silva ; Hubertus, filius ejus ; ... Guillermus de Mangiaco ; ... Rainaldus de Antiquis Molendinis ; ... Guillermus de Curcilio ; Nihardus Mala Musca et filii ejus Fulcoius et Droco ; ... Raherius de Buloria...

51. — 1080-1094. — Donations des prieurés de Parné et de Gennes a l'abbaye de Saint-Nicolas d'Angers [1]. — (B. N., Fr. 22.450, p. 167.)

In Dei, etc. Willelmus de Parronai dedit medietatem sue partis de ecclesia de Parronai, auctorizante Fulcone de Matefelon, Natali abbate. Testes : Clarembaldus de Ruperforti ; Fulco de Marboe ; Fulco de Malandria ; Odo de Parronai ; Constantinus, filius supradicti Willelmi ; Mainardus, nepos ejusdem Willelmi. *(Fol. 42.)*

1. Des cinq chartes imprimées ici, la première et la cinquième sont datées par l'abbatiat de Noël (1080-1096). Selon M. l'abbé Angot (*Dict. de la Mayenne*, III, 229), c'est vers 1090 que Foulques du Bignon accorda le panage dans ses bois. Le don de Guy de Laval et de Denise de Mortain est un peu antérieur à 1090, car c'est en 1090 que Guy devint veuf de Denise, sa première femme, qui ne lui avait pas laissé d'enfants. (*La Maison de Laval*, I, 54, 55.) Le quatrième acte, relatant la donation d'Adam de Château-du-Loir avec la concession d'Hamelin, son fils, est daté par par M. l'abbé Angot (*Dict.*, p. 226) vers 1030. Pour attribuer le don d'Adam à cette époque et faire de lui le père d'Haimon ou Hamelin père lui-même de l'évêque Gervais, il faut admettre qu'Adam n'avait pas moins de soixante-quinze ans en 1030, et son fils Hamelin cinquante ans au minimum. En effet, Hamelin épousa Hildeburge, sœur de l'évêque Avesgaud, au plus tard dans les premiers mois de 1006, Gervais étant né le 2 février 1007. La naissance d'Hamelin ne pourrait donc être postérieure à 980 environ, et celle d'Adam à l'année 955. Gervais de Château-du-Loir, avant son élévation à l'épiscopat, fait acte de suzerain dans la fondation du prieuré de Saint-Jean-de-la-Motte (voir n° 6), ce qui implique que son père Hamelin ne vivait plus (1028-1036). On peut en conclure que le père d'Hamelin était lui-même décédé depuis longtemps en 1030. Nous croyons plus raisonnable de voir dans le bienfaiteur du prieuré de Parné le neveu de l'évêque Gervais, Adam de Château-du-Loir, frère puîné de Gervais II, personnage important, qui comparaît dans une dizaine de chartes de 1060 à 1097. Outre son fils Hamelin, il put avoir d'autres enfants : Hugues, Jean, Muinier. Le nom d'Adam se rencontre plusieurs fois auprès de celui de Foulques de Mathefelon, qui est suzerain de Parné dans la donation de Guillaume de Parné. Remarquons, pour terminer, que le prieuré de Parné fut confirmé par l'évêque Noël en 1094 seulement, et par Urbain II en 1096.

Notum... quod Fulco de Bungnun dedit pastionem ad porcos monachorum de Parrenaio in omnibus boscis suis. Testes : de militibus : Hamelinus de Bona ; Silvester Barratus ; Hamo Lupellus. *(Fol. 43.)*

In nomine... Guido de Lavalle dedit vicariam de Parrenaio, pro salute sua et uxoris sue Dionisie. Testis : Rainaldus de Cantalupo. *(Fol. 43.)*

Dum paganorum, etc. Adam de Castro Leli dedit medietatem ecclesie de Parriniaco et mediam partem olchie ad burgum faciendum. Hoc concessit filius ejus Hamelinus. Alteram partem dederunt Drogo de Croc et Herbertus de Nemeia [1], filiaster ejus, et Amicitia, uxor ejus. Testis : Angerius de Campania. *(Fol. 44.)*

In Christi, etc. Ego, Suhardus Tedholini, pro animabus Goffredi, fratris mei, et uxoris mee Galesendis, dedi de ecclesiis que sunt apud Gepnam quodcumque ad me pertinet et medietatem costumarum burgi Gepne, annuente domino meo Hugone de Castosciaco, Natali abbate. Testes : Leubertus de Morenna ; Augerius, frater ejus ; Rainaldus Bonus Homo de Chimilliaco ; Ulgerius de Pruneriis ; Tetbaldus de Gepna ; Gosfridus Calvellus, filius Theolini de Gepna ; Leufredus, sororius ejus. *(Fol. 44.)*

52. — 1080-1097. — Dons faits a Saint-Vincent par Bencelin [2] en prenant l'habit monastique. — (Imprimé : *Cartulaire de Saint-Vincent*, n° 291.)

... Hoc vidit et audivit domnus Gervasius de Castello Lid, et pene omnes sui milites de eodem castello, quorum nomina hic subnotantur : Drogo de Curia Tyranni ; Hugo et Gauslinus de Semmur...

53. — 1080-1097, Mayet. — Jugement de Gervais de Chateau-du-Loir défendant a ses officiers de prélever aucun droit de tonlieu ou de viguerie sur les sujets de

1. Ou *Verneia*.
2. Ce Bencelin pourrait être le même que celui qui avait le titre de sénéchal lors de la donation du prieuré de Saint-Guingalois par Gervais. Voir n°s 27 et 35.

Saint-Vincent résidant a Sarcé et a Courdemanche. — (Imprimé : *Cartulaire de Saint-Vincent*, n° 305.)

... Perrexit abbas Rannulfus et cum eo monachi ipsius... ad... Gervasium, apud Magittum... Precepit itaque domnus Gervasius Adelardo, vicario suo, qui has querelas proprie inferebat, ut redderet.

Hoc judicium judicaverunt : Theobaudus, filius Hubaudi, et Drogo de Curtirant; Goslinus de Semmur; Wiscelinus de Curia Dominica; Herlannus de Magitto; Bencelinus...

54. — 1080-1097, Luché. — Jugement solennel en faveur de Saint-Vincent contre un nommé Rahier. — (Imprimé : *Cartulaire de Saint-Vincent*, n° 308.)

... Cujus rei judices et testes fuerunt isti : Adam, frater Gervasii; Hugo de Sancto Christoforo; Wauterius de Monte Sorello...

Hoc factum fuit in villa Luciaci, die sabbati iv^{or} temporum, pridie vigiliam sancti Johannis Baptiste.

55. — 1080-1097. — Jugement en faveur de Saint-Vincent, donné par Gervais de Chateau-du-Loir, contre Garnier, frère de Rahier. — (Imprimé : *Cartulaire de Saint-Vincent*, n° 309.)

Cum Warnerio, fratre supradicti Raherii, aliud placitum post modum supradictus abbas Rannulfus in plena curia domni Gervasii fecit...

Cujus rei judices fuerunt : domnus Gervasius, qui hec omnia crebro auditu didiscerat; ... Drogo de Curia Tyranni; Bencelinus; Willelmus de Mangé; ... Gauslinus de Semmur...

56. — 1082-1097, Château-du-Loir. — Acte relatant une conférence entre Ranulphe, abbé de Saint-Vincent, et Gervais de Chateau-du-Loir. — (Imprimé : *Cartulaire de Saint-Vincent*, n° 263.)

Abbas Rannulfus quadam vice ivit ad Castellum Lit locuturus cum Gervasio. Et audivit dicere quod Hadvisa, uxor Goslini de Semmur, erat infirma, ambulavitque eam visitare... Atque [Hadvisa] dedit monachis unam mansuram terre que vocatur mansura de Fontibus, sicut Hilduinus Druus, maritus ejus primus, et sicut Goslinus, alius sequens maritus ejus, et ut ipsamet habuit et tenuit...

57. — 1085-1095, Château-du-Loir. — CHARTE PAR LAQUELLE GERVAIS DE CHATEAU-DU-LOIR ET SA FEMME ÉREMBURGE, LAQUELLE ÉTAIT A SON LIT DE MORT, DONNENT A SAINT-VINCENT LA DIME DE DEUX MANSES DE TERRE. — (Imprimé : *Cartulaire de Saint-Vincent*, n° 261.)

... Gervasius de Castello Lit et Eremburgis, uxor ipsius, in eadem infirmitate de qua ex hac vita dicessit, dederunt Deo sanctisque martiribus ejus Vincentio atque Laurentio, ac Rannulfo abbati, a Turonis cum episcopo Hoello revertenti, decimam II mansionum terre, in loco ubi domnus Gervasius archiepiscopus stagnum quoddam habuit...

Actum apud Castellum Lit, ante lectum jacentis, II nonas junii, donumque hujus rei per librum manuelem, in quo egram episcopus absolveret, ambo in manibus predicti abbatis miserunt ; et abbas, quamdiu decumberet, unam missam cotidie promisit...

Hoc donum... viderunt : ... Hildegarius medicus, qui eidem egre sue artis curam impendebat, et Mathildis, mater ipsius Eremburgis, presens affuit, et plurimi alii.

58. — 1089, 26 juillet, Château-la-Vallière. — ACTE PAR LEQUEL HUGUES D'ALLUYE CONFIRME A L'ABBAYE DE SAINT-FLORENT DE SAUMUR LA DONATION DE LA TERRE DE COURCELLES FAITE PAR TEODINUS MANSELLUS. — (Imprimé : D'Hozier ; *Armorial*, t. IV, famille d'Alluye, d'après le *Cartulaire noir de Saint-Florent*, fol. 126 verso.)

Quoniam quae in hac geruntur mortalitate citius a notitia hominum dilabuntur nisi stilo alligentur, tradendum est litterali memoria quod Teodinus Mansellus dedit Sancto Florentio ejusque monachis medietatem de Curcella, auctorizante Hugone, filio Hugonis de Aluia, de cujus castramento erat.

Factum est autem hoc anno millesimo LXXXVIIII ab Incarnatione Domini, die VII kalendas augusti, id est post festivitatem sancti Christofori martiris, in eodem Castro.

Huic interfuerunt donationi testes qui subnotantur : Adam de Castroledi ; Radulfus Burdellus ; Wuillelmus de Curcilio ; Rotbertus Bornellus ; Girardus, telonearius ; Raginaldus Calcar ; Algerius Canavella ; Berardus de Bosco Corbonis ; Radulfus de Fontenella ; Raherius ; Erardus de Berra ; Drogo de Cortiram ; Hubertus, filius Rotberti Acrisilva ; Morinus de Castello ; Diuternus, presbyter ; Willelmus, artifex ; Raginaldus de Lostallo.

59. — Vers 1090. — RECONNAISSANCE, PAR FOULQUES DE MATHEFELON, QUE LES MOINES DE SAINT-SERGE D'ANGERS SONT EXEMPTS DES CORVÉES QU'IL VOULAIT LEUR IMPOSER POUR LA CONSTRUCTION D'UN PONT. — (Imprimé : Comte Bertrand de Broussillon : *La Maison de Laval*, t. Ier, p. 70, n° 79 du *Cartulaire*. — Note, n° 53 du *Cartulaire de Saint-Serge d'Angers*, publié par M. l'abbé Durville. Nantes, 1903.)

Testes : ipse Fulco de Matefelon ; Wido de Walle ; Mainardus Bovus ; Salomon, filius Osille ; Hugo de Castello Lidi.

60. — 1090-1096, le Mans. — ACCORD ENTRE GUILLAUME DE BRAITEL ET LES RELIGIEUX DE SAINT-VINCENT AU SUJET DE COURGAINS. — (Imprimé : *Cartulaire de Saint-Vincent*, n° 564.)

... Actum Cenomannis, in aula Helie comitis, iv° nonas novembris, auctorizante Hoello, episcopo, et Helia, comite, et Juhali, abbate Culture, in presentia horum virorum : Gervasii de Castello Lid et Adam, fratris ejus ; Rotrochi de Monte Forti ; Herberti de Secusa ; Herberti de Wirchia...

61. — 1090-1097. — JUGEMENT DE GERVAIS DE CHATEAU-DU-LOIR AU SUJET DE LA TERRE DE FONTAINE, DISPUTÉE A SAINT-VINCENT. — (Imprimé : *Cartulaire de Saint-Vincent*, n° 265.)

62. — 1090-1110. — GÉNÉALOGIE D'HÉLIE DE LA FLÈCHE, D'APRÈS ORDERIC VITAL. — (Imprimé : Orderic Vital : *Historia ecclesiastica*, éd. A. Leprévost, t. III, pp. 331-332 ; t. IV, pp. 35-36.)

Helias vero... comes Cenomannorum factus est, et xx annis adepto consulatu strenue potitus est. Heres quoque soceri sui

Gervasii de Castro Lidi factus est, cujus filiam habuit, ex qua filiam nomine Eremburgem genuit, quam domino suo Fulconi, Andegavorum comiti, in matrimonium copulavit...

Nunc ordinem rerum gestarum libet retexere et genealogiam regios fasces jam sperantis prosapiæ. Helias, Johannis et Paulæ filius [1], Hugonis, Cenomannorum consulis, consobrinus [2], vir multis erga Dei cultum honestatibus viguit populique regimen in timore Dei salubriter servavit. Hic generosam conjugem Mathildem, filiam Gervasii, accepit, qui Rodberti, cognomento Brochardi, fratris Gervasii, Remorum archiepiscopi, filius fuit. Huic sex fratres fuerunt, quorum duo priores : Goisbertus et Enoch, post militiam monachi facti sunt ; reliqui vero quatuor : Joffredus et Lancelinus, Milo et Guillelmus, immaturata morte præventi sunt. Helias de paterna hereditate Flechiam castrum possedit ; quatuor vero castella de patrimonio uxoris suæ obtinuit, id est : Ligerim et Maiatum, Luceium et Ustilliacum. Uxor ejus ei filiam, Eremburgem nomine, peperit, quæ, nubilibus annis, Fulconi [3], Andegavorum tunc comiti, nunc Ierosolymorum regi, nupsit et generosam sobolem genuit : Joffredum [4] et Heliam, Mathildem et Sibyllam, quæ filiis regum solemniter nupserunt.

63. — 1095. — NOTICE DE LA SENTENCE PAR LAQUELLE FOULQUES RÉCHIN MAINTIENT SAINT-AUBIN DANS LA POSSESSION

---

1. Hélie de la Flèche était fils de Jean de Beaugency, dit de la Flèche, seigneur de la Flèche, et de Paule, sa cousine germaine, fille d'Hugues II, comte du Maine. Son grand-père, Lancelin de Beaugency, avait épousé Paule, troisième fille d'Herbert Ier Éveille-Chien.

2. Hugues III, comte du Maine, fils d'Azzon, marquis de Ligurie, et d'Hersende, fille aînée d'Herbert Ier Éveille-Chien. Hugues III était cousin germain tout à la fois de Jean de la Flèche et de Paule, femme de Jean et fille d'Hugues II.

3. Foulques V le Jeune, fils de Foulques IV Réchin et de Bertrade de Montfort. Né en 1190, il avait épousé vers 1107, à peine âgé de seize ou dix-sept ans, la fille d'Hélie de la Flèche, Éremburge, d'abord fiancée à son frère aîné Geoffroy, récemment tué à Candé. Il succéda à son père en avril 1109. (C. Port. *Dictionnaire de Maine-et-Loire*, t. II, pp. 114 et 193 ; *Actes*, pp. 400 et 416.)

4. Geoffroy IV, le Bel ou Plantagenet, comte d'Anjou et du Maine, né le 24 août 1113.

d'un domaine près d'Angers. — (Imprimé : *Cartulaire de Saint-Aubin*, t. II, pp. 19-20.)

... Affuerunt autem in placito illo : Andegavorum comes Fulco et Gosfridus Hugonis, pontifex Andegavensis ; Marbodus quoque, Redonensis episcopus ; sed et de baronibus Andegavensibus : Rainaldus de Castro Gunterii ; ... Paganus de Mirebello, Adam de Castello Ledi ; ... Fulco de Metefelon...

64. — Vers 1095. — Confirmation par Hélie, comte du Maine, et Mathilde de Chateau-du-Loir, sa femme, du don d'une vigne fait au Ronceray par Hameline, fille de Jean Le Tort. — Imprimé : *Cartulaire du Ronceray*, n° 394.)

... Concessit etiam comes Helyas, qui totius patrie dominus est et maxime vinee, quia de patrimonio uxoris sue Mahildis fuit, etenim Elisabeth, matris Gervasii, patris Mahildis, conjugis sue, et Guiscelinus de Curia Dumenchii, de cujus fevo movet.

Testibus his : Goslino de Saumur ; Drogone Mala Musca ; Aucherius Mala Musca ; Hubertus de Acri Silva...

65. — 1095-1097. — Concession de coutumes a Sarcé par Gervais de Chateau-du-Loir et Garsende, sa femme. — Imprimé : *Cartulaire de Saint-Vincent*, n° 325.)

... Vetavit domnus Gervasius ne panis ad vendendum preter ab uno pistore apud Sarcineum fieret, vel caro preter ab uno buccario venderetur, et cum uno anno et amplius abstulisset, tandem, precatu et ammonitione abbatis Rannulfi et uxoris sue Garsendis et militum suorum, rectum Sancti recognovit...

... Viderunt et audierunt isti : Gervasius ; Garsendis ; Willelmus de Mangé ; Gauslinus de Semmur ; Gervasius, vicarius ; ... Robertus de Campo Marini.

66. — Vers 1097. — Confirmation par Hélie, comte du Maine, d'une donation faite a Saint-Guingalois par Gervais de Chateau-du-Loir et Éremburge, sa femme. — (B. N., Latin 5441^2, p. 228.)

Quia plurimorum tedio, quedam huic beatissimi patris nostri Wingaloei cenobio, in castro quod dicitur Ledi fondato, a quibusdam didicimus oblata, litteris tradere curavimus. Igitur non latere volumus supradicti castri dominum, Gervasium nomine, 4 libras cenomanensis monete dederat, migrans ad Christum uxor sua, Eremburgis nomine, 100que solidos Gervasius, in elemosinam matris sue Elysabet morientis, prenotati cenobii fratribus promiserat. Gener suus quoque Cenomanice civitatis Helyas oblationem laudavit atque concessit.

Testes his censentur nominibus : Drogo de Cortirant ; Hugo et frater ejus ; Gauslinus de Selmuro ; Garsendis, uxor ejusdem Gervasii ; Hugo Bocellus ; Hubertus de Montseur ; Hubertus de la Crota.

67. — 1099, 27 mars, Château-du-Loir. — CHARTE PAR LAQUELLE HÉLIE, COMTE DU MAINE, POUR L'AME DE MATHILDE, SA FEMME, RÉCEMMENT DÉCÉDÉE, ET DE LAQUELLE IL TENAIT CHATEAU-DU-LOIR, DONNE A SAINT-GUINGALOIS SA CHAPELLE, SISE AU PIED DE LA TOUR DE CHATEAU-DU-LOIR. — (B. N., *Cartulaire de Marmoutier*, par Gaignières. Copie de M. de l'Estang.)

Res gestas solet oblivio delere ne successorum valeant utilitatibus prodesse. Quod nos adtendentes et successorum nostrorum utilitati non minus quam nostræ propriæ providentes, ea que nostris temporibus adquisimus, Deo largiente, litterarum memoriæ tradita posteris nostris curamus indicare.

Noverint igitur universi tam futuri quam presentes quod anno ab Incarnatione Domini millesimo nonagesimo nono, sexto calendas aprilis, XV die ante Pascha, venit in capitulum nostrum, monachorum scilicet Majoris Monasterii, apud Castrum Ledi habitantium, Helias, comes Cenomanensis, et ibi dedit pro anima uxoris suæ Mathildis, ante paucos dies defunctæ, per quam habebat honorem Castri Ledensis, et pro sua etiam anima, et pro animabus etiam antecessorum suorum, Deo et Beato Martino, Sancto Guingualeo atque nobis, capellam suam, ad pedes turris memorati castri sitam, cum omnibus omnino que ad eam pertinebant.

68. — 1096-1110. — HÉLIE, COMTE DU MAINE, CONFIRME A

L'ÉGLISE DU MANS LES DONATIONS DE GERVAIS DE CHATEAU-DU-LOIR, SON BEAU-PÈRE. — (Imprimé : *Actus*, p. 407.)

... Comes Helias... concessit quicquid ejus socer Gervasius de Castro Lid in terra episcopi et canonicorum, que ultra Idoneam fluvium est, Beato contulerat Juliano...

69. — Vers 1100. — COUTUMES DE LA BARONNIE DE CHATEAU-DU-LOIR. — (B. N., Latin 9067, fol. 298 verso.

Hæc est notitia et consuetudo de Castro Lidi.

In hoc castro habet comes tres molendinos. Et si plus facere vellet, facere plus posset. Et si quis hominum castri illius alibi vellet molere, comiti emendaret.

Et tres furnos habet.

Et clausum vinearum fere decem arpentorum.

In terra Sancti Martini de Voveria habet vinagium, multones, terragium, forragium, carragium, hospitium ad opus canum semel in anno.

Ad Castrum Lidi unum modium vini, et habet octo libras denariorum de veteri casu, et de novo sine computatione.

Et prata habet duobus locis, excepto prato de Jarto.

Et in nemore Sancti Martini hordagium terræ quod tenet uxor Heliæ Bruslon. Et in varenna unum arpentum.

Et in omni terra de Castrolidi cujuscunque terra sit, homines aubani sunt comitis, et incendium, et raptus, et mores hominum, et falsa mensura, et falsa moneta, et dimidius decanatus.

Et ubicunque latro inveniatur, comiti reddetur. Et pecunia foeneratoris comitis est, et thesaurus ubicunque inveniatur, et pedagium, nisi de hominibus monachorum, et venda de omni terra de censiva sua, et de proprio homine.

Et de omnibus extraneis venda et omnis consuetudo comitis est. Et omnis mercatus totus est comitis, et feriæ, et minagium, ubicunque vendantur fruges, excepto burgo monachorum.

Et si quis emerit in hoc castro aliquod animal, equum, bovem, asinum, vel aliquid aliud, ille qui emerit reddat vendam pro se vel pro milite vel clerico a quo emerit de burgo monachorum.

Die mercatus comitis vel die feriæ, omnis venda et consuetudo hominum monachorum erit comitis.

A festo sancti Gervasii usque ad festum sancti Johannis Baptistæ, quamdiu salnarii erunt in foro, comitis est. Et postquam salnarii recesserint, erit monachorum.

Omne duellum undecunque veniat, victus erit comitis, hoc modo : quod præpositus Maieti ducat victum, reddendo præposito Castrolidi decem solidos, exceptis hominibus monachorum.

Ad Maietum non potest fieri duellum vel judicium quod non mittatur ad Castrum Lidi, exceptis hominibus Sancti Martini.

De omni terra Archiepiscopi si contentio fit judicii, vel duelli, vel etiam sacramenti, debet examinari [1] ante seneschallum comitis ad Castrumlidi.

Si contentio evenit inter dominum Sancti Christophori et comitem, comes mittet nuncios suos ad caput pontis Curtis Hamonis ad terminandum.

Similiter ad Portum Galteri inter illos de Carcere.

Similiter cum Ludensibus ad Barram Cordis.

De Maieto ad Castrumlidi erit omnis terminatio.

Briantum habet comes in propriis hominibus suis, et corveiam ad colligendum foenum [2].

Si miles vendit domum suam vel commendat consuetudinario homini comitis, consuetudo erit comitis.

Si comes fuerit in exercitu, cujuscunque homo remanserit, si captus fuerit homo dum comes est in exercitu, absque reclamatione erit redemptio comitis. Si post exercitum captus fuerit, fiet clamor domino cujus terræ erit et adducet ante comitem ad faciendum judicium.

Ad Vedastum habet comes biennium et pedagium et dimidiam feriam.

Ad Anetum habet comes hostem et equitationem et tailliatam.

Ad Texuam habet comes villicariam, sanguinem, raptum, furtum, incendium.

1. La copie porte : *et minari*.
2. La copie porte : *foedum*.

De terra Burgundionis et [1] de Boloria, quæ est de feodo Vindocinensi, non potest deferri annona nec aliquod aliud de quo comes non habeat consuetudinem.

De Ruriaco [2] habet comes hostem et equitationem.

Ad Nogentum, hostem, et equitationem, et tailliatam, et biantum, et corveiam.

Per totam terram Archiepiscopi habet comes biennium, corveiam, tailliatam, latrocinium, incendium, raptum, mortes interfectorum.

Si archipresbiter vel archidiaconus duxerit aliquem in causam, non potest ejicere causam illam extra Castrumlidi vel Maieti, nisi Cenomani.

In terra Mangiaci habet comes forragium.

Ad Montabon forragium.

In feodo Hugonis de Semur forragium.

In terra Huberti de Troei forragium.

In terra Giraldi Furnarii forragium.

In terra Rigaudi forragium et pastum canibus semel in anno.

In terra Ursionis de Mosterol forragium.

In terra Andreæ de Poilly forragium et pastum canibus semel in anno.

In terra Hugonis de Belin forragium.

In terra Gaufridi Coqui forragium.

In terra Chalopin forragium.

In terra Matthæi Boschet forragium.

In terra Guillelmi Parent solebat comes habere villicationem, sed et servientes contendunt, dicentes quod comes dederit.

In Lucellio habet comes villicationem de extraneis emptoribus.

In terra Sancti Petri de Marrignacio habet comes forragium in omni domo in qua ignis accenditur.

Et de molendinis habet forragium.

In terra de Lablois habet comes forragium.

1. Ce *et* est de trop.
2. Probablement pour : *Vorriaco*.

In feodo Josberti de Maeto apud Fontenelles habet comes forragium.

Totus feodus de Secusia, quem habet Herbertus de Cullobovis, debet forragium comiti.

Terra Raboin Pastel debet forragium comiti.

In feodo Symonis de Centon ad Lentam habet comes forragium.

De terra Richoldis de Orna habet comes consuetudinem de hominibus hospitatis ibi extra burgum, et si extranei homines faciunt mercatum intra burgum, consuetudo erit comitis.

Totus burgus Ferrariæ et omnis redditus totius villæ totum est proprium comitis, et ubicunque emat homo hujus villæ in terra Archiepiscopi ad victum suum, non reddit consuetudinem.

Ad Bellummontem habet comes de extraneo homine obolum, et pedagium de Ferraria.

Universaliter per totam terram Archiepiscopi habet comes costumam de homine qui est extra terram...

In terra præpositi de Duloeta habet comes pastum canibus.

Robertus, filius Ginargan, reddit omnes etiam consuetudines domino comiti.

Fulco Faciens Stultitiam de Exemplis similiter.

Paganus Borrel similiter [1].

Comes habet etiam summam mellis et quatuor solidos de apiculariis.

Comes habet etiam in terra de Corcillon hostem, custodiam, tailliatam, et in molendino de Sarrenel pastum canibus semel in anno.

70. — Vers 1100. — Liste des fiefs de Château-du-Loir. B. N., Latin 9067, fol. 298.)

Hæc sunt feoda quæ pertinent ad dominum de Castro Lidi.

Vicus Sancti Audoeni est de feodo de Castrolidi.

Vicus Sancti Martini de Laigné est de feodo de Castrolidi.

Vicus de Parrigneio est de feodo de Castrolidi.

---

1. Les lignes qui terminent cette pièce se trouvent dans la copie à la suite de notre numéro 75. Nous les transportons ici, où est leur véritable place.

Philippus de Lucella ¹ omnia illa quae habet in vico de Parrigneio sunt de feodo de Castrolidi et debet ligetiam.

Dominus de Pillemil de feodo de terra de Thoue debet ligetiam domino de Castrolidi.

71. — Vers 1100. — LISTE DES BARONS QUI DOIVENT FAIRE LA GARDE A CHATEAU-DU-LOIR. — (B. N., Latin 9067, fol. 295; Fr. 9501, p. 7; Fr. 20.691, p. 543; Fr., Nouv. Acq., 7412, fol. 341.)

Hi sunt barones qui debent custodiam apud Castrum Lidi.
Dominus Montis Aurei, per duos menses.
Dominus de Senblançay, idem.
Dominus de la Haie, idem.
Dominus de Arrete, idem.
Dominus de Lussuse, idem.
Dominus de la Mothe Acart, idem.
Dominus de la Faigne, idem.
Dominus Montisfortis, idem.
Dominus de Maricorne, idem.
Dominus de Vaus, idem.
Dominus de Sancto Karilleffo, idem.
Dominus de Monteduplici, idem.

72. — Vers 1100. — LISTE DES VASSAUX QUI DOIVENT FAIRE LA GARDE A CHATEAU-DU-LOIR. — (B. N., Latin 9067, fol. 295 verso; Fr. 9501, fol. 7; Fr. 20.691, p. 543; Fr., Nouv. Acq., 7412, fol. 341 verso.)

Isti sunt vavassores qui debent custodiam in eodem castro.
Dominus de Corcillon, duos menses.
Dominus de Roisson, idem.
Dominus de Lessargire ², idem.
Dominus de Gessne, idem.
Gebertus de Nogent, idem.
Hugo de Arenai ³, tres menses.

---

1. Variante : *Ducella.*
2. Var. : *Jassargire, Bellargire.*
3. Var. : *Atenay, Atenai.*

Jobertus de Champmarin, duos menses.
Hamelinus de Sarcé, idem.
Odo de Brueria, idem.
Gifart de Castellis, idem.
Major de Vovreio, idem.
Guillelmus de Altaripa, tres menses.
Gervasius de Amens [1], duos.
Guillelmus de Sarciau, idem.
Richeir de Sylva, idem.
Matthæus Cho, idem.
Gofridus de Sancto Georgio, idem.
Herbertus de Belin, idem.
Ursio de Mosterol, idem.
Petrus de Nemore, idem.

73. — Vers 1100 et XII° siècle. — LISTE DE CEUX QUI DOIVENT FAIRE STATION A CHATEAU-DU-LOIR, SUIVIE DES FIEFS APPARTENANT AU ROI OU EN RELEVANT [2]. — (B. N., Latin 9067, fol. 296 ; Fr. 9501, fol. 7 ; Fr. 20.691, p. 543 ; Fr., Nouv. Acq., 7412, fol. 342.)

Isti sunt qui debent stationem in eodem castro.
Alermus Bocel.
Herveus de Nogento.
Vivianus Harenc.
Petrus de Acre Salve.
Hugo de Semur [3].
Guillelmus de Mangi.
Aucheir le Franceis.
Furgun de Orne.
Petrus Jachelin.

1. Var. : *Ameni.*
2. La première partie de cette liste, s'arrêtant à *Hugo de Semur*, est donnée par les quatre ms. Plusieurs des noms qu'on y rencontre se retrouvent dans les actes du troisième quart du XI° siècle. La seconde partie, dans laquelle il est question des fiefs du roi (d'Angleterre), n'est donnée que par le ms. lat. 9067 et ne devrait pas être placée à la suite de la première. Elle paraît être de la moitié du XII° siècle.
3. Var. : *Seurur, Sevrier.*

Ernaudus de Fay.
Joslenus de Capella.
Gaufridus de Troci.
Helias de Brulon [1].
Hugo de Lucecl.
Raginaldus de Viez Molins.
Hubertus Monachus.
Droco de Cortiran.
Mattheus Chalopin.
Guillelmus Rancheir.
Balduinus de Rupibus.
Theobaldus, filius Hubaudi.
Bertrand Malest.
Bencelin de Cullobovis.
Paganus de Sarreuel.
Gaufridus Dunelain [2].
Ysaac de Oratorio.
Andreas de Riablei [3].
Fulco Piel.
Garnerius Coquus.
Andreas Le Norriçon.
Richardus de Alençon.
Hugo de Semur [4].
Terra Fulconis de Préaus, veiraus.
Terra Hugonis de Belin, veiraus de feodo Montis Fortis.
Feodus de Viez Molins, veiraus.
Terra Raginaldi de Orna, veiraus.
Terra Gileberti de Corberaut, veiraus.
Terra de Maloet, veiraus.
Tessua [5], veiraus.
Rex habet de terra Ennet suum exercitum, et suam chevaucheiam, et consuetudinem de homine extrinseco.

1. Var. : *Brulou*.
2. Var. : *Clunelain*.
3. Var. : *Riables, Kiabley*.
4. Le copiste du ms. lat. 9067 a écrit ici en marge : « Ici se termine le ms. dont s'est servi M. Du Cange. »
5. Var. : *Tellua*.

Rex habet de feodo de Sevilly suum exercitum, et suam chevaucheiam, et consuetudinem de homine extrinseco.

Paagium de foro de Bellomonte est regis.

Paagium de Nogent est regis.

Medietas de foro de Vaast est regis.

Rex habet consuetudinem de hominibus extrinsecis in honore Archiepiscopi qui vadunt ad feriam de Pontvalten et stalla non tenentes.

La veierie de Vovroy de feodo Sancti Martini est regis.

Terra Ogerii de Poilly, veiraus.

Cheminum de Roichelle est proprium regis.

74. — Vers 1100. — Liste des vassaux de Chateau-du-du-Loir. — (B. N., Latin 9067, fol. 302.)

Hii sunt qui debent estagium apud Castrum Lidi.

Herbertus de Cullobovis.

Fulco Girois.

Hugo dictus Monachus.

Gaufridus Dunelain.

Fulco de Lucello.

Ernaudus de Fay.

Fulco de Orna.

Symon de Villeta.

Hugo de Semur.

Hugo de Semur, cognatus ejus.

Guillelmus de Mangeiaco.

Petrus de Acrisilva.

Paganus Bocellus.

Hamelinus de Nogento.

Jocelinus de Capella.

Gerun Costentin.

Isaac, filius Arboini.

Fulco de Riabley.

Hamelinus de Maieto.

Herbertus de Rupibus.

Droco Leonart.

Bartholomeus de Altapertica.

Fulco Piel.
Raginaldus de Veiz Molins.
Bertrandus Mallet.
Garnerius Coquus.
Hubertus de Troce.
Richardus de Alençon.

75. — Vers 1100. — LISTE DES VASSAUX QUI DOIVENT FAIRE LA GARDE A CHATEAU-DU-LOIR. — (B. N., Latin 9067, fol. 303; Fr. 20.691, p. 543.

Hii sunt garde apud Castrum Lidi qui debent.
Alaime de Seblençay, duos menses.
Gaudinus de Malicorne debet garde.
Patri [1] de Faigne, tres menses.
Ursio de Mosterol, duos menses.
Hato de Corcillon, idem.
Guillelmus de Roissum, idem.
Galleran de Vindocino, idem.
Hugo de Gesne, idem.
Symon de Bosco Herardi, idem.
Gaufridus de Beigno, duos menses.
Robertus de Vourei [2] debet garde.
Odo de Brueria, garde.
Robertus de Champmarin, garde.
Gyfart de Chastellis, garde.
Guillelmus de Altapertica, garde.
Galterus de Sarcé, garde.
Barthelot de Ameigny, garde.
Johannes de Lavaré, garde.
Gaufridus Malamuscha, garde.
Jacquelinus de Mangé, garde.
Herbertus Bigot, garde [3].

76. — Vers 1100. — LISTE DES CHEVALIERS ET VASSAUX

1. Var. : *Petrus*.
2. Var. : *Nourei*.
3. A la suite de cette liste se trouvent les quelques lignes que nous avons transposées plus haut à la suite du n° 69.

DE LA CHATELLENIE DE CHATEAU-DU-LOIR. — (B. N., Latin 9067, fol. 304; Fr. 20.691, p. 543.)

Hoc scriptum est de militibus et feodalibus de castellaria Castri Lidi.

Herbertus de Rupibus.
Alermus de Semblaciaco.
Urso de Mosterol.
Guillelmus de Curcillon.
Patricius de Fange.
Guillelmus de Roissum.
Gallerannus de Vindocino.
Hugo de Gesne.
Symon de Bosco Erardi.
Guillermus de Bona.
Gaufridus de Begno.
Robertus de Vovreio.
Gaudinus de Malicorne.
Odo de Brueria.
Josbertus de Campo Marino.
Gifardus de Castellis.
Herbertus de Cullobovis.
Fulco Girois.
Hugo dictus Monachus.
Gaufridus Dunelian.
Fulco de Lucello.
Ernaudus de Flac.
Fulco de Urna.
Symon de Villere.
Hugo de Semuro.
Hugo de Semuro, affinis ejus.
Guillelmus de Mangeio.
Petrus de Acri Silva.
Paganus Bocellus.
Hamelinus de Nogento.
Joscelinus de Capella.
Gerun Costentin.

Isaac de Oratorio.
Fulco de Riablei.
Hamelinus de Maieto.
Droco Leonart.
Bartholomaeus de Alta Pertica.
Fulco Piel.
Raginaldus de Veteri Molendino.
Bertrannus Malet.
Garnerius Coquus.
Hubertus de Troce.
Richard de Alençon.
Guillelmus de Alta Pertica.
Galterus de Sarcé.
Bartholomeus de Ameine.
Johannes de Lavaré.
Gaufridus Malamuscha.
Jachelinus de Mangeyo.
Herbertus Biguot.
Herbertus de Belin.
Et quamplures alii quorum, etc.

77. — 1114, 11 novembre, le Mans, et 1115, 13 janvier, la Flèche. — FONDATION DU PRIEURÉ DE LA FONTAINE-SAINT-MARTIN PAR FOULQUES V LE JEUNE ET ÉREMBURGE DE LA FLÈCHE, SA FEMME. — Imprimé : *Province du Maine*, t. XIII, 1905, p. 141, d'après B. N., Latin 17.048, fol. 613.

78. — 1120, 25 avril. — CONSÉCRATION DE L'ÉGLISE CATHÉDRALE DU MANS, EN PRÉSENCE DE FOULQUES V ET DE SA FEMME ÉREMBURGE. — Imprimé : *Actus*, pp. 415-416.

... Cujus consecrationi interfuit comes Andegavensis, scilicet Fulco Fulconis, et venerabilis comitissa, uxor ejus, Aremburgis, filia comitis Helie, quam paterno jure comitatus Cenomannicus contingebat...

79. — Vers 1130. — ACCORD ENTRE LES RELIGIEUSES DU RONCERAY ET GUY DE GRATECUISSE, POUR LA CONSTRUCTION D'UN MOULIN A MORANNES. PARMI LES TÉMOINS : « JOHANNES

DE CASTELLO LEDI ». — (Imprimé : *Cartulaire du Ronceray*, n° 223.)

80. — 1132. — CHARTE DE GUY, ÉVÊQUE DU MANS, RELATANT LE DON FAIT A L'ABBAYE DU RONCERAY D'UNE PORTION DE DIME A MAREIL-SUR-LOIR. PARMI LES TÉMOINS : « MAINERIUS DE CASTRO LID ». — Imprimé : *Cartulaire du Ronceray*, n° 416.)

81. — 1144, 28 janvier, Mayet. — CHARTE DE GEOFFROY PLANTAGENET, DONNANT AUX RELIGIEUX DE CHATEAU-L'HERMITAGE LE DROIT DE PATURE ET DE PANAGE DANS SES FORÊTS D'ANJOU ET DU MAINE. — B. N., Latin 9067, fol. 252. — Imprimé : *Documents historiques sur le prieuré de Château-l'Hermitage, tirés des archives de la Roche-Mailly* [par Eugène Hucher]. Le Mans, 1868.

Noverint universi ecclesiae filii tam praesentes quam futuri quod dominus Gaufridus, venerabilis comes Dei gratia Andegavensis, filius videlicet domini Fulconis, regis Jerosolymorum, uno tantum milite, Roberto scilicet de Poceyo, comitatus, Castelliensem ecclesiam, orationis gratia, expetiit. Qui et loci illius paupertatem et fratrum conversationem [1] sollicite ac diligenter perpendens, Gillebertum, bonae memoriae virum, tunc temporis Castelliensis ecclesiae magistrum, fratresque ceteros ante altare Beatae Mariae convocavit.

Ibi autem, pro suorum remedio peccatorum, convocatis fratribus eorumque successoribus, ad suam calefactionem et ad domorum suarum aedificationem, infra locum qui dicitur de Castelliensibus et extra, charitative in suis nemoribus Coenomaniae et Andegavi concessit omnes in perpetuum libertates, scilicet et pasturas et pernagium sui et hominum suorum, nemus vero loco illi adjacens, quiete et libere possidendum. Hoc vero donum super altare Beatae Mariae cum missali [2] posuit. Quod ut omnino ratum et inconcussum perenniter habeatur, sigilli sui munimine roboratur.

1. M. V. Alouis, qui a donné dans son *Lucé*, I, 137, une partie de cette charte sur une copie de M. Gaston Dubois, a imprimé ici : *conservationem*.
2. *Comissali* (Hucher).

Hoc donum Gaufridus, filius comitis, concessit, præsentibus istis : Helya, fratre comitis; Pagano de Claris Vallibus; Gaufrido de Claeriis; Procolino [1], de Evrinco [2] sacerdote; Alano, abbate de Gastineta; Evrardo [3] de Belloforte, tunc temporis illius comitis notario.

Ut autem Castelliensis ecclesia ab ipsius comitis successoribus in magna habeatur reverentia, supradictus comes Gaufridus in præsenti charta voluit contineri se ad ipsius Castelliensis ædificationem ecclesiæ decem libras præbuisse primumque lapidem posuisse.

Hæc charta facta est apud Maetum, quinto calendas februarii, anno ab Incarnatione Domini millesimo centesimo quadragesimo quarto, sub papa Innocentio [4].

82. — 1156-1158. — CHARTE DE GEOFFROY [5], COMTE DE NANTES, FILS DE GEOFFROY PLANTAGENET, DONNANT AUX RELIGIEUX DE CHATEAU-L'HERMITAGE LE DROIT DE PANAGE DANS TOUTES SES TERRES PRÉSENTES ET FUTURES. — (B. N., Latin 9067, fol. 253. — Imprimé : *Documents historiques sur Châteaux-l'Hermitage.*

Omnibus sanctæ ecclesiæ Dei filiis tam præsentibus quam futuris, notum sit quod ego, Gaufridus, filius G[aufridi], comitis Andegavensis, et comes Nannetensis, dedi atque concessi fratribus ecclesiæ Sanctæ Mariæ de Castelliensibus omnes constumas intra et extra in omni terra quam habeo et habiturus sum, et pasnagium eorum et hominum suorum, quiete et libere.

Videntibus et audientibus : Goffario [6] de Bruaria; Ful-

1. *Paolino* (Hucher).
2. *Curiaco* (Hucher).
3. *Giraldo* (Hucher).
4. La date est bien 1144, style actuel, et non 1145. Le pape Innocent II mourut à Rome le 24 septembre 1143. Son successeur, Célestin II, élu le 26 septembre, mourut le 8 mars 1144. C'est en réalité sous le pontificat de Célestin que fut donnée la charte de Geoffroy Plantagenet.
5. En 1156 les Nantais chassèrent leur comte Hoël VI et se donnèrent au frère d'Henri II Plantagenet, Geoffroy, qui mourut le 27 juillet 1158. (De Mas Latrie : *Trésor de chronologie*, col. 1572.)
6. *Goffrerio* (Hucher).

cone de Cortirant; Marsilio de Fayo [1]; Guillelmo Durodente; Johanne de Braie; Goffrido ex Mareis [2]; Raginaldo Choan, praetore de Maoto [3]; Gautero de Mucia; Guiomaro, capellano; et fratre ejusdem loci, Alberico [4].

83. — 1156-1158, Barfleur. — CONFIRMATION PAR HENRI II, ROI D'ANGLETERRE ET COMTE D'ANJOU, DES DONATIONS FAITES PAR SON PÈRE, GEOFFROY PLANTAGENET, ET PAR SON FRÈRE GEOFFROY, COMTE DE NANTES, AUX RELIGIEUX DE CHATEAU-L'HERMITAGE. — B. N., Latin 9067, fol. 253 verso. — Imprimé : *Documents historiques sur Châteaux-l'Hermitage.*

Henricus, rex Angliae et dux Normaniae et Aquitaniae et comes Andegavensis, charissimo fratri suo G[aufrido], Nannetensi comiti, et Guidoni de Cortirant [5], dapifero [6], et forestariis et omnibus ministris suis Cenomanensibus et Andegavensibus, salutem.

Praecipio quod ecclesia Beatae Mariae de Castelliensibus et fratres ibidem Deo servientes habeant omnes libertates et liberas consuetudines suas in bosco et plano, et pasnagio et pasturis, ita in pace et plenarie et juste sicut melius habuerunt tempore patris mei, et sicut carta ejus et carta fratris mei testantur. Et prohibeo ne quis eis vel rebus suis aut hominibus suis injuriam vel contumeliam faciat.

Testibus : Guillelmo, fratre meo, et magistro Alverio [7].
Apud Barcefluctuum [8].

84. — 1157, Northampton. — CHARTE D'HENRI II, ROI D'ANGLETERRE ET COMTE D'ANJOU, DONNANT AUX RELIGIEUX DE GRANDMONT LE LIEU DE BOIS-RAHIER, AVEC LES USAGES DES FORÊTS DE BOIS-OGER ET DE CHINON, PLUS TROIS CENTS

---

1. *Feyo* (Hucher).
2. *Mareis* (Hucher).
3. Pour *Maeto.*
4. La copie du Latin 9067 s'arrête au mot *loci. Alberico* est donné par M. E. Hucher.
5. *Curtiriis* (Hucher).
6. *Dapiferis* (Hucher).
7. *Alnerio* (Hucher).
8. *Barbe fluctuum* (Hucher).

LIVRES ANGEVINES DE RENTE SUR SES PROPRIÉTÉS DE LOCHES, TOURS, CHINON, MAYET, ETC. — (B. N., Latin 9067, fol. 287.)

Cartula fundationis de Bosco Raherii [1].

Henricus, Dei gratia rex Angliæ, dux Normaniæ et Aquitaniæ et comes Andegavi, archiepiscopis, episcopis, abbatibus, comitibus, vicecomitibus, baronibus, justiciariis, seneschallis, præpositis et omnibus baillivis et fidelibus suis, salutem.

Sciatis nos, intuitu Dei et pro salute animæ meæ et animarum omnium antecessorum et successorum meorum, et pro stabilitate regni mei, dedisse et concessisse et præsenti charta confirmasse Deo et Beatæ Mariæ et fratribus Grandimontensis ordinis locum de Bosco Raherii, et totam terram et totum nemus, sicut exteriora fossata ipsorum undique concludunt, dividunt et distingunt, ad utendum pro voluntate sua et quicquid eis placuerit faciendum, ita quod in prædictis scilicet terra et nemore nullam justitiam nec aliquod dominium nec aliquid juris nobis vel hæredibus nostris vel etiam successoribus nostris retinemus.

Dedimus etiam et concessimus fratribus supradictis per totam forestam nostram de Bosco Ogerii prope Loschis et per totam forestam nostram de Caynone, et per totam forestam nostram Buissenvaux uesuagium suum, ita quod dicti fratres in dictis forestis cum omnibus deffensis earundem factis vel faciendis a nobis vel successoribus nostris capiant et expleant quidquid ad usum et ædificationem ipsorum et domorum suarum et omnium pertinentiarum suarum viderint expedire.

Dedimus etiam et concessimus dictis fratribus in dicto loco habitantibus trecentas libras andegavenses singulis annis percipiendas et habendas, scilicet : apud Lochis, de foagio nostro, centum libras ad Assumptionem Beatæ Mariæ ; et apud Turones, de firma nostra, centum libras, scilicet quinquaginta libras ad festum Penthecostes et alias quinquaginta libras ad festum Omnium Sanctorum ; et apud Cahaynonem,

1. Bois-Rahier, commune de Saint-Avertin (Indre-et-Loire). Cf. Carré de Busserolle : *Dictionnaire d'Indre-et-Loire*, t. 1er, pp. 88 et 289.

de firma nostra, quinquaginta libras, scilicet viginti quinque libras ad Penthecosten et viginti quinque ad festum Omnium Sanctorum ; et apud Maietum, de censibus nostris, triginta libras ad festum beati Martini hyemalis.

Præterea dedimus fratribus supradictis minagium Caynon et totum dominium, nemus nostrum in Esplanta, de super ponte Beucasii cum fundo et bera, et quidquid juris et dominii in eisdem habebamus, ita quod in prædictis scilicet minagio, nemore et bera, nullam justitiam nec aliquod dominium nec aliquid juris, nobis vel successoribus nostris retinemus.

Dedimus etiam et concessimus prædictis fratribus duos homines apud Turonum et unum apud Montem Basonis et alterum apud Verneracum [1], successive, liberos et immunes in toto regno nostro, tam in aqua quam in terra, ab omnibus coustumis et exactionibus ad nos et hæredes et successores nostros spectantibus, scilicet tailliagio, pontagio, telonio, passagio, pasnagio, minagio, fossagio, exercitu et equitatu et omnibus aliis exactionibus cujuscumque sint consequencie.

Quare volumus et firmiter præcipimus quod prædicti fratres dictas eleemosynas nostras expresse superius nominatas habeant bene, in pace, libere et quiete, plenarie et integre et honorifice, sicut eas eisdem dedimus et præsenti carta confirmavimus: modis etiam omnibus prohibemus ne quis successorum nostrorum, filius aut hæres, baillivus, serviens, præpositus, minister, vel aliquis alius, hiis eleemosinis nostris sive donationibus, eas subtrahendo vel auferendo, vel minuendo, aut detinendo, vexando, vel distribuendo, vel commutando, vel aliquo modo alio, contraire præsumat. Et si quis eas in aliquo infringere aut perturbare attemptaverit, omnipotentis Dei, Beatæ Mariæ et omnium sanctorum indignationem gravissimam in die magni judicii sentiat ac nostram simul censuram et maledictionem incurrat et habeat.

Testes : Radulphus, Cantuariensis archiepiscopus ; Roge-

---

1. Plutôt *Venciacum*. Vançay, ancien nom de Saint-Avertin.

rus, Eboracensis archiepiscopus ; R., Wintoniensis ; G., Eliensis; J., Northamptonensis ; V., C° episcopi; Richardus, de Luti comes ; Gw., comite de Clara ; Vilhelmo, comite Arondellæ ; Vualtero, filio Adel...; A., dapifero ; Th., fit Bern... ; Michaele de Belet ; Vilhelmo de Beudeny.

Apud Northampton.

85. — 1177, 27 juillet, le Mans. — CHARTE D'HENRI II, ROI D'ANGLETERRE ET COMTE D'ANJOU, CONFIRMANT AUX BONS-HOMMES DE GRANDMONT L'USAGE DE LA FORÊT DE BERÇAY, DES HOMMES LIBRES AU MANS, A CHATEAU-DU-LOIR, A MAYET, ETC. — (B. N., Latin 9067, fol. 257 et 272 ; A. N., JJ. 69, n° CCXCII, fol. 121 verso et K 186, n° 126 [1].)

Transcript pour les moines de Grandmont en Burçay.

Henricus, Dei gratia rex Angliæ, dux Normaniæ et Aquitaniæ, comes Andegavensis, archiepiscopis, episcopis, abbatibus, comitibus, baronibus, justiciariis, seneschallis, præpositis et omnibus baillivis et fidelibus suis, salutem.

Sciatis me, pro Dei amore et pro salute animæ meæ et animarum antecessorum et successorum meorum, dedisse et concessisse in puram et perpetuam eleemosynam, et præsenti charta confirmasse Deo et priori et fratribus Grandimontensis ordinis : locum de Burceyo et totum nemus liberum et quietum absolute, sicut fossatis exterioribus clauditur, ut inde faciant quicquid sibi viderint expedire, et per totam forestam aliam et universas forestas meas, omnia necessaria ad ædificationem et usus supradictæ domus et aliarum domorum ejusdem ordinis de tota terra mea.

Dedi etiam et concessi duos solidos, singulis diebus percipiendos in perpetuum, apud Cœnomanum in redditibus meis, et duos homines in eadem civitate, videlicet Cœnomani, et unum in Castrolidi, et unum apud Maetum, ad serviendum domui et fratribus de Burceyo, liberos et quietos in terra et

---

1. Le ms. latin 9067 de la Bibliothèque Nationale contient deux copies de cet acte. Nous reproduisons celle du fol. 257, qui est la seule datée et qui nous paraît la meilleure, complétée et corrigée par le *vidimus* des Archives Nationales JJ. 69, fol. 121.

aqua ab omni servitio et taillia, et exercitu, et equitatu, et omni consuetudine et exactione, et rebus aliis quæ ad me spectant.

Sciatis etiam me singulis domibus Grandimontensis ordinis dedisse et concessisse duos homines in singulis civitatibus, et unum in castris et villis omnibus juxta quæ domus sunt positæ, prædicto modo, cum rebus suis et rebus fratrum, liberos et quietos in terra et aqua ab omni taillia, et exercitu, et equitatu, et thelonio, et passagio, et pontagio, et pedagio, et pasnagio, et ab omni servicio, et consuetudine, et exactione et rebus aliis quæ ad me spectant, excepto murtro.

Dedi etiam et concessi, domui et fratribus de Burceyo, foagium de Marrigneyo, in crastino Nativitatis Domini annuatim persolvendum, et unum hominem liberum et quietum apud Marregnié, qui illud recipiat loco fratrum, et unam summam mellis, cum vasis quæ dicuntur costerez, in festo Omnium Sanctorum, ab apiariis dictæ forestæ annis singulis persolvendam.

Quare volo et firmiter præcipio quod prædicti fratres omnes prædictas eleemosinas in perpetuum habeant bene et pacifice et in pace, libere et quiete, plenarie et integre et honorifice, sicut eas illis dedi, et præsenti charta confirmavi : has omnes eleemosinas et possessiones quas habent et habebunt ex dono meo, vel ex dono successorum meorum, vel ex dono quorumlibet hominum, libere et quiete, plenarie et pacifice, in perpetuum habendas et possidendas, videlicet concedo et confirmo, et in manu mea et custodia et protectione mea pono, et custodiri et deffendi sicut meas res dominicas firmiter præcipio.

Testibus : Guillelmo, Cœnomanensi episcopo ; Gauterio de Constantia, cancellario meo ; Guillelmo, comite de Mandavilla ; Mauricio de Creon ; Stephano de Marsay, seneschallo Andegavensi, et Guillelmo de Ostilleyo.

Apud Cœnomanum.

Datum præsenti die mercurii post festum beati Christophori, anno Domini millesimo centesimo septuagesimo septimo.

86. — 1179, Château-du-Loir. — Acte par lequel Guy de Mangé, chevalier, donne a Saint-Guingalois la moitié d'une partie de moulin. Parmi les témoins : Guillaume des Roches. — (*Revue du Maine*, t. V, p. 361, d'après dom Villevieille.)

87. — Vers 1185. — Analyse d'une charte non datée de Guillaume des Roches en faveur de la Boissière. — (B. N., D. Housseau, n° 2129.)

Guillermus de Rupibus dedit ecclesiæ Sanctæ Mariæ de Busseria duo arpenta prati, in perpetuam elemosinam possidenda, in Longa Insulla juxta angulum nemoris.

Istud donum concesserunt Philippa, ejus uxor, et mater ipsius Philippe, Hilaria...

Testes : Petrus Savari ; Mattheus de Jalia ; Gaufridus de Vilennis ; Gaufridus de Averrucia, etc.

88. — 1192, 31 mars, Grandmont. — Charte de Richard Cœur-de-Lion, donnant aux Bonshommes de Grandmont le lieu de Sermaize, les prés d'Audilhec et des gardiens francs de toutes coutumes. — (B. N., Latin 9067, fol. 270.)

Transcriptum de Grandmont.

Richardus, Dei gratia rex Angliæ, dux Normaniæ et Aquitaniæ et comes Pictaviensis et Andegavensis, archiepiscopis, episcopis, abbatibus, comitibus, vicecomitibus, baronibus, justiciis et omnibus bailivis et fidelibus suis, salutem.

Sciatis nos, amore Dei, pietatis intuitu, pro remedio animæ nostræ et animarum omnium antecessorum nostrorum et pro stabilitate regni nostri, dedisse et concessisse et præsenti charta confirmasse Deo et beatæ Mariæ, priori et Bonis Hominibus Grandimontis ordinis :

1°

Locum de Sarmazia, cum omnibus mobilibus et immobilibus adjacentibus, sicut fossatis exterioribus et minis clauditur, libere et absolute, in omnibus articulis vel accidentibus ad faciendam suam plenissimam voluntatem.

2°

Item, dedimus et concessimus memoratis priori et Bonis Hominibus in dicto loco Deo servientibus prata de Audilhee, sicut duo estuaria per quæ mare ascendit et descendit distingunt, et ex parte Audilhee facta fossata claudunt, et mediam partem estuariorum, ad usus et voluntatem bonorum hominum, in tanta libertate quod possint intrare et exire, sine contradictione aliqua perpetuis temporibus possidenda.

3°

Dedimus etiam memoratis priori et Bonis Hominibus Johannem Soret, cum hæredibus suis natis et nascituris, apud Audilhee, ad custodienda sæpedicta prata; qui homo et hæredes erunt semper liberi et immunes, per totam juridictionem nostram, ab omni pedagio et venda, theloneo, passagio, foagio, vinagio, exercitu et equitatu, et de taillia, et ab omnibus consuetudinibus, occasionibus et exactionibus, ad nos vel ad hæredes sive successores nostros pertinentibus.

4°

Item, dedimus præfatis priori et Bonis Hominibus unum hominem apud Ruppellem, et alium hominem apud Maraantum, proviso quod non sint de majoribus vel minoribus, successive, ita quod, post decessum unius, ad instantiam Bonorum Hominum, alter perpetuo restituetur eisdem : volentes et præcipientes ut dicti duo homines, ratione Bonorum Hominum, in præmissa permaneant libertate.

5°

Præterea sciatis quod nos, considerata familiaritate atque devotione quam semper erga nos et nostros dicti prior et Boni Homines totius ordinis Grandimontis habuerunt, ad recompensationem multorum laborum quos in nostris negociis et antecessorum nostrorum diu sustinuerunt, cum in partibus Angliæ vellent transire ad hæreditatem accipiendam; et etiam pro salute animæ nostræ et animarum omnium antecessorum et successorum nostrorum,

6°

Concessimus eisdem et perpetuo fundavimus seu confirmavimus locum de Grandimonte et omnia alia loca quæ habent et possident ratione cujuscumque donationis in ducatibus Normaniæ et Aquitaniæ et in comitatibus Pictaviensi et Andegavensi, cum omnibus pertinentiis suis mobilibus et immobilibus, indeficienter, prout metæ positæ aut alia evidentia signa prædicta loca undique circoncludunt.

7°

Volentes et præcipientes quod infra determinata signa in locis singulis dicti prior et Boni Homines et commorantes, in quibuscumque pertinentiis suis habitis, habeant omne jus et dominium altum et bassum, et nullus eisdem aliquam extorsionem aut violentiam in qualibet accidenti inferre præsumat ; et quod dicti prior et Boni Homines et commorantes, in quibuscumque pertinentiis suis habitis et in futurum habendis, ubicumque sint vel fuerint, de omnibus pertinentiis suis sint semper liberi et immunes, per totam juridictionem nostram, a venda et pedagio, theloneo, passagio, rivagio, fossagio, foagio, vignagio, pasnagio, exercitu et equitatu, et de taillia, et ab omnibus consuetudinibus, occasionibus et exactionibus nobis et hæredibus sive successoribus nostris pertinentibus.

8°

Concedentes etiam et perpetuo confirmantes eisdem priori et Bonis Hominibus quod de omnibus possessionibus suis, feodalibus aut non feodalibus, a quibuscumque fidelibus eisdem datis et concessis, dandis et concedendis, acquisitis vel acquirendis, tam ipsi quam homines sui sive commorantes, ut dictum est, in pertinentiis suis, præsentes et futuri, in quolibet articulo non teneantur amodo stare justiciæ coram nobis sive hæredibus seu successoribus nostris, imo dicti homines et commorantes coram dictis priore et Bonis Hominibus in locis singulis omni conquærenti justitiam exhibebunt,

9°

Nichilominus dantes et concedentes eisdem priori et Bonis Hominibus omnimodam libertatem ut possint acquirere et augmentare se de cetero quoquomodo in singulis locis suis constitutis, in ducatibus et comitatibus antedictis, in omnibus rebus existentibus, in dominiis et feodis nostris, quocunque nomine censeantur, et adquisitiones factas et faciendas teneant aut tenere faciant ad arbitrium suum, videlicet decimas, homines, domos, terras, prata, nemora, vineas, latomas, pressoria, aquas, molendina, usagia et pascua, denarios et hujusmodi, in puram et perpetuam eleemosinam, perenniter, plenarie, pacifice, libere et quiete.

Unde vobis præcipimus quatenus omnes præmissas concessiones et donationes et libertates tanquam nostras res proprias perintegre conservetis et deffendatis, et dictos priorem et Bonos Homines, cum omnibus rebus suis in nostra protectione positos, tanquam nostros charissimos, super præmissis et omnibus rebus aliis, fideliter pertractetis, teste meipso.

Datum per manus magistri Eustachii, apud Grandimontem, in præsentia venerabilis G., prioris ordinis supradicti, anno ab Incarnatione Domini millesimo centesimo nonagesimo secundo, pridie calendas aprilis [1].

89. — 1194, 5 janvier, Spire. — CHARTE DE RICHARD CŒUR-DE-LION EN FAVEUR DES TEMPLIERS. — (B. N., Latin 9067, fol. 379 verso. — Imprimé : A. Teulet : *Layettes du Trésor des Chartes*, t. Ier, p. 174, n° 411.)

90. — XIIe siècle. — MONTANT DES PÉAGES PERÇUS EN LA BARONNIE DE CHATEAU-DU-LOIR SOUS GEOFFROY PLANTAGENET, SOUS HENRI II ET SES FILS. — (B. N., Latin 9067, fol. 306.)

1. M. Alouis, dans son *Lucé*, p. 148, observe que « la date 1192, qui se trouve à la fin de cette pièce, est erronée, Richard n'étant sorti de sa prison d'Allemagne qu'en 1194 ». On doit en outre remarquer que si l'on compte d'après le vieux style, il n'y eut pas de 31 mars en 1192, l'année ayant commencé le 5 avril pour se terminer le 27 mars.

Hoc scriptum est de castellariis comitis, de pedagiis et consuetudinibus quæ fuerunt in tempore domini B.[1], comitis Andegavorum, et in tempore domini Henrici, regis Angliæ, et in tempore filiorum suorum.

In honore archiepiscopi Gervasii unum pedagium : equus, quatuor denarios ad tractum quadrigæ.

Si mercator ierit apud nundinas Andegavis, vel apud Salmurum, et aliquam mercatoriam emerit, de mercatoria empta, in reditu suo, ingrediente in honore archiepiscopi G., pedagium suum reddiderit, de residuo liberabitur fide sua.

Taxa coriorum, ij denarios.

Millenarius de harenc, unum denarium ; centum, obolum.

Si mercator in foro vendiderit millenarium suum de harenc, sommatam de harenc reddiderit et non elegerit.

Millenarius siccarum, quatuor denarios ; centum, obolum.

Quadriga honerata de bladio, duos denarios.

Quadriga honerata de vino, duos denarios.

Quadriga honerata de sale, duos denarios.

Quadriga onerata de nucibus, duos denarios.

Quadriga onerata de pannis, equus iiij denarios ad tractum quadrigæ.

Quadriga onerata de pelliparia, equus 4 denarios ad tractum quadrigæ.

Quadriga honerata de agniculis, equus 4 denarios ad tractum quadrigæ.

Quadriga honerata de corduello, equus 4 denarios ad tractum quadrigæ.

Quadriga honerata de filo, equus 4 denarios ad tractum quadrigæ.

Quando mercator intraverit in honore archiepiscopi Gervasii cum quadriga sua honerata de bladio, illuc ubi steterit in villa de honore archiepiscopi G. ad vendendum bladium suum, cum bosellagio suo reddente, de pedagio liberabitur per totum honorem archiepiscopi Gervasii.

Omnes quadrigæ honeratæ de mercatoria intrantes in

1. Lire : G.

honore archiepiscopi Gervasii, quicunque equus quatuor denarios ad tractum quadrigæ, exceptis quatuor quadrigis scilicet :

Quadriga honerata de bladio, duos denarios.

Quadriga honerata de sale, ij denarios.

Quadriga honerata de nucibus, ij denarios.

Illi qui faciunt loculares et qui vendunt corium in foro reddunt præposito domini 4 denarios ad Natale et 4 denarios ad Pascha.

De martallagio, pelicon factum, obolum.

Penna facta, obolum. Ovitum, obolum.

Sarrago remilli, obolum.

Centum ferri, unum denarium.

Duodecim vincula chalibis, 4 denarios.

Onus metalli, 4 denarios.

Onus piperis, 4 denarios.

Unum pondus ceræ, quatuor denarios.

Summa olei, unum denarium.

Summa mellis, unum denarium.

De tribus arietibus, unum denarium.

De tribus ovibus, unum denarium.

Bos, obolum.

Equus, unum denarium.

Asinus, unum obolum.

Le destrier, quatuor denarios.

Roncinus, unum denarium.

Pedagium porcorum : quisque porcus, obolum.

Collerius conductus, obolum.

Collerius sine precio, nichil.

Butyrum, etiam nichil.

Piscis, quoque nichil.

De lamprada et de alosa, pro pretio quod mercator apud Nannetas emerit, pro pretio villicus domini habuerit.

Homo de fructu suæ arboris, nichil.

De bove mortuo vendito, pectus.

De porco mortuo vendito, umbilicum, ut habeat de corio sublevando cum pollice.

De uno bacone vendito in foro, unum denarium vel jocia.

De dimidio bacone vendito in foro, obolum.

De uno modio vini venditi in taberna, duos denarios.

De dimidio modio vini venditi in taberna, unum denarium.

De uno modio vini venditi insimul, unum denarium.

De dimidio modio vini venditi insimul, unum obolum.

De uno fardello, quatuor denarios.

De una trolla [1] de retro, duos denarios.

Furnerius de furno domini habebit de burgense, de pane suo facticio, de uno sextario, coquendo tres pictavinas, ad Nativitatem Domini, obolum.

Et tortellum suum de pistore, de suo sextario coquendo, quinque pictavinas.

Burgenses domini :

De bladio proprio terrarum eorum transtulerint ad vendendum in quocunque loco ubi vendere potuerint, sine consuetudine reddente, et de vino proprio vinearum eorum similiter sine consuetudine reddente.

De molendinis :

Pistor transtulerit bladium suum ad locum suum capiendum ad molendinum et queret bladium suum ad emendum per patriam, et quando redierit ad molendinum cum bladio suo, ipse debet molendinare post illum qui ad molendinum molendinat, et post debet molendinare venturas suas.

Molendinarius pistori si [2] bladium suum tenuerit una die et una nocte, quando non potuerit molendinari, pistor crastina die bladium suum portaverit et ad alium molendinum molendinaverit.

Burgenses de Maieto :

Habent nemus mortuum in Burceyo, scilicet habent brueriam chastivellam generum.

Quadriga quando venerit de Burceyo et intraverit intra fossetos de castro Maieti, forestarius manum suam non debet apponere.

---

1. Plutôt *trossa*.
2. La copie donne : *pistori*. Le sens demande : *pistori si*.

De nundinibus, scilicet : de Gileyo [1], et de Mota Achardi, et de Manageyo [2], et de Pontvillein, de Luceyo, de Mayeto, cum consuetudine sua venient et villico domini reddent.

De Bellomonte exitum suum.

De uno quarterio lanæ, unum denarium.

Hamelinus de Sarceel habet consuetudines suas et de foris et de intus et de domo Andreæ Poyæ de castro Maieti.

Hardoinus de Maieto habet consuetudines suas de domo Roberti Morin et de domo Stephani Le Bignot.

Istæ domus nominatæ sunt de feodo Bardol, quod est liberum.

Johannes de Mangeyo habet consuetudines suas de domo Johannis Ripenneæ et de petrumo Johannis de Cigno.

Homines domini Amelini Fangiæ donant consuetudines apud Maietum ad diem martis, tamdiu cum salnarii in foro steterint, et quando recesserunt, nihil reddiderunt.

91. — XIIe siècle. — MONTANT DES PÉAGES PERÇUS EN LA CHATELLENIE D'OIZÉ SOUS GEOFFROY PLANTAGENET, SOUS HENRI II ET SES FILS. — (B. N., Latin 9067, fol. 320.)

Hoc scriptum est de castellaria de Oiseio [3], *de pedagiis et consuetudinibus quæ fuerunt in tempore domini G., comitis Andegavensis, et in tempore domini Henrici, regis Angliæ, et in tempore filiorum suorum.*

In honore archiepiscopi Gervasii, unum pedagium scilicet : equus, quatuor denarios ad tractum quadrigæ.

Si mercator ierit apud nundinas Andegavis, vel apud Salmurum, et aliquam mercatoriam emerit, de mercatoria empta in reditu suo, ingrediente in honore archiepiscopi Gervasii, pedagium suum reddiderit, de residuo liberabitur fide sua.

Taxa coriorum, unum denarium.

Millenarius de harenc, unum denarium ; centum, obolum.

1. Sans doute *Oiseyo*.
2. *Marigneyo* ou *Maucigneyo*.
3. Dans cette pièce le mot *Oiseio* est écrit : *Oileio* et *Orleio*. Nous rétablissons la véritable forme : *Oiseio*.

Si mercator in foro vendiderit millenarium suum de harenc, unum nummum reddiderit.

Millenarius siccarum, quatuor denarios; centum, obolum.

Quadriga honerata de bladio, duos denarios.

Quadriga honerata de vino, duos denarios.

Quadriga honerata de sale, unum denarium.

Quadriga honerata de nucibus, duos denarios.

Quadriga honerata de pannis, scilicet equus, quatuor denarios ad tractum quadrigæ.

Quadriga honerata de pelliparia, equus quatuor denarios ad tractum quadrigæ.

Quadriga honerata de agniculis, equus quatuor denarios ad tractum quadrigæ.

Quadriga honerata de corduello, equus quatuor denarios ad tractum quadrigæ.

Quadriga honerata de filo lanagio, equus quatuor denarios ad tractum quadrigæ.

Quadriga honerata de ceto, equus itidem quatuor denarios ad tractum quadrigæ.

Quando mercator intraverit in honore archiepiscopi Gervasii cum quadriga sua honerata de bladio, illic ubi steterit in villa archiepiscopi seu de honore archiepiscopi G. ad vendendum bladium suum, cum bosellagio suo reddente, de pedagio suo liberabitur per totum honorem archiepiscopi G.

Omnes quadrigæ honeratæ de mercatoria intrantes in honore archiepiscopi Gervasii, scilicet quisque equus, quatuor denarios ad tractum quadrigæ, exceptis quatuor quadrigis scilicet:

Quadriga honerata de bladio, duos denarios.

Quadriga honerata de vino, duos denarios.

Quadriga honerata de sale, unum denarium.

Quadriga honerata de nucibus, ij denarios.

Pelicon factum, obolum.

Penna facta, obolum.

Ovitam, obolum.

Sarrago remilli, obolum.

Centum ferri, unum denarium.

Duodecim vincula chalibis, quatuor denarios.
Honus metalli, quatuor denarios.
Honus piperis, quatuor denarios.
Pondus ceræ, quatuor denarios.
Summa lampradarum, duos denarios.
Summa alosarum, duos denarios.
Summa mellis, unum denarium.
De tribus arietibus, unum denarium.
De tribus ovibus, unum denarium.
Bos, obolum.
Asinus, obolum.
Equus, unum denarium.
Li destrierrs, quatuor denarios.
Roncinus, unum denarium.
Pedagium porcorum : quisque porcus, obolum.
Collerius conductus, obolum.
Collerius sine precio, nihil.
Homo de fructu suæ arboris, nichil.
De bove mortuo vendito, pectus.
De porco mortuo vendito, umbilicum, ut habeat de corio sublevando cum pollice.
De uno bacone vendito in foro, unum denarium vel joia.
De dimidio bacone vendito in foro, obolum.
De uno modio vini venditi in taberna, duos denarios.
De dimidio modio vini venditi in taberna, unum denarium.
Et insimul similiter de uno fardello, quatuor denarios.
De una trossa, de retro, duos denarios.
De uno quarterio lanæ, unum denarium.
Quidam salmo, quatuor denarios, tali modo quod unus alios salmones deliberat.
De nundinis scilicet : de Castro Lidi, de Maieto, de Luceio, de Pontvalein, de Maragne, de Mota Achardi, burgenses de Oiseio cum consuetudine sua venient et domino de Oiseio reddent.

92. — XIIe siècle. — MONTANT DES PÉAGES PERÇUS EN LA CHATELLENIE DE LA SUZE SOUS GUILLAUME DES ROCHES ET SES PRÉDÉCESSEURS. — (B. N., Latin 9067, fol. 330 verso.)

Hoc scriptum factum fuit quod est de castellaria de Susa et consuetudinibus et pedagiis quæ fuerunt in tempore domini Guillelmi de Rupibus, seneschalli Andegavensis.

De quocunque loco mercator venerit in castellaria de Susa[1] cum mercatoria sua, pedagium reddiderit.

Si mercator ierit ad nundinas Andegavi vel Salmuri et aliquam mercatoriam emerit, de mercatoria empta, in reditu suo, ingrediente in castellaria de Susa, pedagium suum reddiderit, de residuo liberabitur fide sua.

Taxa coriorum, unum denarium.

Millenarius de harent, unum denarium.

Millenarius siccarum, quatuor denarios; centum, unum turonensem.

Quadriga honerata de bladio, unum denarium.

Quadriga honerata de sale, unum denarium.

Quadriga honerata de nucibus, unum denarium.

Quadriga honerata de vino, tres turonenses.

Quadriga honerata de draperia, limonerius quatuor denarios ad tractum quadrigæ, alii equi duos denarios.

Quadriga honerata de pelliparia, limonerius quatuor denarios ad tractum quadrigæ, alii equi duos denarios.

Quadriga honerata de corduello, limonerius quatuor denarios ad tractum quadrigæ, alii equi duos denarios.

Quadriga honerata de agniculis, duos denarios.

Quadriga honerata de illo lanæ, limonerius quatuor denarios ad tractum quadrigæ, alii equi duos denarios.

Honus alosarum, unum denarium.

Quadriga honerata de chauz, unum denarium.

Centum ferri, unum denarium.

Duodecim vincula chalibis, quatuor denarios.

Pondus ceræ, quatuor denarios.

Honus piperis, quatuor denarios.

Honus metalli, quatuor denarios.

Salmo, quatuor denarios, tali modo quod unus omnes alios liberabit.

---

1. Le mot *Susa* a été partout écrit *Sala* par le copiste.

Summa mellis, unum denarium.

Summa olei, unum denarium.

De tribus arietibus, unum denarium.

Bos, unum turonensem.

Asinus, unum turonensem.

Equus, unum denarium.

Porcus, unum denarium.

Collerius sine pretio, nihil.

De tribus ovibus, unum denarium.

De patella vini venditi, unum denarium.

In feodo domini : furnerius de furno Susæ habebit de burgense, de pane suo fictitio, coquendo de mina, unum turonensem, de sextario, unum denarium.

Burgensis de Susa quando exierit de villa cum quadriga sua honerata de mercatoria, quadriga, unum denarium.

Summerius de villa, unum turonensem.

De uno quarterio lanæ, unum denarium.

De uno fardello, duos denarios.

De una trolla de retro, unum denarium.

De bove mortuo vendito, pectus.

De porco mortuo vendito, nonblicum, ut habeat de corio sublevando cum pollice.

De uno bacone vendito in foro, joera vel unum denarium.

De dimidio bacone vendito in foro, unum turonensem.

De molendinis :

Pistor transmiserit bladum suum ad locum suum capiendum ad molendinum et quæret bladum suum ad emendum per patriam, et quando redierit ad molendum cum bladio suo, ipse debet molendinare post ipsum qui molendinat, et quando pistor bladum suum molendinaverit, post ipse debet molendinare venaturas suas.

Molendinarius pistori si[1] bladium suum tenuerit una die et nocte, quando non poterit molendinari, pistor crastina die bladum suum portaverit et ad alium molendinum molendinaverit.

1. La copie donne : *pistor si*. Nous rétablissons le vrai sens : *pistori si*.

Burgenses de Susa :

Habent nemus mortuum in Longo Alneto de dominio Susæ.

Quadriga quando venerit de Longo Alneto et intraverit infra fossatos de Susa, forestarius manum suam non debet apponere.

De tribus nundinibus, scilicet : de festo beati Nicolaii, animal, unum denarium, loga, unum denarium, estallium, unum denarium, et de festo sancti Michaelis similiter.

De Purificatione beatæ Mariæ, animal, unum turonensem, loga, unum denarium, estallium, unum denarium.

Teniertores qui vendunt corium in foro reddunt villico, ad Natale, quatuor denarios, et ad Pascha, tres denarios, et ad festum sancti Johannis, quatuor denarios.

Ad diem fori, venditor et emptor consuetudinem eorum ad Bostiam reddant, ad aliam diem, emptor consuetudinem suam reddet.

93. — XII° siècle. — Liste des fiefs de la Suze. — (B. N., Latin 9067, fol. 332 verso.)

Hæc sunt feoda quæ pertinent ad dominum Susæ.

Vicus de Challe est de feodo Susæ, et post, omnia illa quæ dominus Guido de Challe tenet sunt similiter de feodo Susæ, excepto feodo Moran.

Baudoineria, quam dominus Gaudinus tenet, de feodo Susæ.

Berrengeria, quæ dominus Fulco de Bence tenet, sunt de feodo Susæ.

Les Milleris, quæ dominus Fulco et Achardus de Burceyo tenent, sunt de feodo Susæ.

Herbergamentum de Beauvier, quod dominus Durandus de Oystilleio tenet, est de feodo Susæ.

La Reauté, quam dominus Marsilius de Flaé tenet, est de feodo Susæ.

Thelocheium de feodo Susæ est, excepto vico domini Philippi Hay.

Feodum Guillelmi Corbin est de feodo Susæ de Bernos.

Feodum Radulphi de Rivellon de Bernos est de feodo Susæ.

Prior de Sancto Victurio debet septem sextaria avenæ et tres rasos reddend[os] ad festum sanctæ Luciæ.

94. — XIIe siècle. — Coutumes que le seigneur de la Suze tient du comte du Maine. — (B. N., Latin 9067, fol. 333.)

Dominus Susæ habet has consuetudines a comite Cœnomaniæ.

Dominus Susæ habet de feodo Susæ, in Longo Alneto, in nemore Sancti Johannis, in foresta etiam quæ est intra Susam et Cœnomanum civitatem, habet boscum vivum, excepto dare et vendere, ad sua opera suorumque hominum facienda quæ manent in feodo Susæ ; mortuum etiam cum trossa.

Quandam alnam cum vivo habenti ad calefaciend[um] habet, et ad omnia suorum hominum in dicto feodo manentium necessaria.

Habet etiam in sylvis prænominatis suorum porcorum et suorum hominum pasnagium.

De omnibus vero porcis qui infra castri circuitum jacuerint, exceptis militum porcis, habet pasnagii medietatem, comes autem aliam medietatem.

De porcis iterum illis qui in feodo Lauuiij (?) jacent, similiter comes medietatem ; milites vero qui pasnagium de domino Susæ habent, aliam medietatem.

Exempla etiam nemoris Sancti Johannis, quod de feodo Belismensi constat, quantum juxta feodum Susæ continetur, habet in dominicum.

Brandam vero supradictæ forestæ ad necessaria suorum hominum quiete possidet.

Venatur etiam in Longo Alneto per singulos annos quinque cervos totidemque cervas, quinque porcos totidemque truyas.

Habet quoque in Longo Alneto borsuram omnibus diebus cum uno milite et suis accinctoribus.

In illa foresta quæ vocatur Berzil habet sua exempla a feodo Ribolensium usque ad Septem Fratres et usque ad Rubrum Sollarum et Pontem Richardi, et sicut Colderia dividit usque in Lontiam cadit, ab illo autem loco usque ad la Praele, et sicut rivulus qui Aurifolium vocatur dividit usque ad Mortdoibt, ab illo loco usque ad Sartam.

Hæc omnia [1] quæ in isto scripto nominamus tenendo habuerunt et habendo in pace tenuerunt Hubertus de Susa, et Hersendis, ejus filia, vir quoque ejusdem Hersendis, Robertus Vestroilt, et Lisiardus, eorum filius.

Ex omnibus autem hiis quæ hic scribuntur, Roberto de Sabolio et Gaufrido, nepotibus suis, anoeriam suam dedit quantum in pace vixit.

Videntibus istis : Fulcherando de Altenaise; Hugone de Susa; Huberto Vindocinensi; Roberto Garneir; Roberto Borgouil; Gaufrido de Soude.

Dominus Susæ habet usuagium suum in foresta Longi Alneti, extra defensum, ad vivum nemus, pro domibus, molendinis et pontibus de Susa reparandis; mortuum nemus et brueriam ad chaufagium furni de Susa.

Homines de Susa habent in ipsa foresta usagium ad mortuum nemus et remansiones et pasturam ad bestias suas.

Leprosi de Susa habent usagium in ipsa foresta ad nemus vivum scilicet ad raparationem domorum, et mortuum nemus, et brueriam ad chaufagium, et pasturam ad bestias, et pasnagium ad porcos de suo nutritu.

Stagnum vero et prata et exempla remanent domino regi.

Dominus Philippus de Susa habet medietatem in villicatione, in collecta oboli, in pedagio de ponte, in bellis, in martello per manum domini Susæ.

Præco de Susa debet hominium et ligetiam domino Susæ.

Præco de Susa in molendinis de Susa in unaquaque quindena habebit unam minam bladi.

In omnibus diebus sabbathi præco consuetudinem panis quæret per villam Susæ et ipse habebit unam nummatam panis.

In omnibus submonitionibus quas præco faciet de quadrigato ad pontem ipse habebit duos denarios.

Præco habet consuetudinem caprarum.

1. Ménage, qui a vu à la chambre des comptes l'original de cet acte, a lu ici : *Hominia*, et, à la ligne suivante : *exinde* au lieu de : *habendo*. (*Histoire de Sablé*, p. 151.)

De præda ipse habet capram monusculam.

Et totum crigium [1] vini de ascensu et descensu.

De nuptiis unum denarium.

De tenerioribus quatuor denarios ad Natale et quatuor denarios ad Pascha, et quatuor denarios ad festum sancti Johannis.

Et de Judæis quatuor denarios.

Et de bellis quatuor denarios.

Et habebit armaturam convicti.

Et de latrone robam.

Et quando tolletur de annulis ferreis, quatuor denarios.

Si præco custodierit prisionem in castello Susæ, expensam suam debet habere et faciet ea quæ ad præconariam pertinuerit.

Quando dominus Susæ vel domina ad Susam venerit, præco debet quærere paleam, et bucham, et culcitras, et lintea, et nappas, et cyphos per domos burgensium, per amorem non per feodum, et debet quærere ea quæ necessaria fuerint in hospitio domini.

Præco debet submonere tailliatam jussu domini.

Dominus Hugo Garnier habet suum degradatum in molendinis domini Susæ pro motagio quod dominus Susæ capit ad sua molendina reparanda.

95. — XIIe siècle. — LISTE DE CEUX QUI DOIVENT GARDE A LA SUZE. — (B. N., Latin 9067, fol. 336 ; Fr. 9501, fol. 8 ; Fr. Nouv. Acq. 7412, fol. 346 verso.)

Isti debent custodiam apud Susam, videlicet :

Dominus Hugo de Belino debet custodiam et hominium domino Susæ.

Dominus Guillelmus de Tace debet custodiam et hominium domino Susæ.

Girardus Besague debet custodiam et hominium domino Susæ.

Dominus Hugo de Sancto Benedicto debet custodiam et hominium domino Susæ.

1. *Seu criagium.* (Note du copiste.)

Omnes isti milites prædicti debent quadrigatum ad pontem, et biennium, et corveiam, et exercitum, et equitationem, et plaudum et virgam.

96. — XII° siècle. — Liste des vassaux de la Suze. — (B. N., Latin 9067, fol. 335; Fr. 9501, fol. 8; Fr. Nouv. Acq. 7412, fol. 346.)

Isti sunt qui debent estagium apud Susam.

Dominus Philippus de Susa debet estagium et ligetiam et hominium domino Susæ.

In omnibus feodis domini Philippi de Susa dominus Susæ habet quadrigatum ad pontem, et biennium, et corveiam, et exercitum, et equitationem, et plaudum, et virgam.

Dominus Fulco de Vallibus debet tantummodo ligetiam et hominium domino Susæ.

Dominus Gaudinus de Vegeia debet estagium et ligetiam et hominium domino Susæ.

Dominus Symon de Praaius [1] debet estagium et ligetiam et hominium domino Susæ.

Dominus Almandus de Reniau debet estagium et ligetiam et hominium domino Susæ.

Dominus Boguerius de la Plesse debet estagium et ligetiam et hominium domino Susæ.

Hæres de Espinart debet estagium et ligetiam et hominium domino Susæ.

Dominus Matthæus de Voureux debet estagium et ligetiam et hominium domino Susæ.

Dominus Hubertus [2] de Meseriis debet estagium et ligetiam et hominium domino Susæ.

Dominus Hubertus [3] Vindocinensis debet estagium et ligetiam et hominium domino Susæ.

Dominus Hugo de Bufa debet estagium et ligetiam et hominium domino Susæ.

1. *Sic* dans les trois copies.
2. Var. : *Herbert.*
3. Var. : *Herbert.*

Dominus Richardus de Crez debet estagium et ligetiam et hominium domino Susæ.

Dominus Gervasius de la Selle debet estagium et ligetiam et hominium domino Susæ.

Dominus Gaudinus de Boce debet estagium et ligetiam et hominium domino Susæ [1].

Dominus Guarinus Buissun [2] debet hominium et equum servitii domino Susæ.

Feodus de Gesneio debet exercitum domino Susæ.

Gaufridus Cornille debet hominium et servitium domino Susæ.

Habertus de Brochange debet hominium et servitium domino Susæ.

Dominus Hugo de Ververa debet hominium domino Susæ.

Dominus Marsilius de Flaiaco debet hominium tantum.

Albericus Mauldetus debet hominium et ligetiam et servitium domino Susæ, scilicet duodecim denarios ad Natale, et viginti unum denarios ad festum sancti Johannis Baptistæ.

Laurentius Mancian [3] debet hominium et ligetiam et servitium domino Susæ, scilicet duodecim denarios ad Natale et viginti unum denarios ad festum sancti Johannis Baptistæ.

Radulphus Le Tonneor debet hominium et ligetiam et servitium domino Susæ.

Omnes homines qui debent estagia debent etiam ligetias domino Susæ.

97. — XIIe siècle. — Liste des chevaliers et vassaux de la Suze. — (B. N., Latin 9067, fol. 341 ; Fr. 9501, fol. 8 verso ; Fr. Nouv. Acq. 7412, fol. 348 verso.)

Hoc scriptum est de militibus et feodalibus de Susa.

Poolinus Boter.

Hardoinus de Sons.

Hugo de Challeria.

---

1. Le ms. Fr. Nouv. Acq. 7412 donne ainsi cette phrase : « Gaudinus de Bauce debet hominium et servicium. »
2. Var. : *Buillivi*.
3. Var. : *Maucium*.

Raginaudus de Melleriis.
Gaufridus de Chausecher.
Raginaudus Burain.
Guillelmus Sexter.
Symon Roissole.
Thibaut [1] de Martre.
Gaufridus Doire [2].
Palmertus [3] de Maricorne.
Gaufridus Bonnier [4].
Guillelmus de Claeriis.
Guillelmus de Bufa.
Pascherius Avion [5].
Hubertus de Claromonte.
Hardoinus Aloini.
Johannes Chapin.
Petrus Pullete.
Robertus de Pinu [6].
Hugo de Claromonte.
Guillelmus Guoceri.
Hugo de la Grève.
Foquet de Nemore.
Guido Barbot.
Hubertus [7] la Chèvre.
Petrus de Montengenaut.
Almandus Revel.
Richardus de Plesseiz.
Robinus de Laigné [8].
Girart Besague [9].
Philippus Bataille.

1. Var. : *Libaut*.
2. Var. : *Gauter Doyre*.
3. Var. : *Palmerius*.
4. Var. : *Bomer*.
5. Var. : *Anion*.
6. Var. : *Pitra*.
7. Var. : *Herbert*.
8. Var. : *Laigue*.
9. Var. : *Besagne*.

Mathias [1] Le Forestier.
Lisiardus de Tessé.
Hamelinus de Boice.
Robertus de Chevrel.
Guido Crochin.
Guillelmus de Braelle.
Huet de Fomueun.
Alnulphus de Lovria [2].
Odo de Corcellum [3].
Johannes Pajot.
Hugo de Montigné.
Robert de Chesselles [4].
Gaufridus Leter.
Hedoart de Bona.
Ernaudus Carriau.
Raul de Champ Lambert.
Polunus Maunorry.
Garinus de Porreria.
Richardus de Crez.
Fulco de Trélazé.
Raginaldus de Stagno.
Philippus de Biauver.
Thibaut Cornu.
Garinus de Villers.
Hugo d'Anvers.
Hubertus de Nemore.
Gaufridus de Claeriis.
Hamo de Toscha.
Garinus de Boice.
Hugo Garneir.
Hubertus de Colonp.
Hubertus de Trelanzé.

1. Var. : *Mathæus*.
2. Var. : *Lauria, Louva, Louna, Lonva, Lonna*.
3. Var. : *Cortellain*.
4. Ce qui suit ne se trouve que dans le ms. lat. 9067.

Lucas de Noeriis.
Matthias de Voveriis.
Symon de Praiaus.
Matthias de Flacé.
Morel de Boice.
Rossel de Montabon.
Duxo de Pleisseia.
Radulphus Chevalier.
Stephanus de Alneto.
Gaufridus Craive.
Gaufridus Mopin.
Guillelmus Peroue.
Hugo de Sancto Benedicto.
Philippus Normant.
Gervasius de Breuil.
Guillelmus Philippi.
Die Anus.
Gervasius de la Coribe.
Foque de Cussé [1].
Johannes Guoliot.
Radulphus Bozzelesche.
Fulco de Vallibus.
Gaufridus de Gesno.
Hugo de Poile.
Petrus de Alneto.
Foquet de Cussé.
Johannes Gabet.
Radulphus Bozzelesche.

98. — XIIe siècle. — LISTE DES VASSAUX DE COURCELLES. — (B. N., Latin 9067, fol. 343.)
Hoc scriptum est de feodalibus de Corcellis.
Guillelmus Peroe.
Gaufridus Bataille.
Gaufridus Oraire.

1. Il faut peut-être lire : *Tussé.*

Johannes Le Brebez.
Gillebertus Bossel.

99. — XIIe siècle. — Liste des chevaliers et vassaux ayant droit de panage en la forêt de Douvre, avec les jurés de la forêt. — (B. N., Latin 9067, fol. 350; Fr. 9501, fol. 9; Fr. Nouv. Acq. 7412, fol. 350 verso.)

Hoc scriptum est de militibus et de feodalibus qui habent parnagia sua in foresta de Doure, dictis juratorum.

Isti fuerunt jurati de foresta :
Mattheus Harsart.
Robertus de Longua Landa.
Achardus de Burceyo.
Fulco de Bauce.
Guillermus de Vado.
Aucherus de Rosserous.
Giraudus la Barbe.
Robertus Papin.
Girardus Aace.
Guillermus Chevalier.
Gaufridus Bellissent.
Garnerus de Campania.

Dominus de Vallibus habet parnagium suum de propriis suis porcis et medietatem de hominibus suis alteram domino terrae.

Gere [1] Fortin habet parnagium suum de propriis suis porcis et de hominibus suis de multra cheminnum de Cenomannis.

Fulco de Vallibus habet parnagium suum de propriis suis porcis.

Herbertus de Chantelou habet parnagium suum de feodo Gere Fortin si porci nutriuntur in eodem feodo.

Habertus de Rivis habet parnagium suum de se et de hominibus suis et de feodo domini regis.

Girardus de Rasquel habet parnagium suum de propriis suis porcis.

---

1. Var. : *Gete*. Plutôt *Gervasius*.

Prior de Oiseio habet parnagium suum de se et de hominibus suis.

Guillermus de Orna habet parnagium suum de se et de hominibus suis.

Hamelinus Fangie habet parnagium suum de propriis suis porcis.

Hugo de Semuro habet parnagium suum de se et de hominibus suis.

Hamelinus de Sarceel habet parnagium suum de propriis suis porcis.

Robertus Darro habet parnagium suum de propriis suis porcis.

Hardoinus de Maieto habet pasnagium suum de propriis suis porcis.

Robertus de Brelandino habet parnagium suum de propriis suis porcis.

Gervasius de Colemnis habet pasnagium suum de propriis suis porcis.

Hæres de Bonavalle habet parnagium suum de propriis suis porcis.

Odo de Vezins habet parnagium suum de propriis suis porcis.

Odo de Pede Bovis habet parnagium suum de propriis suis porcis.

Philippus de Chancis [1] habet parnagium suum de propriis suis porcis.

Johannes de Mangeio habet parnagium suum de propriis suis porcis.

Josbertus Boschet habet parnagium suum de propriis suis porcis.

Guillelmus Boschet habet parnagium suum de propriis suis porcis.

Gaufrid[us] de Semuro [2] [habet parnagium suum de propriis suis porcis].

1. Var. : *Chaucis*. Peut-être *Chaorcis* ?
2. Cet article est omis dans le ms. lat. 9067.

Ernaudus Carrel habet parnagium suum de propriis suis porcis.

Gaufridus Challopin habet parnagium suum de propriis suis porcis.

Guillelmus de Vernecelles habet parnagium suum de propriis suis porcis.

Habertus de Vindocino habet parnagium suum de propriis suis porcis.

Hato de Burceyo habet parnagium suum de propris suiis porcis.

Achardus de Burceyo habet parnagium suum de propriis suis porcis.

Robertus de Corciellun habet parnagium suum de propriis suis porcis.

Raginaldus Bartelemer habet parnagium suum de propriis suis porcis.

Agnes, filia Puellæ, habet parnagium suum de propriis suis porcis.

Guarinus de Bordello habet parnagium suum de propriis suis porcis.

Guillelmus de Fay habet parnagium suum de propriis suis porcis.

Guillelmus Papellon habet parnagium suum de propriis suis porcis.

Hugo de Belin habet parnagium suum de propriis suis porcis.

Philippus Rancheir habet parnagium suum de propriis suis porcis.

Robertus de Longa Landa habet parnagium suum de propriis suis porcis.

Henricus de Mosterol habet parnagium suum de propriis suis porcis.

Hæres de Alneto habet pasnagium suum de domo Petri Barrau de feodo Guillelmi de Vernetelles [1].

---

1. Var. : *Vervecelles*. — On rencontre ici à la fois *parnagium* et *pasnagium*. Du Cange ne donne qu'un exemple de *parnagium*, tiré d'ailleurs de ce texte.

100. — 1197, Briollay. — Lettres par lesquelles Guillaume des Roches déclare que, lorsqu'il épousa Marguerite de Sablé, il lui assigna en douaire tous ses acquêts, pour être tenus par elle si elle lui survivait. — (B. N., D. Housseau, n° 2463. — Imprimé : Ménage : *Histoire de Sablé*, p. 370. — Cf. L. Delisle : *Catalogue des actes de Philippe-Auguste*, n° 1883.)

Ego, Willelmus de Rupibus, miles, notum facio tam presentibus quam futuris quod, quando desponsavi Margaretam de Sabolio, uxorem meam, dedi ei et concessi in dotalitium, sive in donationem propter nuptias, omnes acquisitiones et conquestas quas habebam vel habiturus eram, quocumque modo acquirendi, sive per emptionem, sive per donationem, sive per quemcumque modum ad me pervenerint, tam in redditibus quam in possessionibus, tenendas pacifice, integre, cum omnibus pertinentiis suis, omnibus diebus vitæ suæ, si eam post mortem meam vivere contingeret.

Actum apud Brioletum, anno Domini 1197.

101. — 1199, mai, Montlandon (Eure-et-Loir). — Philippe-Auguste confirme le don qu'Artur de Bretagne avait fait à Guillaume des Roches de la sénéchaussée d'Anjou et du Maine, de Mayet et de la forêt de Berçay. — (B. N., Dom Housseau, n° 2449. — Imprimé : Ménage : *Histoire de Sablé*, p. 191. — Cf. L. Delisle : *Catalogue des actes de Philippe-Auguste*, n° 562.)

Philippus, Dei gratia Francorum rex, etc.

Noverint universi presentes pariter et futuri ad quos litteræ istæ pervenerint quod amicus et fidelis noster Arturus, dux Britanniæ, comes Andegavensis et Richemundiæ, in feodum et hæreditatem dedit Guillermo de Rupibus et hæredibus suis, pro fideli servicio quod ei fecit, senescalciam Andegavensem et Cenomanensem, et Maietum insuper, cum pertinenciis suis, et boscum de Burçai, cum appendiciis suis. Nos autem, ad prædicti Arturi preces, hanc donationem sigillo nostro confirmamus, et quicquid contigerit omnia prædicta prædicto Guillermo garantiemus.

Actum apud Moulandum, anno Domini M°C°XC° nono, mense maio.

102. — 1200, 24 juin, Chinon. — LETTRES DE JEAN-SANS-TERRE CONFÉRANT A GUILLAUME DES ROCHES LA SÉNÉCHAUSSÉE D'ANJOU, MAINE ET TOURAINE, LA FORÊT DE BERÇAY ET MAYET. — (Imprimé : *Rotuli Chartarum*, accurante Thoma Duffus Hardy, 1837, vol. I, pars I, p. 72.)

Carta Willelmi de Rupibus.

Johannes, Dei gratia, etc.

Sciatis nos dedisse et concessisse et presenti carta confirmasse Willelmo de Rupibus et heredibus suis, pro homagio et servicio suo, senescalciam Andegavie, Cenomanie et Turonie, cum omnibus ad eandem senescalciam pertinentibus, et forestam de Burceyo cum pertinenciis, et Maetum cum toto honore. Ipse vero Willelmus fecit nobis ligium homagium, contra omnes homines qui vivere possint et mori, de omnibus supradictis et de baronia sua de Sablolio et de omnibus rectis ad baroniam pertinentibus. Quare volumus et firmiter precipimus quod predictus Willelmus et heredes sui habeant et teneant de nobis et heredibus nostris prefatam senescalciam, et forestam de Burceyo, et Maetum et honorem Maeti, sicut supra dictum est, libere et quiete, plenarie et honorifice, sicut aliquis antecessorum nostrorum melius et libere ea tenuit et habuit.

Hiis testibus : Willelmo Marescallo, comite de Penbroca ; Roberto, filio Walterii ; Willelmo de Humez, constabulario Normannie ; Guarino de Glapione, senescalco de Normannia.

Datum per manus S., Wellensis archidiaconi, et J. de Gray, archidiaconi Glocesteriensis, apud Chinonem, XXIIII die junii, anno regni secundi.

103. — 1200, 30 août, Chinon. — LETTRES DE JEAN-SANS-TERRE, PAR LESQUELLES IL DONNE EN DOT A LA REINE ISABELLE, SA FEMME, LES VILLES DE SAINTES, NIORT, SAUMUR, LA FLÈCHE, BEAUFORT, BAUGÉ, CHATEAU-DU-LOIR, TROO ET LEURS DÉPENDANCES. — (B. N., D. Housseau, n° 2132. — Imprimé : D. Martène : *Amplissima Collectio*, t. 1ᵉʳ, p. 1032.)

Dotalitium Isabellæ, reginæ Anglorum.

Johannes, Dei gratia Anglorum rex, dominus Hyberniæ, dux Normanniæ, Aquitaniæ et comes Andegaviæ, archiepiscopis, episcopis, abbatibus, comitibus, baronibus, justiciariis, senescallis, ballivis et omnibus hanc cartam visuris et audituris, salutem.

Sciatis nos dedisse et concessisse Ysabelli, uxori nostræ, in dotem, civitatem Xantonensem, Niortum, Salmurium, Fissam, Beaufort, Baugi, Castrum Ligdi et Trou, cum omnibus pertinenciis et libertatibus suis.

Et, ut hoc stabile sit et firmum, presenti carta et sigilli nostri testimonio id confirmavimus.

Testibus : E., Burdegalensi archiepiscopo ; H., Xantonensi ; J., Engolismensi ; R., Petragoricensi ; J., Lemovicensi ; R., Wanterford episcopis ; Radulfo, Cestriæ ; R., Leicestriæ ; W. Marescallo, de Pambroca ; W., Sar. comitibus ; W. de Homet, constabulario Normanniæ...

Datum per manum Johannis, archiepiscopi Vicorniensis, et Hugonis de Vvelles, apud Chinon, tricesima die augusti, regni nostri anno secundo.

104. — 1203, du 6 au 30 avril, ou 1204, du 1er au 24 avril, Château-du-Loir. — Acte par lequel Guillaume des Roches donne a Simon Clarembaut le panage pour soixante porcs dans la forêt de Berçay. — (B. N., Latin 9067, fol. 359.)

Pasnagium sexaginta porcorum pro Simone Clerembaut in bosco de Burçay. — Transcriptum receptum per Guillelmum Gangier, die martis in festo beati Michaelis, anno Domini millesimo ducentesimo octuage[simo] secundo.

Ego, Guillelmus de Rupibus, seneschallus Andegavensis, omnibus præsentes visuris litteras, salutem.

Noveritis quod ego donavi et concessi Symoni Clarembaut et suis hæredibus annuatim pasnagium pro sexaginta porcis in bosco de Burcey, pro quodam jure quod habebat in Aula de Burcey et in stagnis, quod jus ipse mihi donavit et bona voluntate dimisit pro prædicto pasnagio.

Et ut finis iste et ista donatio firma maneret et stabilis, ego,

Guillelmus de Rupibus, senescallus Andegavensis, præsentem paginam sigilli mei munimine roboravi.

Actum apud Castrum Lidi, anno Incarnati Verbi millesimo ducentesimo tertio, mense aprilis.

105. — 1203/1204, mars. — CHARTE DE BAUDOUIN DES ROCHES, DONNANT AUX RELIGIEUX DE LA BOISSIÈRE LA MÉTAIRIE, LE MOULIN ET LES CENS DE LA PERRIÈRE, A CHATEAU-DU-LOIR. — (B. N., Latin 9067, fol. 360 verso ; Fr. 20.691, p. 541.)

Noverint universi tam præsentes quam futuri quod ego, Balduinus de Rupibus, pro remedio animæ meæ et parentum meorum et antecessorum meorum, dedi et concessi abbatiæ de Buxeria et monachis ibidem Deo servientibus medietariam de Perreria, quam apud Castrum Lidi habebam ; et molendinum, et prata, et census, et quicquid jure hæreditario ex parte matris meæ ibidem contingebat habere, ita quod prædicta domus omnia quæ ibi tenebam in perpetuum pacifice possideat et quiete. Abbas vero et conventus ecclesiæ, pro Dei amore et pro animæ meæ remedio et parentum et antecessorum meorum, in eadem ecclesia unum altare ubi singulis diebus missa celebrabitur mihi concesserunt.

Hiis testibus : Herberto Torpini, etc.

Anno Domini millesimo ducentesimo tertio, mense martio.

106. — 1203/1204, mars. — ACTE DE GUILLAUME DES ROCHES, RELATANT QUE BAUDOUIN DES ROCHES, SON NEVEU, A DONNÉ AUX RELIGIEUX DE LA BOISSIÈRE LA MÉTAIRIE DE LA PERRIÈRE, A CHATEAU-DU-LOIR. — (B. N., D. Housseau, n° 2181 ; Latin 9067, fol. 360 verso ; Fr. 20.691, p. 539.)

Guillelmus de Rupibus, senescallus Andegavensis, omnibus præsentem chartulam inspecturis, salutem in perpetuum.

Noverit universitas vestra quod Baudoinus de Rupibus, nepos meus, dedit integre et concessit abbatiæ de Buxeria et monachis ibidem Deo servientibus medietariam de Perreria, quam apud Castrum Lidi habebat, et molendinum, et prata, et census, et quidquid jure hæreditario ex parte matris suæ ibidem eum contingebat habere, in perpetuum pacifice possidenda. Abbas vero et conventus dictæ abbatiæ, pro Dei amore et animæ suæ remedio et parentum et antecessorum suorum, in eadem abbatia altare unum ubi singulis diebus missa ab uno monacho celebrabitur in ea concesserunt.

Hiis testibus : Herberto Torpini ; Hugone de Berleio ; Hugone de Champchevrier ; Joscelino, fratre ejus ; Pagano de Libois ; Hamerico de Chaegniaio ; Herberto Ratoine ; Nicolao, clerico meo ; et Gaufrido de Auverncia, clerico meo, et multis aliis.

Actum anno Incarnationis Dominicæ M° CC° III°, mense marcio.

Et ut ea quæ supra scripta sunt et acta, rata et inconcussa de cetero permanerent, presentem paginam sigilli mei feci munimine roborari.

(Avec un sceau pendant en lemnisques, qui porte un écusson de... à cinq fusées accostées posées en bande, au lambel de cinq pièces.)

107. — 1204, août, Poitiers. — (A. Teulet : *Layettes du Trésor des Chartes*, t. Ier, p. 267, n° 723.)

Guillelmus de Rupibus, senescallus Andegavensis, declarat jura sibi pertinentia in senescallia Andegavensi, Cenomanensi et Turonensi, de qua domino regi homagium ligium præstat.

108. — Vers 1204 [août ?]. — ACTE PAR LEQUEL PHILIPPE-AUGUSTE FAIT SAVOIR QUE BÉRENGÈRE, JADIS REINE D'ANGLETERRE, AYANT ABANDONNÉ A GUILLAUME DES ROCHES CE QU'A TITRE DE DOUAIRE ELLE POUVAIT AVOIR A CHATEAU-DU-LOIR, LEDIT GUILLAUME A PROMIS DE NE PAS EXERCER PENDANT LA VIE DE LA REINE SON DROIT DE SÉNÉCHAL DANS LA CITÉ DU MANS, QUE LE ROI AVAIT ASSIGNÉE A CETTE PRINCESSE POUR LUI TENIR LIEU DE DOUAIRE. — (B. N., D. Housseau, n° 2186. — Imprimé : Ménage, p. 361. — Cf. L. Delisle : *Catalogue des actes de Philippe-Auguste*, n° 857.)

Carta de quitatione Lidi forestarum quam fecit regina Berengaria senescallo Andegavensi.

Notum, etc. quod Beringaria, quondam regina Angliæ, dilecta et fidelis nostra, quitavit amico et fideli nostro Guillermo de Rupibus, senescallo Andegaviæ, et heredibus suis, in perpetuum, quicquid habebat vel habere poterat jure dotalicii in Castro Lidi et forestis et pertinenciis ejus. Idem vero Guillelmus quitavit dictæ reginæ senescalciam quam habebat in illis rebus quas nos in civitate Cenomanensi et ejus pertinentiis ipsi reginæ concessimus in dotalicium, pro excambio dotalicii quod rex Ricardus, quondam rex Angliæ, maritus suus, ipsi concesserat in Normannia, ita quod quandiu dicta regina ea tenebit, idem senescallus in senescalcia illa nihil capiet. Cum autem ipsa regina ea dimittet, vel morte interveniente vel quocumque alio modo, senescallia illa ad senescallum jam dictum et heredes ejus redibit.

Quod ut, etc.

109. — 1204 [septembre ?] Chinon. — ACTE PAR LEQUEL PHILIPPE-AUGUSTE DONNE CHATEAU-DU-LOIR A GUILLAUME DES ROCHES. — (B. N., Latin 9067, fol. 353; Fr. 9499, p. 20; D. Housseau, n° 2187. — Imprimé : Ménage : *Histoire de Sablé*, p. 361. — Cf. L. Delisle, n° 860.)

Cartula domini regis de dono Castri Lidi.

Philippus, Dei gratia rex Francorum, universis presentes litteras inspecturis, salutem in Domino.

Noverint universi quod nos dilecto et fideli nostro Guillermo de Rupibus, senescallo Andegavensi, et heredibus suis in perpetuum dedimus, in feodum et homagium ligium, Castrum Lidi cum pertinenciis suis. Ipse vero et heredes sui in perpetuum nobis et heredibus nostris inde facient homagium ligium contra omnes homines et tale servicium quale feodum debet.

Quod ut ratum sit et firmum, etc.

Datum et actum Chinone, anno 1204 [1].

110. — 1207. — CHARTE PAR LAQUELLE GUILLAUME DES ROCHES DONNE A L'ABBAYE DE MÉLINAIS LA COUR DE BERÇAY,

---

1. Le titre et les deux premières lignes sont donnés par le ms. latin 9067; la date et le lieu par le ms. fr. 9499.

AVEC L'USAGE DANS LA FORÊT. — (B. N., Latin 9067, fol. 358 verso; Fr. 20.091, p. 538).

Cartula Aulæ de Burceyo.

Noverint universi præsentes et futuri quod ego, Guillelmus de Rupibus, seneschallus Andegavensis, dedi et concessi, pro salute animæ meæ et antecessorum meorum et regis Henrici et regis Richardi, abbatiæ de Mellinais, locum illum qui vocatur Aule de Burceyo, cum terris, stagnis et pratis ad ipsum locum pertinentibus, in puram et perpetuam eleemosinam. Duo vero canonici dictæ domus de Mellinais, præsbyteri divino servitio idonei, ibidem assidue manebunt, quorum unus singulis diebus missam pro fidelibus defunctis celebrabit, exceptis illis diebus quibus sancta Ecclesia missam pro defunctis celebrare non consuevit.

Præterea dedi dictis canonicis usagium suum in nemore de Burceyo, videlicet boscum vivum ad domos et ad vasa sibi necessaria, et boscum mortuum ad se calefaciendos, et pasnagium porcorum in domo sua nutritorum, et pasturam animalibus suis per Burceyum, præter in defenso.

Dedi etiam eis quadragiata solidos in censibus nostris de Houso, capiendos per manum servientis mei singulis annis in duobus terminis, scilicet : in Pascha Florido, quatuordecim solidos, et in festo sancti Martini hyemalis viginti sex solidos.

Præterea dedi eis vineam meam de Riablai ; scilicet Boni Homines Grandimontis de Burceyo ibi capient unum modium vini singulis annis, quem habent de dono patris mei.

Homines vero quos ipsi canonici ibi habuerint ad terras suas excolendas quitti erunt et liberi ab omni exactione, et exercitu, et talleia et equitatione, et chaufagium suum habebunt in Burceyo sicut ipsi canonici.

Et ut firmum, etc.

Actum anno Domini MCCVII°.

111. — 1209, 4 octobre. — CHARTE DE GUILLAUME DES ROCHES ET DE MARGUERITE DE SABLÉ, SA FEMME, QUI ÉTABLISSENT AU PERRAY-NEUF LES RELIGIEUX DU BOIS-RENOUL. —

(Imprimé : Ménage, p. 364 ; *Archives du Cogner*, série II, art. 63, n° 5.)

112. — 1209. — Donation de Guillaume des Roches en faveur du prieuré de Saint-Guingalois. — (B. N., Latin 5441², fol. 243 verso. — Imprimé : *Revue du Maine*, t. V, p. 361.)

Willelmus de Rupibus, senescallus Andegavensis, presens scriptum inspecturis salutem.

Noverit universitas vestra quod ego donavi et concessi, pro amore Dei et anniversario domine Hersendis, v solidos turonensis monete monachis Sancti Wingaloei, annuatim persolvendos, quos eis assignavi super vineis de la Maladerie, quos tenet Scolastica, uxor Guillelmi Le Corne...

Actum anno gratie 1209.

113. — 1209, Château-du-Loir. — Charte par laquelle Guillaume des Roches donne au couvent de la Fresnaye la métairie de Botigné, près Saint-Christophe. — (B. N., Latin 9067, fol. 352 verso.)

Omnibus præsentes litteras inspecturis Guillelmus de Rupibus, senescallus Andegavensis, salutem in Domino.

Noverint universi præsentes pariter et futuri quod ego, pro amore Dei et animabus patris et matris et antecessorum et hæredum meorum et pro bono animæ meæ, dedi et concessi conventui de Fresneio medietariam de Botineio, in dextra parte locatam euntibus ad Sanctum Christophorum, cum rebus omnibus eidem medietariæ contingentibus ; et insuper pratum quod Guillelmus Dar... eidem loco subtraxerat restitui et integre resignavi. Et si quis prædictam eleemosinam auferre vel subtrahere, diminuere vel perturbare attemptaverit, precor et moneo episcopum Cenomanensem et episcopum Andegavensem, quatenus, visis istis litteris, illum excommunicent et ecclesiasticam justitiam exerceant super illum.

Testes autem hii fuerunt : Hamelinus de Roorta ; Guillelmus, major ; Gaufridus, præsbiter, et plures alii.

Quod ut ratum habeatur et firmum, præsentem chartulam sigilli mei munimine [roboravi].

Datum apud Castrum Lidi, anno gratiæ millesimo ducentesimo nono.

114. — 1209. — ACTE PAR LEQUEL GUILLAUME DES ROCHES RESTITUE AU CHAPITRE DE SAINT-PIERRE-DE-LA-COUR LES DIMES DES BOIS DE LA PAROISSE DE MARIGNÉ. — (Imprimé : *Cartulaire de Saint-Pierre-de-la-Cour*, n° 37.)

115. — 1209. — ACTE PAR LEQUEL GUILLAUME DES ROCHES ABANDONNE AUX CHANOINES DE SAINT-PIERRE-DE-LA-COUR LES DIMES SITUÉES DANS SES FIEFS ET DANS SA SÉNÉCHAUSSÉE. — (Imprimé : *Cartulaire de Saint-Pierre-de-la-Cour*, n° 38.)

116. — 1211/1212, février, Château-du-Loir. — (A. Toulet : *Layettes du Trésor des Chartes*, t. Ier, p. 376, n° 992.)

Securitas facta domino regi a Guidone Turpin, usque ad ducentas libras parisienses.

... Actum apud Castrum Lidi, anno Domini millesimo ducentesimo undecimo, mense februario.

117. — 1212, Château-du-Loir. — GUILLAUME DES ROCHES APAISE UN DIFFÉREND ENTRE LE PRIEUR DE CHATEAU-DU-LOIR ET ODELINE, FILLE DE GEOFFROY DURAND, AU SUJET D'UNE TERRE A MONTABON. — (B. N., Latin 5441³, fol. 245 verso. — Imprimé : *Revue du Maine*, t. V, p. 363.)

... Interfuerunt : ... Hamelinus de Roorta : Marsilius de Flac ; Guillelmus, major...

118. — 1213, Château-du-Loir. — CONTRAT PAR LEQUEL GUILLAUME DES ROCHES BAILLE A GUILLAUME GRAIEN UNE PLACE SISE SUR LES FOSSÉS POUR Y ÉDIFIER UNE MAISON. — (B. N., Latin 9067, fol. 283.)

Transcriptum donationis cujusdam plateæ pro III denariis ad ædificandam domum.

Guillelmus de Rupibus, seneschallus Andegavensis, omnibus Christi fidelibus præsentes litteras inspecturis in Domino salutem.

Noverit universitas vestra quod ego, pro amore Dei, dedi

Guillelmo Graien, sic et hæredi suo, libere et quiete, quandam pluteam, ad domum ædificandam, super fossata, ante domum Johannis Bertelot, pro tribus denariis turonensis monetæ de servitio, reddendis ad festum sancti Johannis Baptistæ, sibi et hæredi suo, libere et quiete ab omnibus exactionibus possidendam.

Et ut hoc ratum et stabile perseveret, præsentes litteras sigilli mei munimine roboravi.

Actum apud Castrumlidi, anno Domini millesimo ducentesimo tertio decimo.

119. — 1213, du 14 avril au 29 mars 1214. — ACTE DE GUILLAUME DES ROCHES RELATANT UN ACCORD CONCLU, APRÈS ENQUÊTE FAITE PAR SON ORDRE, ENTRE L'ÉVÊQUE HAMELIN, LE CHAPITRE ET LE CHANTRE DU MANS, D'UNE PART, ET GUILLAUME DE LA JAILLE, SEIGNEUR D'OUTILLÉ, D'AUTRE PART, AU SUJET DE LA CONNAISSANCE DES CAS DE RAPT, MEURTRE, INCENDIE ET VOL, ET DES MESURES A BLÉ ET A VIN. — (Imprimé : *Liber Albus*, p. 28, n° LV.)

120. — 1213, du 14 avril au 29 mars 1214, Paris[1]. — ACTE DE PHILIPPE-AUGUSTE CONFIRMANT L'ACCORD PRÉCÉDENT, APRÈS ENQUÊTE FAITE PAR L'ORDRE DE GUILLAUME DES ROCHES. — (B. N., Latin 9067, fol. 261. — Imprimé : *Liber Albus*, p. 27, n° LIV, et p. 400, n° DCLIV. — Cf. *Catalogue des actes de Philippe-Auguste*, n°⁰ˢ 1373 et 1448.)

121. — 1214. — GUILLAUME DES ROCHES APAISE UN DIFFÉREND ENTRE SAINT-GUINGALOIS ET GUILLAUME DE JUPILLES, AU SUJET DE LA PRÉVÔTÉ DE JUPILLES. — (B. N., Latin 5441³, fol. 227 verso. — Imprimé : *Revue du Maine*, t. V, p. 364.)

... Monachi... ad preces Guidonis de Cortiran, tunc temporis senescalli, eidem Adam, patri suo, dictam preposituram concesserunt...

---

[1]. Le ms. latin 9067 date ces lettres de 1212 (1212, 25 mars au 13 avril 1213). Le *Liber Albus* en donne deux copies, l'une de 1212, l'autre de 1213. L'enquête de Guillaume des Roches étant de 1213, la confirmation par Philippe-Auguste ne peut être antérieure.

Presentes fuerunt : Henricus de Mosterol ; Hamelinus de Roorta ; Guillelmus de Jallia ; Guillelmus de Urne ; Guillelmus de Novovico, milites...

122. — 1215. — Charte par laquelle Guillaume des Roches, pour le salut de son ame, de celles de Marguerite, sa femme, et de ses ancêtres, donne a l'abbaye de Perseigne soixante sols de rente sur ses cens de Chateau-du-Loir, lesquels cens furent a son aieul Herbert des Roches, père de son père Baudouin des Roches. — (B. N., Latin 9067, fol. 362 verso ; Fr. 20.691, p. 540.)

Carta monachorum de Persenia.

Omnibus ad quos praesens scriptum pervenerit, Villermus de Rupibus, senescallus Andegavensis, salutem in Domino.

Noveritis me dedisse, pro salute animae meae et Margaritae, uxoris meae, et pro animabus patris et matris meae et omnium antecessorum meorum et successorum meorum, Deo et Beatae Mariae de Persenia et monachis ibidem Deo servientibus sexaginta solidos turonensium, annuatim jure perpetuo percipiendos, ad festum sancti Johannis Baptistae, in censibus nostris de Castro Lidi, qui census fuerunt Herberti de Rupibus, patris videlicet bonae memoriae Baldoini de Rupibus, patris mei. Dedi autem praedictos sexaginta solidos ad ceram emendam pro missis cantandis. Omnibus unde firmiter praecipio baillivis meis ut et quicunque praedictos census illos meos de Castro Lidi recipient ut ad supradictum terminum festivitatis beati Johannis Baptistae praenominatos sexaginta solidos omni occasione et dilatione postposita, absque alio brevi et alio mandato, praedictis monachis reddant singulis annis.

Quod ut ratum et stabile permaneat in perpetuum, praesentem chartam sigilli nostri munimine roboravi.

Actum est anno gratiae millesimo ducentesimo quinto decimo.

123. — 1216/1217, février, Château-du-Loir. — Charte par laquelle Guillaume des Roches donne aux chanoines de Gatines son moulin de Chateau-du-Loir et l'usage des forêts de Bois-Corbon et de Berçay. — (B. N., Latin 9067, fol. 358; Fr. 20.691, p. 539.)

Cartula canonicorum de Gastineta.

Guillelmus de Rupibus, seneschallus Andegavensis, universis, etc.

Noverit universitas vestra quod, pro salute animæ meæ et animarum patris et matris meæ et antecessorum meorum, necnon et pro salute animarum charissimorum dominorum meorum H[enrici] et R[ichardi], regum Angliæ, ad anniversaria facienda, dedi et concessi canonicis Beatæ Mariæ de Gastineta molendinum meum quod est apud Castrum Lidi, subtus turrim, cum pertinentiis suis, in eodem statu in quo melius unquam ante donationem istam possedi, salvo jure molendinarii. Præterea concessi eisdem canonicis boscum vivum in nemore quod dicitur Boscorbun, vel in alio quod appellatur Burçai, ad prædictum molendinum faciendum et reparandum quotiescunque necesse fuerit ad ostensionem famuli nostri.

Et ut hoc ratum habeatur, præsentem paginam sigilli mei munimine roboravi.

Datum apud Castrum Lidi, anno Domini millesimo ducentesimo decimo sexto, mense februario.

124. — 1218, du 15 avril au 31 mars 1219. — Lettres par lesquelles Guillaume des Roches, partant pour l'Albigeois, confirme a Marguerite de Sablé, sa femme, le douaire qu'il lui avait donné en l'épousant, savoir : Chateau-du-Loir, Mayet et tous ses acquêts, sauf la sénéchaussée, qui doit échoir a Amaury de Craon, leur gendre. — (B. N., D. Housseau, n° 2457. — Cf. *Catalogue des actes de Philippe-Auguste,* n° 1884. — Imprimé en partie : Ménage, p. 371.)

Omnibus tam presentibus quam futuris ad quos litteræ presentes pervenerint, W. de Rupibus, senescallus Andegavensis, salutem in Domino.

Noveritis quod, cum iter arriperem eundi peregre erga hereticos Albigenses, cum domino Ludovico, domini regis

Francorum primogenito, et aliis cruce signatis, recognovi et confirmavi uxori meæ Margaritæ de Sabolio dotalitium suum quod ei dederam quando eam desponsavi, scilicet omnes conquestas meas, quocumque modo fuerint acquisitæ, tam in redditibus quam in possessionibus quibuscumque, videlicet : Castrum Lidi, Maietum, istas et omnes conquestas meas cum omnibus pertinenciis suis, et ei confirmavi et concessi tenendas in dotalicium quiete et integre, omnibus diebus vitæ suæ, si eam post mortem meam vivere contingeret, excepta senescallia, de qua ita convenit inter ipsam et Amalricum de Credone, generum meum, de assensu filiæ meæ primogenitæ, uxoris ipsius Amalrici, quod idem Amalricus, post mortem meam, senescalliam habebit cum omni juridictione et omni jure ad senescalliam pertinente, excepto quod de cissis[1] argenteis, qui solent et debent reddi senescallo. De balliis senescalliæ, habebit uxor mea integram medietatem. Et præterea tenebit ipsa uxor mea, quandiu vivet, totam hæreditatem domini de Sabolio, integre et quiete. Ipse autem Amalricus faciet omnia servicia debita dominis terræ, sive ratione senescalliæ, sive hæreditatis domini de Sabolio.

Actum anno Domini millesimo ducentesimo decimo octavo.

125. — 1218, du 15 avril au 31 mars 1219. — Lettres par lesquelles Guillaume des Roches, partant pour l'Albigeois, du consentement de Marguerite de Sablé, sa femme, et d'Amaury de Craon, mari de sa fille ainée, fixe la part que Jeanne et Clémence, ses deux filles, auront dans sa succession, savoir : la première, Sablé, Briollay, Chateauneuf-sur-Sarthe, Précigné et Brion ; la seconde, Chateau-du-Loir, Mayet, la Suze et Louplande. — (B. N., Latin 9067, fol. 353 verso. — Cf. *Catalogue des actes de Philippe-Auguste*, n° 1885. — Imprimé : Ménage, p. 207.)

Omnibus tam præsentibus quam futuris præsentes litteras inspecturis, Guillelmus de Rupibus, senescallus Andegavensis, salutem in Domino.

---

1. *Scyphis* (Ménage).

Noveritis quod, cum signo Sanctæ Crucis assumpto contra hæreticos Albigenses in procinctu [1] peregrinationis meæ arripiendæ, de assensu et voluntate uxoris meæ Margaretæ de Sabolio, distribui terras et possessiones meas duabus filiabus meis, Johannæ, primogenitæ, et Clementiæ, tam de hæreditatibus quam de acquisitionibus, in hunc modum : Johanna habebit castrum Sabolii, Brioletum, Castrum Novum super Sultam, Precincium, Brion ; ista omnia concessi eidem cum omnibus pertinentiis suis, salvo jure Margaretæ, uxoris meæ, quæ hæc omnia quandiu vixerit possidebit ; Clementiæ vero dedi Castrumlidi, Maietum, Susam, Lopelandam, cum forestis et aliis pertinentiis suis, salvo dotalitio uxoris meæ.

Hanc autem divisionem ratam habuerunt Margarita, uxor mea, et prædictæ filiæ meæ, et Amalricus de Credone, maritus filiæ meæ primogenitæ, et firmaverunt propriis juramentis quod contra divisionem istam non venirent.

Et ut hoc ratum haberetur et firmum, ego et uxor mea præsentem paginam sigillorum nostrorum munimine duximus confirmandam.

Actum anno Domini millesimo ducentesimo decimo octavo.

126. — 1218/1219, mars, Pont-de-l'Arche. — ACTE PAR LEQUEL PHILIPPE-AUGUSTE CONFIRME LES LETTRES DE GUILLAUME DES ROCHES, DE L'AN 1197, ASSIGNANT POUR DOUAIRE A MARGUERITE DE SABLÉ TOUS SES ACQUÊTS. — (B. N., D. Housseau, n° 2463. — Cf. L. Delisle : *Catalogue des actes de Philippe-Auguste*, n° 1883. — Imprimé : Ménage, p. 370.]

Philippus, etc.

Notum, etc. quod nos inspeximus litteras carissimi amici et fidelis nostri Guillelmi de Rupibus, senescalli Andegaviæ, sub hac forma :

[Ici le texte du n° 100].

Ut autem premissa perpetuæ stabilitatis robur obtineant, nos, ad petitionem dicti seneschalli, sicut in litteris ipsius seneschalli super hoc confectis continetur, presentem cartam sigilli

---

1. *Promptu* (Ménage).

nostri auctoritate et regii nominis caractere inferius annotato, salvo jure et servitio nostro et salvo jure alieno, confirmamus.

Actum apud Pontem Archæ, anno Domini 1218 [1], mense martio.

127. — 1218/1219, mars, Pont-de-l'Arche. — ACTE PAR LEQUEL PHILIPPE-AUGUSTE CONFIRME LES LETTRES DE GUILLAUME DES ROCHES, DE L'AN 1218, CONFIRMANT A MARGUERITE DE SABLÉ LE DOUAIRE QU'IL LUI AVAIT DONNÉ EN L'ÉPOUSANT : CHATEAU-DU-LOIR, MAYET, ETC., HORMIS LA SÉNÉCHAUSSÉE. — (B. N., D. Housseau, n° 2457. — Cf. *Catalogue des actes de Philippe-Auguste*, n° 1884.)

Philippus, Dei gratia rex Francorum.

Notum facimus universis presentibus pariter et futuris nos inspexisse litteras karissimi et fidelis nostri W. de Rupibus, senescalli Andegavensis, sub hac forma :

[Ici le texte du n° 124].

Ut autem præmissa perpetuæ stabilitatis robur obtineant sicut in litteris ipsius senescalli continetur, nos, tam ad petitionem dicti senescalli quam Amalrici predicti, presentem cartam sigilli nostri auctoritate et regii nominis karactere inferius annotato, salvo jure et servicio nostro et salvo jure alieno, confirmamus.

Actum apud Pontem Archæ, anno Domini M° CC° XVIII°, mense martio.

128. — 1218/1219, mars, Pont-de-l'Arche. — ACTE PAR LEQUEL PHILIPPE-AUGUSTE CONFIRME LES LETTRES DE GUILLAUME DES ROCHES, DE L'AN 1218, FIXANT LA PART QUE SES DEUX FILLES AURONT DANS SA SUCCESSION. — (B. N., Latin 9067, fol. 353 verso. — Cf. *Catalogue des actes de Philippe-Auguste*, n° 1885.)

Cartula de confirmatione divisionis terrarum senescalli Andegavensis.

Philippus, Dei gratia Francorum rex, omnibus præsentes litteras inspecturis, salutem.

---

1. Ménage a imprimé : 1200.

Noverint universi præsentes pariter et futuri nos inspexisse litteras charissimi amici nostri et fidelis mei Guillelmi de Rupibus, seneschalli Andegavensis, sub hac forma :

[Ici le texte du n° 125].

Ut autem præmissa perpetuæ stabilitatis robur obtineant sicut in litteris seneschalli prædicti continentur, nos, tam ad petitionem dicti seneschalli quam Amaurici prædicti, præsentem chartam sigilli nostri munimine et regii nominis charactere inferius annotato, salvo jure et servitio nostro, confirmamus.

Actum apud Pontem Archæ, anno Dominicæ Incarnationis millesimo ducentesimo octodecimo, regni nostri quadragesimo, astantibus in palatio nostro quorum nomina supposita sunt et signa, dapifero nullo.

Signum Guidonis, buticularii. Signum Bartholomei, camerarii. Signum Matthæi, constabularii.

Actum vacante cancellaria.

129. — 1219, avril, du 7 au 30. — ACTE PAR LEQUEL GUILLAUME DES ROCHES CONFIRME AU PRIEURÉ DE HOUX LES DONATIONS QU'IL LUI AVAIT FAITES, DU CONSENTEMENT DE BAUDOUIN DES ROCHES, SON NEVEU, AVANT D'ÊTRE SÉNÉCHAL D'ANJOU. — (B. N., Latin 9067, fol. 355 verso; Fr. 20.691, p. 537.)

Cartula Houxi.

Ego, Guillermus de Rupibus, seneschallus Andegavensis, universis præsentes litteras inspecturis notum facio quod, antequam seneschalliam Andegavensem adeptus fuissem, cum ad sustentationem fratrum Majoris Monasterii in prioratu de Houx in hæreditate mea Deo servientium, pia ductus devotione, pro salute mea et antecessorum meorum, quasdam res et libertates de ipsa hæreditate divino intuitu contulissem, ego, ad confirmandum quod bona intentione feceram eisdem fratribus, litteras meas desuper contuli sub hac forma :

« Sciant qui præsentes litteras viderint vel audierint quod ego, Guillermus de Rupibus, miles, spiritu Dei ductus, dedi et concessi in puram et perpetuam eleemosinam Gaufrido [1], abbati, et monachis Majoris Monasterii, pro salute animæ meæ et parentum et fratrum meorum, locum aptum construendis domibus monachorum apud Hossum, manerium meum, a parte meridiana ipsius manerii situm, quietum et liberum ab omni subjectione et exactione et calumnia mea et meorum in perpetuum, mancipatum ad victum etiam et vestitum fratrum ibidem omnipotenti Deo pro salute mea et meorum supplicantium et sub regulari habitu degentium.

« Dedi in primis et concessi terragium totius terræ meæ in parrochia de Jupillis sitæ. Dedi etiam eisdem fratribus totam terram de Vallegaiet et dimidium arpentum vineæ apud Castrumlidi, quæ vinea de Granchia dicitur, et panagium porcorum eorundem fratrum in sylva quæ Burceium dicitur, liberum et quietum sicut ego et homines mei habemus de dono et concessione regis; usum etiam ejusdem sylvæ tam ad ardendum quam etiam quotiens eis necesse fuerit ad domos construendas et omnia ædificia reparanda, sicut et ego habeo, ita et ipsis concedo. Ad hoc adjeci ut in censibus meis cum recepti fuerint in crastinum festivitatis beati Martini hyemalis, iidem fratres centum solidos turonensium per manum servientis mei, sine mora et difficultate aliqua, primo recipiant et singulis annis pacifice receptos habeant et possideant, donec eosdem digna commutatione, ad gratum et voluntatem jamdictorum fratrum, alibi in loco meliori excambiare valeam; illud quoque servitium quod habebam in emptione quam Philippus præsbyter, consanguineus meus, coemerat a quadam muliere, Christiana nomine, quam possessionem seu emptionem eisdem fratribus tanquam eorum condonatus concesserat, et ego concedo. Concessi etiam nichilominus eis ut quicquid in dominio et feodo meo dono vel emptione vel alia aliqua fide-

---

1. D'après Carré de Busserolle (*Dict. d'Indre-et-Loire*, IV. 185). Geoffroy de Coursol, abbé de Marmoutier, succéda à Hervé de Villepreux en 1203 et démissionna en 1210. Guillaume des Roches étant devenu sénéchal en 1199, on remarquera que les faits rapportés dans la première partie de cette charte ne concordent pas avec l'abbatiat de Geoffroy de Coursol.

lium largitione adquirere poterint, totum pacifice possideant et in perpetuas concessiones, salvis redditibus meis, absque alicujus contradictione habeant.

« Haec et omnia alia supradicta cum assensu et voluntate Balduini, nepotis mei, ecclesiæ Majoris Monasterii et fratribus apud Hossum commorantibus libera et quieta ab omni exactione et calumnia mei vel meorum, emancipata habenda concessi et charactere sigilli mei ad majorem cautelam et posterorum memoriam communiri feci.

« Ipse enim venerabilis abbas G., considerans devotionem meam, libera et spontanea voluntate totam decimam bladii et vini quam ab antiquo domus de Castrolidi in parochia de Jupellis habuerat et etiam viginti solidos cenomanenses, de censu ejusdem villæ, domui de Hosso perpetuo habendos concessit et donationem suam, sicut et ego meam, charactere sigilli sui solemniter confirmavit.

« Porro si forte, quod absit, contingeret quod in jamdicto loco frater aliquis mitteretur, cujus opinio per infamiam notaretur et inde frater ille convinceretur, abbas eum, ad petitionem meam, amoveret et alium famæ sanioris et melioris testimonii loco illius amoti remitteret.

« Postea vero, eandem senescalliam pro divino beneplacito assecutus, volens largitioni divinæ ampliori beneficio respondere, dedi memoratis fratribus in perpetuam eleemosinam et concessi molendinum cum omni dominio et aliis ad idem molendinum pertinentibus et quandam feriam apud Jupillum in festo apostolorum Petri et Pauli, cum omni dominio et coustuma. Præterea, terram et vineam quæ fuerunt Eremburgis de Lorsi¹ ita quod eas Lucia vidua, quæ de dono meo ad vitam suam habet easdem, vita comite possideat, interdicens et inhibens districte ne aliquis successorum meorum super præmissis eisdem fratribus questionem moveat vel eos audeat modo aliquo molestare. »

Ut autem prædictæ donationes meæ majori gaudeant firmitate, ego, tanquam hæres, præmissa eis quittavi et in perpe-

---

1. Var. : *Soisy*.

tuum concessi, et tanquam Andegavensis seneschallus præsenti charta sigillo meo signata in perpetuum confirmavi.

Actum anno gratiæ millesimo ducentesimo nonodecimo, mense aprili.

130. — 1219, 17 mai, Tours. — CHARTE DE FONDATION DE L'ABBAYE DE BONLIEU [1] PAR GUILLAUME DES ROCHES, DU CONSENTEMENT DE MARGUERITE DE SABLÉ, SA FEMME, D'AMAURY DE CRAON, MARI DE JEANNE, SA FILLE AÎNÉE, ET DE SON AUTRE FILLE CLÉMENCE, VEUVE DE THIBAULT VI, COMTE DE BLOIS. — (B. N., Latin 9067, fol. 354 verso; Fr. 20.691, pp. 536 et 572; D. Housseau, n° 2480. — A. N., K 186, n° 108. — Archives de la Sarthe, n° 744 de Bilard. — Imprimé : Ménage, p. 366.)

131. — 1219, mai, Tours. — LETTRES D'AMAURY Ier DE CRAON, MARI DE JEANNE DES ROCHES, ET DE CLÉMENCE DES ROCHES, VEUVE DE THIBAULT VI, COMTE DE BLOIS, RATIFIANT LE PARTAGE DES FIEFS DE GUILLAUME DES ROCHES. — (Imprimé : Comte Bertrand de Broussillon : *La Maison de Craon*, t. Ier, p. 162, n° 242bis du *Cartulaire*.)

Universis presentes literas inspecturis, Amorricus de Credone et Johanna, uxor ejus, et Clementia, quondam comitissa Blesensis, salutem in Domino.

Universitati vestre notum facimus quod reverendus pater noster Guilhelmus de Rupibus, senescalus Andegavensis, de consensu et voluntate nostra, et de consensu et voluntate charissime matris nostre Margarite de Sabolio, uxoris sue, terram suam nobis ita dimisit videlicet quod ego, Amorricus, et Johanna, uxor mea, post mortem dictorum Guilhelmi et Margarite, uxoris sue, habebimus seneschaliam ejusdem Guillelmi et castella ejusdem et villas cum omnibus pertinentiis; quorum castellorum et villarum nomina subsequntur,

---

1. On trouve dans les recueils de la Bibliothèque Nationale et aux Archives de la Sarthe un certain nombre de chartes concernant l'abbaye de Bonlieu. Ces chartes seront imprimées plus tard dans un *Cartulaire de Bonlieu*. On notera seulement ici celles qui intéressent spécialement Château-du-Loir ou ses seigneurs.

scilicet : Sabolium, Precigniacum, Agun, Brium, Brioletum, Arenyam (?), Rupem Monachorum, Castrum Novum de super Subbram *(sic)* et omnia alia que idem Guillermus jure hereditario vel titulo acquisitionis possidet, que in parte dilecte domine Clementie, comitisse Blesensis, non continentur.

Ego vero, Clementia, quondam comitissa Blesensis, et vir meus, quem, Deo dante, habebo, post [mortem] dictorum parentum meorum Guillermi et Margarite, uxoris sue, habebimus, cum omnibus ad ea pertinentibus, Castrum Liddi, Hussium, Maietum, Suzam, Lupelandas et forestas de castellis de Boscocorbon, de Burças, cum omnibus pertinentiis eorumdem forestarum.

Omnia autem prenominata, tam castella quam villas et forestas, prefati Guillermus et Margarita, uxor ejus, parentes nostri, quandiu vixerint possidebunt, et unus alter eorum qui supervixerit omnia pretaxata... possidebit.

Et ut ista divisio plenam obtineat firmitatem, Amorricus de Credone et Johanna, uxor mea, et Clementia, quondam comitissa Blesensis, eandem divisionem, prout superius quod notata, ratam habemus et firmam.

Et in hujus rei testimonem, presentem cartam fecimus sigillorum nostrorum munimine roborari.

Datum Turonum, anno gracie 1219, mense maii.

132. — 1219, 20 mai. — Acte par lequel Baudouin des Roches donne aux moines de la Boissière la métairie et le moulin de la Perrière, avec l'usage en Berçay et ses cens de Chateau-du-Loir. — (B. N., Latin 9067, fol. 360.)

Pro monachis Buxeriæ. — Usaige de la Buxière. — Transcriptum receptum per Guillelmum Gaugaing prædictum, dictis die et anno [1].

Ego, Baldoinus de Rupibus, universitati posterorum notum facio quod ego dedi Deo et gloriose genitrici sue et monachis de Buxeria, pro anima patris mei et mea et amicorum meorum, medietariam et molendinum de Pereria, cum omni jure et

1. 1283. Voir le numéro suivant, que nous avons dû placer après celui-ci afin de suivre l'ordre logique des faits.

libertate ad me in eis spectante. Dedi eis etiam in foresta de Burcey pasnagium porcis suis, herbagium animalibus, chaufagium de mortuo nemore, merramentum de eadem foresta ad relevandum molendinum et medietariam quotiens opus fuerit, quæ de jure libere et quiete ego et antecessores mei tenuimus et possedimus ab antiquo. Similiter dedi eis census quos habebam apud Castrum Lidi.

Et ut hoc ratum habeatur, præsentem chartam sigillo meo munivi.

Anno millesimo ducentesimo decimo nono, die lunæ ante Penthecosten Domini.

133. — 1219, 20 mai, Château-du-Loir. — Acte par lequel Guillaume des Roches confirme aux moines de la Boissière l'usage de Berçay pour leur métairie et moulin de la Perrière, a eux donnés par Baudouin des Roches, son neveu. — (B. N., Latin 9067, fol. 359 verso.)

Pro monachis de Buxeria. — Transcriptum receptum per Guillelmum dictum Gaugaing, die lunæ ante Penthecosten Domini[1] *anno ejusdem millesimo ducentesimo octuagesimo 3°.*

Guillelmus de Rupibus, Andegavensis seneschallus, omnibus baillivis suis et servientibus de Burceyo, salutem.

Vobis mando et præcipio quatenus monachis de Buxeria permittatis capere quidquid necesse fuerit, de nemore de Burceyo, ad opus domus medietariæ suæ et molendini de Pereria, quam habent ex dono Baldoini, nepotis mei, quia ad hoc faciendum habent in Burceio usagium suum.

Actum apud Castrum Lidi, anno prædicto millesimo ducentesimo decimo nono.

134. — 1219, la Suze et Château-l'Hermitage. — Acte par lequel Guillaume des Roches confirme aux religieux

---

1. La date du lundi avant la Pentecôte, la même qu'au numéro précédent, indique évidemment que les deux actes furent passés le même jour. On ne doit pas l'attribuer à l'année 1283, date de la transcription par Guillaume Gaugaing, procureur de Robert de Dreux. Voir plus loin l'acte du 1er août 1282.

DE CHATEAU-L'HERMITAGE LES DONATIONS DE GEOFFROY PLANTAGENET, DE GEOFFROY, COMTE DE NANTES, ET D'HENRI II PLANTAGENET. — (B. N., Latin 9067, fol. 252 recto. — Imprimé : *Documents historiques sur Châteaux-l'Hermitage.*)

Guillelmus de Rupibus, seneschallus Cenomanensis et Andegavensis, universis praesentes litteras inspecturis salutem.

Noverit universitas vestra quod ego vidi et audivi, apud Susam, chartas ecclesiae Beatae Mariae de Chastelleriis, sigillatas et antiquas, scilicet : unam chartam de donatione Gaufridi, comitis Andegavensis ; et alteram de donatione Gaufridi, filii G[aufridi], comitis Andegavensis, comitis Nannetensis ; et tertiam de confirmatione Henrici, regis Angliae, tali videlicet forma :

(Ici le texte des n°ˢ 81, 82 et 83.)

Et quia dicti fratres, cum magno periculo et timore, cartas illas quae nullo modo possent recuperari, si forte quod absit frangerentur, ad sua negotia deferebant, ego, timens in chartis illis totiens deferendis fratribus ejusdem loci aliquod periculum imminere, praesens transcriptum, ad petitionem eorum, pro amore Dei et pietatis intuitu, sigilli mei munimine confirmavi, mandans et praecipiens ut omnes illi istud transcriptum viderint huic tanquam cartis illis credant et fidem adhibeant et pro isto transcripto tantum faciant quantum pro chartis illis facere tenerentur [1].

Actum est hoc anno gratiae millesimo ducentesimo decimo nono, sub papa Honorio, apud Castellienses [2].

135. — 1220. — CHARTE D'ADA, DAME DE BRAINS, VEUVE DE BAUDOUIN DES ROCHES ET DE GEOFFROY DE LA FERTÉ-BERNARD, EN FAVEUR DE L'ABBAYE DE BONLIEU. — (B. N., D. Housseau, n° 2514.)

---

1. *Tenentur* (Hucher).
2. *Castella* (Hucher). — La copie du ms. lat. 9067 se termine ainsi : « Hoc est transcriptum factum verbo ad verbum sigillatum sigillo venerabilis viri et decani de Oyseio, die mercurii post octavam Purificationis Beatae Mariae Virginis, anno Domini 1282. »

136. — 1200-1222. — Liste des jurés de la chatellenie de Mayet sous Guillaume des Roches. — (B. N., Latin 9067, fol. 309.)

Hoc scriptum fuit factum jussu domini de Rupibus, seneschalli Andegavensis, tunc temporis illius domini de Maieto, et dictorum juratorum.

Isti fuerunt jurati scilicet :
Droinus de Salleia.
Boler de Vernolio.
Richeir Drapeir.
Gaufridus Drapeir.
Hubertus Garrel.
Radulphus Garrel.
Julianus Agathe.
Hugo Le Brun.
Pulcheir Chantiau.
Petrus Jornau.
Richeir Viau.
Durandus Columbiau.
Bonest de Via.
Andræas de Vezins.
Girardus de Pontvilain.
Gualterus Gaugien.
Johannes Le Maignen.
Robinus Corpin.
Guido Bocin.
Johannes Helie.
Johannes Rumme.
M. de Albatra.
Johannes Bochin.
Johannes Ripennee.
Johannes Minart.
Droinus Minart.
Gaufridus Pasturel.
Garinus Oyleri.
Gaufridus Bochin.

Renulphus Carpentarius.
Richardus Lopican.
Johannes Chopart.
Robertus Domete.
Odo Buillon.
Et alii.

137. — 1200-1222. — Liste des jurés de la chatellenie d'Oizé sous Guillaume des Roches. — (B. N., Latin 9067, fol. 322.)

Hoc scriptum fuit factum jussu domini Guillelmi de Rupibus, tunc temporis illius seneschalli Andegavensis, et dictorum juratorum.

Isti fuerunt jurati scilicet :
Gaufridus de Parrigneio.
Durant Josbert.
Petrus Henry.
Guillelmus de Platea.
Gaufridus Freslun.
Robertus Rotarii.
Guillelmus Boter.
Et alii.

Robertus de Ruilliaus est homo domini vicecomitis de feodo de Oiseio [1].

138. — 1200-1222. — Coutumes et vassaux de Louplande sous Guillaume des Roches. — (B. N., Latin 9067, fol. 337 verso ; Fr. 9501, fol. 8 verso ; Fr. Nouv. Acq. 7412, fol. 347.)

Hoc scriptum factum fuit jussu domini Guillelmi de Rupibus de militibus et feodalibus de Lopelande.

Hæres de Villaines debet hominium et ligetiam domino de Lopelande. Et habet pasnagium suum de omnibus suis hominibus infra barras de Villanis. Et de porcis collectis medietas domino de Lopelande, et aliam medietatem domino

1. Ces deux lignes paraissent plutôt se rapporter à l'époque de Geoffroy V, vicomte de Châteaudun.

de Villanis. Et in nemore de Villanis habet chaufagium suum, et potest capere de nemore ad faciendum suum hebergamentum infra barras.

Hæres defuncti Petri, filii Guium [1], de feodo de Guolo debet hominium domino de Lopelande et duos solidos cenomanenses servicii cum sociis suis. Homines sui in illo feodo de nutrimento eorum habent pasnagium, redeunte sero ad lectum, et de porcis collectis duos.

Dominus Mattheus de Voureux [2] habet custodiam in una parte de haiis de Vovreiis, scilicet : de colle de Monte Camino, in una parte, usque ad ruellam Roberti Biaufis, et in alia parte habet custodiam usque in Launiam, et de forefacto quod ipse invenerit, ipse ante servientem domini ad judicandum adducet. Si placuerit domino quitabit sine domino Matthæo. Si dominus aliquid ceperit, dominus Matthæus tertiam partem habebit. Ipse autem habet chaufagium suum in haiis de nemore mortuo et ad faciendum suum hebergamentum, cum visione servientis domini. Postea homines domini Matthæi habebunt cocham et lescot et ramum caducum, tali modo quod si serviens domini forte invenerit et ipse capiat, pro ramo fide sua liberabitur, ut ipse nesciat culpare illum qui secaturus fuerat ramum. Postea dominus de Lopelande habet herbagium suum de omnibus hominibus domini Matthæi, sicut et pasnagium, exceptis duobus, scilicet de Guillelmo dicto Milite et de Hugone dicto Georgio, de nutrimento eorum. Dominus Matthæus debet hominium domino de Lopelande de meditaria Hugonis Georgii de Monte Camino et de medietate sui Stagni de Launia.

Symon de Priaux [3] debet hominium domino de Lopelande de herbergamento suo de Foresta et de medietate sui stagni, reddendo quindecim denarios servitii requirentes.

Hugo de Argenton, duodecim denarios cenomanenses servitii requirentes.

1. Var. : *Gayum*.
2. Var. : *Vovreiis*.
3. Var. : *Pariaus*.

Leprosi de Cœnomano, duodecim denarios cœnomanenses servitii requirentes.

Guido de Sabolio, duodecim denarios servitii requirentes.

Novella de Cœnomanis, octodecim denarios servitii requirentes.

Galterus Grece, sex denarios servitii requirentes.

Jobertus de Nemore, octodecim denarios servitii requirentes.

De Pastis, octodecim solidos cœnomanenses, tali modo quod preco requiret et habebit duos denarios.

Feodum defuncti Hugonis Bochart de Foresta debet hominium domino de Lopelande.

Dominus de Collent, de feodo de Beauvair, debet hominium domino de Lopelande.

Dominus Hugo d'Auvers debet hominium, et ligetiam, et pasnagium de se et de hominibus suis domino de Lopelande, et consuetudinem de homine de foris de vino vendito, et de melle vendito de domo sua.

Dominus Fulco de Crelate, de feodo suo de Breau [1], debet hominium domino de Lopelande.

Dominus Poolinus Botier, de feodo de Foresta, debet hominium domino de Lopelande.

Herbertus de Chasselel [2] debet hominium et ligetiam domino de Lopelande.

Dominus Hugo de Moutigné debet hominium et ligetiam domino de Lopelande pro feodo de Foresta.

Hugo de la Grève debet hominium et ligetiam domino de Lopelande.

Guerrerius [3] de Perreria debet hominium et ligetiam domino de Lopelande.

Raginaldus de Stagno debet hominium et ligetiam domino de Lopelande.

Johannes de Braau [4] debet hominium et ligetiam domino de Lopelande.

1. Var. : *Braau.*
2. Var. : *Hubertus de Chaselles.*
3. Var. : *Garinus, Garrerius.*
4. *Sic* dans les trois ms.

Durandus Lorens debet hominium et ligetiam domino de Lopelande.

Omnes isti milites prædicti qui debent estagium domino de Lopelande debent exercitum et equitationem [1].

In omnibus feodis de Foresta dominus de Lopelande habet bellum ad emendandum et ad custodiendum, et quando servientes fuerunt jurati, et deinde dominus de Lopelande habet totum dominium.

Dominus de Lopelande habet quatuor forefacta in terra de Lopelande : in exercitu de foresta vel exitu de foresta, de vino vendito, et de melle vendito.

Dominus habet barragium de hominibus de foris. De quadriga singulari tres denarios turonenses. De quadriga cum duobus equis, vel tribus, vel quatuor, duos denarios. Debet item postea dominus deliberare hominem de foris.

De nemoribus militum et feodalibus de foresta ipsi habent expleta sua, tali conditione ut ipsi non poterunt exemplare, nec vendere, nec dare omne forestagium de foresta, sive sit de domo, sive de dolio, sive de cuba, sive de merreino vinearum.

Dominus de Lopelande habet totum forestagium scilicet de duodecim denariis unum denarium.

Illi homines qui permanent infra fossetos de Lopelande non reddunt consuetudinem domino de Lopelande.

Servientes prædicti de foresta non debent exercitum nec equitationem, sed remanent ad custodiendum forestam et capiunt homines remanentes de exercitu et ipsi adducunt domino de Lopelande.

Servientes de foresta habent parnagia sua.

139. — 1222, juillet, après le 15, Bonlieu. — PROCÈS-VERBAL DE L'INHUMATION DE GUILLAUME DES ROCHES EN L'ABBAYE DE BONLIEU, PAR GUILLAUME, ÉVÊQUE D'ANGERS, ET MAURICE, ÉVÊQUE DU MANS. — (Imprimé : Ménage, p. 366.)

Universis præsentes literas inspecturis, Guillelmus, Ande-

---

[1]. Ce qui suit ne se trouve que dans le ms. lat. 9067.

gavensis, et Mauricius, Dei gratia Cenomanensis episcopi, salutem in Domino.

Noverint universi quòd hoc die bonæ memoriæ nobilis vir Guillelmus de Rupibus, seneschallus Andegavensis, apud abatiam monialium de Bono Loco, Cenomanensis diœcesis, traditus fuit ecclesiasticæ sepulturæ. Viri quorum nomina sunt inscripta, in nostra præsentia constituti, ea quæ subsequuntur dictæ abatiæ in puram et perpetuam eleemosynam contulerunt : nobilis vir Amauritius de Creon, centum solidos turonenses apud Agon ; nobilis vir Guillelmus [1], vicecomes Castriduni, decem libras turonenses apud Sanctum Carilefum ; Jausselinus de Campo Chevrælerii, viginti solidos turonenses apud Coursillon ; nobilis vir Hugo, dominus de Feritate Bernardi, viginti solidos turonenses in præpositura sua, quousque alibi eas assignaverit ; Paganus de Chehenare, quinque solidos turonenses in censibus fratris sui, quas habet apud Castrumlidi ; nobilis vir Gaufridus de Mathafelon, quinquagenta solidos turonenses apud Cheausé ; Turselinus de Hespagné, decem solidos turonenses in suis censibus de Vaux ; Hugo de Locé, decem solidos turonenses in molendino de Motha Delpino ; Hugo de Bellai, viginti solidos turonenses in suis censibus de Monte Escot ; Raginaudus de Mallevrer et Robertus, frater ejus, quadraginta solidos turonenses in charreia de Briolai ; Renatus de Sancto Michaele, decem solidos turonenses in censibus suis de Bello Forti ; nobilis vir Th. de Blazon, quinquaginta solidos turonenses ; nobilis vir Gaufridus de Ponsé, quinquaginta solidos turonenses in bustia Andegavis ; Fulco de Mastac, viginti solidos turonenses ; Guillelmus de Marso, unum sextarium siliginæ in medietaria sua de Diciseau ; nobilis vir G. de Clehers, dimidium modium siliginis in decima sua de Gavardé ; Gauffridus de la Jaille, dimidium arpentum prati apud Marson ; J. de la Jaille, duas partes decimæ quas habet in duabus medietariis apud Otiliacum ; Matthæus de Bouloir, unum modium vini apud Fontenus in suis plantis ; Oliverius de Dain, dimidium modium

---

1. Il faut lire : *Gaufridus*.

frumenti in frumentagiis suis de Pocé; P. de Chehenare, duo sextaria siliginis.

Actum anno Domini millesimo ducentesimo vigesimo secundo, in dicta abatia.

Et ne supra præmissis in posterum possit aliqua quæstio suboriri, ad petitionem dictorum et monialium abatiæ prædicta, has literas patentes sigillorum nostrorum munimine roboratas dictis monialibus in testimonium duximus concedendas.

140. — 1222, juillet, après le 15. — Charte d'Amaury de Craon et de Jeanne des Roches, de Geoffroy de Chateaudun et de Clémence des Roches, confirmant a l'abbaye de Bonlieu trente livres de rente données par Guillaume des Roches et Marguerite de Sablé. — (B. N., D. Housseau, n° 2552.)

141. — 1222, juillet, après le 15. — Charte de Guillaume de la Jaille, seigneur d'Outillé, donnant a Bonlieu, du consentement de Mathilde, sa femme, la dime de son moulin d'Outillé. — (B. N., D. Housseau, n° 2540.)

142. — 1222, après le 15 juillet. — Acte par lequel Marguerite de Sablé, veuve de Guillaume des Roches, Amaury de Craon et Jeanne des Roches, Geoffroy de Chateaudun et Clémence des Roches, a la prière de l'abbesse du Ronceray, exemptent les hommes de Cohémon d'une taille levée autrefois par Guillaume des Roches, et que celui-ci avait reconnue injuste a son lit de mort. — (B. N., Latin 9067, fol. 357 verso; Fr. 20.691, p. 539.)

Cartula de taillia hominum de Cohemon.

Universis Christi fidelibus præsentes litteras inspecturis vel audituris, M[argarita], domina Sabolii, Amauricus de Credone, senescallus Andegavensis, G[aufridus], vicecomes Castriduni, salutem in Domino.

Noverit universitas vestra quod, cum charissimus dominus noster bonæ memoriæ G[uillelmus] de Rupibus, seneschallus Andegavensis, quandam tailliam indebitam ab hominibus de

Cohemon aliquotiens extorsisset, reclamantibus abbatissa et monialibus Beatæ Mariæ de Charitate Andegavensi, ad quas terra illa et homines pertinere noscuntur, tandem, ad mandatum domini G[uillelmi], quod fecit dum in lecto ægritudinis laboraret, et ad instantem petitionem eleemosinariorum ipsius, ego, M[argarita], domina de Sabolio, quondam uxor domini Guillelmi, et ego, A[mauricus] de Credone, Johenna, uxore mea, volente et consentiente, ego, Gaufridus, vicecomes Castriduni, de assensu et voluntate Clementiæ, uxoris meæ, tailliam sive exactionem quam injuste levatam cognovimus amovimus integre et liberaliter et gratanter, recognoscentes dictis domui de Cohemon et hominibus ejusdem loci præstitam tailliæ libertatem in perpetuum, decernentes ne unquam a nobis vel hæredibus nostris deinceps taillia vel exactio exigatur.

Et ne super hoc futuris temporibus possit contentio exoriri, sigillorum nostrorum præsentem chartam appositione duximus confirmandam.

Actum anno Domini millesimo ducentesimo vigesimo secundo.

143. — 1222-1248. — Accord entre Geoffroy V de Chateaudun et Guillaume de Baucçay, gendre de Roland de Montreuil, au sujet des coutumes de la chatellenie d'Oizé. — (B. N., Latin 9067, fol. 329 verso.)

Guillelmus de Bauceio est homo domini Castrilidi, sicut dominus Rolandus de Monstreuel fecit homagium domino Guillelmo de Rupibus, seneschallo Andegavensi, salvo jure ipsius Guillelmi et domini G., comitis.

G., dominus Castrilidi, etc.

Noveritis quod, cum contentio verteretur inter me, ex una parte, et dominum Guillelmum de Bauceio, ex altera, super castellaria de Oiseio, compositum est in hunc modum : quod ego concessi dicto Guillelmo et hæredibus suis qui de sua uxore, filia domini Rolandi de Montreuel, poterunt exire, pedagium et emendas costumarum quæ debentur eidem per totam castellariam de Oysciaco, dictis Guillelmo et hæredibus suis, sicut superius est expressum, quiete et pacifice possidenda, ita quod dictus Guillelmus et hæredes sui prædicti habeant justitiam in omnibus nostris pedagialibus et in biviis earundem viarum pedagialium in tota castellaria de Oiseio, usque ad sexaginta solidos, et de sexaginta solidis *en bas* et residuum emendarum meum erit quitum. Et de omnibus coustumariis qui coustumas eidem debent tales emendas habebit quales pertinent ad easdem coustumas. In omnibus aliis locis de quibus emendæ et porcharii poterunt exire in eadem castellaria, ego et hæredes mei habebimus duas partes ; dictus Guillelmus vel prædicti hæredes sui partem tertiam possidebunt. Veruntamen omnem magnam justitiam ejusdem castellariæ mihi et hæredibus meis retineo, et de omnibus justitiis in quibus capio dictus Guillelmus vel hæredes sui supradicti sine me vel mandato meo finem facere non valebunt.

Actum, etc.

144. — 1225, mai. — Charte d'Eustachie de Courcillon, approuvant diverses donations faites dans son fief a l'abbaye de Bonlieu, ladite charte confirmée par la dame de Sablé. — (B. N., D. Housseau, n° 2605.)

145. — Vers 1225. — Enquête sur les deffais de la forêt de Douvre, et liste des forestiers depuis Henri II Plantagenet jusqu'au temps de Guillaume des Roches. — (B. N., Latin 9067, fol. 369.)

Inquesta de Doure.

Girardus de Brueria, miles, juratus, dixit :

Quod vidit boscum de Doura, tempore regis Henrici, quod erat in defenso, et tempore regis Richardi similiter.

Et servabat illam forestam Gilebertus Angliæ. Tempore regis Johannis similiter in defenso.

Et tempore domini seneschalli in defenso.

Et servabat illam forestam Paganus de Troco, per quatuor annos.

Post dictum Paganum, serviens fuit illius forestæ Andræas l'Arch[evêque] per quinque annos.

Post dictum Andræam serviens fuit Galterus Venator per quatuor annos.

Et tempore dominorum supradictorum nullus usagiarius capiebat in illa foresta.

Vidit etiam quod rex Richardus fecit illam forestam claudi.

Hubertus Fegerat, juratus, dixit :

Quod vidit boscum de Doura in defenso tempore regis Richardi.

Et erat serviens illius forestæ Gilebertus Anglici. Tempore regis Johannis similiter in deffenso.

Et similiter tempore domini seneschalli.

Et erat serviens illius forestæ Paganus de Troce per quatuor annos.

Post dictum Paganum serviens fuit illius forestæ Andræas l'Arch[evêque] per quinque annos.

Præterea Galterus Venator quatuor annis.

Et tunc temporis nullus usagiarius capiebat in illa foresta, hoc excepto quod vidit defunctum Fulconem de Vallibus, militem, qui capiebat le genest et la bruière, et avellebat cum manibus vel scindebat cum sarpa ad chaufagium sui furni. Vidit quod rex Richardus fecit illam forestam claudi.

Giraudus Sach..., juratus, dixit :

Quod vidit Douram tempore regis Richardi in defenso. Et erat serviens illius forestæ Gilebertus Anglicus. Tempore regis Johannis in defenso. Tempore domini seneschalli [similiter].

Et erat serviens illius forestæ Paganus de Terra per quatuor annos.

Post dictum Paganum serviens fuit illius forestæ Andræas l'Arch[evêque] per quinque annos.

Postea, Galterus Venator per quatuor annos. Et tunc temporis nullus usagiarius capiebat in illa foresta.

Hic vero dixit quod vidit defunctum Fulconem de Vallibus, militem, capientem le genest et la bruère, et faciebat evelli cum manibus vel scindebat cum sarpa ad chaufagium furni sui.

Vidit quod rex fecit illam forestam claudi.

Johannes Pocin, juratus, dixit :

Quod vidit Douram tempore regis Richardi in deffenso. Tunc erat serviens Gillebertus Anglus. Tempore regis Johannis similiter. Tempore domini seneschalli similiter.

Tunc erat serviens Paganus de Torce per quatuor annos.

Post dictum P[aganum] fuit Andræas l'Arch[evêque] per quinque annos.

Præterea, Galterus Venator per quatuor annos.

Et tunc temporis nullus usagiarius capiebat in illa foresta, hoc excepto quod vidit capere dominum Fulconem de Vallibus, prout superius est expressum. Vidit quod rex Richardus fecit forestam claudi.

Herveus Pelliparius, juratus, dixit :

Quod vidit Douram tempore regis Henrici in deffenso, et tempore regis Richardi similiter.

Tunc erat serviens Gillebertus Anglus.

Tempore regis Johannis similiter.

Tempore domini seneschalli similiter.

Et erat serviens Paganus de Torce per quatuor annos.

Post ipsum fuit Andræas l'Arch[evêque] per quinque annos.

Post ipsum fuit Galterus Venator per quatuor annos.

Tempore illo nullus usagiarius capiebat in illa foresta.

Vidit quod rex Richardus fecit illam claudi.

De defuncto Fulcone prædicto prout superius est expressum.

Ragerus Autru, juratus, dixit :

Quod vidit Douram tempore regis Henrici in defenso.

Tempore regis Richardi similiter.

Et fuit serviens Gillebertus Anglus.

Tempore regis Johannis similiter.

Et tempore domini seneschalli similiter.

Et serviens erat Paganus de Torce per quatuor annos.

Post ipsum fuit Andræas l'Arch[evêque] per quinque annos.

Post ipsum fuit Galterus Venator per quatuor annos.

Tunc temporis nullus usagiarius capiebat ibi.

Vidit quod rex Richardus fecit illam claudi.

Guillelmus Curatus, juratus, dixit :

Quod vidit Douram tempore regis Richardi in defenso, et quod fecit eam claudi.

Tunc erat serviens Gilebertus Anglus.

Tempore regis Johannis similiter.

Tempore domini seneschalli similiter.

Tunc erat serviens Paganus de Torce per quatuor annos.

Post ipsum fuit Andræas l'Arch[evêque] per quinque annos.

Post ipsum Galterus Venator per quatuor annos.

Tunc temporis nullus usagiarius capiebat ibi.

Hoc excepto de dicto Fulcone, prout superius est dictum.

Johannes Viel, juratus, dixit :

Quod vidit Douram tempore regis Richardi in defenso, et quod fecit eam claudi.

Tunc erat serviens Gillebertus Anglus.

Tempore regis Johannis similiter.

Tempore domini seneschalli similiter.

Tunc erat serviens dominus Paganus de Torce per quatuor annos.

Post ipsum fuit serviens Andræas Archiep[iscopus] per quinque annos.

Post ipsum Galterus Venator per quatuor annos.

Tunc temporis nullus usagiarius capiebat ibi.

Requisitus de Fulcone prædicto dixit quod nichil scit.

Hubertus Lem[er]ceir, juratus, dixit :

Quod tempore Henrici regis et regis Richardi vidit et audivit quod nemus de Doura erat in defenso et quod rex Richardus fecit eam claudi.

Requisitus de servientibus dixit :

Quod tempore regis Richardi erat serviens Gilebertus Anglicus.

Tempore regis Johannis et domini seneschalli similiter erat in deffenso, et eo tempore erat serviens Paganus de Torce per quatuor annos.

Post ipsum fuit serviens Andræas l'Arch[evêque] per quinque annos.

Post ipsum Galterus Venator per quatuor annos.

Tunc temporis nullus usagiarius capiebat ibi nisi dominus de Fagnia et monachi de Oratorio suum usagium plenarie.

Requisitus de aliis vavassoribus dicit se nihil scire.

Johannes dictus Piscis, juratus, dixit :

Quod vidit tempore regis Richardi Douram esse in defenso, et quod eam fecit claudi.

Et eo tempore fuit serviens Gillebertus Anglicus.

Tempore regis Johannis et domini seneschalli similiter in deffenso.

Et eo tempore erat serviens Paganus de Torce per quatuor annos.

Post ipsum Andraeas l'Arch[evêque] per quinque annos.

Post ipsum Galterus Venator per quatuor annos.

Tunc nullus usagiarius percipiebat ibi nisi dominus de Fegnia qui percipiebat suum chaufagium, et monachi de Oratorio suum usagium per pedem.

146. — 1226. — Acte par lequel Savari d'Anthenaise reconnaît que Foulques d'Hauterives est son homme lige a cause d'Hauterives, et lui accorde toute la sénéchaussée et voirie de la Motte-Achart. — (B. N., Latin 9067, fol. 282.)

Transcript de la lettre dou fié de la Mote Achart et dou fié d'Autes Rives.

Omnibus praesentes litteras inspecturis, Savaricus de Antenesia, miles, salutem in Domino.

Noverint universi quod, cum Fulqueus de Altis Ripis, miles, esset homo noster ligius de Altis Ripis, et haec teneret de me cum omni villicaria et cum justitia ad servitium equorum et armorum ad meas expensas, nec pro rebus praedictis aliud mihi teneretur impendere, ego autem, ipsius augmentum facere cupiens... pro servitio suo, honore similiter et amore, augmentavi et concessi eidem Fulqueto et suis haeredibus in homagio praedicto totam seneschalliam et villicariam de Moteachart, de hoc scilicet quod ibi tenet de me Hemmelinus Paucet et de hoc quod de me tenent :

Fulcherius Ascelini,

Gervasius Souberan,
Et hæredes de Montququ,
Et hæredes de Verrières,
Et Hardoinus de Mayet,
Et Hardoinus de Vallibus,
Et Henricus de Tusqua,
Et Johannes de Brueria,
Et Johannes de Alneto,
Et Guillelmus de Puillé,
Et monachi de Sancto Johanne de Mota,

Et etiam omnes alii circa dictum locum de me tenentes, tali modo quod de omnibus quæ ad villicariam et seneschalliam, seu ad totam justitiam pertinent vel poterunt pertinere, habebit ipse Fulquetus vel ejus hæredes medietatem, et aliam medietatem tenentur idem Fulquetus vel ejus hæredes fideliter mihi vel meis hæredibus custodire et reddere per manum suam. Idem vero Fulquetus vel ejus hæredes res omnes supradictas de me et de meis hæredibus tenere debent libere et quiete ad homagium et servitium supradictum, pro omnibus servitiis et redevantiis, et nihil amplius in hominibus hiis supradictis ego vel hæredes mei poterimus in perpetuum reclamare.

Hoc autem voluit et concessit filius meus Hemmelinus.

Et ut hoc ratum et stabile perseveret in futurum, præsentem chartulam sigilli mei patrocinio et munimine roboravi.

Actum anno gratiæ millesimo ducentesimo vigesimo sexto.

147. — 1226/1227, janvier. — CHARTE DE GUILLAUME DE LA JAILLE, SEIGNEUR D'OUTILLÉ, RELATANT LES DONATIONS QU'IL FAIT A ROSE, FILLE DE RAINAUD GUINART, EN RÉCOMPENSE DE SES SERVICES. — (B. N., D. Housseau, n° 2638.)

Omnibus presentes litteras inspecturis, Willelmus de la Jaille, miles, dominus Ostilleii, salutem in Domino.

Universitati vestræ notum facio quod ego dedi et concessi Roseæ, filiæ Raginaldi Guinart, et heredibus suis, Willelmum de Chere, hominem meum, liberum et immunem, ita quod omnes redevantias quas idem Willelmus mihi et heredibus meis facere debebat predicte Roseæ facere teneatur. Præterea concessi eidem Rosee et marito suo, si quem habuerit, et heredibus suis omnem libertatem per totam terram meam, ab omni exactione et tallia, biennio, corveia, exercitu, calvacata et omnibus aliis costumis. Concessi insuper sepedicte Rosee et heredibus suis domum quam Raginaldus, pater suus, eidem dederat, sitam juxta ecclesiam Beate Marie de Ostilleio, possidendam ab omni redevantia et costuma liberam et immunem. Dedi insuper eidem Rosee duos denarios censuales quos Raginaldus, pater suus, mihi debebat pro vinea de Crosa annuatim. Hæc omnia supradicta dedi et concessi sepedicte Rosee et heredibus suis in puram et perpetuam elemosinam et in recompensationem sui servicii.

Quod ut perpetuo robur obtineat firmitatis, presentes litteras feci sigilli mei munimine roborari.

Actum anno gratiæ M° CC° vicesimo sexto, mense januario.

(*Avec un sceau en partie rompu. On y voit le reste ou moitié d'un écusson qui porte une croix, alezées, à ce que je conjecture.*)

148. — 1227. — Marguerite de Sablé fait un don a Bonlieu pour l'ame de Guillaume des Roches, pour celles de ses père et mère, pour celle d'Amaury Ier de Craon et pour celle de sa sœur, Philippe de Matha. — (*Archives de la Sarthe*, n° 749 de Bilard.)

149. — 1229, juin. — Charte de Maurice, évêque du Mans. — Guillaume de Mayet donne en gage au chapitre de Saint-Martin de Tours la moitié de la dime qu'il possédait dans la chatellenie de Mayet, et qui lui venait de son père Hardouin, et le chapitre lui prête sur ce gage quarante livres, monnaie du Mans, a la condition que l'emprunteur remboursera ladite somme avant Paques s'il veut jouir des fruits de l'année courante. — (B. N., D. Housseau, n° 2852.)

Universis presentes litteras inspecturis, Mauricius, Dei permissione Cenomanensis ecclesie minister indignus, salutem in Domino.

Noverint universi quod, in presentia nostra constitutus, W. de Maieto, miles, pignori obligavit capitulo Beati Martini Turonensis totalem portionem suam medietatis decime quam habet ab Hardoino de Maieto, milite, patre suo, in castellania de Maieto, videlicet tertiam partem medietatis totalis illius decime, quam terciam partem decime dictus Hardoinus dedit eidem Willelmo pro portione hereditatis, pro 40 libris cenomanensium, tali conditione quod si dictus Willelmus vel ejus heredes prefatam decimam infra Pascha redimere voluerint, et habebunt eam liberam et immunem et fructus, soluta prius dicto capitulo pecunia supradicta. Si vero post Pascha eamdem decimam redimere voluerint, prefatum capitulum habebit fructus illius anni de decima supradicta, et sic fiet successive donec predicta decima redimatur.

Hanc autem impignorationem concesserunt et approbaverunt Gaufridus Giffart, miles, dominus illius decime feodalis, et Hardoinus, pater ipsius Willelmi, et Jobertus et Petrus, milites Willelmi sepedicti.

Concessit insuper idem Gaufridus quod si forte aliqua occasione contingeret ipsum pro servitiis suis aliquid capere in decima supradicta, nihil capiet in tertia parte dicto capitulo obligata, impignoratione durante.

Quod ut ratum et stabile permaneat, presentes litteras, ad petitionem partium, sigilli nostri munimine duximus roborandas.

Actum anno gratie M° CC° XXIX°, mense junio.

150. — 1231. — ACTE PAR LEQUEL PHILIPPE D'ESPAIGNE RECONNAIT QUE GUY MARAUD TIENT DE LUI LE FIEF NORMANT, A LUCEAU, SOUS LE DEVOIR DE CHEVAL DE SERVICE ET CINQ SOLS MANSAIS DE TAILLES, ET ABONNE LE CHEVAL A CINQ SOLS TOURNOIS ET LES TAILLES AU MÊME DEVOIR. — (B. N., Latin 9067, fol. 256 verso.)

Transcript pour le fié Normant de Luceau.

Universis præsentes litteras inspecturis, officialis Cœnomanensis, salutem in Domino.

Noveritis quod, in nostra præsentia constitutus, Philippus d'Espaigne recognovit quod Guido Maraudi, miles, tenebat de eo feodum et dominium in parochia Sancti Martini de Luceel, ad servicium equi et ad quinque solidos cœnomanenses de justis tailliis, quando justæ tailliæ eveniebant, in illo feodo sibi et dominis suis superioribus persolvendos. Idem vero Philippus voluit et concessit in eleemosina, coram nobis, dicto Guidoni et hæredibus suis, quod ipsi de cætero teneantur reddere tantummodo dicto Philippo et hæredibus suis, pro dictis feodo et dominio, quinque solidos cœnomanenses pro servitio equi et quinque solidos turonenses de taillia, quando justæ tailliæ evenerint in feodo supradicto. Et quando contigerit dictos quinque solidos reddi pro servitio equi, tantum valebit ac si servitium equi redderetur. Et hoc faciendo dictus Philippus et hæredes sui pro dictis feodo et dominio nihil aliud a dicto Guidone et hæredibus suis poterunt reclamare. Et tenetur dictus Philippus et hæredes sui dictum feodum et dominium dicto Guidoni et hæredibus suis deffendere et garantizare. Et ad hoc faciendum astrinxit se dictus Philippus pro se et hæredibus suis, fide præstita corporali. Recognovit etiam Philippus quod eleemosinationem hujus modi fecerat anno Incarnati Verbi millesimo ducentesimo tricesimo primo.

In cujus rei testimonium præsentibus litteris cum sigillo dicti Philippi sigillum curiæ Cœnomanensis duximus apponendum.

151. — 1233/1234, mars. — Vente faite aux religieux de Grandmont par Geoffroy Girard et Odeburge, sa femme, d'une rente de six sextiers de blé sur leur métairie sise a Saint-Mars-d'Outillé, « in feodo heredum de Fontenoilles ». — (Imprimé : *Archives du Cogner,* série H, art. 71, n° 1.)

152. — 1239. — Liste des vassaux de Mayet ayant fait hommage a Geoffroy de Chateaudun. — (B. N., Latin 9067, fol. 311 ; Fr. 9501, fol. 7 verso ; Fr. Nouv. Acq. 7412, fol. 343 verso.)

Hii sunt feodales de castro Maieti qui fecerunt hommagium domino vicecomiti anno Domini 1239.

Relicta Guillelmi de Otilliaco.
Radulfus Daro *seu* Claro.
Hamelinus de Mangeio.
Raginardus Bartholomei.
Gervasius Fortin.
Guillelmus Peille Ocile.
Gaufridus de Alta Percha.
Petrus Prepositus.
Matthæus de Brelandino.
Johannes de Fay.
Droco de Rupe.
Hemmelinus de Vezins.
Raginardus de Columnis.
Guillermus de Maieto.
Odo de Rupe.
Dominus Gervasius de Mosterol.

153. — 1239. — Liste des vassaux de la Suze ayant fait hommage a Geoffroy de Chateaudun. — (B. N., Latin 9067, fol. 336 verso ; Fr. 9501, fol. 8 ; Fr. Nouv. Acq. 7412, fol. 346 verso.)

Hii sunt feodales de Susa qui fecerunt homagium domino Gaufrido, vicecomiti Castriduni, anno Domini 1239.

Dominus Droco de Crez.
Dominus Huguetus de Sancto Benedicto.
Dominus Guillaumus Besague.
Dominus Johannes de Biauce.
Dominus Droco de Semur.
Dominus Guerri de Claromonte.
Matthæus de Voures.
Guillelmus de Vaus.
Guillelmus Buisson [1], præsbyter
Hugo de Brellai.

1. Var. : *Brullon.*

Hugo Revel.
Dominus Hubertus [1] de Vindocino.
Dominus Guillelmus de Mondoon.
Dominus Johannes de Susa, de duobus homagiis.
Dominus Hubertus [2] de Belin.
Gaufridus Burel.
Hugo de Vernevelles [3].
Robertus Garnier.
Philippus de Ferce Beueir de Susa.
Johannes Paien.
Petrus Boveri.
Guillelmus Rotarius.
Sylvester Le Torneor.
Ragerus de Bufa.
Symon Bordelesche.

154. — Vers 1239. — LISTE DES CHEVALIERS ET VASSAUX DE LA CHATELLENIE DE MAYET SOUS GEOFFROY DE CHATEAUDUN. — (B. N., Latin 9067, fol. 310; Fr. 9501, fol. 7 verso; Fr. Nouv. Acq. 7412, fol. 342 verso.)

Hoc est scriptum de militibus et de feodalibus de castellaria de Maieto.

Hæres de Breolio.
Hamelinus de Sarcecl.
Philippus de Chaurc...
Hubertus Carrel.
Odo de Verjus.
Hardoinus de Maieto.
Mattheus Hasart.
Odo de Rupe.
Johel [4] de Mangeyo.
Josbertus Boschet.
Guillelmus Boschet.

1. Var. : *Herbert.*
2. Var. : *Herbert.*
3. Var. : *Verveles, Veruelles.*
4. Var. : *Johannes.*

Gaufridus de Semur.
Robertus de Brelandino.
Rag.[1] de Sarceio.
Guillelmus de Vernezelles[2].
Gervasius de Colonnis.
Gaufridus de Alta Pertica.
Guillelmus de Fay.
Girardus Helye.
Robertus Claro *vel* Daro.
Laurentius Valer.
Johannes Niger.
Guido de Praiaus.
Bartholot Peileoille.
Gaufridus Chalopin.
Raginard Grossin, de Lemesquetière.
Hamelinus de Militia, de terra de Collungeio.
Henricus de Mosterol, de medietariis de Belin.
Ger[vasius] Fortin, de terra de Belin.
Guill[elmus] Papelon, de terra de Belin.
Gilo de Lodun, de terra de Belin.
Ragener[3] Barthelemer, de terra de Belin.
Chotart de Magneriis, de terra sua de Novileta.

Dominus Guido Popolun est [homo] domini vicecomitis de castello Maieti.

Dominus Guillelmus de Corcillon est homo domini vicecomitis.

Dominus Richard de Lodon est homo domini vicecomitis.

155. — Vers 1230. — LISTE DES CENSITAIRES DE MAYET. — (B. N., Latin 9067, fol. 311 verso.)

Hi sunt censuales de Maieto.
Andreas Dorille, sexdecim denarios.
Johannes Delert, duos solidos et tres denarios.
Guillelmus Cuart, novem denarios et unum obolum.

1. Var. : *Rogerus*.
2. Var. : *Vernerolles*.
3. Var. : *Ragerus*.

Garner de Tuscheboz, duos solidos et octo denarios.
Johannes Parvulus, quindecim denarios.
Andraeas de Nemore, undecim denarios.
Stephanus de Bossenex, decem denarios.
Galterus Oyleri, unum denarium.
Stephanus de Belin, octo denarios.
Gaufridus Garneir, septem denarios.
Johannes de Syderate, decem denarios.
Nicolaus de Porta, decem denarios aut novem.
Leprosi de Maieto, octodecim denarios, et de tenemento feu Girart, quindecim denarios et obolum et pictavinam.
Johannes de Chesrie Crols, duos solidos.
Pasqueir Joie, novem denarios.
Hugo Drapeir, quatuor solidos et duos denarios.
Richeir Drapeir, sex denarios et pictavinam.
Petrus Bogeri, viginti denarios.
Ragerus Guerreir, tres solidos et octo denarios.
Girardus Bogeri, quatuor denarios.
Petrus Ricort, duos solidos et tres denarios.
Robertus Boslart, octo denarios.
Gauguen Millon, duos solidos et novem denarios.
Herlent [1], tres denarios.
Hugo Haoyl, duos solidos et sex denarios et obolum.
Durandus Prime, novem denarios.
Guarinus de Bordello, octo denarios servitii.
Libo Moneir, septem denarios.
Johannes Bornicort, octo denarios.
Johannes Bernart, sex denarios.
Ragerus Paganus, duos denarios.
Herbertus Morice, septem denarios.
Durandus Le Joy, viginti denarios.
Isembart Rana, quinque denarios et obolum.
Guytonus Abyoth, octodecim denarios.
Paganus Garestin, tres solidos et tres denarios.
Uxor feu Philippe, quatuordecim denarios.

---

1. Plutôt *Hersent*.

Droinus Floric, viginti denarios.
Guido Deleert, viginti denarios, vel xiiij tantum.
Robertus Papin, quatuor solidos.
Andræas Moveir, novem denarios.
David Cementarius, tres denarios.
Crebelmus Judæus, viginti duos denarios et obolum.
Uxor feu Rachart Giraut, duodecim denarios.
Isembart Le Folon, sexdecim denarios.
Garinus de Genne, duos denarios.
Herbertus Fogerat, viginti et unum denarios.
Fulco de Vallibus, quatuordecim denarios servitii.
Gaufridus Maltium, quindecim denarios et obolum et pictavinam.
Stephanus Hodeer, viginti denarios et obolum et pictavinam.
Robertus Herice, viginti tres denarios.
Girardus de la Chesneie, duos denarios.
Isabel de Barbotinelle, duos denarios.
Johannes Dehaus, quatuor denarios.
Ranulphus Carpentarius, septem denarios et obolum.
Johannes Burguce, quatuordecim denarios.
Andræas Lorens, quatuor denarios.
Odo Cocheriau, novemdecim denarios et obolum.
Costentinus Troter, quatuor denarios.
Gervasius Miles, novem denarios.
Martinus Noer, duos solidos et duos denarios.
Uxor feu Robert Le Brun, duos denarios.
Monachi de Oratorio, tres solidos et quatuor denarios.
Droinus Mergam, viginti denarios.
Gloseria, septemdecim denarios.
Porcherau, tres andegavenses.
Rugerus Grollin [1], octo denarios servitii.
Girardus Helye, octodecim denarios servitii.
Robertus Le Coc, viginti duos denarios.
Richot, novemdecim denarios.

1. Plutôt *Grossin*.

Droco de Fellart[1], duodecim denarios et obolum.

Droco de Fellart, duos denarios.

Gervasius Florie, duos solidos et undecim denarios.

Guarinus Prochart, sex denarios et obolum.

Libaut Gauteir, duodecim denarios.

Gaufridus Boschain, septemdecim denarios.

Johannes Rumme, quatuordecim denarios et pictavinam.

Tibaut Oriot, tres andegavenses.

Gaufridus Trulle, duos denarios.

Stephanus Le Bigot, duos solidos et duos denarios et pictavinam.

Sanson Morin, duos denarios.

Richart Renart, quatuordecim denarios et pictavinam.

Johannes Seglonaiu, quatuor denarios.

Domus feu Johannis Groget, quatuor denarios.

David Brote, tres denarios.

Micho Robin, novemdecim denarios.

Chenu, tres andegavenses.

Fillum, quinque denarios.

Johannes Bochin, tres denarios.

Lambertus Haie, duodecim denarios.

Filii Petri Martini, septemdecim denarios.

Hamelinus Drigum, quatuor denarios.

Ehacelin[2], itidem quatuor denarios.

Droinus Jupulus, duos denarios seu solidos sex denarios et obolum.

Galteir Ronan, tres libras et tres libras tres denarios et duos denarios.

Bouet de Via, octodecim denarios et tres solidos et quatuor denarios ex altera parte.

Stephanus Garneir, quatuor denarios.

Gaufridus de Salleia, quinque solidos et sex denarios.

Andre Poié, quinque solidos et unum denarium.

Peloquin, duos solidos et septem denarios et obolum et pictavinam.

1. Plutôt *Fessart*.
2. Plutôt *Chacelin*.

Robertus Merceir, quinque denarios et obolum et pictavinam.

Libaut Teiphaine, tres solidos et tres andegavenses.

Borgil, octo denarios.

Giraudus Præsbyter, tres solidos et quinque denarios.

Leiardis, duos denarios.

Galtier Faber, duos solidos et unum denarium.

Gervasius Guanguein, tres solidos et quatuor denarios et obolum, et ex alia parte quinque denarios et obolum de estallo.

Johannes Brice, septem denarios et obolum.

Christianus Benciot, tredecim denarios.

Johannes Chopart, septem denarios.

Guoylla, sexdecim denarios et pictavinam.

Stephanus Gileberti, duos denarios.

Trochet, duos solidos et unum denarium.

Fodeia, duos solidos et unum denarium.

Aindre Blanche, septem denarios.

Richardus Gayer, duodecim denarios.

Guitonus de Fossis, quinque denarios.

Aucheriau, duos denarios.

Borresel, septem denarios et pictavinam.

Droinus de Salleia, tres solidos et octo denarios et ex alia parte septem denarios et obolum.

Johannes Foque, tres andegavenses.

Trulleta, tredecim denarios et novem denarios.

Droco Guaher, septem denarios.

Maria Lagoliasse, quatuor denarios et obolum.

Odelina Lavesseta, quatuor denarios.

Michot Huguot, novemdecim denarios.

Matis Porcel, tres denarios.

Puella, quinque solidos et sex denarios servitii.

Robertus Ranz, tres andegavenses.

Hugo Lebrun, octo denarios.

Stephanus Brun, duos denarios.

Robertus Buillon, duodecim denarios.

Papellon, quatuor denarios et obolum.

Borer de Vernolio, sex solidos et duos denarios et obolum.
Johannes Ripennee, tredecim denarios.
Hubertus Bufere, sexdecim denarios.
Gaufridus Pastoratu, tres denarios et obolum.
Rager Morel, quatuor solidos et sex denarios.
Fulcherus Barre, tres solidos et septem denarios.
Petrus Jornau, quindecim denarios.
Palmeria, novem denarios.
Radulphus Peerrin, sex denarios et obolum.
Guillelmus Golias, duos solidos et unum denarium.
Radulphus Le Taillandier, unum andegavensem.
Johannes de Vado et Stephanus Bufaut, decem denarios.
Odo Buillon, duos solidos et quinque denarios.
Julianus Robert, duos solidos et quinque denarios.
Mahot et Crembort, duodecim denarios.
Parvus Guarinus, duodecim denarios.
Guillelmus Maugort, decem denarios.
Johannes de Cigno, octo denarios.
Maria et Johannes, quinque denarios.
Bardoinus Galiene, quinque denarios et pictavinam.
André Gerreir, duos solidos et sex denarios et obolum.
Hubertus Guerreir, duos solidos et septem denarios.
Petrus Muhart, tres solidos et undecim denarios et unum sextarium frumenti.
Hugo Poher, quinque solidos et novem denarios et obolum.
Julianus Chapallel, quatuor solidos et septem denarios.
Galterus Lanceline, duos solidos et quinque denarios et obolum.
Johannes Martin, duos solidos et septem denarios.
Hamelinus Elpinart [1], quatuordecim denarios.
Heremite de Castell[is], duodecim denarios.
André de Vervil, tredecim solidos et ex alia parte sex denarios et obolum.
Robertus Gereor, unum andegavensem.
Ragerus Roune, sex denarios.

1. Plutôt *Espinart*.

Durant Columbel, duos solidos et tres andegavenses.

Agnel, octo denarios.

Robertus Traveirs, septem denarios servitii.

Johannes Giraut, octodecim denarios et decem denarios et obolum.

Isti decem denarii et obolus sunt feu Droconis Erimbert.

Girardus Letencor, quatuor solidos et quinque denarios.

Guido Bocin, decem denarios et pictavinam.

David Beree, sex denarios.

Regina, sex solidos.

La Breselle, sex denarios.

Hubert Martin et sorii, quinque denarios et obolum et pictavinam.

Julianus Agathe, quatuor solidos et septem denarios et obolum.

Gaufridus, filius ejus, sex denarios de Ruppe.

Petrus Abresel, duos solidos et quatuor denarios et obolum.

Hubertus Martin, viginti duos denarios et obolum et unum denarium de stallo.

Galebrun Faber, octo denarios.

Robertus Faber, sex denarios.

Johannes Helie, duodecim denarios.

Uxor feu André Pepin, septem denarios.

Pringaut, viginti denarios.

Jordain, quatuor denarios.

G. Peloquine, septemdecim denarios et obolum et pictavinam.

Fulcherius Peloquine, tredecim denarios et unum denarium de stallo.

Hubertus Rana, quatuordecim denarios et obolum.

Agnes la Mauriesse, tres denarios et obolum et pictavinam.

David Morin, duodecim denarios.

Robinus Torpin, sex denarios.

Doyssa, tres denarios et obolum.

Guillelmus Guoceri, duos denarios et obolum.

Theobaldus Minutor, unum denarium.

Stephanus Elcornart, duos solidos.

Costentinus Rocir, quatuor denarios.
Chenu de Jarlis, unum denarium.
Marcesche, septem denarios.
Johannes Droin, novem denarios.
Pasqueir Chantiau, duos solidos.
Gucherain et Pasqueir, sex denarios.
Seneschallus, sex denarios.
Gervasius de Cigno, quatuor denarios.
Hubertus Garrel, octo solidos et quinque denarios et obolum.
Gaufridus Bencet, octo denarios et obolum et pictavinam.
Robertus Morin, duos solidos et quinque denarios.
Enjobaut, quinque solidos et undecim denarios et pictavinam.
Richerus Viau, tres solidos et novem denarios et obolum.
Gaufridus Drapeir, tres solidos et sex denarios.
Johannes Boel, undecim denarios.
Ervil Domin, novem denarios.
Micho Durant, undecim denarios.
Aalee, duos solidos et septem denarios et obolum et pictavinam.
Radulphus Garrel, duos solidos et sex denarios.
Gilebertus de Loho, septemdecim denarios.
Foque de Migne, quatuor denarios.
Poupelot, novem denarios et obolum et pictavinam.
Garinus Oyleri, quindecim denarios et obolum et pictavinam.
Droinus Minart, quinque solidos et septem denarios et duos denarios de Fossis.
Johannes Minart, septem solidos et decem denarios.
Guido de Cigno, viginti duos denarios.
Petrus Jecloscir, tres solidos.
Radulphus Merceir, duodecim denarios.
Hamelinus Agathe, tres solidos et tres denarios.
J. Clericus, tres denarios et obolum de domo.
Gervasius de Collis, duos solidos et unum andegavensem.
Johannes Marcigius, undecim solidos.
Galiena, octo denarios.

Gaufridus Drapeir, tres solidos.
Robertus Domeste, tres solidos et quatuor denarios.
Jollanus Orelart, quindecim denarios et obolum.
Capellanus de Leprosaria, quatuor solidos et sex denarios.
Robertus de Longalanda, duodecim denarios.
Hamelinus Fange, octo denarios.
Mattheus de Boleria, quatuor denarios.
Andreas Vassellor, tres denarios.
Absoluta, duos denarios.
Guillelmus Frappin, unum denarium.
Droco de Jupilles, unum denarium.
Guillelmus Boraut, novem denarios.
Hugo de Vaaz, unum denarium.
Gaufridus de Vaaz, duos denarios.
Guillelmus de Bellomonte, unum denarium.
Mahot, septem denarios.
Census de Marcello, tres solidos.
Julianus Boel, tres solidos.
Bernardus Boel, tres solidos.
Johannes Ruine, tres solidos.
Regina, tres solidos.
Gaufridus Benecort, octodecim denarios.
Johannes Bochin, tres solidos.
Gaufridus Drapeir, tres solidos.
Petrus Abresel, tres solidos.
Odo Buillun, octo denarios.
Hamelinus Druium, octo denarios.
Trochet, octo denarios.
Hugo Le Brun, octo denarios.
Johannes Ripenee, octo denarios.
Gaufridus Pastoratu, octo denarios.
Micho Durant, octo denarios.
Robertus Traveirs, octo denarios.
La Bresole, octo denarios.
Gaufridus Fortin, octo denarios.
Radulphus Garrain, octo denarios.

Johannes Chopart, octo denarios.
Puella, octo denarios.
Parvus Guarinus, octo denarios.
Droinus Minart, octo denarios.
Stephanus Garneir, octo denarios.
Columbel, octo denarios.
Marresche, octo denarios.
Ldenbarde, octo denarios.
Ernaudus Durant, octo denarios.
Galterus Lanceline, octo denarios.
Hubertus Guerreir, octo denarios.
Herbertus de Belin, octo denarios.
Gaufridus Rochebec, duos denarios.
Hugo Duredent, unum denarium.
Mathis Clignart, unum denarium.
André Le Cordeinnier, unum denarium.
Fulcherus de Castellis, unum denarium.
Galterus Merceir, unum denarium.
Albericus Vintarius, unum denarium.
Hubertus de Vaaz, unum denarium.
Stephanus Bretel, unum denarium.
Richard Chartein, unum denarium.
Guillelmus de Pontvallien, unum denarium.
Guillelmus Daguenet, duos denarios.
Richeir de Bellomonte, duos denarios.
Bernardus Guimont, duos denarios.
Johannes de Fontenellis, octo denarios.
Gervasius de Vincil, tres denarios et obolum de Ruppe.
Galterius Faber, quatuor denarios de una Ruppe.
Hubertus Pullus, octo denarios.
Guillelmus Miles, quatuor denarios.
Radulphus Le Paler, sex denarios et obolum.
Droinus Martin, sex denarios de domo.
Remil Carpentarius, decem denarios et obolum.
Matthæus Foterel, sexdecim denarios et obolum et pictavinam.

Barthelot Chapallel, quindecim denarios.
Julianus Chapallel, tres solidos et quatuor denarios.
Petrus Mucart, quatuor solidos et undecim denarios.
Ragerus Morel, tres solidos et sex denarios.

156. — Vers 1239. — LISTE DES CENSITAIRES DE COULAINES. — (B. N., Latin 9067, fol. 324 verso.)

Hii sunt census de Colenes ad festum beati Martini.
Gervasius Multhart, quatuor denarios de prato Rangeit.
Julianus Lancien, quinque pictavinas.
Hubertus Drapeir, tres turonenses et pictavinam.
Stephanus Helie, septem turonenses.
Odin Le Bigot, tres turonenses et pictavinam.
Petrus Morel, quinque denarios et unum turonensem.
Gaufridus Bocheti, duos denarios et pictavinam.
Uxor Ægidii Gauguein, tres turonenses.
Petrus Peloquin, unum denarium.
Petrus Morin et Andræas Folquin, viginti quinque denarios et tres pictavinas.
Uxor Roberti Druin, tres denarios.
Johannes de Rupe, quinque denarios.
Familia Roberti Le Brun, tres turonenses.
Guillelmus Le Drapeir, quinque turonenses.
Hugo Troter, octodecim denarios.
Petrus de Gtagno [1], duos denarios.
Familia Droini Foterel, quatuor denarios et pictavinam.
Robinus Parvus Guido, duos solidos et duos denarios.
Gervasius Le Paumier, duos denarios.
Johannes Monachus, quinque pictavinas.
Radulphus Picart, sex denarios.
Uxor Girardi de Ponvalen, duos denarios.
Maria de Ponvalen, octo denarios pro se et André Galiene.
Gauterus Ronan, sex denarios.
Uxor defuncti Johannis, tres turonenses.
Guillelmus des Vineis et socii ejus, septemdecim denarios.

1. Sans doute *Stagno*.

Familia Andreæ Lorens, tres solidos et tres denarios.
Guariau, quatuordecim denarios.
La Pesse, sex denarios.
La Corbine, duos denarios.
Gloseria, novem denarios et unum turonensem de servitio et septem turonenses et unam pictavinam de censu.
Uxor Richardi Viau, novem denarios.
Relicta Rageri de Columnel, duos denarios de servitio de terra de la Fodeere.
Marsilius Præsbyter, unum denarium.
Theobaldus Grosle, sex denarios de servitio.
Agatha de Paurier, tres turonenses.
Michael de Burceyo, sex denarios de servitio.
Gaufridus Morin, sex denarios.
Johannes Bocheri, tres turonenses.
Guillelmus de Alba Terra, unum denarium.
Hamelinus Fode et Daniel, septem pictavinas.
Gervasius Miles, undecim denarios.
Petrus Guaugain, duos denarios.
Raginaldus Fortin, tres turonenses.
Bocinel, quinque denarios.
Lateiose, duodecim denarios et obolum.
Baudren, quinque turonenses.
Gauteret, tres turonenses.
Guillot de Fole, octo denarios et pictavinam.
Robertus Christianus, septemdecim denarios.
Theobaldus Prime, duos denarios super terram de la Boneteire et undecim denarios super hebergamentum Gervasii Militis, et idem Gervasius tenetur reddere Theobaldo unum denarium in crastino beati Martini hyemalis.
La Rochette de la Bonneteire, duos denarios.
Guillelmus Regnart, duodecim denarios obolo minus.
Johannes Gnovaut, unum turonensem.
Andræas Galiene, novem turonenses.
Philippus Antenatus, unum denarium.
Guillot Le Mercier, quatuor denarios.

Guillot Chapentarius, tres turonenses d'Escoraut.
Robertus Drujon, quinque obolos.
Guillelmus de Maieto, duos denarios de servitio.
Julianus Garneir, octo denarios de uno prato.
Fulco Garan, tres turonenses et unum obolum.
Gervasius Guerreir, novem turonenses de Borneis.

157. — Vers 1239. — LISTE DES CHEVALIERS ET VASSAUX DE LA CHATELLENIE D'OIZÉ. — (B. N., Latin 9067, fol. 322 verso; Fr. 9501, fol. 7 verso; Fr. Nouv. Acq. 7412, fol. 344.)

Hoc est vetus scriptum de militibus et feodalibus de castellaria de Oiseio.

Rolandus de Monrevel.
Johannes de Fay.
Hamelinus de Gualeranda.
Guillelmus de Trellazeio.
Johannes de Mallevau.
Ger[vasius] Fortins.
Guillelmus de Orna.
Guarinus de Floe.
Hugo Bochart.
Guillelmus de Vernezelles.
Gaufridus de Parrigneio.
Robertus de Longa Landa.
Gervasius Soberau.
Stephanus Le Merceir.
David Charruain.
Gervasius Ripaus.
Guillelmus Hardoin.
Odo Hardoin.
Bocheir Gelin.
Johannes Prime.
Guillelmus de Turneio [1].
Johannes Belun.
Guillelmus Chalopin.

1. Var. : *Furneio*.

Guido Gueignon.
Hubertus de Maieroles.
Guillelmus Galteir.
Hæres feu G. Richart.
Stephanus de Boschet.
Gaufridus Serjant.
Guillelmus Hemery.
Girardus Putri.
Nicolaus Bouin.
Folcheir Ascelin.
Guoheir.
Girardus de Surchers.
Stephanus Tercol.
Charbonel de Tessue.
Eremborc de Boschet.
Johannes Textor.
Gaufridus Belissent.
Hamelinus de Boyce.
Hardoinus de Landevi.
Garin. de Landevi.
Guillelmus Bein venu.
Guarinus de Coperia.
Richart de Haya.
Johannes de Cultura.
Hamelinus Brochart.
Martinus Maucion.
Johannes Reondiau [1].
Richart de Coperia.
Hamelinus de Resquel.
Gervasius Bormaut.
Guillelmus de Randonay.
Hugo Bodin.
Guillelmus Le Sauncir.
Raginaldus Johan.
Herbertus Serven.

1. Var. : *Secondiau*

Johannes de Montaupin.
Petrus de Villefolet.
Stephanus Faber.
Garnerus Galop.
Martinus Lorenz.
Hamelinus Pautet.
Johannes Deable.
Foque Belemere.
Fulco de Vallibus.
Gaufridus de Gesneio.
Robertus de Ruigné.
Raginaldus Guischet.
Guarinus de Richemont.
Aubertus Sicile.
Guillelmus Rillen.
Le Duc de Noeriis.
Girardus de Montaupin.
Girardus Brien.
Girardus de Platea.
Michael de Liboys.
Johannes Bloolin.
Hugo de Poillé.
Petrus de Broacen.
Stephanus Brulé.
Raginaldus Rogeir.
Johannes de Vernecelles.
Raul de Boschet.
Hamelinus Chapiu.
Hugo de Belin.
Philippus Rancheir.
Raginaldus de Bufa.
Hugo de Boyce.
Guillelmus de Platea.
Herbertus Vindocinensis.
Fulco de Floé.
Guido Salvage.

Johannes Joie.
Garinus de Floé.
Hersent de Broacen.
Hæres de Caumessin [1].
Hugo de Verucia.
Andreas de Villeclerc.
Foquet Potart.
Gaufridus de Verrun [2].

158. — Vers 1239. — Liste des vassaux de Louplande ayant fait hommage a Geoffroy de Chateaudun. — (B. N., Latin 9067, fol. 340; Fr. 9501, fol. 8 verso; Fr. Nouv. Acq. 7412, fol. 347 verso.)

Isti fecerunt homagia domino vicecomiti Castriduni de feodis suis in castellania de Lopelande.

Gervasius d'Anvers.
Guillelmus de Cheselles.
Guillelmus Guielin [3], de duobus homagiis.
Gervasius Hugot.
Fulco Botuer [4].
Radulphus de Perreria.
Matheus de Vovre.
Symon Bordelesche.
Guido Cornu [5].
Raginaldus de Sarcé.
Hubertus de Nemore.
Hubertus Johannis.
Johannes Paguot.
Guillelmus Durant.
Hubertus Vindocinensis.
Relicta Guillelmi de Oistilliaco.
Johannes Belhomo et juratus.

1. Var. : *Taumassin.*
2. Var. : *Verran* ou *Verrau.*
3. Var. : *Guiclin.*
4. Var. : *Boruer.*
5. Var. : *Cortru.*

Julianus de Foresta.
Guillelmus de Foresta.
Juliana de Campo Lamberti.
Radulphus Pincon [1].
Guillelmus de Verteuelles [2].
Guillelmus Malnorri.
Stephanus Martinus.
Johannes de Gravia.
Raginaldus Moter.
Clemens de Stagno.
Richardus de Nemore.
Fulco de Valenis.
Guillelmus de Coluns.
Guillelmus Botir.
Hubertus de Trelazai.
Odo Quarrel.
Dominus de Tusse [3].
Symon de Praellis [4].

159. — 1240, mai. — Acte par lequel Guillaume de la Jaille abandonne a Grégoire Quintel quatre deniers mansais de cens, en échange de quoi celui-ci tiendra en hommage, a un denier de service, ladite censive, nommée la Téfolière, sise a la Bigotière, paroisse de Saint-Mars-d'Outillé. — (B. N., Latin 9067, fol. 363 verso.)

Transcriptum pro quittatione census et concessione alterius.

Universis præsentes litteras inspecturis, Guillelmus de Jailla, miles, salutem in Domino.

Noveritis quod cum Gregorius Quintel teneretur mihi et hæredibus meis reddere annuatim quatuor denarios cœnomanenses censuales de quadam censiva quam dictus Gregorius

---

1. Var. : *Piticon.*
2. Var. : *Vertenclos.*
3. Var. : *Tulle.*
4. Var. : *Pellis.*

tenet in feodo meo, ego quittavi eidem Gregorio dictum censum et concessi eidem Gregorio quod ipse de cœtero et hæredes ejus teneant de me et hæredibus meis terram quæ erat in dicta censiva, quæ terra vocatur partim la Tefolere et partim est sita apud la Bigoterre, in parrochia Sancti Medardi de Austilleio, ad unum denarium census de servitio, sine alia redibitione, reddendum annuatim ad Pascha floridum, de quo servitio ego recepi dictum Gregorium in hominem ad fidem.

In cujus rei testimonium præsentes litteras sigilli mei munimine roboravi.

Datum anno Domini millesimo ducentesimo quadragesimo, mense maio.

160. — 1241. — CHARTE DE MICHEL, DOYEN DE CHATEAU-DU-LOIR, PORTANT TRANSACTION ENTRE LES MOINES DE GRANDMONT ET GUILLAUME GODEFROY, AU SUJET DU LIEU DU COUDRAY, SITUÉ PAROISSES DE JUPILLES ET DE THOIRÉ. — (Imprimé : *Archives du Cogner*, série II, art. 71, n° 2.)

161. — 1242. — ACCORD FÉODAL PAR LEQUEL PIERRE DE MONTOIRE, COMTE DE VENDOME, JEAN D'ESTOUTEVILLE ET AGNÈS, SA FEMME, CÈDENT A GEOFFROY, VICOMTE DE CHATEAUDUN, LA FÉODALITÉ DE BOULOIRE, DE MAISONCELLES ET DU FIEF SAINT-MARS, A CHARGE DE LES RELEVER DE SAINT-CALAIS, AINSI QU'UN CERTAIN NOMBRE DE FIEFS DU VENDOMOIS, CONTRE D'AUTRES FIEFS SITUÉS DANS LE VENDOMOIS [1]. — (B. N., Latin 9067, fol. 367 verso.)

Transcriptum escambii inter comitem Vindocinæ, Johannem de Estoutevilla, etc., ex una parte, et Gaufridum, vicecomitem Castriduni, ex altera.

Universis præsentes litteras inspecturis, P[etrus] [2], comes

---

1. Nous devons à l'obligeance de M. le comte de Saint-Venant, qui a étudié tout particulièrement cette charte, l'identification des fiefs vendômois qu'elle mentionne.

2. Pierre de Montoire, comte de Vendôme, fils de Jean de Montoire, dit Jean IV, et d'Églantine.

Vindocinæ, et Johannes de Estoutevilla [1] et Agnes [2], uxor sua, salutem.

Noveritis quod, cum contentio verteretur inter nos, ex una parte, et nobilem virum Gaufridum, vicecomitem Castriduni, ex altera, super feodo de Boloria [3] et juratione domus de Mesuncellis [4], tandem devenimus in hunc modum pacis :

Primo.

Quod nos quittamus et concedimus dicto Gaufrido vicecomiti et suis hæredibus in perpetuum dictum feodum de Boleria, et feodum de Mesuncellis, et jurationem dictæ domus de Mesuncellis, et homagium quod ego, Johannes de Estoutevilla, petebam a Gaufrido, domino d'Illers [5], de feodo Sancti Medardi [6]. Et hæc obedient castellaniæ Sancti Carilefi.

2.

Præterea nos concedimus eidem vicecomiti et suis hæredibus in perpetuum feodum de Chauvigné [7],

1. Jean d'Estouteville, probablement fils de Robert d'Estouteville et de Jeanne de Châteaudun, héritière du Bouchet de Crucheray. De cette famille le Bouchet prit le nom du Bouchet-d'Estouteville, devenu le Bouchet-Touteville. C'était le fief le plus important du comté de Vendôme avant que Montoire et Lavardin fussent entrés dans sa mouvance au XIe siècle.
2. Agnès, femme de Jean d'Estouteville, semble être sœur de Pierre de Montoire.
3. Bouloire (Sarthe), châtellenie mouvant tour à tour de Vendôme, de Saint-Calais et de Vendôme, érigée en baronnie en 1593.
4. Maisoncelles (Sarthe), châtellenie réunie en 1593 à la baronnie de Bouloire.
5. Geoffroy II d'Illiers, seigneur d'Illiers et de Maisoncelles.
6. Le fief Saint-Mars, consistant en censives situées à Maisoncelles, Écorpain, Évaillé, Sainte-Cerotte, Savigny-sur-Braye, etc. Il était incorporé à la châtellenie de Maisoncelles, dont les seigneurs se partageaient les profits et la justice avec les seigneurs de la Bournaye, à Sainte-Cerotte.
7. Chauvigny, canton de Droué (Loir-et-Cher). Ce fief n'était qu'en partie aux vicomtes de Châteaudun, seigneurs de Mondoubleau. Les ancêtres de Geoffroy de Châteaudun en avaient donné la plus grande partie à Geoffroy de Lèves, évêque de Chartres. Chauvigny devint un des plus importants prieurés de Marmoutier. (*Marmoutier, Cartulaire Dunois*, 170, 183.)

Et feodum de Raurille [1],

Et le fay Boschet [2],

Et Moteus [3],

Et Moret [4],

Et les Bretonnières [5],

Et feodum de la Fredonnière [6],

Et feodum quod Guillelmus Prunellé tenet in castellania Montis Duplicis de eodem feodo,

Et omnia quæ continentur a sinistra parte infra cheminum qui transit eundo a villa Templi [7] usque ad Burgum Roberti [8], qui cheminus transit intra medietariam de Bellalanda [9] et Espiere [10], et qui transit per Burgum Roberti usque ad domum Leprosi [11], qui est ultra Burgum, usque ad crucem qui est ante domum dicti Leprosi,

Et a dicta cruce omnia quæ continentur in sinistra parte infra magnum cheminum qui ducet eundo ad villa Danzeii [12],

1. Raurille, pour *Romillé*, aujourd'hui Romilly, canton de Droué. De même que Chauvigny, les sires de Mondoubleau ne possédèrent ce fief qu'en partie. Il appartenait aux religieuses de Saint-Avit de Châteaudun, auxquelles il avait été cédé par l'abbé de Fontgombault en 1128. (*Bulletin Dunois*, 1898, p. 172.)

2. Aujourd'hui *Fiot-Bouché* et *Fief-Bouchet*, deux métairies proche Romilly.

3. Les Motteux, étendue de terrains vagues et de forêt, dont une partie était du domaine des comtes de Vendôme et l'autre du ressort de Mondoubleau. Il en reste le hameau appelé les Usages des Motteux, commune de Danzé (Loir-et-Cher).

4. Moret ou Maret, métairie à Danzé, au nord des Bigotteries.

5. Les Bretonnières, ferme à Danzé, au nord-est de Bellande.

6. La Fredonnière, château, commune du Temple (Loir-et-Cher), ancienne seigneurie relevant de Mondoubleau à foi et hommage simple.

7. Le Temple de Champignelle ou le Temple-lès-Mondoubleau, ancienne commanderie du Temple, puis de Malte.

8. Bourg-Robert, localité dont le nom s'est perdu et qui devait être sur l'emplacement où se trouve maintenant le hameau du Tertre, au nord d'Azé (Loir-et-Cher).

9. Bellelande, ferme qui, avant la Révolution, était des paroisses d'Épuisay et du Temple en tournée.

10. Espière, Épuisay, canton de Savigny-sur-Braye (Loir-et-Cher).

11. La maison du Lépreux, lieu dont la trace s'est perdue et qui devait se trouver vers la Haie-Bergerie, paroisse de Danzé.

12. Danzé (Loir-et-Cher), ancien prieuré de la Trinité de Vendôme.

Et de Danzeio omnia quæ continentur infra magnum cheminum qui ducit eundo a la Desconfiture [1] a sinistra parte. Et hæc remanent dicto vicecomiti et hæredibus suis versus Dun [2] et versus castellaniam Montis Duplicis.

3.

Hæc autem omnia supradicta dictus vicecomes et hæredes sui sine contradictione vel reclamatione nostri et hæredum nostrorum possidebunt, et homagia supradictorum feodorum habebunt, cum omni justitia et pertinentiis, tenebunt, explectabunt et in perpetuum possidebunt libere et quiete. Et obedient castellaniæ Montis Duplicis. Nichil omnino in prædictis locis nobis nec nostris hæredibus retinemus, excepto hoc

4.

Quod ego, Petrus, comes Vindocinensis, et hæredes mei habebimus, per totam terram de Chauvigné et de Rouville [3], cursum monetæ nostræ, sicut prædecessores nostri habuerunt, et sectam pedagii nostri cheminis pedagialibus, quod pedagium exiet de castellania Vindocinæ cum justitia ad transitum pedagii pertinente per manus nostras habenda. Et excepto feodo quod Gaufridus de Posterna [4], miles, tenet a me J[ohanne] de Estouteville infra prædictas metas.

5.

Et excepto feodo quod domina de Solomes [5] tenet a me, Johanne de Estoutevilla. Et excepto hoc quod monachi de Vindocino habent infra metas superius nominatas. Et excepta

---

1. La Déconfiture, aujourd'hui la Ville-aux-Clercs, canton de Morée (Loir-et-Cher), ancien fief appartenant au chapitre de Chartres, d'où son nom de *Villa Clericorum*. Dans les titres du XVIIIᵉ siècle le moulin de la Ville-aux-Clercs portait encore le nom de moulin de la Déconfiture.

2. Dun, pour *Châteaudun*.

3. Rouville, pour *Romillé*. Voir ci-dessus.

4. La Posterne ou l'Outerne était un fief avec manoir, à présent disparu, paroisse d'Azé, au nord de la Roulière. Il relevait du Bouchet-Touteville.

5. Selommes, chef-lieu de canton (Loir-et-Cher).

terra Abalais [1], quam Archenbaudus de Noiers [2], miles, tenet ad censum de feodo Montis Aurei.

6.

Dicti vero chemini et omnia perestitia ad res superius nominatas quæ continentur versus terram mei, comitis, et versus Vindocinum extra cheminos remanent nobis et nostris hæredibus, quæ omnia retinemus nobis et nostris hæredibus, cum omni justitia ad feodum vel castellaniam pertinente.

7.

Sæpedictus vero vicecomes in escambium prædictorum nobis et nostris hæredibus concessit in perpetuum feodum de Villa Porchier [3] cum pertinentiis suis, et feodum quod dictus Johannes de Soudaio [4] tenet de hæreditate defuncti Guillelmi de Sancto Martino [5] ab ipso vicecomite in Vindocino, cum pertinentiis in Vindocino existentibus, et feodum quod Liscia, domina Azeii [6], tenebat ab ipso vicecomite in Vindocino. Et hæc obedient nobis.

In cujus rei testimonium, etc.
Datum anno Domini 1242°.

162. — 1246, décembre. — ACTE PAR LEQUEL GEOFFROY V DE CHATEAUDUN ET CLÉMENCE DES ROCHES RECONNAISSENT AVOIR REÇU DE MAURICE IV DE CRAON LES LETTRES DE PARTA-

---

1. Peut-être les Allets, proche le Rouillis. Le Rouillis, ancien bourg et seigneurie à la Trinité, commune de Rahard, canton de Morée.
2. Noiers, seigneurie importante, paroisse de Sainte-Gemmes, canton de Selommes.
3. Villeporcher, château et hameau, commune de Saint-Ouen, près Vendôme. Ancienne seigneurie mouvant du Bouchet-Touteville. L'acte d'échange prouve qu'avant 1242 il relevait de Mondoubleau.
4. Souday, commune du canton de Mondoubleau.
5. Guillaume de Saint-Martin, seigneur d'Espéreuse et de la Jousselinière. Il est impossible de savoir quels fiefs Jean de Souday tenait de Guillaume de Saint-Martin à Vendôme.
6. On ne peut non plus connaître le nom du fief que la dame d'Azé tenait à Vendôme du vicomte de Châteaudun, et qui releva depuis lors de Vendôme.

ges faites par Guillaume des Roches et Marguerite de Sablé. — (Imprimé : Abbé Métais : *Sceaux dunois*, dans les *Bulletins de la Société Dunoise*, t. VII, p. 405.)

Universis... Gaufridus, vicecomes Castridunensis, et Clementia, ejus uxor, salutem.

Noverit universitas vestra nos, de assensu et voluntate ac speciali mandato Mauricii, domini de Credonio, recepisse litteras pie recordationis Guillelmi de Rupibus et Margarite, domine de Sablolio, patris et matris mei, Clementie, ac litteras clare memorie Philippi, regis Francie, confectas super divisionem ipsorum, etc.

Anno Domini M.CC.XLVI, mense decembri [1].

163. — 1248, 8 juin. — Acte par lequel Geoffroy de Chateaudun, avant de partir pour la Terre Sainte, partage ses biens entre ses deux filles, et donne a Jeanne, l'ainée, femme de Jean de Montfort, Chateau-du-Loir, Mayet, etc., et a Clémence, la cadette, ses biens sis a Chateaudun, dans le Dunois, a Mondoubleau et a Saint-Calais (B. N., Fr. 20.691, p. 571.)

Gaufridus, vicecomes Castriduni, et Clementia, ejus uxor, salutem in Domino.

Noveritis quod nos in procinctu... nostri in subsidium Terre Sancte, signo Sancte Crucis assumpto, duabus filiabus nostris, Joanne, primogenite, uxori nobilis viri Joannis, comitis Montisfortis, et Clementie, minori natu, terras nostras divisimus in hunc modum : Joanna habebit Castrum Lidi, Mayetum, Bouxtum, etc., salvis tamen conventionibus quas dictus Joannes, comes Montisfortis, et Joanna, ejus uxor, [filia] nostra, erga me, G[aufridum], vicecomitem Castriduni, habent, de quibus habeo literas regis Francie et comitis Andegavorum, et literas ejusdem Joannis, comitis Montifortis, et Joanne, uxoris sue. Clementia, nostra filia, habebit quicquid habemus apud Castridunum et in Dunensi... Montem Duplicem, castrum S[ancti] Carilefim, etc.

1. Cf. *Bulletins de la Société Dunoise*, t. VIII, p. 110, note 6.

Hoc voluerunt nobilis comes Joannes, comes Montisfortis, et Joanna, ejus uxor, filia nostra.

Datum anno M CC XLVIII, mense junio [1].

164. — 1249, novembre, « in castris juxta Damyetam ». — ACTE PAR LEQUEL GEOFFROY V DE CHATEAUDUN SE CONSTITUE RÉPONDANT ENVERS DES MARCHANDS DE SIENNE D'UNE SOMME DE DEUX CENT VINGT LIVRES TOURNOIS PRÊTÉE PAR EUX A PLUSIEURS SEIGNEURS [2]. — (*Bulletins de la Société Dunoise*, t. VI, p. 447.)

165. — 1249. — CHARTE DE MICHEL, DOYEN DE CHATEAU-DU-LOIR, PORTANT RECONNAISSANCE PAR GARIN MORIAN D'UN CENS DE TROIS DENIERS MANSAIS PAR LUI DU AUX MOINES DE BERÇAY. — (Imprimé : *Archives du Cogner*, série H, art. 71, n° 3.)

166. — 1250, avril. — CHARTE DE CLÉMENCE DES ROCHES, DAME DE CHATEAUDUN ET DE CHATEAU-DU-LOIR, QUI, DE L'AVIS ET DU CONSENTEMENT DE SA FILLE JEANNE, COMTESSE DE MONTFORT, DONNE AUX RELIGIEUSES DE BONLIEU, POUR LE SOULAGEMENT DES AMES DE FEU GUILLAUME DES ROCHES, DE MARGUERITE, DAME DE SABLÉ, ET DE GEOFFROY DE CHATEAUDUN, DIX ARPENTS DE TERRE ENTRE BOIS-CORBON ET LE CHEMIN DE CHATEAU-DU-LOIR A VAAS. — (B. N., D. Housseau, n° 2996. — *Archives de la Sarthe*, H 1619.)

---

1. Ménage analyse ainsi cet acte : « En 1248, le 8 de juin, Geoffroi, VI du nom, vicomte de Chasteaudun, mari de Clémance des Roches, estant sur le point de partir pour le voyage de la Terre Sainte, fait, conjointement avec sa femme, le partage de ses biens et de ceux de sa femme. Il donne à Janne, l'aisnée, femme de Jan, conte de Montfort, le Chasteauduloir, Maïet, le Boux, avec la forest de Burcey, et le Bois de Corbon, et Montglenet, avec la forest de Douvre et tout ce qu'il avoit à Oustillé, à la Suse et à Loupelande. Et il donne à Clémance, la cadette, femme de Robert de Dreux, tout ce qu'il avoit à Chasteaudun et dans le Dunois, et Montdoubleau, et le chasteau de S. Calès, et la Guierche, Chanvicay, et S. Géry et Lyam. En ce tans-là Clémance n'estoit point encore mariée. » (*Histoire de Sablé*, p. 206.)

2. Cet acte est le dernier connu dans lequel comparaît Geoffroy de Châteaudun. Il mourut le 6 février 1250. Du moins son anniversaire était célébré le 6 février. Voir ci-dessous l'acte de décembre 1251.

167. — 1250, septembre. — Confirmation de donation faite aux religieux de Berçay de trois sous mansais de rente sur la terre appelée « Oscha de la Guarerande, in parrochia de Ostilleio ». — (Imprimé : *Archives du Cogner*, série H, art. 71, n°ˢ 4 et 5.)

168. — 1250. — Liste des vassaux de Chateau-du-Loir ayant fait hommage a Clémence des Roches. — (B. N., Latin 9067, fol. 364 ; Fr. Nouv. Acq. 7412, fol. 361.)

Hii sunt homines Castrilidi qui fecerunt homagium Clementiæ, dominæ ejusdem loci et dominæ Castriduni, anno Domini millesimo ducentesimo quinquagesimo [1].

1° Dominus Guillelmus de Corcillon, miles.

Item, idem Guillelmus, ad roncinum servitii de feodo quem habet [2] apud Corcillon et Sancti Vincentii.

Dominus de la Fouingne [3].

Domina Burgonia, quondam domina de Prulli, de hoc quod habet a Val Bochier [4] et Forges.

Dominus de Vernolio, de hoc quod habet apud Vernolium.

Item, idem dominus, de hoc quod habet apud Bonne.

Dominus Guillelmus de Nogen, de Nogen.

Dominus Gaufridus de Lanceraie, de feodo Doinces [5].

Dominus Hamelinus de Voisins.

Mattheus Bouchet.

Andreas Malenuit.

Julianus dou Bordel.

Mattheus Marsillian.

Dominus Herbertus de Vovereio.

Domina de Cotiran.

Droco de Semur, de Beaumont.

Philippus d'Espaigni, de Vill...

---

1. En marge du ms. fr. Nouv. Acq. 7412 on lit cette note : « Extrait du Reg. de la Chamb. des Comp. intitulé Chasteau-du-Loir. »
2. Var. : *habebat*.
3. Var. : *Foingne*.
4. Var. : *Val Bohier*. M. Alouis, I, 164, imprime : *Val Boschet*.
5. Var. : *Domées*.

Guillelmus Borrel, de la Borrellière, et dicit se debere duos solidos cenomanenses.

Gilotus de Praellis [1] est homo de feodo Burceii.

Hamelinus de Mangé, de feodo Burceii.

Mattheus Houssiau [2], de hoc quod habet juxta Hussum.

Guido de Luceio, miles, ad lx [3] dies gardae, ut dicit.

Johannes de Roncereio.

Johannes Ogier, de terra Rageri Barthol de Belin [4].

Relicta Rageri de Sarceio, sicut bassi [5].

Morellus [6] de Pamier, de feodo de Cullo Bovis, et debet stagium et gardam apud Castrum[lidi].

Relicta Petri Coqui, sicut bassi, et debet stagium ligium apud Castrumlidi.

Odo de Ruppe, homo, et debet stagium.

Dominus Robertus de Chevri, homo sicut bassi de feodo de la Moinnerie [7].

Herbertus Cornu, homo de terra de Villete.

Robertus de Bruillandin, homo ligius ad duos menses custodiae de parnagio de Doure.

Agnes Poille Oeille.

Dominus Gaufridus de Chenucia [8] homo ligius.

Hugo de Brifé, homo de Champignié ad duodecim cenomanenses servitii, ut dicit.

Dominus Marsilio de Faaco [9], homo bis [10].

Margareta, domina d'Atenay, femina ligia.

Dominus Hugo dou Perrier.

1. Var. : *Pellis*.
2. Var. : *Houffiau, Bonfiau*.
3. La copie porte : *ad he diem*, qu'il faut évidemment lire : *ad lx dies*.
4. Var. : *Rag. Bachol de Belin*. Peut-être que Bartholomeus de Belin forme un article séparé.
5. Var. : *Balli*.
6. Var. : *Merellus*.
7. Var. : *Lamonière*.
8. Var. : *Chenucia*. M. Alouis imprime : *Chenchaia*.
9. Var. : *Fayaco*.
10. Lire : *ligius*.

Gaufridus de Curceio, de feodo terræ Paceii et pertinentiis Castrilidi.

Dominus Gaufridus de Haia, de redditu quod habet ad vitam.

Dominus Guillelmus Broein, de feodo de Biauvoare [1].

Fouquetus [2] de Ferraria, de medietate Campi Lamberti.

Hugo Soriau [3], homo ligius de feodo Oyseii [4] et de Gué Saalart.

Dominus Guillelmus de Bauceio.

Domina de Cortiran, de hoc quod tenet in castellaria Castrilidi.

Droco de Semur.

Fulco Lenfant, de masura de Poullé.

Huguetus de Mercio, miles, est homo de reditu Castrilidi; debet etiam rachetum.

Guillelmus de Corcullon, ad duos menses custodiæ.

Gaufridus de Brueria, homo ligius, debet custodiam.

169. — 1250. — Liste des vassaux de la Suze ayant fait hommage a Clémence des Roches. — (B. N., Latin 9067, fol. 365 verso; Fr. Nouv. Acq. 7412, fol. 362.)

Hii sunt homines Susæ qui fecerunt homagium C[lementiæ], dominæ Castriduni, anno Domini 1250.

Dominus Gervasius de Prulliaco.

Dominus Herbertus Vendomais.

Dominus Hugo de Belin.

Droco de Semur.

Relicta Johannis de Susa, militis.

Symon de Praellis, miles.

Dominus Robertus de Claromonte, de hoc quod habet cum uxore sua apud Susam.

Dominus Robertus Garnier.

Dominus Guillelmus Buisson, præsbyter.

1. Var. : *Beauvair.*
2. Var. : *Fougertus.*
3. Var. : *Sorio.*
4. Var. : *Oysen.*

Mattheus de Goeures.

Dominus Guillelmus Besagne [1], de hoc quod habet apud Verreilles.

Mattheus de la Bordelaiche, de censu suo Susæ.

Alinant Senel.

Ragerus de Pleissiaco, homo ligius de feodo de Curcellis.

Dominus Henricus Dorce.

Relicta Hugonis Sores [2], militis.

Hamelotus de Laingne vient [3], de forestaria Gastinæ, ad arcum et quatuor sagittas et unum obolum servitii ad Pascha.

Gaufridus de Noeriis.

Droco de Semur.

Hugo de Breillei.

Johannes de Biauce, homo, et debet inquirere intra adventum quod servitium debet.

170. — 1250. — Liste des jurés de Berçay. — (B. N., Latin 9067, fol. 336.)

Hii sunt jurati Burcoii eodem anno [1250].

Guillelmus Belin.

Guillelmus Borrel.

Herbertus de Veteribus Molendinis.

Ragerus de Bonne.

Relicta Christiani de Burceio, sicut bassi.

171. — 1250. — Liste des vassaux de Louplande ayant fait hommage a Clémence des Roches. — (B. N., Latin 9067, fol. 366; Fr. Nouv. Acq. 7412, fol. 362 verso.)

Hii sunt homines Lupilande eodem anno [1250] ejusdem Clementiæ.

Dominus Vernolii, de feodo dou Vignel.

Dominus Gervasius de Prulliaco.

Radulphus de Perreria.

1. Var. : *Besague.*
2. Var. : *Morel.*
3. Var. : *Hannelotus de Laingnevient.* Peut-être faut-il lire : ... *de Laingné, vicarius de...*

Mattheus de Bosco.
Guillelmus de Foresta.
Guillelmus Jullin.
Robertus Querrian [1].
Guillelmus de Villiers [2].
Guillelmus de Chaselles [3].
Henricus Bomer [4].
Herbertus Maunaurry [5].
Foquetus de Ferraria.
Johannes Cornu.
Aalicia, filia Guillelmi de Fontana, militis.
Johannes de la Grève.
Domina Perrière de basso [6].
Relicta Clementis de Stagno.
Richardus de Pleissiaco.
Stephanus Durant.
Mattheus de Goeures.
Matthias [7] de la Bordelaiche, de medietaria de la Coupetière [8].
Gervasius de Bosco, de domo Bosci.
Johannes Paiot, de Pajotaria [9].
Gaufridus de Matefelon, miles.
Radulphus de Petraria [10].
Hugo de Breillei [11].
Mattheus de Nemore.
Guillelmus Lupellus.

1. Var. : *Quarriau.*
2. Var. : *Villers.*
3. Var. : *Cheselles.*
4. Var. : *Bouier.*
5. Var. : *Mannorri.*
6. Var. : *Perreriæ de Ballo.*
7. Var. : *Mathæus.*
8. Var. : *Tripetière.*
9. Var. : *Paiotus, de Parotaria.*
10. Var. : *Perreria.*
11. Var. : *Breilli.*

172. — [1250]. — Liste des vassaux de Mayet [1]. — (B. N., Latin 9067, fol. 367.)

Hii sunt homines de Maieto.

Radulphus Darron.

Robertus Quarriau.

Johannes Boutier, de hoc quod habet à l'Esnegnetière.

Guillelmus de Corcillon [2], ad duos menses custodiæ, ut dicit.

173. — 1251. — Hommages faits à Clémence des Roches, dame de Chateaudun. — (B. N., Latin 9067, fol. 361 verso ; Fr. Nouv. Acq. 7412, fol. 363 verso.)

De Castriduno. Isti sunt qui debent et fecerunt homagium Clementiæ, dominæ Castriduni, de feodo dotalitii sui Castriduni, anno Domini 1251 [3].

Herveus Boiau [4].

Domina Ludi.

Odo Lenfant, miles.

Petrus Rufus, miles.

De Castro Rageri.

Gaufridus dou Corbiau, miles, est homo G[aufridi] [5], domini Castriduni, ad tres solidos servitii ad Nativitatem Domini, et tres turonenses ad Pascha, et un quarteron d'escuelles, et un quarteron de hennas ad dictos terminos.

Guillelmus de Chancey.

Relicta Guillelmi Maron, de basso [6].

De Lacunigro

Domina de Frovilla [7].

---

1. Cette pièce, venant à la suite des quatre listes d'hommages rendus en 1250 à Clémence des Roches pour Château-du-Loir, la Suze, Berçay et Louplande, paraît devoir être aussi datée 1250.

2. La copie porte : *Cornillon.*

3. Le ms. lat. 9067 assigne la date fausse de 1207. L'année 1251 est donnée par le ms. fr. nouv. acq. 7412.

4. Var. : *Boian.*

5. Le ms. porte seulement : *homo C. domino...* Au lieu de C, il faut lire G.

6. Var. : *Ballo.*

7. Var. : *Prouilli.*

Frode de Montfollet [1].
Bernous Morebier [2].
Petrus de Tusca, miles.
Henricus Osen.
Domina de Villaloct.
Guillelmus de Bellovillari.

174. — 1251, décembre. — CHARTE DE CLÉMENCE DES ROCHES, DONNANT AU PRIEURÉ DE COHÉMON L'USAGE DE DIVERSES ESSENCES DE BOIS MORT, A LA CHARGE DE CÉLÉBRER L'ANNIVERSAIRE DE SON MARI, CELUI DE SES PÈRE ET MÈRE ET LE SIEN. — (B. N., Latin 9067, fol. 255 verso.)

Transcript de l'usage à la prioresse de Cohamon.

Universis praesentes litteras inspecturis et audituris, Clementia, domina Castriduni et Cast[r]ilidi, salutem in Domino. Noveritis quod ego dedi et concessi, in puram et perpetuam eleemosinam, pro anima bonae memoriae Gaufridi, quondam comitis Castriduni, sponsi mei, et anima mea, necnon et pro animabus patris et matris meorum, Deo et monasterio monialium Beatae Mariae de Charitate Andegav[ensis], ad opus seu usuagium domus de Curia Hamonis, prioratus ejusdem monasterii, in foresta de Burceyo, brenhas dou tremble, dou bol, dou charme, de l'arable vers, sans escuier, et le tremble, le boel, le charme et l'arrable siccas prope pedem, qui ne charge folium neque florem, le saule, le marsaule, l'enne, le genest, la bordeine, le prefus prope pedem, et le chesne et le fou siccas qui ne chargent folium neque florem, et le chesne et le fou ars que ceciderunt et jacuerunt super terram, per annum et diem. Et si dominus forestae vel illi qui habent usuagium in foresta de Burceyo prope diem faciant scindi et colligi in dicta foresta prope pedem, moniales domus de Curia Banni *(sic)* poterunt habere et capere illud quod invenerint residuum arborum caesarum cum mercamento, et capient et habebunt bruerias ita quod non fauchent in loco ubi sit nemus. Item, poterunt capere et habere arbores fractas

1. Var. : *Frede de Montfelet.*
2. Var. : *Herveus Morehier.*

et avulsas sine vivario, et de illis quæ per vivarium ceciderunt nihil habere debent. Vivarium vero est usque ad quinque arbores quassas vel avulsas quæ possunt videri unico visu. Item, poterunt capere et habere id quod invenerint residuum, et copellos des boscheraus de venditionibus de Burceyo et de Cloypas, quando bucherones reliquerint dicta residua et copellos, omnino de hiis non curantes, et in locis in quibus vendere fuerit et in locis in quibus vendere non erit, quando venditio fuerit remota, sicuti alii usuagiarii capiunt. Sed in Bosco Corbonis, in deffenso de Sallis, in deffenso de Rous, in vetito Pediculi, quæ sunt deffensa, nihil debent percipere dictæ moniales. Dedi etiam et concessi eisdem monialibus in perpetuam eleemosinam quod habeant et possint habere singulis annis in Burceyo quinque porcos ad pasnagium, sine panagio reddendo.

Et propter hoc conventus Beatæ Mariæ de Charitate Andegav[ensis] tenentur (sic) facere annuatim solemniter anniversarium domini et sponsi mei G[aufridi], quondam vicecomitis Castriduni, die crastina sanctæ Agathæ, et patris et matris meæ idus julii [1], et meum anniversarium post obitum.

Et quod hoc firmum et stabile permaneat, præsentes eisdem dedi sigillo meo sigillatas.

Datum anno Domini millesimo ducentesimo quinquagesimo primo, mense decembris.

175. — 1251/1252, 30 mars. — CHARTE DE JEANNE DE MONTFORT, QUI CONFIRME LA DONATION FAITE A BONLIEU PAR CLÉMENCE DES ROCHES, SA MÈRE, DAME DE CHATEAU-DU-LOIR, DE DIX ARPENTS DE TERRE ENTRE BOIS-CORBON ET LE CHEMIN

1. Ces dates d'anniversaires sont à noter. Elles fixent la mort de Geoffroy, vicomte de Châteaudun, mari de Clémence des Roches, au lendemain de la Sainte-Agathe (6 février 1250), et celle de Guillaume des Roches, père de Clémence, aux ides de juillet (15 juillet 1222). Cette date du 15 juillet avait déjà été donnée par M. le comte de Broussillon, dans sa *Maison de Craon*, tome 1er, page 135. La date de la mort de Geoffroy de Châteaudun n'est pas mentionnée par M. Ch. Cuissard dans sa *Chronologie des vicomtes de Châteaudun*, publiée au tome VIII des *Bulletins de la Société Dunoise*.

DE Chateau-du-Loir a Vaas. — (B. N., D. Housseau, n° 3011.)

176. — 1252, octobre. — Charte de Clémence des Roches, dame de Chateaudun et de Chateau-du-Loir, qui ratifie la fondation de l'abbaye de Bonlieu faite en 1219 par Guillaume des Roches, son père. — (B. N., D. Housseau, n°s 3012 et 3014.)

177. — 1252. — Vente par Jean Martinelli et Agathe, sa femme, a Jean de Courmarcel, d'un demi-arpent de terre situé « apud Curiam Marcelli, in parrochia Sancti Guingaloei, in feodo domini de Castro Lidi, prope terras fratrum Grandimontis ». — (Imprimé : *Archives du Cogner*, série H, art. 71, n° 6.)

178. — 1252. — Charte de Jean, archidiacre de Chateau-du-Loir, relatant le don fait aux religieux de Berçay par Jean de Courmarcel du demi-arpent de terre qu'il avait acheté de Jean Martinelli et d'Agathe, sa femme. — (Imprimé : *Archives du Cogner*, série H, art. 71, n° 7.)

179. — 1255, novembre ou avant, Gambaiseuil. — Charte de Jeanne de Montfort, donnant aux religieuses de Bonlieu dix livres angevines de rente sur les moulins de Mayet. — (B. N., Latin 9067, fol. 372 verso ; Fr. 20.691, p. 541.)

Cartula Boni Loci pro decem libris quæ mutatæ fuerunt in blado.

Universis præsentes litteras inspecturis, Johanna, comitissa Montisfortis, salutem in domino.

Noveritis quod nos, pro remedio animæ nostræ, parentum et antecessorum nostrorum, dedimus et concessimus, in puram et perpetuam eleemosinam, Deo et sanctimonialibus Boni Loci, Cisterciensis ordinis, decem libras andegavensium annui reditus singulis annis ab eodem in molendinis de Maeto, in festo Nativitatis Domini, percipiendas et habendas et in perpetuum possidendas libere, pacifice et quiete.

Et ut istud donum firmum et stabile permaneat, eisdem sanctimonialibus præsentes dedimus litteras sigilli nostri munimine roboratas.

Datum apud Gambesolium, anno Domini millesimo ducentesimo quinquagesimo quinto.

180. — 1255, novembre. — CHARTE DE CLÉMENCE DES ROCHES, QUI TRANSMUTE EN QUATRE MUIDS DE FROMENT LA RENTE DE DIX LIVRES ANGEVINES DONNÉE AUX RELIGIEUSES DE BONLIEU, PAR SA FILLE JEANNE DE MONTFORT, SUR LES MOULINS DE MAYET, ET Y AJOUTE DIX LIVRES ANGEVINES DE RENTE SUR LA VIGUERIE DE CHATEAU-DU-LOIR. — (B. N., Latin 9067, fol. 372 verso; Fr. 20.691, p. 541.)

Alia cartula Boni Loci de quatuor modiis frumenti pro decem libris supradictis.

Universis præsentes litteras inspecturis, Clementia, Castriduni et Castrilidi domina, salutem in Domino.

Cum charissima filia mea Johanna, quondam comitissa Montisfortis, pro remedio animæ suæ, Deo et sanctimonialibus de Bono Loco, Cisterciensis ordinis, decem libras andegavenses annui redditus in molendinis de Maeto, in puram et perpetuam eleemosinam, dederit et concesserit, donationem prædictam volo, approbo et confirmo. Ego vero, videns utilitatem dictarum monialium majorem esse in percipiendo blado quam in pecunia numerata, volo et concedo quod dictæ moniales, in escambium prædictarum decem librarum andegavensium, habeant et percipiant in dictis molendinis, per manum multoris, singulis annis quatuor modios boni frumenti, eisdem persolvendos terminis inferius annotatis, scilicet : duos modios in Nativitate Domini, et duos modios in Ascensione Domini semper sequenti. Præterea ego, meæ salutis non immemor, pro remedio animæ meæ, parentum meorum, et animæ Gaufridi, quondam vicecomitis Castriduni, sponsi mei, dono et concedo præfatis monialibus de Bono Loco decem libras andegavensium annui redditus in villicaria de Castrolidi, percipiendas et habendas a villicario Castrilidi singulis annis in festo Sancti Christophori, sub pœna duorum solidorum andegavensium pro qualibet die solutionis dilatæ a dicto villicario dictis monialibus solvendorum.

Et ut istud sit firmum et stabile in futurum, præsentes litteras sigilli mei munimine roboravi.

Datum anno Domini millesimo ducentesimo quinquagesimo quinto, mense novembri.

181. — 1257, 5 mai. — Reconnaissance faite par Robert, fils d'Herbert Conive, d'une donation faite aux religieux de Berçay par son père sur une partie de la maison de défunt Étienne Genis, a Château-du-Loir. — (Imprimé : *Archives du Cogner*, série II, art. 71, n° 8.)

182. — 1260/1261, février. — Vente faite par Guiburge, veuve de Guillaume Quinlces, a Geoffroy Quinteau, d'une planche de vigne noire sise a la Quintelière, au fief d'Hugues de Courcillon, chevalier, en la paroisse de Saint-Mars-d'Outillé. — Imprimé : *Archives du Cogner*, série II, art. 71, n° 9.)

183. — 1261, 26 juillet. — Bail perpétuel fait par frère Bernard Alboin, correcteur du prieuré de Berçay, a Mathieu Cornu, d'un hébergement situé paroisses de Jupilles et de Thoiré. — (Imprimé : *Archives du Cogner*, série II, art. 71, n° 10.)

184. — 1263. — Charte de Guy de Lucé, chevalier, seigneur de Lucé, lequel, du consentement de Guy, son fils ainé, confirme aux religieux de Grandmont le don a eux fait, par Henri Plantagenet, du droit d'avoir a Lucé un homme libre et franc. — (Imprimé : Victor Alouis : *Lucé*, p. 165, d'après Archives de la Sarthe, H 1114.)

185. — 1265/1266, 18 janvier, Paris. — Accord entre Jean d'Acre, bouteiller de France, et Robert de Dreux, par lequel celui-ci donne a Blanche, fille de Jean d'Acre, cent-cinquante livres mansais de rente sur le manoir de Louplande. — (B. N., Fr. 20.691, p. 569.)

La letre monseigneur Jean d'Acre et de monseigneur le comte, du contens qui estoit entre eux deux pour damoiselle Blanche, fille dudit Jean d'Acre.

Sçachent tous, etc. que comme monseigneur Jean d'Acre, bouteiller de France, demandast partie de terre pour damoiselle Blanche, sa fille, en la terre du Chasteau du Loir et ses apartenances, et en toute la terre que noble homme Robert de Droes tenoit et tient encore du comte d'Anjou pour raison de sa femme, laquelle terre estoit eschoite aux devantdites damoiselles de l'eschoite de leur mère et de leur ayeule, c'est à sçavoir madame Jeanne, comtesse de Montfort, et de sa mère, en la fin, du conseil de prudes hommes, firent paix les devantdits monseigneurs Jean et Robert de Droes en telle manière que ledit Robert, pour soy et pour sa femme, a donné audit monseigneur Jean, ou nom de damoiselle Blanche, sa fille, pour ses droitures de rente, comme elle doit avoir, de toute la terre devant dite, C et L livres de mançois de rente assise en telle manière, c'est à sçavoir le manoir de Loupelande o toutes ses apartenances, etc.

Ce fut fait à Paris, le jeudy devant la feste de la Chaire Saint Pierre, en l'an de Notre Seigneur MCCLXV.

186. — 1266/1267, février. — Acte par lequel Jean d'Acre, bouteiller de France, promet de parfaire une rente de trois cents livres tournois sur Louplande en faveur de Blanche, sa fille, femme de Guillaume de Fiennes. — (B. N., Fr. 20.691, p. 570.)

Jean [d'Acre], fils le roy de Jérusalem, bouteiller de France...

Sçachent que nous avons promis à noble homme monseigneur Enguerran, seigneur de Fieules, el nom de Guillaume, son aisné fils, mary damoiselle Blanche, nostre fille, à parfaire et entériner trois cens livres de rente à tournois assises à Louppelande, etc.

Ce fut fait l'an 1266, el mois de février.

187. — 1271, octobre. — Transaction entre Robert de

Dreux, seigneur de Chateau-du-Loir, et Béatrix de Montfort, sa femme, d'une part, et les religieux de Saint-Vincent du Mans, d'autre part, par laquelle les religieux conservent la propriété des bois de Sarcé et la justice des paroisses de Coulongé et de Sarcé, sauf certains cas. — (B. N., Latin 9067, fol. 258 verso.)

Transcript des haies de Sarcé et des hommes l'abbé de Saint Vincent dou Mans.

Omnibus præsentes litteras inspecturis et audituris, Robertus, comes de Drocis, dominus Castrilidi, et Beatrix de Monteforti, ejus uxor, in Eo qui est omnium vera salus, salutem.

Noverit universitas vestra quod, cum contentio verteretur inter nos, ex una parte, et religiosos viros abbatem et conventum monasterii Sancti Vincentii Cœnomanensis, ordinis sancti Benedicti, ex altera, super hoc videlicet quod iidem religiosi hayas de Sarceya pleno jure ad se pertinere dicebant, cum omni juridictione et districtu hominum et hospitum in parochiis de Colongeyo et de Sarceyo commorantium et existentium, exceptis magnis forefactis, videlicet homicidio, raptu et incendio, et cum omni justitia mortem seu mutilationem exigente membrorum; nihilominus asserentes quod easdem hayas scindere et nemus earundem poterant et debebant necnon et expletare pro suarum libito voluntatum; nobis in contrarium asserentibus et dicentibus eosdem religiosos nullum jus habere faciendi præmissa seu aliquod præmissorum: tandem, communicato inter nos et eosdem religiosos diligenti tractatu, attendentes quod religionis favor non modicus debeatur ad hoc induci, divino intuitu pietatis, prudentium virorum interveniente consilio, super præmissis concordatum extitit in hunc modum, videlicet quod nos volumus, pro bono pacis, et tenore præsentium concedimus et in hoc consentimus quod dicti religiosi et eorum successores haias, cum omni juridictione et districtu quolibet hominum et hospitum in prædictis parochiis commorantium, tam præsentium quam futurorum, habeant et possideant in futurum, pacifice et quiete, exceptis tantummodo prædictis forefactis, cum justitia, prout superius est expressum, sine alia redibitione vel exactione qualibet nobis ab ipsis hominibus in posterum facienda et a nobis exigenda, ac eas hayas et nemus scindere valeant et etiam explectare ad sua libita et vota, oppositione nostra seu successorum et hæredum contradictione aliquatenus non obstante, reservatis nobis et hæredibus nostris consumis de omnibus emptis et venditis ab eisdem hominibus extra eorundem religiosorum feodum vel districtum, prout antecessores nostri consueverint percipere et habere. Nos autem bona fide promittimus nos contra ordinationem et compositionem prædictam de cætero non venturos, sed inviolabiliter servaturos nos et hæredes nostros quoad hæc obligantes.

In cujus rei testimonium præsentes litteras sigillorum nostrorum munimine duximus roborandas.

Actum anno Domini millesimo ducentesimo septuagesimo primo, mense octobris.

188. — 1272, 20 mai. — Acte par lequel Robert de Dreux, seigneur de Chateau-du-Loir, et Béatrix de Montfort, sa femme, abolissent la taille en leur ville de Chateau-du-Loir et établissent un droit de faitage sur les maisons [1]. — (B. N., Latin 9067, fol. 378.)

Lettre de festage à Chasteau du Loir. C'est un debvoir.

A tous ceus qui cestes présentes lettres verront et orront, Robert, cuens de Dreues et de Montfort, signour dou Château dou Leir, et Béatrix, sa fame, salus en Nostre Seigneur.

Sçachent tuit que, comme nous eussiens en nostre ville dou Château dou Leir taille sus nos borgeois et sus lor mesons de nostre ville devantdicte, et nous ayons entendu et esgardé, dou conseil de predhommes, le preu de nostre ville

---

[1]. Cet acte, dont l'original semble perdu, a été publié par M. le vicomte d'Elbenne au tome IX, p. 125, de la *Province du Maine*, avec, entre crochets, les rectifications suggérées par l'original de la charte de franchise de Mayet, dont le texte est identique à celui de la franchise de Château-du-Loir. Nous reproduisons ici la copie du ms. latin 9067 en indiquant en note les corrections de M. le vicomte d'Elbenne.

devantdicte, nous volons et octroions desores en droit [1] que
la ville dou Chetiau dou Leir devantdicte, et les mesons et les
apentis qui sont et qui porront estre dou tens à venir soient
mis à festage, c'est asscavoir, que chacun borgois o autre
qui aura meson ou appentis en nostre ville soient tenus rendre à nous et à nos heirs, chacun an, trois solz de festage de
tornois ou de monnoie corant, et l'apentis des et oict deniers
tornois ou de monnoie corant, rendus à nous et à nos hers
ou à nos alloés à nostre chasteau de nostre ville devantdicte,
à lendemein de Tosseins diraument [2] et perdurablement. Et
s'il advenoit que aucun se deffaillit de rendre au terme desusdict ledict festage et la rente, il paieront l'amende o telle
comme de ceus au tens passé [3], en icelle manière que, s'il y
avoit aucuns de nos bordeis [4] en nostre ville demorant, et
avoit son hébergement où il demorast, il paeroit servige au
pressoer [5] ou autre meson avoir sans trespasser rue ne place
entre deux, ne seroient tenus à rendre à nous ne à nos heirs
que trois solz de tornois ou de meine [6] corant, par la reson
dou festage, pour les dous mesons. Et s'il advenoit qu'il
louast ou prestast aucunes de celles mesons, cil qui demorront esdictes mesons seroient tenus rendre trois solz de la
meson à feste, et des et oict deniers tornois, ou de monnoie
corant de l'appentis. Et s'il advenoit que aucuns de nos borgeois moraient et les heirs dépérissent [7] l'hébergement, chescun seroit tenus rendre le festage, si comme il est dict par
devant, des mesons ou des apentis ne ne tendront [8]. Et sont
et seront tenus desoresenavant les borgeois à [9] ceus qui
places auront ou tendront, esquelles il a eu mesons autresfois, seront tenus rendre des places devantdictes, pour cha-

1. Avant.
2. Annaument.
3. Comme de tens trépassé.
4. Borjeis.
5. Il pourroit grange ou pressoer.
6. Monnoie.
7. Départissent.
8. Que ils tendront.
9. Et.

cune place, trois soulz de festages. Et s'il advenoit que il défaillissent, à [1] aucun de ous ou de lor heirs, à nous ou à nos heirs des devantdictes chouses, ou aucune des devantdictes chouses fère rendre ou paier, si com il est dit dessus, nous ou nos heirs, ou cil qui sera en nostre leu ou Châtiau dou Leir, porrons fère la taille ou fère fère et la lever et prendre si comme nos ancessours ou nous la solions feire ou fère feire lever et feire paier, jusques à la value de trente livres de tornois ou de monnoie corant sus ceux qui se [2] défaudront. Et à toutes ces chouses et chascune par soy tenir, garder et acomplir et feire à torsjors se obligèrent lesdis borgeois, ous et lour hoirs, présens et advenir, et tos lours biens présens et futurs.

Et que ce soit ferme et estable en perdurableté, nous en avons donnés et saellées ces lettres de nos seaus.

Ce fut fet et donné le vendredy d'emprès la Sainct Nicolas en may, l'an de grâce mil et dous cens et sexante et douze, ou mois de may, ez calendes de juing.

189. — 1272, septembre. — CONFIRMATION PAR ROBERT DE DREUX ET BÉATRIX DE MONTFORT, AU PRIEURÉ DE SAINT-GUINGALOIS DE CHATEAU-DU-LOIR, DE L'USAGE DES FORÊTS DE DOUVRE, BERÇAY ET BOIS-CORBON, SELON LE TITRE DE FONDATION DU PRIEURÉ. — (B. N., Latin 9067, fol. 262.)

Transcript de l'usage au priour du Chasteau dou Loir.

Universis presentes litteras inspecturis, Robertus, comes Drocensis et Montisfortis, et dominus Castrilidi, et Beatrix, ejus uxor, salutem in Domino.

Cum prior Sancti Guingalis de Castrolidi deberet, nomine et ratione prioratus Sancti Guingalis, secundum quod dicebat, habere jus et potestatem habendi, capiendi, utendi, fruendi, ad suam penitus voluntatem, ad quemcunque usum prioratus predicti et omnium ædificiorum suorum, grangiarum, molendinorum, factorum seu faciendorum et etiam reparandorum, et insuper ad usum vinearum et omnium

---

1. Ou.
2. Le.

rerum ad dictum pertinentium prioratum, de vivo nemore et mortuo in forestis nostris de Domura [1] et de Burceyo et de Nemore Corbonis, et hoc jus sibi vendicaret et peteret dictus prior, hac ratione, quia in prima fundatione prioratus prædicti, tale jus et dominium dicto prioratui et ejus prioribus, et modo quo dictum est, et ad omnia quæ dicta sunt, in forestis omnibus antedictis, concessum fuerat et donatum a tali qui hoc facere poterat et debebat, prout in litteris fundationis prioratus prædicti plenius continetur, asserebat nihilominus idem prior quod, per tempus et tempora quorum non potest extare memoria, priores prioratus prædicti, modis prædictis, jure antedicto, libere et quiete usi sunt in forestis prædictis, ad suam penitus voluntatem, de vivo et mortuo nemore supradicto : nos, ex tenore litteræ fundationis prioratus prædicti et ex relatu plurium religiosorum et non religiosorum nostram conscientiam informantes, concordantes priores dicti prioratus jus habere prædictum in omnibus antedictis et modis superius expressis, Deum præ oculis habentes, nolentes cum aliena jactura locupletari, attendentes etiam divini cultus diminutionem fieri si temporalia diminuantur, donationem fundatoris dicti prioratus ratam habentes et firmam, volumus, concedimus et præcipimus :

I°

Ut priores prioratus Sancti Guingalis, qui modo vel pro tempore sequenti fuerint, utantur, fruantur, capiant et habeant, per se vel per alios nomine ipsorum, nemus vivum et mortuum et quicquid ad nemus pertinere potest, ad onera prædicta et ad domum de Martegniaco [2], ad furnum, molendina et vineas et ad omnia ædificia ad dictam domum de Martegneyo pertinentia, facta et facienda seu etiam reparanda, modis omnibus supradictis, in locis et forestis antedictis.

1. Douvre.
2. Pour *Mansigniaco*.

II°

Volumus insuper quod prædicti religiosi vel sui dictum nemus explectare et scindere possint cum serra et sine serra et cum cœteris omnibus ferramentis, ad suam penitus voluntatem, et non teneantur dicti religiosi nostrorum assensum requirere servientium in nemoribus antedictis et forestis.

III°

Omnia autem prædicta volumus et præcipimus fieri in omnibus forestis antedictis et modis dictis et ad omnia prædicta, exceptis deffensis antiquis dictarum forestarum, videlicet deffenso de Domure, deffenso des Rous, deffenso de Sales, deffenso de Poel, deffenso de Nemore Corbonis quod totum deffensum est, in quibus deffensis prædicti religiosi non capient seu etiam non utentur quamdiu in dictis forestis suum usagium poterunt invenire. Si tamen aliquo modo accideret, quod non credimus, quod in prædictis forestis ad usagium suum necessaria non possent invenire, ex tunc et tunc possent in prædictis deffensis suum usuagium, modis antedictis ad omnia prædicta et ut dictum est, explectare.

IV°

Præterea volumus, concedimus et præcipimus ut prædictus prior et priores qui pro tempore sequenti fuerint, in foresta de Domure prædicta, omnium porcorum suorum pasnagium habeant, sicut habet in foresta de Burceyo supradicto modo prior Sancti Guingalis prædictus.

V°

Ad hæc autem omnia supradicta adimplenda, tenenda et inviolabiliter observanda, et quod contra præsentem concessionem et donationem per nos vel hæredes aut successores nostros in perpetuum non contra venire possimus, nos et hæredes et successores nostros præsentes et futuros obligamus specialiter et expresse.

Et ut hoc ratum et firmum permaneat in futurum, præsentes litteras sigillorum nostrorum munimine fecimus roborari.

Datum anno Domini millesimo ducentesimo septuagesimo secundo, mense septembris.

190. — 1272, 31 octobre. — Acte par lequel Robert de Dreux, seigneur de Chateau-du-Loir, et Béatrix de Montfort, sa femme, abolissent la taille en leur ville de Mayet et établissent un droit de faitage sur les maisons. — (Imprimé : Vicomte d'Elbenne : *Franchises accordées par leurs seigneurs aux villes de la Ferté-Bernard, Château-du-Loir et Mayet*, dans la *Province du Maine*, t. IX, p. 126, d'après A. N., P 1344, cote 571.)

A tous cels qui cestes présentes lestres verrunt et orrunt, Robert, cuens de Dreues et de Montfort, seigneur dou Châtiadouloir, et Béatrix, sa femme, salut en Nostre Seigneur.

Sachent tuit que, comme nous eusien taille en nostre ville de Maet sus noz borjois et seur leur meisons de nostre ville devant dite, et nous ayons enthendu et esgardé, dou conseil de preudes homes, le preu de nostre ville devant dite, nous voulons et ostraions dès ores en avant que la ville de Maet devant dite, et les meisons et les apantiz qui sunt et qui pourront estre dou tans à avenir, soient mis à festage. Ce est àsavoir que chacun borjois ou autre qui aura meison ou apantiz en nostre ville soient tenuz rendre à nous et à noz hoirs, chacun an, trois solz de festage de tornois ou de monnoie courant, et l'apantiz dis uet deniers tournois ou de monnoie courant, renduz à nous et à nos hoirs ou à nos alouez, en la maison au préost de nostre ville devant dite, à landemain de la Toussainz, annaumant et perdurablement. Et se il avenoit que aucuns se defausist de rendre, au terme desus dit, le dit festage et la rante, il paieraint l'amande au telle cum de tens trépassé, en tèle manière que se il y avoit aucuns de nos bourjois, en nostre ville demourant, et avoit son herbergement ou il demourast, il pourroit grange, ou pressoir, ou autre meison avoir, sanz trespasser rue ne place entre deus, ne seroient tenuz randre à nous ne à nos hoirs que trois solz de tornois ou de monnoie courant, par la reison dou festage pour les deus meisons. Et s'il avenoit qui louast ou prestast aucunes de celles maisons, cil qui demourraint as dites meisons seroient tenuz randre trois solz de la meison à feste, et dis uet deniers de l'apantiz, tournois ou de monnoie courant. Et se il avenoit que aucuns de noz bourjois mouraint et les hoirs départisseint le herbergement, chacun seroit tenuz rendre le festage, si comme il est dit pardevant, des meisons ou des apantiz que il tendrunt. Et sunt et serunt tenuz dès ores en avant les bourjois, et cels qui places auront ou tandrunt èsqueles il a eu meisons autresfoiz, serunt tenuz rendre des places devant dites, pour chascune place, trois solz de festage. Et s'il avenoit qui defallissent, ou aucun d'aus ou de leur hoirs, à nous ou à noz hoirs, des devant dites choses, ou aucune des devant dites choses faire, rendre ou paier, si comme il est dit desus, nous ou noz hoirs, ou cil qui sera en nostre leu à Mael, pourrons faire la taille ou feire feire, et la lever ou prendre, si come nos anceiseurs ou nous la soulions faire, ou feire feire, lever et feire paier, jusques à la value de trante livres de tournois ou de monnoie courant, seur cels qui le défaudroient. Et à toutes ces choses et chascune par soi tenir, garder, acomplir et faire à tourjourz se obligèrent les diz bourjois, aus et leur hoirs, présenz et futurs.

Et que ce soit ferme et estable empardurable, nous en avons données et saellées ces lestres de noz seaus.

Ce fut fait et donné la voille de la Tousainz, en l'an de grâce mil et deus cenz et seisente et douze, ès kalendes de novembre.

191. — 1273, juin. — LETTRES PAR LESQUELLES ROBERT DE DREUX ET BÉATRIX DE MONTFORT ACCORDENT A GEOFFROY POEVILAIN, ÉCUYER, SA VIE DURANT, L'USAGE DE SA FORÊT DE BERÇAY POUR SA MAISON DE JONCHÈRES, ET LUI DONNENT ACTE DE SES OFFRES DE FOI ET HOMMAGE. — (B. N., Latin 9067, fol. 260 verso.)

Transcript de l'usage Jeuffroy Pontvillain.

A tous ceux qui verront et orront cestes présentes lettres, nous Robert, cuens de Dreux et de Montfort, et nous Béatrix, sa femme, comtesse des devantdis leus, salus en Nostre Seigneur.

Sçachent que nous avons donné à Jeuffroy Poevilain, escuier, por le service que il nous a fet, son usage à sa vie en nostre forest de Burçay, c'est assçavoir : le mort bois à soy chauffer et à ses gens, et dou vif bois à herbagier à sa meson de Jonchières, à mesons et closture fere fere ou leu devantdicte, à un cens de service dou pris de cent deniers tarnois rendu en nostre ville dou Chasteau dou Leir, à nous et à nostre commandement, le jour de la monseignour Sainct Jehan Baptiste. Et toutes ces chouses sommes nous tenus à luy garantir à sa vie, et en avons receu celuy Jouffroy dessusdit en foy et en homage.

Et que ce soit ferme et estable, nous en avons donnés ces lettres scellées de nos seaux.

Ce fut fet en l'an de grâce mil deux cens sexante et treize, ou mois de juing.

192. — 1274, mai. — Acte par lequel Robert de Dreux et Béatrix de Montfort confirment aux religieux de Chateau-l'Hermitage l'usage de Berçay, authefois donné par Geoffroy Plantagenet et ses fils, Geoffroy, comte de Nantes, et Henri II, roi d'Angleterre. — (B. N., Latin 9067, fol. 254. — Imprimé : *Documents historiques sur le prieuré de Châteaux-l'Hermitage.*)

Item, autre transcript pour Chasteaux, de confirmation du comte de Dreux.

Robert, comte de Dreux et de Montfort et signour dou Chasteau de Leir, et Beatris, sa fame, comtesse et dame desdis leus, à tous ceus qui verront et orront cestes présentes lettres, salus en Nostre Seigneur.

Comme religiaus hommes le prieur et les frères de Chastiaux aient leurs usaiges en nostre bois dou Maine, c'est assçavoir en Burçay et en Douvre, à lour chaufage et à l'édification et réparation de leurs mesons, dehors et dedens, si comme il ont usé, et à lor autres nécessités et pastures et[1] à lor bestes, en bois et en plein, et lor parnage de eus et de lor hommes, et en toute nostre terre dou Maine aient lesdis religiaux lor coustumes de lor homes dehors et dedens, et ayent toutes cestes chouses dou don de Jeuffroy, jadis comte d'Anjou, fils Faulques, jadis roy de Jérusalem, et dou don et de la confirmation de Henry, jadis roy d'Angleterre et comte d'Anjou, et de Geffrai, comtes de Nantes et fuis[2] doudit Geffrai comte d'Anjou, si com nous avons veu et oy en lor lettres seellées en lor suiaux bonnes et entières : nous, voulans faire grâce espécial ausdis religious, por l'amor de Dieu et por le salut de nos âmes et de nos antécessors et de nos héritiers, toutes lesdictes donaisons et confirmation des chouses dessusdictes lor ottroyon et confirmon, et volon que lesdis frères et lor successors de toustes lesdictes chouses usent et esploictent desoresenavant perdurablement, quietement et franchement, si comme il ont mieux usé en temps çà en arrière puis les donaisons devantdictes, exceptez nous anciens deffaiz.

Et que ce soit ferme et estable en perdurableté, nous avons donné cestes présentes lettres ausdis religiaus saellées en nos syaux en testimoine de vérité.

Ce fut donné l'an de grâce mil deux cens septante quatre, ou mois de may.

193. — 1274, 30 septembre, Château-du-Loir. — ACTE PAR LEQUEL ROBERT DE DREUX ET BÉATRIX DE MONTFORT EXEMPTENT THOMAS LE BARILLIER DE TOUT OS, CHEVAUCHÉE, COUTUME, ETC., ET LUI OCTROIENT QU'IL NE DEVRA L'OBÉISSANCE QU'À EUX-MÊMES OU A LEUR BAILLI DE CHATEAU-DU-LOIR. — (B. N., Latin 9067, fol. 283 verso.)

Transcript pour la récompense d'un serviteur.

A tous ceux qui verront ou orront ces présentes lettres, Robers, cuens de Dreues et de Montfort, seignour dou Chasteau dou Loir, et Béatrix, sa femme, comtesse et dame desdis leus, salus en Nostre Seigneur.

---

1. M. Hucher ne donne pas cet *et*, qui est de trop.
2. Après le mot *Nantes*, M. Hucher donne : *frères et fils dudit* etc.

Sçachent tuit que nous avons donné et donnons, quittons et octroions en perdurableté à Thomas dit le Barrillier et ses heirs, que il soient franc et quitte par tote nostre terre, pour le service que celui Thomas nous a faict bien et léaument, de tous os, de chevauchiées, de bien, de corvées, de taillées, de festages, de coustumes, de péages et de fouages et de toutes contes. Et volons et octroions et quemandons et deffendons que celui Thomas ne ses heirs ne respongent ne n'obéissent devant nos prévos ne pardevant nos voiers, fors pardevant nous ou pardevant nos heirs ou pardevant nostre baillif dou Chestiau du Loir.

Et que ce soit ferme chouse et estable à toujours, nos en avons donné audict Thomas et à ces heirs ces présentes lettres seellées de nos seaus en tesmoing de vérité.

Ce fu donné ou chestiau de la ville dou Chestiau dou Loir, en l'an de grâce mil dous cens soixante et quatorze, ez mois de setembre, la veille de la Sainct Remy.

194. — 1274, le Mans. — Acte par lequel Robert de Dreux et Béatrix de Montfort donnent a la confrérie des prêtres de Chateau-du-Loir le droit d'acheter, en leurs fiefs et arrière-fiefs, jusqu'a vingt livres tournois de rente pour la fondation d'une chapellenie. — (B. N., Latin 9067, fol. 254 verso.)

Transcript de la confrairie des prestres dou Chastiaux dou Leir.

A tous ceux qui ces présentes lettres verront et orront, Robert, comtes de Dreux et de Montfort, sire dou Chasteau dou Leir, et Béatris, sa fame, comtesse et dame desdis leus, salus en Nostre Seigneur.

Sçachent tous que nous, por la pure amor de Dieu et por le regard de pitié et por le salu de nos armes *(sic)*, volon et octroion que Guillaum, deyen dou Chasteau dou Leir, confrère de la confrairie des prestres dou doyenné dou Chasteau dou Leir, et les autres de ladicte confrérie, ceux qui sont présens et qui sont advenir, puissent achater et acquerre en nos fiés et en nos riereliez jusques à vint livres de tarnois, chacun an et perdurablement, de rente, à une chapellerie fonder et à l'usage des confrères de ladicte confrairie, com en terre, preis, vignes, cens et autres choses, ensi que nous ne nos hoirs ne nos baillis ne nos prévos ne puissions riens demander ausdis confrères des chouses achatées et aaequises et à acquerre nemes soulement le présent pour ceus ne lesdis confrères ne lour procurators sus les devantdictes choses acquises et à acquerre molestier ne travaillier en nulle manier, et einsit que les chouses qui sont acquises doudict deyen et desdis confrères seront contées esdis vint livres de tornois chacun an et perdurablement de rente. Et sommes nous et nos heirs tenus ledict deyen et lesdis confrères délivrer et deffendre et garder de dommaiges vers nos soverains [1] des acquisitions faictes et à faire.

Et que ce soit ferme et estable doresenavant et que nous ne nous hoirs puission venir allencontre par nous ne par autres, nous donnons cestes présentes lettres audict deyen et ausdis confrères saellées en nous seaulx.

Ce fu feit en l'an de l'Incarnation Nostre Seignor mil et dous cens et soixante et quatorze, au Mans.

195. — 1276, 6 octobre, Château-du-Loir. — LETTRES DE ROBERT DE DREUX ET DE BÉATRIX DE MONTFORT, APPROUVANT LE DON FAIT A L'ABBAYE DE BEAULIEU PAR JEANNE DE LA MUSIÈRE, FEMME DE GEOFFROY DE MATHEFELON, D'UNE DIME DE VIN ET DE BLÉ EN LA PAROISSE DE MONTABON. — (B. N., Latin 9067, fol. 259 verso.)

Transcript de la lettre de Beauleu des chouses de Montabon.

Nous, Robert, comte de Dreux et de Montfort, seignor dou Chasteau de Leir, et nous, Béatris, comtesse et dame des devantdiz leus, fommes asseavoir à tous ceux qui ces présentes lettres verront et orront que, comme Johanne de la Musière, femme Jouffroy de Matefelon, escuier, eust donné en perdurable aumosne à religious homes, à l'abbé et au couvent de

---

[1]. Vers tous et contre tous (?).

Beauleu dou Mans, à l'assentement et à la volenté doudict Jouffroy, une disme de vin et de bled, et cens et rentes, et vinages et pressourages, et hommes, et pressoir et hébergement, lesquelles toutes choses ilz avoient en la paroisse de Montabon, par reson de ladicte Johanne, et lesquelles il tenoient et porsecient de nous et en noz fiez, et les avoient données ausdis religious à fere leur volenté, por le salut de lors armes, et toutes autres choses appartenans à ladicte dame et audict hébergement, si comme nous avons dict [1] et entendu et si comme il est contenu ez lettres nostre seignour le roy de Secile et ez lettres audict Jouffroy et à ladicte Johanne, sa femme, seellées de lours seaux : nous, voulans faire grâce ausdis religiaus, volons et octroions ladicte donaison de tant comme à nous mante, si comme il est contenu ez lettres de ladicte court nostre signour le roy de Secile, comte d'Anjou, et ez lettres seellées dou seaux audict Joffroy et à ladicte Johanne, et volons et octroions que lesdictz religious tiengnent desoresenavant toutes icelles chouses devantdictes et porsient quictement et en pes en nos fiez desoresenavant et perdurablement, sans ce que nous et nos hoirs les puissions parforcier de les mettre hors de lor mains, et volons et octroions que lesdis religiaus se puissent acraistre en nos fiez en deismes et en autres chouses jusques à la value de sexante livres tornois de rente, toute la value de ladicte aumosne au prix de quinze livres de tornois de rente. Et ce nous donnons et octroions en perdurable aumosne por le salut de nos âmes, à eux à tenir par eux et porseer quictement et en pes, sauf à nous et à nous devantdis hoirs toutes hautes justices et aus cas que requirent peine de sang. Et à ce garantir et deffendre nous sommes tenus de nous et de nos hoirs.

Et que ce soit chouse ferme et establе, nous en avons donné ausdis religiaus nos présentes lettres saellées en nos seaux en tesmoignage de vérité.

Et fut faict ou Chasteau du Leer, en l'an de grâce mil deux

1. **Veu** (?).

cens sexante et seize, le mardy après la Sainct Michiel ou mois de sestembre.

196. — 1276. — LETTRES PAR LESQUELLES GUY DE LUCÉ, SEIGNEUR DE LUCÉ, FAIT SAVOIR QU'IL A DONNÉ A SIMON MOUSTERET, LORS DE SON PREMIER MARIAGE, LE MOULIN DE LUCÉ ET CELUI DE LA GRANDE-FONTAINE, TENUS AUTREFOIS EN FIEF DE GEOFFROY DE CHATEAUDUN, POUR LORS SEIGNEUR DES DITES CHOSES. — (B. N., Latin 9067, fol. 363 verso.)

Transcript de la donation d'un molin et d'une métairie, etc.

A tous ceus qui cestes présentes lettres verront et orront, Guy de Lucé, chevalier, seignor de Lucé, salus en nostre Seignor.

Sçachent tous que je ay donné à Symon Mousteret, chevalier, quand il prist sa première fame, le molin de Lucé o ses appartenances doudit molin, o tote seignorie, o toute destroict, et celui de la Grant Fonteine, et la méteirie de la Grant Fonteine, o toute seignorie, o tout destroict. Et desdictes chouses devantdictes je le teurai en la foy le visconte de Chetiaudun, qui au tems estoit signour desdictes chouses. Et ce je certefie par cestes présentes lettres saellées en mon seau que je fis cette donaison ou temps devantdis Nativité nostre Seigner.

Ce fut fet en l'an de grâce mil dous cens sexante et seize.

197. — 1276/1277, 6 mars. — ACTE PAR LEQUEL PIERRE HUGUES ET AGNES, SA FEMME, VENDENT A LA CONFRÉRIE DES PRÊTRES DE CHATEAU-DU-LOIR DOUZE SEXTIERS DE BLÉ ET DEUX DENIERS MANSAIS DE RENTE. — (*Archives de l'Hôtel-Dieu de Château-du-Loir.* — Imprimé : *Province du Maine*, t. X, 1902, p. 161, article de M. l'abbé L. Froger.)

198. — 1277, 28 avril. — ACCORD ENTRE ROBERT DE DREUX ET BÉATRIX DE MONTFORT, D'UNE PART, ET GUILLAUME DE COURCILLON, D'AUTRE PART, AU SUJET D'UN LARCIN COMMIS A MAYET, AU FIEF DES FONTENELLES, ET JUGÉ A COURCILLON, HORS DE LA CHATELLENIE DE MAYET. — (B. N., Latin 9067, fol. 278.)

Transcript des lettres au seigneur de Corceillon [1].

A tous ceux qui verront et orront cestes présentes lettres, Robert, cuens de Dreux et de Montfort, seignour dou Chasteau dou Leir, et Béatrix, sa femme, contesse et dame des devantdis leus, salus en Nostre Seignor.

Sçachent tous que, comme contens fut entre nous, d'une partie, et Guillaume de Corceillon, chevalier, de l'autre, sus ce c'est asscavoir que nous disions contre ledict Guillaume et luy demandions à avoir droit de ce que il avoit usé et explectié de la haute justice en la terre de Corceillon et ez appartenances qu'il tenoit et tient de nous, c'est asscavoir dou murtre, dou fourban et de l'espave, et sus ce que ledict Guillaume avoit pris et receu la coustume de nos bordais dou Chasteau dou Leir en sa terre de Corceillon et ez appartenances, en venant contre la coustume et l'usage de la chastellerie dou Chasteau dou Leir, et sus ce c'est asscavoir que ledict Guillaume avoit amené ou faict amener un larron qui avoit faict un larrecin en la maison Macé Menart, à Maiet, ou fié des Fontenelles, et l'avoit jugié mener et mené jugier à Corceillon, entrespassant la chastellerie de Maiet, que il ne povoit feire, si comme nous disions, et toutes ces chouses avoit avoé ledict Guillaume en sa foy et en son hommage de nous, lesquelles choses nous ne li cognoissons mie : nous, dou conseil de predhommes et de la volonté dudict Guillaume de Corceillon, chevalier, enquismes des devantdictes chouses, et se mist en nostre enqueste haut et bas par le jugement de nostre court sus ce que nous porrions enquerre ou ferions enquerre des devantdictes chouses, et quelle justice il avoit en la terre de Corceillon et ez appartenances ; nous, enquise la vérité diligemment par predhommes dignes de foy sus les devantdictes chouses et sur la droicture que ledict Guillaume avoit de nous sur les justices et ez appartenances de la terre de Corceillon, trovasmes et trovons par enqueste que ledict Guillaume et ses heirs ont et poent user de haute justice en la terre de Corceillon

---

1. Nous rectifions les mots *Corceillon* et *Lucé*, écrits, dans la copie : *Corteillon* et *Luté*.

et ez appartenances que ledict Guillaume de Corceillon tient de nous en fiez et en riereflez, et en toutes les chouses qui sont par dessus dictes, excepté les forbans et les chemins pargeaux et les mesfés fés et appartenans à ces dous choses, lesques nous demorent par nostre enqueste, et lesquelles chouses exceptées, si comme il est dessus dict, nous retenons à nous et à nos heirs héréditaument.

Et comme Jeffroy de Corceillon, chevalier, fuis et heir dudict Guillaume de Corceillon, chevalier, nous eust prié et faict requerre par bonnes gens et par grans gens que il nous pleust et que voussissions accroistre audict Guillaume, tant comme il vivroit, et audict Joffroy, emprés la mort doudict Guillaume, et aus heirs doudict Joffrey, que ils eussent en la terre de Corceillon et ez appartenances, que ledict Guillaume tient à présent et que ledict Joffroy et ses hers tendront emprés la mort doudict Guillaume, c'est assçavoir : ledict Guillaume, sa vie, et ledict Joffroy et ses heirs héréditaument, après la mort doudict Guillaume, leur usage en nos forés dou Maine ou diocése dou Mans, c'est assçavoir : au menoir de Corceillon et aus molins, et aus meners des Estancs l'Archevesque et aus molins, jaçoit ce que le meners des Estancs et les molins soient de la chastellerie de Lucé, et aus meners de Lommes et aus molins, au vert et au sec empropriér, o toute menière de ferremens, et aus appartenances desdis hébergemens, à mesonner et à faire molins partés et escluses, et ce que mestier leur sera, à fere tonneaus, cues, cercles et toutes menières de merriens et de bois que mestier auront aus devantdis leus et aus appartenances des leux devantdits à leur usage, c'est assçavoir : audict Guillaume à sa vie, et audict Joffroy, à lui et à ses heirs, après la mort doudict Guillaume, à toute menière de bois, excepté le chesne et le fou vert et pessonneau.

Quant au chauffage, nous, de l'assentement commun et de conseil de preudhommes, et que celuy Joffroy de Corceillon et ses heirs en soient plus gratious vers nous et vers nos heirs et tenus à nostre servige faire à nous et à nos heirs, donnons, octroions et quittons audict Guillaume si comme il est dict par dessus, et audict Joffroy et à ses heirs hérédituament leurs usages ès forés devantdictes, si comme il est dict par devant, ès leus devantdis et ès appartenances d'iceus leus, excepté et retenu à nous et à nos heirs les deffais anciens des forès devantdictes, esquiex deffais ledict Guillaume, ne Joffroy, ne ses heirs, ne porront rien prendre ne user, et en telle manière que s'il avenoit que ledict Jeffroy ou ses heirs vendissent ou enchangeassent ou missent hors de leurs mains en main estrange le menniére de Lommes, si n'estoit par non de mariage ou par fraresche, ledict Joffroy, ne ses heirs, ne cil qui le menoir de Lommes porserroient, n'auroient ne ne porroient demander point d'usage en nos forés devantdictes, quant aus habergemens de Lommes et aus appartenances, s'il avenoit que celles appartenances fussent mises hors de leurs mains en main estrange par vendition ou par eschange, si comme il est dict par dessus.

Et aura ledict Guillaume, sa vie, et ledict Jeffroy et ses heirs hérédituament leurs pasnages à leurs poercs de Corceillon et des Estans l'Archevesque, de leur norrin, et porront ledict Guillaume et ledict Joffroy et les heirs doudict Joffroy chacier en leur terre et en leur bois de Corceillon à toutes meniéres de bestes. Et auront leurs mesures à Corceillon en la meniére que il ont accoustumé à tenir. Et sont quittes de toutes amandes du temps trespassé.

Et pour cestes usages et pour cestes grâces faire audict Guillaume et audict Joffroy et à ses heirs, ledict Joffroy nous en a donné six cens livres de tornois, desquex deniers nous nous tenons pour paiez en pecune nombrée, et sommes tenus audict Guillaume et audict Joffroy et aux heirs dudict Joffroy la grâce et l'usage devantdis garantir[1] et deffendre contre tous et les autres choses par dessus comme seignor de fié. Et volons et octroions que les devantdis Guillaume et Joffroy et les heirs doudict Joffroy tiengent de nous et de nos heirs

1. Ces deux mots sont ainsi écrits sur la copie : *devant disgarir*.

toutes les chouses devantdictes en la foy de Corceillon, sans croistre servige.

Et que ceste chouse soit ferme et estable et que nuls n'en puisse venir encontre, nous en avons donné audict Guillaume et audict Joffroy cestes présentes lettres saellées de nos seaux en tesmoing de vérité.

Ce fut fet et donné au jour de mercredy après la Sainct Jorge, en l'an de grâce mil deux cens sexante et dix sept, ou mois d'apvril.

199. — 1281, août. — Lettres de Robert de Dreux et de Béatrix de Montfort, portant amortissement et confirmation aux religieux de l'Épau de leurs acquêts a Pontvallain et a Mansigné. — (B. N., Latin 9067, fol. 263 verso.)

Transcript pour les moines de la Pitié.

Nous, Robert, cuens de Dreux et de Montfort et seignour dou Chasteau dou Loir, et nous, Béatrix, comtesse et dame des devantdis leux, à tous ceus qui verront cestes présentes lettres, salus perdurable en Nostre Seignour.

Sçachent vostre université que comme nos chiers amis en Nostre Seignour les hommes et religiaus l'abbé et le convent de la Pitié jouste le Mans ayent acquis aucunes chouses de nouvel en nos fiez, c'est asscavoir : environ sept arpens de vignes, et demi arpent de terre, et deux arpens et demi de bois, et environ un arpent de pré, et quatre sextiers de froment, et un sextier de seigle, et un sextier de noix, et environ de trente solz de tournois de annuelle rente, lesquex chouses sont assises en divers leus en nos devantdictz fiez, c'est asscavoir de Pontvilain et de Mansigné, nous les devantdictes chouses, por le salut et por le remède de nos âmes et de nos ancessors, aux devantdis religiaus amortesion et confermon, tant comme à nous et à nos hoirs appartient, et volons et octroions que il tiengent et porsievent espéciaument icestes chouses devantdictes en pure et perdurable aumosne, et générauement toutes les autres choses que ilz ont acquises ou par achapt ou par deu d'aumosne jusques à ce jour de huy.

En tesmoin de laquelle chose nous avons donné ausdictz religiaux ces lettres scellées de nos seaux.

Ce fut faict en l'an de l'Incarnation Nostre Seigneur mil et deux cens et quatre vingtz et un, ou mois d'aoust.

200. — 1282, 2 mai. — LETTRES DE PIERRE D'ESCHELLES, SEIGNEUR DE LUCÉ, ADRESSÉES AU DOYEN ET AU CHAPITRE DE SAINT-MARTIN DE TOURS, PAR LESQUELLES IL LEUR PRÉSENTE JEAN MULTOR, PRÊTRE, PORTEUR DES PRÉSENTES, POUR CHAPELAIN DU CHATEAU DE LUCÉ, EN VERTU DE SON DROIT DE PATRONAGE. — (B. N., D. Housseau, n° 3316.)

Viris venerabilibus et discretis decano et capitulo Beati Martini Turonensis, Petrus de Scalis, miles, dominus de Luceyo, Cenomanensis dyocesis, salutem in Domino cum reverentia et honore.

Johannem dictum Multonem, presbiterum, exhibitorem presentium, vobis ad capellaniam castri de Luceio, liberam et vacantem per resignationem Herberti Quadrigani, presbiteri, quondam rectoris capellanie, cujus capellanie jus patronatus ad nos pertinere dignoscitur, presentamus per presentes litteras, sigilli nostri munimine roboratas. Vale.

Datum die sabbati post festum beatorum apostolorum Philippi et Jacobi, anno Domini M° CC° octogesimo secundo.

201. — 1282, 1er août. — ACTE PAR LEQUEL GEOFFROY DE COURCILLON, PIERRE D'ESCHELLES, GUILLAUME D'OURNE, GILLES DE LA FAIGNE ET MACÉ DE BELIN SE PRÉSENTENT AU COMTE DU MAINE COMME CHEVALIERS DU COMTE DE DREUX. — (B. N., Latin 9067, fol. 326 verso ; Fr. 20.691, p. 544.)

Aliud Transcriptum [aliquarum redevantiarum comitis et comitissæ Drocarum, quibus tenentur comiti de Cœnomano].

Monseignour Jouffrey de Courceillon,
Monsiour Pierre d'Eschielles,
Monsiour Guillaume d'Orne,
Monsiour Gilles de la Faigne, et
Monsiour Mathé de Belin, chevaliers,

Se sont présentez pour le comte de Dreues et ont queneu pour ledict comte que ledict comte doit tant de chevaliers au signour dou Mans, de oust, par quarante jours alant et venant en la comté d'Angou et dou Maine, à son besongne et là où dreit donra,

Dou Chasteau dou Leir,

De Mayet,

De Oysé,

De Ostillé,

De la Suse,

O les appartenances, tant en fiez et rerefiez comme en domaines, que il tient dou seignor dou Mans en sa ligence, et de ce furent jugiez les devandis chevaliers, et Guillaume Gauguaing, procurateur doudict conte, desconté de ce pour Lopelande, ce que reson donra.

Ce fut fet au Mans, le jour de la Sainct Père entrant aoust, l'an de grâce mil dous cens quatre vingt et dous.

202. — 1282, avant le 14 novembre [1]. — ACTE PAR LEQUEL GUILLAUME L'ARCHEVÊQUE, SIRE DE PARTHENAY, RECONNAÎT QUE C'EST GRACIEUSEMENT ET NON PAR DROIT QU'IL TIENT DE ROBERT DE DREUX LA FACULTÉ DE CHASSER EN LA FORÊT DE BERÇAY. — (B. N., Latin 9067, fol. 361.)

Transcript dou signour de Partenay, 1282.

A tous ceux qui cestes présentes lettres verront et orront, nous, Guillaume L'Arcevesque, chevalier, sire de Partenay, salus en Nostre Seignour.

Comme nous ayons chacié et faict chacier par plusors fois aus bestes sauvages, c'est assavoir : aus cers, aux biches, aus senglers et aux lehes et à autres bestes ez forez nostre chier ami noble homme monsor Robert, cuens de Dreues et de Montfort, c'est assavoir : en Burcey et aillors en ses forés en la comté dou Maine, par la grâce, par la cortoisie et par l'ottroy que ledict cuens nous a fet de sa bonne volenté, nous feimes assavoir à tous que nous ne volons ne n'entendons que

---

1. Robert de Dreux mourut le 14 novembre 1282.

chasse que nous ayons fête ou [fet] fere ne que nous façons ou façons fere èsdictes forez puisse nere ne fore préjudice audict cuens ne à ses heirs, ne que ce nous puisse valloir en oultre lor volenté, et promettons en bonne foi que nous ne chasserons ne ne ferons chacier èsdictes forez sans l'assentement et sans la volenté audict cuens ou à ses heirs ou à cil qui auront cause de ous, quar nous n'y avons point de chace ne par dreit ne par costume, fors de lor volenté, ne exploit que nous y ayens fet ne nous doibt valoir ne à eux nere.

Et en tesmoing de cestes chouses nous leur avons cestes lettres scellées en nostre seiau.

Ce fut donné ou mois de aoust, en l'an de grâce mil dous cent quatre vingt et dous.

203. — 1284, 30 avril, le Mans. — QUITTANCE DE CENT LIVRES TOURNOIS, DONNÉE PAR GUILLAUME DE GONNESSE, BAILLI D'ANJOU ET DU MAINE, AUX RELIGIEUX DE CHATEAU-L'HERMITAGE, POUR LA FINANCE DE LEURS ACQUÊTS DANS LES PAROISSES DE MANSIGNÉ, CÉRANS, VERNEIL, REQUEIL, LA VILLE DU MANS, ETC. — (B. N., Latin 9067, fol. 251; Fr. 20.691, p. 530.)

Transcript de Chasteau l'Hermitage.

Sçachent tous présens et advenir que nous avons eu et receu de religiaus hommes dou prieur et dou chonvent de Chasteau l'Hermitage cent livres de tournois, par la finance des achaptz et des conquestes qu'ilz ont faictes et conquestées, et des aumosnes qui leur ont esté données et aumosnées en nos fiez et arrièrefiez et ez fiez de nos barons, lesquelles choses sont sises en terres, en prez, en vignes, en bois, en rente de bled et de deniers, en hebergemens, en maisons, en obéissances de fiez et d'hommes et en plusieurs autres choses assises, partie en la paroisse de Mancigné, ou fié au seigneur de Fay, chevalier, partie en la paroisse de Mancigné, ou fié au seignor de la Faigne, chevalier; partie en la parroisse de Cerens, ou fié monsieur Hue de Verny, chevalier; partie ès paroisses de Verneil et de Requeil, ou fié à la comtesse de Droue, et partie à la ville dou Mans, ou fié ou seigneur de Tussé, et pour toutes les autres choses achaptées, données, aumosnées et conquestées desdictz religiaus et ausdictz religiaus et à leur moustier, en quanques fiez et riereliez, en quanques leux et en quanques parroisses lesdictes chouses soient assises, de tout le temps passé et en arrière jusques à la datte de cestes présentes lettres, et espéciaument puis le tens de quarante et six ans pardevant la datte de cestes présentes lettres.

Et est faicte cette finance à l'ordenance nostre signor le roy de France, pour laquelle finance nous amortissons et laissons tenir à iceux religiaus toutes les choses et chacunes dessusdictes. Et voulons et octroions que iceux religiaus et lor successors tiengnent et persicent icelles chouses paisiblement, perpétuellement et héritaument ausdis religious et à leur moustier, sans ce que nous ne nos hoirs ne autres les puissions parforcier ne faire parforcier de mettre lesdictes choses ne aucunes d'icelles hors de lor mains.

Et fut faicte cette finance dou conseil et assentement de nostre seignour Guillaume de Gonnasse, chevalier, baillif d'Anjou et dou Maine, et de nostre autre conseil séans aus Mans, au jour de jeudy après la feste sainct Marc l'Évangéliste, en l'an de grâce mil deux cens quatre vingt et quatre.

Et que toutes lesdictes choses si comme elles sont devisées pardevant soient fermes et estaubles perpétuellement à tousjoursmés, nous avons donné ausdis religiaus cestes présentes lettres seellées dou seel de nostre coing dou Mans, en tesmoing de vérité et en confirmation des chouses devantdictes.

Ce fut faict et donné au Mans les jours et ans dessusdis.

204. — 1284, 12 octobre. — Lettres par lesquelles Pierre, prieur de Grandmont, prie Béatrix de Montfort de saisir les biens de Berçay et de Mélinais, a cause de la désobéissance de certains religieux. — (B. N., Fr. 20.691, p. 546.)

Illustrissimæ ac in Christo sibi carissimæ Beatrice, comitissæ Drocarum et Montisfortis, frater Petrus, humilis prior ordinis Grandimontis, salutem et sinceram in Domino caritatem.

Cum quidam fratres ordinis nostri qui, tanquam inobedientiæ filii et suæ salutis immemores, in his quæ, secundum regulam ceu statuta regularia et usus approbatos ordinis nostri, eisdem præcipimus, obedire recusantes, domos nostras de Burceio et de Melinellis, quas antecessores magistri [1] de bonis fundaverunt propriis et dotarunt... ac in dominio et jurisdictione vestra existunt; qui voluntatem et dispositionem nostram temnere et dispensare conantur, quatenus et injustitiam et suarum dispendium... animarum... nos, cujus sollicitudini incumbit indemnitati totius providere, timentes ne, per detentionem prædictorum, dictæ domus gravem incurrerent læsionem, nisi ipsorum malitiis celeriter obvietur, dominationem vestram attente duximus requirendam ac humiliter exorandam, quatenus domos prædictas et eorum bona universa et singula saisire et ad manum vestram ponere dignetis quousque alias de dictis domibus duxerimus ordinandum, etc.

Datum die jovis ante festum S. Lucæ evangelistæ, anno MCCXXCIIII *(sic)*.

205. — 1284, 20 décembre, le Mans. — Quittance de soixante-cinq livres tournois, donnée par Henri de Chalons, receveur d'Anjou et du Maine, aux religieux de l'Épau, pour la finance de leurs acquêts dans les paroisses de Mansigné, Pontvallain, etc. — (B. N., Latin 9067, fol. 264.)

Item autre transcript por lesdis moines de la Pitié.

Sçachent tous présens et advenir que je, M° Henry de Chaalons, procuratour et recevour des rentes nostre signour le roy de Jérusalem et de Secile en la comté d'Anjou et dou Maine, ay eu et receu de religiaus hommes l'abbé et convent de la Pitié jouste le Mans, de l'ordre de Cisteaux, sexente et cinq livres de tornois de monnoie courant, por la finence de certaines choses immoebles acquises et achetées puis le tens de quarante sex ans pardevant la datte de cestes lettres, lesquelles choses ainsy acquises et achatées tant par achapt

---

1. Plutôt *vestri*.

comme par aumosne ou par don sont telles, c'est assçavoir : douze solz de rente, acquis et achatez en la paroisse de Mansigné ; derechief, trois quartiers de vignes, acquis ou fieu monsieur Gouverni Gautier ; derechief, seit quartiers de vignes, achaotés ou fié monsieur Philippe de Chavaigne, chevalier ; derechief, sex saellées de vin de rente et deux quartiers de bois et deux quartiers de terre et sex quartiers de vignes, acquis ou fié doudict monsieur Phelippe ; derechief, quatre sextiers de froment de rente, aumosnez ausdis religiaus ; derechief, sexante solz de tornois de rente, acquis et achatez en la paroisse de Mansigné ; lesquelles chouses devantdictes sont assises en la parroisse de Mansigné ; derechief, en la paroisse de Pontvillain, sept quartiers de vignes, achatez ou fié monsieur Herbert Vendomays, chevalier ; derechief, dous quartiers de vignes, achatez de Guarny Gautier ; derechief, dous quartiers et demi de vignes, achatez de monsieur Guillaume de Poelle, chevalier ; derechief, dous quartiers et demi de vignes, acheptez de monsieur Phelippes de Cheveigne, chevalier ; derechief, dous quartiers et demy de vignes, achaptez de Fournillon et de la Guiarde ; derechief, deux quartiers et demy de vignes, achatez de Carenyon ; derechief, un quartier de vigne, achaté de Auberce ; derechief, demi quartier de vigne, acheté de Malegayne ; derechief, demi quartier de vigne, acquis de Cocon ; derechief, demi quartier de vigne, achaté de Blacarue ; derechief, un quartier de vigne, achaté de Isabel et de sa suer, en la parroisse de Pontvillain.

Et est assçavoir que en cette finance il y a plusieurs autres choses qui sont assises en diverses parroisses, ez fiez dou comte d'Anjou environ le Mans, et ez fiez au vicomte de Chasteaudun, et ez fiez au seignour de la Ferté.

Et est faicte cette finance selon l'ordonnence nostre signour le roy de France.

Et est assçavoir derechief qu'il y a vingt solz de tournois de rente achatées de Guillaume de Chesneau, lesquelles toutes choses sont assises en la parroisse de Pontvillain.

Et pour ce que toutes les chouses et chacunes dessusdictes

o lors appartenances soient et demeurent ausdis religiaus et à lors successors perpétuellement à tousjoursmès, por ladicte finance, je, mestre Henry dessusdit, ai donné ausdis religiaux ces présentes lettres saellées dou sael nostre seignour le roy dessusdit, douquel l'en use à la cour dou Mans, en tesmoing de vérité.

Ce fut faict et donné au jour de mercredy avant Noël en l'an de grâce mil deux cens quatre vingtz et quatre.

206. — 1288, 28 avril. — Contrat par lequel Béatrix de Montfort baille a Guillaume Esseline, paroissien de la Suze, la métairie de l'Esselinière, en la chatellenie de la Suze. — (B. N., Latin 9067, fol. 269.)

Transcript de la métoierie de l'Eschinière, 1288.

Sçachent tous présens et advenir que en nostre présence, en dreit estably, Guillaume Esseline, de la parroisse de Lassuse, requenut et confessa que noble dame Béatrix, comtesse de Dreux et de Montfort, dame dou Chasteau dou Leir, li a baillié à tousjoursmès et que il a prins et garantement receu à sey et à ses heirs de ladicte comtesse, pour seize sestiers de seigle, à la mesure de Lassuse, de annuelle et perpétuelle rente, toutes les choses immoebles et habitaux et héréditaux que elle avoit à l'Esselinière, en la chastellerie de Lassuse, excepté le pré de Saussene, qui demorra à ladicte comtesse, lequel seigle, à ladicte mesure, de annel et perpétuelle rente, en autressy bon blé et autressy bel come le meillour et le plus bel qui ou temps de la souste et de chescune souste serit trové à vendre ou païs à dous deniers manseis mains delasche de chacun sestier, il promet pour sey et pour ses heirs et est tenu rendre à ladicte comtesse et à ses heirs, ou chastel de la Suze, ou jour de la Toussains chacun an doresnavant, et rendre et restorer tous cous et tous dommages à ladicte comtesse et à ses heirs, se aucuns en soustenoient, par defaute de aucunes des soustes doudict bled. Desquiex cous et dommages le baillif dou Chetiau dou Loir qui seront au temps seroit creu tout à son plein dit sans autre prouve. Et quant à rendre ledict blé de rente bon et bel audict terme chacun an et les cous et les domages, si comme dessus est dict et devisé, oblige ledict Guillaume à ladicte comtesse et à ses heirs et à lor allouez soy et ses heirs et tous ses biens muebles et immuebles présens et avenir à prendre et à vendre. Et est tenu ledict Guillaume, par la foy de son corps donnée en nostre main, que contre lesdictes chouses ne vendra, renunciant à cet faict à toute exception de fraude et de decevance et à toutes resons et allégations de faict et de droit qui à luy ou à ses heirs pourroient valeir à venir contre la tenor de cestes présentes lettres.

Et nous, à la requeste doudict Guillaume, toutes lesdictes chouses ajugeons sentenciaument à tenir et entérigner par le jugement de nostre cour dou Mans.

Ce fut faict au jour de mercredy après la Sainct Marc l'Évangéliste, en l'an de grâce mil dous cens quatre vingts et huict.

207. — 1288, 29 avril. — CONTRAT PAR LEQUEL BÉATRIX DE MONTFORT BAILLE A JEAN LE BORDIER, PAROISSIEN DE ROEZÉ, L'HÉBERGEMENT DE LA BORDERIE, EN LA CHATELLENIE DE LA SUZE. — (B. N., Latin 9067, fol. 268 verso.)

Transcript de la métairie de la Borderie.

Sçachent tous présens et advenir que en nostre présence, en droit establi, Jehan Le Bordier, de la parroisse de Roezé, requenut et confessa que noble dame Béatrix, comtesse de Dreux et de Montfort, dame dou Chatiau dou Leir, li a baillié à tousjourmés et que il a prins et grantement receu à soy et à ses heirs de ladicte comtesse, pour ung muy de seigle, à la mesure de la Suse, de anuel et perpétuel rente, le hébergement de la Borderie, si comme il se poursiet, et toutes les terres, tous les prés, toutes les pastures, tous les arbres. tous les fossez et toutes les haies appartenans audict hébergement, lequel hébergement, o toutes les appartenances devantdictes, est assis en la chastellerie de Lassuse, ez fiez à ladicte comtesse, entre la métoierie Guarin de la Perrière et la métoierie au prieur d'Oezé, en ladicte parroisse, sus l'eve que l'en appelle l'Orne.

si com l'en dit ; lequel blé de rente à ladicte mesure, de autressi bon blé et d'autressi bel come le meillour et le plus bel qui ou temps de checune souste seroit treuvé amendre *(sic)* et vendre ou païs à dous deniers manseis delasche de chacun septier, ledict Johan promet, pour soy et pour ses hoirs, et est tenu rendre à ladicte comtesse et à ses heirs, ou chastel de Lassuse, au jour de la Toussains chacun an doresnavant, et rendre et restorer tous cous et tous domages à ladicte comtesse et à ses heirs, se aucuns en soustenoient par defaute d'aucune souste doudict bled. Desquiex cous et domages le baillif dou Chatiau dou Leir qui seroit au temps seroit creu tout à son plein dict sans autre preuve. Et à rendre ledict blé audict terme chacun an et les cous et les domages, si comme dessus est dict et devisé, oblige ledict Johan à ladicte comtesse et à ses heirs et à lor allouez sey et ses hers et à tous ses biens muebles et immuebles présens et avenir à prendre et à vendre. Et est tenu ledict Johan, par la foy de son corps, que contre lesdictes chouses ne vendra, renunciant en cet faict à toute exception de fraude et de décevance et à toutes autres resons et allégations de faict et de dreit qui li porroient valoir à venir contre la tenor de cestes présentes lettres.

Et nous toutes lesdictes chouses, à la requeste doudict Johan, sentenciaument adjugeons à tenir et entérigner par le jugement de nostre court dou Mans.

Ce fut donné le jour de joedy après la Sainct Marc l'Évangéliste, en l'an de grâce mil dous cens quatre vingt et oict. Signé, etc.

208. — 1288, 1ᵉʳ mai. — Lettres de Béatrix, comtesse de Dreux et de Montfort et dame de Chateau-du-Loir, portant que Jean de Vezins, acquéreur du fief de Buissay, en Requeil, rendra ledit fief en une seule foi et hommage avec le fief qu'il tient déjà de ladite dame, sans augmentation de service. — (B. N., Latin 9067, fol. 265 verso.)

Transcript dou fié Jehan de Vezains de ce qu'il a en la chastellerie d'Oysé.

A tous ceux qui verront et orront cestes présentes lettres,

Béatrix, comtesse de Dreux et de Montfort, dame dou Chasteau dou Loir, salus en Nostre Seignor.

Sçachent tous que comme Johan de Vezins, escuier, de la parroisse de Maet, fut nostre homme de fay de certaines chouses et certain devoir nous rendant, et ledict Jehan ait acquis journellement et nouvellement un fié qui est appellé le fié de Buissay, assis en la parroisse de Requel, lequel fié dessusdict Guillaume de Chambon, escuier, et tenant de nous à certain servige par reson de Jehanne, fame dudict Guillaume, o autres choses que ledict Guillaume tient de nous par reson de sa femme, et ledict Guillaume ait baillié et delaissié par eschange audict Johan, pardevant nous, en droict, le fié de Buissay dessusdict, si comme ledict Jehan et Guillaume requirent pardevant nous : nous, voulans faire grâce espéciale audict Johan, volons et octroions que ledict Jehan tienge de nous et de nos hoirs le fié de Buissçay dessusdict ensemblement o l'autre fié que iceluy Jehan tenoit de nous pardevant cette baillée faicte audict Johan dudict Guillaume dou fié de Buissay dessusdict, c'est asscavoir : à une foy et à un hommage et sans faire nulle cressance de servige doudict Johan ou de ses hoirs à nous ou à nos hoirs, fors tant seulement celui servige que ledict Johan nous fesoit en estant tenu fère pardevant la baillée que ledict Guillaume a faicte audict Jehan dou fié dou Buissay, si comme il est dessus dict ; et est en telle manière que ledict Guillaume sera tenu rendre à nous et à nos hers celui meisme servige que il nous estoit tenu feire et rendre pardevant la bailliée faite oudict Jehan doudict fié, si comme il est dict pardevant et des autres chouses que ledict Guillaume tient de nous, sans faire nul amenuisement de servige par raison de la bailliée dessusdicte.

En tesmoin de laquelle chouse nous avons cestes présentes lettres saellées de nostre propre sael.

Ce fut donné le premier jour de may en l'an de grâce mil deux cent quatrevingt et oict.

209. — 1288, 1ᵉʳ mai. — ACTE PAR LEQUEL HERSENDE, DAME DE CHAHAIGNES, RECONNAIT QUE BÉATRIX DE MONTFORT

POSSÈDE HAUTE JUSTICE EN LA CHATELLENIE D'OIZÉ. — (B. N., Latin 9067, fol. 326 verso ; Fr. 20.691, p. 544.)

Sequuntur aliquæ redevantiæ comitis et comitissæ Drocarum, quibus tenentur comiti de Cœnomano [1].

Primum Transcriptum.

Anno Domini millesimo ducentesimo octuagesimo octavo, die sabbathi in festo apostolorum Philippi et Jacobi, comparens coram nobis, Beatrici comitissæ Drocensi et Montisfortis et dominæ Castrilidi, Hersendis, domina de Chehennes, recognovit nos habere in castellania de Oyseyo totam magnam justitiam, et nos recognovimus ei quod ipsa habebat in dicta castellania totam partem omnium emendarum parvæ et magnæ justitiæ, sicut seneschallus Andegavensis habet in terra Cœnomanensi.

210. — 1288, 4 mai, Château-du-Loir. — ACTE PAR LEQUEL GUILLAUME D'OURNE, CHEVALIER, VEND A BÉATRIX DE MONTFORT TOUT LE DROIT ET L'ACTION QU'IL AVAIT EN UNE PLACE SISE DEVANT LE CHATEAU, A CHATEAU-DU-LOIR, EN LAQUELLE IL AVAIT COUTUME DE FAIRE SES GARDES ET OU LADITE DAME AVAIT FAIT BATIR UNE GRANDE MAISON, A LA CONDITION QUE LEDIT CHEVALIER POURRA DÉSORMAIS FAIRE SES GARDES EN TELLE MAISON QUE BON LUI SEMBLERA. — (B. N., Latin 9067, fol. 267.)

Transcript de la grange et des courtz devant le chasteau [2].

A tous ceus qui verront et orront cestes présentes lettres, Guillaume d'Orne, chevalier, salus en Nostre Seignour.

Sçachent tous que comme je demandasse à noble dame madame la comtesse de Dreux et de Montfort et dame dou Chasteau dou Loir que elle me délivrast et fit délivrer une

---

1. Ce titre, placé en tête du fol. 326 verso du ms. lat. 9067, s'applique aux quatre pièces qui suivent : *Primum Transcriptum* (n° 207) ; *Aliud Transcriptum* (n° 199) ; *Transcript de la procuration ..* (n° 219) ; *Transcript du certificat...* (n° 220). Nous avons placé ces quatre actes à leur ordre chronologique.

2. Ce titre est en tête de l'acte qui suit. Nous le transposons ici parce que la vente eut forcément lieu avant l'autorisation qui fait l'objet de l'acte suivant.

place en laquelle ladicte noble avoit faict faire une grant meson, et que elle me délivrast et feit délivrer les courtis d'environ celle meson, si comme il porsient, laquelle place et courtis furent aus Piens et estoient de mon flé, et estoie tenus faire mes gardes en celui leu quand j'en seroie semons o les autres qui doibvent gardes au Chasteau don Leir, pourquoi je veloie avoir la délivrance des chouses devantdictes, lesquelles sont assises devant le chastel don Leir, entre le hébergement et le pourpris feu Jeffrai Arraby, d'une partie, et entre le hébergement et le pourpris Robin Juglet, d'autre, devant la chapelle Sainct Jame, je, le devant nommé chevalier, quenois en cette lettre que sus ce sui venus à pez ou et avec ladicte noble dame, en telle manière que j'ay quité et enquores quite à ladicte noble dame et à ses heirs ladicte place et lesdis cortis, si comme il porsient, et tout le droit et l'auction que j'avoie et povaie avoir en celles chouses. Et pour ce ladicte noble dame m'a donné de sa grâce quatre livres de tornois, desquiex deniers je me tiens pour bien paiés. Et est asçavoir que je et mes heirs sommes tenus à faire les gardes ou Chasteau don Loir toutes les fois que nous en serons semons, et nous pourvoer de meson aillors que en ladicte place et cortis einsy quittez en la ville don Chasteau don Loir, sans ce que ladicte noble dame ne ses heirs puissent pourforcier ne moy ne mes heirs de faire meson propre à cestes gardes fère au devantdict chastel.

En tesmoin de laquele chouse et que ce soit ferme et estable, je, devant nommé chevalier, en ay donné à ladicte noble dame cestes présentes suellées de mon propre seel.

Donnée au Chasteau don Leir, le mardy emprés la Saincte Croix de may, en l'an de grâce mil dous cens quatre vingt et oict.

211. — 1288, 4 mai. — ACTE PAR LEQUEL BÉATRIX DE MONTFORT, AYANT FAIT BATIR ET PRIS EN SA MAIN UNE GRANDE MAISON, SISE DEVANT LE CHATEAU, A CHATEAU-DU-LOIR, A LA PLACE OÙ GUILLAUME D'OURNE, CHEVALIER, AVAIT COUTUME DE FAIRE SES GARDES, AUTORISE LEDIT CHEVALIER A FAIRE SES

GARDES EN UNE AUTRE MAISON QUELCONQUE DE LA VILLE. — (B. N., Latin 9067, fol. 266 verso.)

Transcript de ce meismes, etc. [1]

A tous ceux qui verront et orront cestes présentes lettres, Béatrix, comtesse de Dreux et de Montfort, salus en Nostre Signor.

Sçachent tous que com monsor Guillaume d'Orne, chevalier, fût tenu à fere lors gardes au Chasteau dou Loir à propre mansion en un hébergement qui fut aus Pions, scis entre le hébergement feu Joffray Arraby et le hébergement Robin Juglet, ouquel nous avons faict faire une grant maison et l'avons pris en nostre main, si comme il poursiet, et les courtis d'environ, et ledict chevalier ait quitté à nous et à nos heirs ledict hébergement et tout le dreit et l'auction que il aveit en celles choses pour le pris de quatre livres de tornois que nous pour cestes chouses li avons données : nous, volans faire grâce audict chevalier, volons et octroions pour nous et nos heirs que ledict chevalier et ses heirs facent lours gardes au Chasteau dou Loir, quant il en seront semons, si comme il est accoustumé, sans ce que nous ne nos heirs les puissions pourforcier de feire propre maison en propre leu à lors despens pour faire gardes au devantdit chastel, et que il puissent faire lors gardes en la ville chiez aucun de nos bourdois là où il pourront trover avenant demorance.

En tesmoin de laquelle chouse nous en avons donné audict chevalier cettes lettres seellées en nostre seel.

Données le mardy emprés la Saincte Croix de may, en l'an de grâce mil deux cent quatre vingt et oict.

212. — 1288, 19 juillet. — CONTRAT PAR LEQUEL ROBERT DE VOUVRAY, CHEVALIER, VEND A BÉATRIX DE MONTFORT LA PLACE OU EST ÉDIFIÉE LA HALLE DE CHATEAU-DU-LOIR, MOYENNANT DIX LIVRES TOURNOIS. — (B. N., Latin 9067, fol. 267 verso.)

Transcript de la place où siet la hare dou Chasteau dou Leire.

---

1. Titre placé en tête de l'acte qui précède.

Sçachent tous présens et advenir que en nostre présence, en dreict establi, monsor Robert de Vonray [1], chevalier, requenut ley avoir vendu et otroié et enquorre vent et ottroie à noble dame Béatris, comtesse de Montfort et de Dreux, une place, si comme elle se poursiet, laquele fut jadis Pelois, en laquelle place la cohue du Cheteau dou Loir est édifiée, par devers la meson à la Forgete, si comme disoit ledict chevalier, à avoir, à tenir et à parsouer de ladicte noble et de ses heirs icele dite place o ses apartenances perpétuellement et héréditaument desoresenavant, à en feire toute lor pleinière volonté par titre d'achat, o tant [2] dreit que ledict chevalier i avoit et povoit avoir [3] sans ce que il y retienge riens à soy ne à ses heirs. Et fut fette cette vendition pour des livres de tornois, desquex deniers ledict chevalier se tient pour bien paié en dreit pardevant nous en deniers nombrez. Et promet ledit chevalier et est tenu cette présente vendition guarantir, deffendre et délivrer à ladicte noble et à ses heirs de tous empeschemens et de toutes obligations envers tous et contre tous segon dreit. Et à ce faire et entérigner oblige ledict chevalier à ladicte noble et à ses heirs soy et ses heirs et tous ses biens moebles et immoebles présens et avenir à prendre et à vendre, et renoncie à cet faict à toute exception de fraude et de décevance et desdis deniers d'eux nombrez et non receus, et à tout ayde de dreit escrit et non escrit, et à toutes autres resons et allegations qui li porroient valeir à venir contre la tenoir de cestes lettres, et de faire et entérigner toutes lesdictes chouses, et que encontre ne vendra. S'estreint ledict chevalier par la foy de son cors donnée en nostre main.

Ce fut donné et adjugié à tenir et entérigner, à la requeste doudict chevalier, par le jugement de nostre cour dou Mans, ou jour de lundy avant la Magdeleine, en l'an de grâce mil dous cens quatre vingt et oict.

---

1. *Sic*, sans doute pour *Vovray* (Vouvray).
2. Plutôt *tout*.
3. La copie porte : *paioit aneir*.

213. — 1288. — Acte par lequel Béatrix de Montfort donne a Geoffroy, sire de Courcillon, le droit de faire un étang entre sa maison des Étangs et la forêt de Berçay, sous réserve de toute justice haute et basse. — (B. N., Latin 9067, fol. 273.)

Transcript pour un estang, etc.

Nous, Béatrix, comtesse de Dreux et de Montfort, fesons asscavoir à tous ceux qui ces présentes lettres verront que, comme noble homme nostre amé et nostre féel monsour Joffré, sire de Corceillon, eust pourpans de faire un estanc entre sa meson des Estans et nostre forest de Burçay, laquelle chouse il ne puet mie faire sans ce que l'estanc ne s'estendit en nostre terre et en nostre demaine de la forest, et il nous ait prié et requis que nous le vousisseins : nous, pour l'amor de luy, voulons et nous accordons que il le face et que son estanc s'estande sur nous dès la rivière qui vient de l'Ermitière envers la fourest jouques à la vielle chauciée. Et cel accroissement et celle estendue il le tendra de nous et de nos heirs à foy à escroissement dou flé que il tient de nous, qui est soubz la Hugerie, si comme les bonnes se comportent, que nos y avons fet monstrer novellement. Et en ce leu que il prent de nous nous i retenons toute justice haute et basse et toute seignorie, sauve à nous et à nos heirs toutesvois toute la justice que nous avions et avons aus Estans, en tout ce que lidis messire Geffroy i tient de nous ou de nos rièreflez. Et y puet prendre monsour Geffroy, ou si heir ou son commandement, maufeteurs se il i estaint trovez mesfesant oudit estanc, et rendre le nous ou à nostre commandement au Chasteau dou Leir.

Et que ce soit ferme et estable, etc.

L'an de grâce mil dous cens quatre vingt et huict.

214. — 1288. — Acte par lequel Geoffroy, sire de Courcillon, reconnait que Béatrix de Montfort lui a donné le droit de faire un étang entre sa maison des Étangs et la forêt de Berçay. — (B. N., Latin 9067, fol. 273 verso.)

Transcript pour le mesme subject que dessus.

Je, Geffroy, sire de Corceillon, fas asçavoir à tous ceus qui ces lettres verront que, comme très haute dame et très noble dame madame la comtesse de Dreues et de Montfort et dame dou Chasteau de Leir, à ma requeste, sauve bonne merci, m'ait [1] ostroié et donné, à moy et à mes heirs, toute l'estendue que mon estang de sous ma meson des Estans aura en sa terre ou en sa forest de Burçay, soit en eve ou à plein de la rivière qui vient de l'Ermitière envers la fourest, jousques à la vielle chauciée qui est soubz la Hugerie, si comme il est bonné nouvellement. Et cel escroissement et cele estendue que ladicte madame me donne, je et mi heir le tendrons d'ele à foy avecques les autres chouses que je tieng de la. Et i retient Madame, pour le et pour ses heirs, toute justice haute et basse et toute seignorie. Et se il avenoit que je ou mi heirs y preisseins aucun mesfecture, ou mon commandement je le puis prendre et fère prendre tant solement et tantost rendre le au Chastel dou Leir aus gens Madame devantdicte, auquel tesmoigs, etc.

L'an de grâce mil deux cens quatre vingtz et oict.

215. — 1289, 24 juillet. — Lettres de Pierre d'Eschelles, seigneur de Lucé, adressées au doyen et au chapitre de Saint-Martin de Tours, par lesquelles il leur présente Étienne Seleide, clerc, porteur des présentes, pour chapelain du chateau de Lucé, en vertu de son droit de patronage. — (B. N., D. Housseau, n° 3368.)

Viris venerabilibus et discretis decano et capitulo Beati Martini Turonensis, Petrus de Scalis, miles, dominus de Luceyo, Cenomanensis dyocesis, salutem in Domino cum reverentia et honore.

Stephanum dictum Seleide, clericum, exhibitorem presentium, vobis ad capellaniam castri de Luceyo, liberam et vacantem per resignationem Johannis dicti Multoris, presbiteri, quondam rectoris dicte capellanie, cujus capellanie jus patro-

---

1. Ces deux mots sont ainsi écrits dans la copie : *mercimart*.

natus ad nos pertinere dignoscitur, presentamus per presentes litteras sigilli nostri munimine roboratas. Vale.

Datum die dominica post festum beate Marie Magdalene, anno Domini M° CC° octogesimo nono.

216. — 1292, novembre. — Acte par lequel Béatrix de Montfort exempte de toutes coutumes, jusques a quatre ans, les acheteurs et vendeurs de blé en la ville de Chateau-du-Loir. — (B. N., Latin 9067, fol. 289 verso.)

Transcript d'un privilège pour les vendeurs de bled du Chasteau du Loir.

Sçachent tous que nous, Béatrix, comtesse de Dreues et de Montfort et dame dou Chasteau dou Loir, pensé et considéré le profit de nous et de nos heirs et de nostre ville dou Chasteau dou Leir et des estrangers qui sont en ladicte ville et seront, avons oustroié et oustroions enquoures à tous ceux qui achateront et venderont blé en nostredicte ville dou Chasteau dou Leir, aus jours que bien et marchié de blé y est et sera et autres jours meismes que il soient, jousques au temps de quatre ans commenceant à la feste Sainct Urbain prochain à venir, francs et quittes de coustume et de minage et de... doudict blé vendu et achaté par le temps dessusdit, sans que nous ne nos heirs leur en puissiens rien demander. Et à ce tenir sans venir encontre nous obligeons nous et nos heirs.

Et en tesmoing de ce, nous cestes présentes lettres scellasmes de nostre propre seau.

Et ce fut fet au mois de novembre en l'an de grâce mil dous cens quatre vingt et douze.

217. — 1293, 22 avril. — Acte par lequel Béatrix de Montfort accorde aux religieux de Chateau-l'Hermitage les usages des deffais de Monteglenet, sis devant la porte de leur prieuré. — (B. N., Latin 9067, fol. 280.)

Transcript de Chasteau le Darrenier [1].

A tous ceux qui ces présentes lettres verront et orront,

---

1. Pour *Château-l'Hermitage*.

Béatrix, comtesse de Dreues et dame de Montfort et dou Chasteau dou Leir, salus en Nostre Seignour.

Nous fesons asseavoir à tous que, comme religiaus hommes et honnestes le prieur et le convent Nostre Dame de Chasteaux l'Ermitage, en la diocèse dou Mans, deissont et maintinssont que il avoient leur usage en nostre deffais de Monteglenet, à édifier, à mésonner et à leur nécessité de leur méson et pasturage à leurs bestes, et parnages à leurs porceaus, dont il n'avoient oncques usé pésiblement, et nous nous merveillions que il demandoient ce pour le garente que nous avions veu en nos anciens registres et pour aucunes bonnes présomptions cleres et apertes que nous avions veues et entendues qui estant de reson, pourquoi nous le leur déclarions, et comme lesdis religiaus, pour eux et pour leur prioué, se soient conseilliez et advisiez que il demandoient et requéroient desavenant, et que il n'y avoient droict et nous cogneurent tout de plein que c'estoit nostre deffais, et nous requistrent que nous leur fissions aucunes largesses et aucune grâce pour l'aisement et la nécessité de leurs mésons et pour le pasturage à leurs bestes : nous, meue de pitié et attendant les prières et les oraisons des frères et des predhommes de ladicte prioré, pour le remède de nostre âme et de nos ancessours, et pource que nous veismes que il n'avoient mie volonté d'entreprendre sur nos deffeis, et pource que il ne pooient issir de leur prioré eus ne leurs bestes sans entrer en nos deffais et en nos dangiers, leur avons faict largesse et grâce espécial tele que nous volons et nous plest que lesdis religiaus, pour l'aisement de leur prioré et de leur méson dou Claroy et de la Plesse ayent et poursieent désoresenavant à tonjoursmès leurs usages en celles dictes mésons, à mésonner, à ardoir et à faire leurs nécessitez et pasturages à leurs bestes en une pièce de bois tenant à nostre deffais de Monteglenet, devant leur porte, jouste à une bonne qui est au chemin si comme on vet de Monteglenet à Chatiaus, et de celle bonne au travers jusques au chemin qui vet de Pontvillain ou Mans, et de celle bonne meismes au travers jusques à une bonne qui est vers les bruières si comme l'en vet au Pont aux Hermites, si comme les plesses vont par devers nostre deffais. Et est aussint toutesvois que celuy bois où nous leur fesons grâce nous le poons vendre, esplecter et user comme nostre propre tresfons et nostre propre héritage toutesfois et tantesfois que il plera à nous et à nos heirs, ne n'en puecnt lesdis religiaus aller encontre, et ne puent lesdis religiaus user ne esploicter en ce bois où nous leur fesons grâce devant que il ayent cinq ans et un may. Et cest bail et cette grâce que nous leur fesons doudict usage nous leur baillons, donnons et confermons à tousjours et promettons que nous n'irons encontre par nous ne par autres.

Et en tesmoing de laquelle chouse nous avons données cestes présentes lettres ausdis religiaus saellées en nostre seau.

Ce fut donné le jour de mercredy emprès le dimenche que l'en chante misericordia Domini, en l'an de grâce mil deux cens quatre vingt et treize.

218. — 1293, 22 avril. — ACTE PAR LEQUEL THIBAUT, PRIEUR DE CHATEAU-L'HERMITAGE, RECONNAIT QUE BÉATRIX DE MONTFORT LUI A ACCORDÉ LES USAGES DU BOIS DE MONTEGLENET, SIS DEVANT LEUR PRIEURÉ. — (B. N., Latin 9067, fol. 281.)

Item, Transcript de Chasteaux le Darrenier.

A tous ceus qui cestes présentes lettres verront et orront, Thiebaut, prieur de Nostre Dame dou Chasteau l'Hermitage, ou diocèse dou Mans, et tout le convent de cet meismes leu, salus en Nostre Seignour.

Nous fesons assavoir à tous que, comme nous deissins et maintinssins que nous avions pour nostre prioré et pour nos mesons noustre usage ez bois d'entour Monteyglenet, à édifier, à mésonner, à ardoir et à toutes les nécessitez de nostre prioré et de nos mésons, pasturage à toutes nos bestes, et parnage à nos pourciaus, et très noble dame noustre très chière dame Béatrix, comtesse de Dreues et de Montfort et dame dou Chasteau dou Leir, et ses alloez le nous contredeissent et débattissent, et ont tousjours fet, et disaint que c'estoit deffais, et nous nous soions avisiez et conseilliez et avons sceu et enquis et trové que c'estoit et est enquourre deffais, ne n'i avons nul droict et se li avions ou en avions usé en aucune menière, nous y renonçons et cognoissons que nous n'y avions ne avons nul droict, et cognoissons que c'est deffais où nous ne poons user ne esploicter, et comme nostre priouré et nos mésons soient mou près des dangiers de ce deffais et fussiens si enclous et si à estroict que nous ne nos bestes ne possons issir sans entrer ès dangiers de ladicte comtesse et oudict deffais : nous avons supploié et requis nostre très chière dame devantdicte que, pour le remède de sâmme et de ses ancessours, elle vousist fère grâce et aucune largesse à nostre prioré et à nos mésons, et ladicte nostre chière dame, meue de pitié, pour la grant dévotion que elle a à nos prières, et pour la grant affection que elle a à nous, sove bonne mercy, nous a donné nostre usage en une pièce de bois qui est devant nostre porte de noustre prioré jousques à une bonne qui est au chemin si comme l'on vet de Chasteaux à Monteyglenet, et dou travers de celle bonne jousques au chemin qui vet de Pontvillain au Mans, et de celle bonne devantdicte jousques aux bruières si comme l'on vet au Pont aux Hermites, à edefier, à mésonner, à prendre toutes nos nécessitez, pasturage à nos bestes et parnage à nos porciaus. Et en tout le remaignant des desfais de Monteyglenet nous ne demandons riens ne ne réclamons, ne ne demanderons ne ne réclamerons jamès, et nous tenons mout à paié de la largesse et de la grâce que Madame nous fet. Et est aissint que en iceus bois nous ne poons user ne esplecier ne mettre nos bestes ne nos poires devant que ledict bois ait cinq ans et un may. Et puet ladicte nostre chière dame et ses hoirs couper et espleicier toutesfois et tant de fois comme il li pleira, sans contredict et sans chalonge que nous y puissions mettre ne dire encontre, ne poons riens demander ne réclamer au treffons ne en l'héritage que il ne soit quittement à ladicte nostre chière dame et à ses heirs.

Ce fut donné le jour dou mercredy emprès le dimanche que l'en chante misericordia Domini, en l'an de grâce mil dous cens quatre vingt et treize.

219. — 1293, 23 décembre, Saint-Guingalois de Château-du-Loir. — ACTE PAR LEQUEL GERVAIS LE BIGOT PRÊTE LE SERMENT DE GARDE DE LA MALADRERIE DE CHATEAU-DU-LOIR PENDANT LA VIE DE DOM ROBIN, PROCUREUR DE LADITE MALADRERIE, AUQUEL LEDIT GERVAIS EST ÉTABLI COADJUTEUR. — (B. N., Latin 9067, fol. 290.)

Transcript pour la garde de la maladerie du Chasteau du Loir.

L'an de grâce mil dous cens quatre vingt et treize, le mercredy la surveille de Noël, présens en l'église monseigneur Sainct Guingallois dou Chasteau dou Leir, Jehan Bodin, clerc, garde dou doyenné dou Chasteau dou Leir, à matin, devant l'autel Nostre Dame, Guillaume Gangier, baillif dou Chasteau dou Leir, Jehan Bodin, clerc, et monsour Macé Ménart, prieur de Luceau, d'Anthoine Le Barillier, Joffroy Chandeau, Prestreau, Hamelin Tebet et autres dou Chasteau dou Leir, jura Gervèse Le Bignot [1], susseins, de garder et traictier les causes et les biens de la maladerie dou Chasteau dou Leir, et de en rendre compte à ceux à qui il appartiendra, de le recevoir chacun an bien et loyaument, la vie de dam Robin, procureur de ladicte maladerie, auquel Robin ledict Gervèse est establi coadjuteur le temps de la vie audict Robin tant solement, sauf le droict Madame et tout autruy droict.

220. — 1283-1293 [2]. — HOMMAGES RENDUS A BÉATRIX DE MONTFORT POUR CHATEAU-DU-LOIR ET LES SEIGNEURIES ANNEXES. — (B. N., Latin 9067, fol. 374; Fr. 9501, fol. 56; Fr. 20.691, p. 545; Fr. Nouv. Acq. 7412, fol. 478.)

Ce sunt les homages Béatrix, comtesse de Dreues et de Montfort, en la terre et en la chastellerie dou Chasteau dou Leir, faiz en l'an de grâce 1293.

1° Monsour Fouque Riboule, chevalier, homme Madame de [ce] qu'il tient à Maugné [3].

---

1. Plutôt *Le Bignot*.
2. Les manuscrits datent la pièce différemment : le premier et le second, 1293 ; le troisième, 1283 ; le quatrième, 1290.
3. Var. : *Montigné*. M. Alouis, t. 182, imprime : *Mangé*. Le ms. fr.

Item, monsor Fouque Lenfant, homme Madame, de Poilly et des appartenances.

Item, Chamaillart [1] homme de Madame des fiez de Sainct Johan de la Mote [2] et des appartenances.

Item, Henry de la Roussière, homme Madame de ce qu'il tient à Viez Molins, et est M° de la forest.

Item, Joffroi Morin, de la Bataille [3] et de la Ripaudière.

Item, Joucelin de Champchevrier, home Madame, de la Mote, de tous cens et des appartenances.

Item, Felippot de la Poessonnière [4], de quanques il a à Jupilles.

Item, monsor Gervèse de Prully, chevalier, homme lige Madame, de Prulli.

Item, homme Madame ledict Gervèse, des trois forges de Prulli.

Item, la dame de Chehennes, fame lige Madame, dou péage de Pont Villein [5].

Item, Aleame d'Espaignes, homme lige Madame, de Villaines et des appartenances.

Item, monsor Hebert [6] de Bernéhart, homme Madame, de la Godeterre [7]. Et est juré de Burcey et doit quinze jors de garde au chastel.

Item, Henry de Monterol, de Chardonneux et des appartenances.

Item, monsor Guillaume d'Orne, homme lige Madame par deux fois, de son hébergement d'Orne, et de son parnage, et de son chauffage en Burcey, et des chouses de Belin.

Item, monsour Guillaume de Nogent, homme lige Madame, de ce qu'il tient en la chastellerie dou Cheteau dou Leir, deçà

---

nouv. acq. 7412 remplace le premier article par celui-ci : « Monsor Fouque Riboule, chevalier, pour ce qu'il tient à vie à Moulins. »

1. Var. : *P. Chamaillart.*
2. Var. : *de Samate*, ce qui n'a pas de sens.
3. Var. : *de la Lacaille.*
4. Var. : *Folgot de la Pressonnières.*
5. Var. : *Pont Alein.*
6. Var. : *Herbert.*
7. Var. : *Godetière.*

le Loir, et de ce qu'il a en Burcey à deux mois de garde, à cause de Bouer...

Item, Macé d'Auteresche, homme Madame, de son hébergement d'Auteresche et des appartenances, et de son parnage et de son chauffage en Burcey, et de sa voerie, à deux mois de garde.

Item, Guillaume de Flée, homme lige Madame, de son hébergement de jouste Jupilles, de son parnage et de son chauffage en Burcey, de ce qu'il a ou Chastel, qu'il tient à trois soulz de servige et à deux mois de garde.

Item, Haoys [1] de Flée, fame lige de son chauffage du bois mort en Burcey et de son parnage et lige estage.

Item, la dame de Vaus, fame lige Madame, de son hébergement de Vaus et des appartenances et de sa voerie.

Item, Chevenor Pontvilein, home Madame pour son usage en Burcey, sa vie.

Item, monsor Pierre de Verneuil [2], home lige Madame, de son chauffage et de son parnage en Burcey.

Item, Johan de la Bruière, homme lige Madame, de son hébergement de la Roche, et de son chaufage et de son parnage en Burcey, et à xl jors de garde au Chateau.

Item Macé Cornu [3], home lige Madame, de la Barelière [4] et de la Magière et des appartenances, et de son chauffage, et de son parnage, et de ses hommes en Burcey, et... gens.

Item, Estiennars [5] de Jupilles, home Madame lige, de son hébergement de Jupilles et des appartenances, et doit deux solz de service, et est juré de la forest.

Item, Herbert Cornu, home Madame lige, de son parnage et de son chauffage en Burcey, et des chouses de la Rochière et de l'estrée Robin Juglet.

Item, Johan Pillet, home Madame.

Item, Huet de Ponchai [6], par reson de sa fame.

1. Var. : *Hayois*.
2. Var. : *Vernuil*.
3. Var. : *Corin*.
4. Var. : *Borrolière*.
5. Var. : *Estremaro*.
6. Var. : *Hues de Ponchin*.

Item, monsor Robert de Roncay [1], deux fois.

Item, monsor Pierre de Chelles, chevalier, home lige Madame, de Lucé et des appartenances.

Item, ledict chevalier, home lige Madame, de son usage en Burcey au hébergement.

Item, Simon de Cortiran, home lige Madame, de Cortiran et des appartenances.

Item, Guillaume de la Roussière, homme lige Madame.

Item, Hue Malemouche [2], home lige Madame, de son chaufage et de son parnage en Burcey, et doibt deux mois de garde.

Item, monsor Jouffroy de Corcillon, home lige Madame, de Corcillon et des appartenances et de son usage en Burcey.

Item, monsour Gilles de la Faigne, chevalier, home lige Madame, de la Faigne et des appartenances.

Item, Guarin de la Perrere, home lige Madame, de son hébergement de Burcey, et est juré de la fourest.

Item, Jouffroy de Hyes, home lige Madame, de sa Gaangne et Aiguesonde [3].

Item, Guillaume de Pié de Bof, home lige, de son parnage et chaufage en Burcey, et de sa voerie, à deux mois de garde.

Item, Paien de la Fousse [4], home lige Madame, des fours dou Cheteau dou Leir et de tout ce qu'il tient ou Chetiau dou Leir qui à l'omage appartient.

Item, Payen de la Fousse, home lige Madame, de Colaines et des appartenances.

Item, home lige Madame, dou lié de Ranchier et des appartenances, à cause de la Suse.

Item, celui Paien, home lige, de l'Acebergerie et des appartenances.

Item, Jouffroi de Plesseiz, home lige, dou hébergement de

---

1. Le second et le quatrième ms. donnent : « *Rouroy ou Vouroy.* » La lecture reste indécise.
2. Var. : *Hervé Malemousche, Hue Malemanche.*
3. Probablement : *Grièche et Aigresonde.*
4. Var. : *Fomse, Fonsse, Fotesse.*

Plesseis Barteline [1] et des appartenances en la chastellerie de Maiet, à un mois de garde.

Item, Johan de Vezins, home lige de son chaufage, parnage, herbage en Burcey et en Doure, et de sa voerie, à deux mois de garde.

Item, André dou Fier, home lige, de sa voerie et de son usage en Burcey, à xl jors de garde au Châtiau dou Leir.

Item, Robert de Brailandin [2], home lige, de son usage en Burcey et en Doure, et sa voerie, à deux mois de garde à Maiet.

Item, Macée, fame Phelippe de Chaors[es] [3], fame lige Madame, dou hébergement de Mangé, et de sa voerie et de son usaige en Burcey come de lail.

Item, cele Macé[e], fame lige, de son hébergement de Chaources et de sa voerie et de son usage en Burcey, et a deux mois de garde au devantdict Maiet.

Item, Pierre dou Jarrey [4], home lige, de son hébergement de Maiet et des appartenances et de son usage en Burcey, à deux mois de gardes au devantdict leu de Maiet.

Item, Robert dou Jarrey, home lige, de sa moitié d'un hébergement qui siet en la parroisse de Vernueil et des appartenances.

Item, Richart dou Jarrey, home lige, de son usage en Burcey et de l'autre moitié d'iceluy hébergement.

Item, Estienne de Fonteney, home lige de la Vescontière [5] et de son usage en Burcey, à un mois de garde à Maiet.

Item, Macé dou Lorcors [6], home lige, de sa meson de Lorcors, et de son chaufage, et de son parnage en Cloipa, et de ce qu'il a à Jupilles, et de ce qu'il a à Marrigné [7], et à deux mois de garde ou Chastel.

1. *Bartélemi.*
2. Var. : *Bruilandin.*
3. Var. : *Felippe de Chaorces, Phelippe de Chamées.*
4. Var. : *Jarriey.*
5. Var. : *de Huesgratière.*
6. Var. : *Lorcois.*
7. La copie porte : *Martigne.*

Item, Estienne de Joupilles, home lige, de son hébergement de Joupilles et des appartenances, à trois solz de servige au dimanche prochain emprès la Sainct Martin d'hiver, et est juré de la forest.

Item, Herbert [1] Cornu, home lige, de son parnage, de son usage en la forest de Burçay au bois mort, et des chouses de la Crocherie, et de leu Joulendière, et de la meson Jugleit, et doit deux solz de servige à la Sainct Martin d'hiver [2], et quarante jors de gardes.

Item, Guillaume de Ségrie, home de Bais, et est le servige à deux fois.

Item, Mist. Masille de Flite.

Item, Herbert de Vovery [3], escuier, homme lige, de son foage et son usage, de sa meson de Luceau, en la forest de Burcey, et dou bordage de la Moiterie et des appartenances, et de sa voerie doudiet fouge et des appartenances.

Item, Phelippe de Lille, escuier, home lige, de toute sa terre excepté le fié de Toere, et de son parnage, et de ses hommes, et dou chaufage au bois mort en Burcey, et doit lige estage.

Item, Gervese de Carcey [4], home lige, de sa terre de Paceau [5] et des appartenances, à deux mois de gardes [6] au Chastel.

Item, Pierre Le Quou, home lige de sa meson de la Querie, de son chaufage, de son parnage en Burcey, à deux mois de gardes au Chastel.

Item, Guillaume Le Prévost, home lige, de son chaufage et de son parnage en Burcey, et doit le past aux chiens une fois l'an, et aux venours aussy.

Item, Guillaume de la Roche, home lige, de son parnage et de son chaufage en Burcey, à deux mois de gardes.

---

1. Var. : *Hubert.*
2. La copie porte : *à la fame Martin d Oger.*
3. Var. : *Voueri.*
4. Var. : *Curcey.* Peut-être *Sarcé ?*
5. Var. : *Paceau.* Peut-être *Sarceau ?*
6. La copie porte : *gages.*

Item, monsor Renaut de Sarcé, chevalier, home, de son chaufage et parnage en Burcey, à deux mois de garde.

Item, André dou Moulin [1], home Madame, d'un hébergement qui siet en la parroisse de Sainct Bier et des appartenances, et de son usage en Burcey, ansi comme les autres fiez, à un mois de garde à Maiet.

Item, Guillaume des Bordeaus, home Madame, de son hébergement des Bordeaus, en la paroiche Sainct Bier, et de son usage et parnage, ainsi come li autre usagier, à seize deniers de servige rendans à Maiet lendemain de la Sainct Martin d'hiver par chacun an.

Item, Symon de Cuer est home Madame, de son usaige et de son parnage en Burcey et en Doure, ainsi come li autre usaig[i]e[r], li ont, à quarante jors d'ost aus despens Madame.

Item, Girart Baucry [2], homme Madame [3].

La fame feu Macé d'Outeresche.

Le gendre feu Jehan Corrant, à IV solz.

Macoela, fame feu Hébert de Vovroy.

La fame feu Johan Pilet.

Guillaume de la Roche, par reson de sa fame, det dous faez.

Guillaume de Mangé.

Phelippes de Belaudin.

Robert de Cornillon [4].

Gaudin de Priste, de deux fois.

Huet de Vernoil.

Richart de Chemure, fils madame de l'Espignière.

Item, monsor Gortelin de Paris, de la chastellerie de Cuse.

Monsour Guillaume d'Orne, homme Madame, dou fié de la Suse, et à dous mois de garde à la Suse.

Monsour Oucher Paien, prestre, home Madame, de la Pielle, à quinze jors de garde ou Chetiau dou Leir.

---

1. Var. : Molin.
2. Var. : Brancen.
3. Ce qui suit ne se trouve que dans le ms. lat. 9067.
4. Corcillon (?)

Hameau de la Chevrière, home Madame lige, dou hébergement de la Roche de Vaus et de ses chouses que il a en la
chastellerie d'Oesd et à gardes [1].

221. — 1294, 20 août. — Procuration de Béatrix de
Montfort a Richard de Loudon pour faire foi et hommage
a Charles de Valois, comte d'Anjou et du Maine. — (B. N.,
Latin 9067, fol. 327.)

*Transcript de la procuration de ladicte comtesse de
Dreux.*

Nous, Béatrix, comtesse de Dreues et de Montfort, fesons
asscavoir à tous ceux qui cestes présentes lettres verront et
orront que, comme nous ayons jour et soyons ajornée au
Mans par devant très haut homme et très noble monseignour
monseignour Challes, comte d'Anjou et dou Maine, ou son
commandement, pour fère luy cognoissance dou servige que
nous li devons : nous, la devantdicte Béatrix, fesons, ordenons et establissons nostre amé chevalier monsieur Richart
de Loudon nostre espécial procureur, à faire et quenestre, par
devant ledict monseignour monseignour Challes ou son commandement, pour nous et en nostre nom, la quenoissance dou
servige que nous lui devons et somes tenus, et promettons à
avoir ferme et estable sus la caution de nos biens ce que il
sera fet quant à ce par le devantdict nostre chevalier.

En tesmoing de laquelle chouse nous avons scellées ces
présentes lettres de nostre seel, données en l'an de grâce mil
dous cens quatre vingtz quatorze, le vendredy après la mi
aoust.

222. — 1294, 26 août. — Offre de foi et hommage au
comte du Maine par Richard de Loudon, comme procureur
de Béatrix de Montfort, pour la baronnie de Chateau-
du-Loir. — (B. N., Latin 9067, fol. 327 verso.)

*Transcript du certificat du procureur de ladicte dame
comtesse de Dreux.*

---

1. Le copiste termine par ces mots : « Cœtera non possunt legi. »

Monsieur Richard de London[1], chevalier, procurateur noble dame madame Béatrix, comtesse de Dreues et de Montfort, dame dou Chasteau dou Leir, a avoé et quesnoit, ou nom dessusdit, à tenir de monseignour le comte dou Maine sa baronnie dou Chastiau dou Leir, o ses appartenances, à homage lige et à cinq chevaliers d'ost de servige par quarante jours allans et venans, par avenans jornées o avenant semonse, à ses propres despens, en la contée dou Maine et dehors, pour le besoing dou corps le conte et de sa conté dou Maine, et à obéissance de fié, sauf à desconter dou nombre des chevaliers dessusdictz ce que reson donra pour Lopelende o son appartenance, que monsignour le comte tient, et soloit estre de l'appartenance de ladicte baronnie n'a pas longtemps.

Fet le jeudy emprès la feste S¹ Barthélemy l'apoustre, en l'an de grâce mil dous cens quatre vingt quatorze.

223. — 1294. — ACTE PAR LEQUEL CHARLES DE VALOIS, COMTE D'ANJOU ET DU MAINE, ET MARGUERITE D'ANJOU, SA FEMME, RECONNAISSENT AVOIR REÇU DU CHAPELAIN DE LA CONFRÉRIE DES PRÊTRES DE CHATEAU-DU-LOIR LA SOMME DE DIX LIVRES TOURNOIS POUR LA FINANCE DES BIENS DE LA CONFRÉRIE, LAQUELLE FINANCE AVAIT DÉJÀ ÉTÉ PRÉCÉDEMMENT ACQUITTÉE ENVERS CHARLES II D'ANJOU, ROI DE JÉRUSALEM ET DE SICILE, BEAU-PÈRE DE CHARLES DE VALOIS. — (Imprimé : Abbé L. Froger : *La Confrérie des prêtres à Château-du-Loir, Province du Maine*, t. X, 1902, p. 162.)

224. — 1295, 3 novembre. — CHARTE DE BÉATRIX DE MONTFORT, DONNANT A L'ABBAYE DE BONLIEU DIX LIVRES TOURNOIS DE RENTE. — (B. N., Fr. 20.691, p. 572.)

Béatrix, comtesse de Dreux et de Montfort, donne pour Dieu et le remède de son âme et de ses ancestres, à Dieu et aux nonains de l'abbaye de Bonlieu, de l'ordre de Cisteaux, au diocèse du Mans, laquelle est en sa garde et fondée par ses ancestres, dix livres de tournois petits chascun an de rente, etc.

1295, le jeudy après la Toussainets.

1. *Landon*, sur la copie.

225. — 1295, 3 novembre. — Acte par lequel Béatrix de Montfort donne a Richard de Loudon toute justice et seigneurie haute et basse en la paroisse de Parigné-le-Polin, au fief tenu de la Faigne. — (A. N., P 344¹, n° 6.)

Nous, Béatrix, contesse de Dreux et de Montfort, à touz ceulx qui ces présentes lettres verront et orront, saluz en Noustre Seigneur.

Sachent tuit que, pour le bon servise et loial que Richart de Loudon, noustre amé chevalier, nous a fait, nous lui avons donné et donnons héritablement, à lui et à ses héritiers nez et procréez de lui, toucte la justice et la seigneurie haulte et basse, laquelle nous avions ou flé lequel flé l'en appelle le flé de la Feigne, séant en la parroisse de Parrigny, lequel flé il tient du seigneur de la Feigne, et le seigneur de la Feigne le tient de nous. Et avecques ce nous lui donnons nostre boys du Meneray de Sampris, lequel bois est par delà la maison au Normant, enquel bois nous donnons la chace à toutes manières de bestes, et la garde d'icellui bois et toutes les amendes des meffaiz, sauf à nous la garenne le Larron et le dessus que nous retenons. Et toutes ces choses dessusdites lui donnons nous à tenir lui et ses hoirs de nous et de noz hoirs à une foy et à un hommage.

En tesmoign de laquelle chose et que ce soit ferme et estable, nous avons scellées ces présentes lettres de nostre seel.

Ce fut fait et donné en l'an de l'Incarnacion Nostre Seigneur mil deux cens quatre vigns et quinze, le juedi après la feste de Toussains.

226. — Fin du XIII° siècle. — Droits des usagers en la forêt de Berçay. — (B. N., Latin 9067, fol. 343 verso.)

Tel usage ont en Burçay li faie hors les desfaiz.

Ce est asçavoir : Bois Corbon, le desfais des Sales, les Rous, le vié dou Poiel.

Il doivent prendre les branches dou tremble, dou booul, dou charme, de l'arable vers Sainct Eltinier, et le tremble et le booul et le charme et l'arable qui ne chargent ne foille ne flor et sunt secs emprès le pié. Et puoient prendre le saule, le marsaule, l'aune, le genest, la bordaine, le purfust emprés pei, le chesne, le fou secs emprés le pié qui ne chargent ne foille né flore ; et le chesne et le fou ars chaiet, quand il aura yeu sur terre un an et un jour.

Et se li sires de la forest ou cil qui tout lor usage emprés pié y font abbattre à lor usaige, li faie poent prendre lors remagnant quant il en lor merri enlevé. Et poent prendre la bruière sans fauchier en lou où il a bois. Et poent prendre les arbres arrachiées et brisiées sans vimaire, exceptez ce, que se li abres est choez par coup de coignée, il ni unt riens. Et se vimaire y avient, il ny ont riens.

Vimaires est quand l'en puet voioir cuit arbre chaer d'une veue.

Et poent prendre les copiaus et les remagnant as boucherons del ventes de Burçay et de Cloispas, quand il les auront leissez dou tout, et n'en auront mes cure là où la vente a esté, et là où rien ne vendra mie quant la vente aura esté remuée : hors les desfais, c'est asaveir : Bois Corbon, le desfais des Sales, les Rous, le vié dou Poell, où il ne poent riens prendre.

227. — Fin du XIII° siècle. — LISTE DES USAGERS DES FORÊTS DE BERÇAY ET DE CLOYPAS. — (B. N., Latin 9067, fol. 344 ; Fr. 9501, fol. 9 ; Fr. Nouv. Acq. 7412, fol. 349 verso.)

Cist ont usage au fié au forestier si comme il est devisé devant en Burçay et en Cloypas, hors les desfais, c'est assaveir : Bois Corbon, le desfais des Sales, les Rous, le vié dou Poell, où il ne poent rien prendre, et le parnage de lor norrin à lor mesons qui sont nommées après.

Monsor Pierre de Flaé a son usage au fié au forestier et son parnage de son norrin à sa meson de Flaé.

Li sires d'Orne, à la meson d'Orne.

Monsor Hubert[1] de Vovray, à la meson de Vovray.

Monsor Pierre dou Loroer, à sa meson dou Plesseiz lès Jupillez.

1. Var. : *Herbert.*

Li sires dou Ronceray, à sa meson dou Ronceray.
Pierre Le Cou, à sa meson lez Marrignié.
Ode Martin, à sa meson de la Roche.
Monsor Gefray de Fay, à sa meson de la Roche Ermenier.
Monsor Guillaume de Chaorces, à sa meson de Chaorces.
Robert Quarrel de Chaorces, à sa maison de Chaorces.
Li sires de Vezins, à sa meson de Vezins.
Li sires de la Roche jouste Maiet, à sa meson de la Roche.
Li sires de Sarciau, à sa meson de Sarciau.
Renaut de Sarcé, à sa meson de Sarcé.
Mathé Bouchet, à sa meson de la Roche-Bouchet.
Li sires de Cortiran, à sa meson de Cortiran.
Li sires de Biaumont, à sa meson de Biaumont.
Guillaume d'Autreche, à sa meson de Quinquenpiet [1].
Foque d'Oterive [2], à sa meson de la Ferrière, et de sei et de ses homes.
Dou fié de Joy le parnage.
Morel de Panver [3], à sa meson de Panver.
Raoul Darron [4], à sa meson lez Maiet.
Li sires de Braiel, à sa meson de Braiel.
Li sires de Biaucé, à sa meson de Biaucé.
Li sires de la Moinnerie, à sa meson de la Moinnerie.
Le segnor de Marcerores [5], à sa meson de Marcelores.
Gelet de Priaus, à sa meson de Priaus [6].
Li sire d'Aute Perche, à sa meson d'Auteperche.
Monsor Regnaut de Bernchart, à sa meson de Bernchart.
Hubert [7] de Viez Molins, à sa meson de Viez Molins.
Guillaume de Jupillez, à sa meson de Jupillez.
Borellus de Burçay, à sa meson de la Borreleire [8].

1. Var. : *Quiquenpert.*
2. Var. : *d'Auterive.*
3. Var. : *Pairuer.*
4. Var. : *Darrou.*
5. Var. : *Martelores.*
6. Var. : *Praiaux.*
7. Var. : *Herbert.*
8. Var. : *Bozelleure.*

Chrestien de Burçay, à sa meson de Burçay.

Guillaume de Burçay, à sa meson de Burçay.

Monsor Regnaut de la Mothe, à sa meson de la Mote.

Li sires de Champmarin, à sa meson de Champmarin [1].

In sequenti autem pagina hæc adjiciuntur :

Li sires de Lucé a son usage à Burçay enprès pié en la meson de la Mote de Lucé, et dou pont de cele mote à la veue dou sergent de la forest, et a son chauffage au fié au forestier à la meson de celle Mote, et parnage des poires de son norrin de la meson de Lucé.

Li sires de Pruillé a son usage au fié au forestier, et le pasnage de son norrin à la meson de Pruillé, et de ses hommes de Pruillé, et d'environ d'iceluy fié de lor norrin. Et a une fosse à dous cognées, et a un porteor as tres filiers. Et de ce li sires de Pruillé doit un haubert au signor de la forest totes les fais que li sires mue.

228. — Fin du XIIIe siècle. — SUITE DE LA LISTE DES USAGERS EN BERÇAY ET CLOYPAS. — (B. N., Latin 9067, fol. 346.)

Icist ont en Burçay et en Cloipas le pasnage de lor norrin tant solement à lor mesons nommées après.

Li sires de Vaumoran, son pasnage à sa meson de Vaumoran.

Monsior Giefré de la Bruére, à sa meson lez Vaaz.

Li sires de Nogent, à sa meson de Nogent.

Li sires de Bennes, à sa meson de Bennes.

Nul ne puest vendre bois ne plesseiz ez viez essamplez de Burçai ne ez noviaus sans l'assentement au seignour de cele forest.

Nul, se il n'est faiex en Burçay ne en Cloipas, ne puet entrer en la forest de Burçay, n'en Cloipas, n'ès landes, por rien prendre, ne mettre bestes ez landes, n'en la forest, n'en Cloipas, s'il n'y entre par le signor ou par le sergent de la forest, qu'il n'en face l'amande de soixante solz de cenomanois.

1. Ce qui suit ne se trouve que dans le ms. lat. 9067.

229. — Fin du XIIIe siècle. — AMENDES DUES AU SEIGNEUR DE LA FORÊT PAR CEUX QUI FORFONT EN BERÇAY ET EN CLOYPAS. — (B. N., Latin 9067, fol. 346 verso.)

Ce sunt les amendes de Burçay que cil qui forfont en Burçai deivent amander au seignour, et en Cloipas aussit.

Qui coupe chesne enprès pié, lx solz cenomanois.

Dou chesne estroisié, xxx solz cenomanois.

De la branche dou chesne, xv solz cenomanois.

Dou chesne chaiait par feu s'il n'a ieu un an et un jour, lx solz cenomanois.

Dou fou vert enprès pied, lx solz cenomanois.

Dou fou estroissei, xxx solz cenomanois.

De la branche dou fou, quinze solz cenomanois.

Dou fou chaiait par feu s'il n'a ieu un an et un jour, soixante solz cenomanois.

Dou booul enprès pei, x sols cenomanois.

De l'estroissei, x solz cenomanois.

Dou charme enprès pied, x solz cenomanois.

De l'estroissié, x solz cenomanois.

De l'arrable enprès pié, x solz cenomanois.

De l'estroissié, x solz cenomanois.

De la coudre enprès pié, xv solz cenomanois.

De l'aubrespine enprès pié, xv solz cenomanois.

De l'espine enprès pié, xv solz cenomanois.

De houx enprès pié, xv solz cenomanois, et se il a esté pelé, soixante solz cenomanois.

Quicunque entre en Bois Corbon ou on defais de Sales ou ès Rous ou on vié dou Poeell, qui sunt defais où nul n'a rien fors le segnor de la forest, por rien prendre ne por forfaire, il paiera soixante solz cenomanois de l'entrée.

Et dou chesne coupé enprès pié, lx solz cenomanois.

Dou chesne estroissié, trente sols cenomanois.

De la branche dou chesne, xv solz.

Dou chesne cheait par feu s'il n'a yeu un an et un jour, soixante solz cenomanois.

Dou fou enprès pié, trente solz cenomanois.

De l'estroissié, xv sols cenomanois.

De la branche dou fou, xv solz cenomanois.

Dou fou chaiait par feu s'il n'a yeu sor terre un an et un jor, soixante solz cenomanois.

Dou booul enprès pié, x solz cenomanois.

De l'estroissié, x solz cenomanois.

Dou tremble enprès pié, x sols cenomanois.

De l'estroissé, x solz cenomanois.

Dou charme enprès pié, x solz cenomanois.

De l'estroissié, dix solz cenomanois.

De l'arrable enprès pié, dix solz cenomanois.

De l'estroissié, dix solz cenomanois.

De la coudre enprès pié, quinze solz cenomanois.

De l'aubespine enprès pié, quinze solz cenomanois.

De l'espine enprès pié, quinze sols cenomanois.

Dou houl enprès pié, xv sols cenomanois, et se il a esté pelez, sexante solz cenomanois.

Quicunques prent en un des desfais qui sont dessus nommées, c'est assaveir : l'ausne, le saule, le marsaule, le perfust, la bruère, la fougère, le genest, il paiera soixante solz cenomanois de l'entrée, et de chacune de ces choses devantdictes dix solz cenomanois.

Borrel et Chrestien de Burrau ont l'aurillerie par tote la forest de Burçay et de Cloipas hors Bois Corbon, et ont chacun doze mansais ou premier pasnage. Et poent prenre le seel en cette meinère se le scel sunt en crous de chesne ou d'autre arbre lorillor poent escrouser l'arbre ou des serunt. Et se il ne les poent avoir pour escrouser il poent l'arbre estroissier à doze pié de haut se il ne les poent avoir autrement. Et se il trovent aucun enblart ces en la forest cil qui y seront trové feront au signor soixante solz cenomanois d'amende et li aurillior auront lor ces.

Li faie de Burçay ne poent achater poirs à mettre en Burçay à pesson pués la florisson s'il ont poirs de lor norrin. Et se il n'ont poires de lor norrin, il poent achater doze poires et un ver pués la florisson, à lor propre usaige sans revendre.

Li faie ne poent mettre pour lor maison poires [1] ou mois de maz ne truies en Burçay n'en Cloipas, ne cheivres nules foix. Et doient tenir lors chiens liez tot le mois de may et ne poent collir [2] la fougière duc à la veille de la Sainct Jehan.

Se poires eschapent en Bois Corbon ou ou desfais des Sales ou ez Rous ou ou vié de Poell, la première fais qu'il y seroient pris li porchier jurra lor sainct que il li sont eschapés contre sa volenté et paiera de chacun poire quatre mansais.

Et se il ne viaut feire le serement, il paiera soixante solz cenomanois, ou li porcs seront au signor. Et se li poires sont trovez autres fais en quelque manière qu'ilz saient trové, al qui li porch seront, en fera lx solz cenomanois d'amende, ou li porc seront au seignor.

Se poires qui sont en Burçay en pasnage s'en vont sans paier le pasnage, celui qui seront li poires paiera le parnage et fera lx solz cenomanois d'amende. Et se cil puet estre pris qui avoit le pasnage enblé, il sera justitié comme larron. Et se cil meismes qui li poires sont, enblé le pasnage, son cors sera [3] justicié comme larron, et pert les poires.

En Cloypas ne puet estre mis nul porch à pasnage duc à tant que li pasnages de Burçai sait criez. Et se il y estaient trové entares que li pasnages de Burçay fust criez, chacun ferait soixante solz cenomanois d'amende por ses poires et rendra le pasnage, ou li poires remandraient au seignour de la forest. Et se li poires de Cloypas sont trové en Burçai, li porchiers jurra lors sains la première fais que il li estaient eschapé contre sa volenté, et para de chacun poire quatre deniers mansais. Et se il ne vaut faire le serement, il paiera soixante solz cenomanois, ou li porc seront au signor de la forest. Et se il y sont trové autre fait, il paiera soixante solz cenomanois, ou li porc remaindront au seignor de la forest quittement.

1. La copie porte : *pour lou mais ou poires.* La correction est de M. Alouis, I, 184.
2. La copie porte : *tollir.*
3. La copie porte : *fera.*

Li home au chaupistre monseignour Saint Père de la Court dou Mans megnans en la parroisse de Marrigné, qui ont rendu éritaument le fouage as Bons homes de Grantmont, ont pasture à lor bestes en Burçay, hors les quatre desfais, sauf ce que il n'y poent mettre chièvre nule fais, ne poires, ne truies ou mais de may. Et ne puent mettre bestes en Burçay dès quant la glant chiet duque li darraiens pasnages saient passez, fors lors poires au pasnage paiant. Et icil home ont en ladicte forest la bruère sans fauchier en lou où il a bois et ont la genest et la fueille. Et poent prendre la fogière emprès Sainct Jehan. Et puent trenchier le saule, et la bordaine emprès pié, et la branche de l'aune, et le tremble, et le charme sec, et le booul sec emprès pié que chargent foulle ne flor. Et poent prendre les arbres arrachiez ou brisiez les branches parciez dou booul. Et poent prendre les loches seiches et les coupiaus.

Li four de Marrigné y a son usage aussi comme li autre home. Et li fourniers puet prendre un furgon à l'usage dou four de trenble et dou bouliou d'une aune. Et se il en portot dous ensemble il en fereit dreit. Et cil fours deit par an dou setiers de seigle en l'erre de Marrigné por l'usage devantdit. Et se aucun de lor homes enporte ou ameine aucun forfaict de la forest, li sergens de la forest pora seue le forfaict duc en la rue de Marrigné. Et se il le trove sur l'essiau il le puet prendre et ramener arreres et dretaier à Jupilles ou ou rain de la forest avenaument. Et se il aveneit que celui forfet fust repost en mesons, lidis sergens vendra au sergens aus chan-noines et li dira que li face ovrir l'uis de la meson où il quidera que li forfet aura esté repous, et se il ne le viet ovrir, li sergans de Burçai porra brisier l'uis sans mesprendre et prendre le forfeseor duc à plaige de drait.

Li home de Sablez qui rend foage à Grantmont ont lor usaige et passaige auxi comme li hommes de chapp[itr]e Saint Père dou Mans.

Paien, le fis feu Robert de la Fousse, et ses heirs poent prendre en Bois Corbon et en la forest de Burçay et la bruière, et le genest, et la bordeine, et le hous, tant solement pour l'usage à chaufer les fors dou chasteau, et ardeir aussy tant solement en leur menoir du Goulart.

Item, il ont leur usage au bois vif en la forest de Burçay, hors les desfais tant solement, pour rappareiller et pour maintenir ledict menoir de Gaulart, et le pressoer en bon estat, et les autres chouses doudict menoir de Goulart. Et l'usage au boul en ladicte forest de Burcsay à cercles fere tant solement pour leur toneaus et pour leur cues doudict menair de Goulart demourans en celui menair. Et poent avoir et mettre en la forest de Burçay douze poires tant seulement chacun an, segon la coustume de cele forest, quites de tout parnage.

Et ces usages et parnages il ont en ladicte forest par pais et par accort fait entre noble dame Biétrix, comtesse de Dreues et de Montfort, de une partie, et Belot Le Borgain, curator et tutor audict Paennot et à tous ses enfans.

230. — Fin du XIIIe siècle. — DEVOIRS EN BERÇAY. — ARMES PORTÉES PAR LES ÉCUYERS DE BÉATRIX DE MONTFORT AU PROCÈS DE GERVAIS DE PRUILLÉ. — (B. N., Latin 9067, fol. 371 verso.)

S'ensuivent aucunes pièces d'aucunes tenances et obligations, etc.

Gaufridus de Asnières, de feodo castrorum Rageri Boran.

Guillelmus de Brouer, miles, frater uxoris Guillelmi Proceris, est homo erga dominam comitissam de emenda decem porcorum quos posuerat dicta uxor in Burceio, non finato de pasnagio ad pagandum emendam, secundum consuetudinem forestæ, octo dies quotiescunque fuerit requisit[us].

Arma quæ habuerunt armigeri dominæ comitissæ per contentionem Gervasii de Pruillé.

Hugo Guig... et P., filius ejus, ij aubers, ij bacuis et iij chapiaus de fer.

Guillelmus de Courcillon, ij aubers, ij bacuis, ij chapiaus, ij ganbeson et un espaulier.

Stephanus de Jupillis, i aubert, ij espauliers, ij bacuis et deux chapiaus de fer.

Guillelmus Landri, ij aubers.

Guido Goion, armiger, vic., ij aubers.

Odo de Logiis, ij aubers, i bac., un espaul[ier], ij chap[iaus], que tradidit Marca de... et baci.

Dominus Gaufridus de Bonpooul, i aubert, un bac et un espaulier.

Monsor Hue des Pins, chevalier, tient à domaine le molin de la Cufère, qui vaut xiij sextiers de mouturage et v solz et xl solz sus ce que monsor Guillaume de Nouis tient de luy et la voerie d'Aubigné.

Item ledict monsor Guillaume a la metaerie de la Curefère et douze solz de servige et huict deniers de cens et sa voerie en ces lieus, et se il tient doudit monsor Hue, et monsor Hue le tient dou seignour dou Chetiau dou Leir.

231. — 1304, septembre. — Lettres par lesquelles Béatrix de Montfort reconnait aux religieux de Chateau-l'Hermitage le droit d'usage dans les bois et forêts de Berçay, Douvre et la Chouenne, pour les hébergements desdits religieux situés a la Plesse, le Cleray, la Boucquetière, Pontvallain, Mansigné, le Mans, prieuré de Jajolai, etc. — (Imprimé : *Documents sur Châteaux-l'Hermitage*, p. 51.)

232. — 1311, juillet. — Acte par lequel Béatrix de Montfort donne a Béatrix de Roucy, sa petite-fille, fille de Jeanne, comtesse de Roucy, le chateau et la chatellenie de la Suze. — (B. N., Latin 9067, fol. 288 verso; Fr. 20.691, p. 542. — Imprimé : Comte Bertrand de Broussillon : *La Maison de Craon*, t. Ier, p. 314, n° 403 *bis* du *Cartulaire*.)

Cartula donationis de terra Suze.

Nous, Béatrix, comtesse de Dreues et de Montfort, dame dou Chastiau dou Loir, fesons asscavoir à tous ceus qui ces présentes lettres verront, présens et advenir, que nous à nostre chière niepce Béatrix de Roucy, fille de nostre amée fille Johanne, comtesse de Roucy, à ladicte Béatrix et à ses hoirs nez de son propre corps en mariage, pour l'amour de Dieu et pour la faveur que nous avons à luy, pour ce que nous l'avons nourrie et pource que nous considérons la pauvreté que elle n'a pas tant de rente selon son estat comme nous voudrions, donnons et octroions, en don faict entre les vifs, sans jamès rappeller et sans venir encontre de nous ou d'autre ou nom de nous, nostre chastel de la Suze, assis en l'éveschié dou Mans, que nous tenons de haut et noble prince Charles, comte de Vallois, d'Anjou et dou Maine, o totes les appartenances dudict chastel, en quelles chouses qu'elles seront, soit en bois, rivières, prés, cens, vergers, molins, usaiges, mesons, censives, justices hautes et basses, domaines et relevaiges, fiez, rièrefiez et usufruietz, en toutes autres chouses que les appartenances doudict chastel seront, et o tot ce que nos avons depuis acquis en iceluy que nous eussiems premièrement ledict chastel, en quelques chouses que ce soit, sans rien excepter. Transportons desor en droit à tousjoursmes en ladicte Béatrix et en ses hers de son propre corps nez en mariage tout le droict, raison et propriété et possession, si pleinement et si franchement comme nous avons doudict chastel o ses appartenances dessusdictes. Volons qu'elle en soit ensaisie par le bail de ces présentes lettres. Voulons que ledict chastel o totes ses appartenances ladicte Béatrix et cil qui avoient et auront cause d'èle tiennent de nous et de nos successeurs, en telle manière que si ladicte Béatrix, nostre niepce, n'avoit ou temps qu'elle trespassera de cette mortelle vie heirs de son propre corps nez en mariage, ledict chastel o totes ses appartenances dessusdictes retourne à nous ou à ceux à qui il escheit et adveinst après nostre décez, si comme ne l'eussons oncques donné. Promettons en bonne foy que encontre le don ne vendrons ne ne ferons venir par nous ne par autre, ne ne le rappellerons ne ne le ferons rappeller, ainçois li guarantirons et promettons li garantir et à ses heirs envers tous et contre tous tant que à nous appartient. Et quant à ce nous luy obligeons nos biens et tous nos héritages, en quelques leus qu'ilz soient, à ce tenir et garder en bonne foy.

En tesmoing de ce nous avons faict mettre nostre sael à ces présentes lettres.

Che fu fé, otroié et donné l'an de grâce MCCXI *(sic)*, le moys de juignet [1].

233. — 1320, 20 décembre. — (F. Legeay : *Recherches sur Mayet*, t. Ier, p. 200.)

Acte par lequel Robert, comte de Dreux, reçoit de Philippe Lorin les moulins de Château-du-Loir, tels que feu Robert, comte de Dreux, son aïeul, les avait baillés à Guillaume de la Fosse, et cède en contre-échange audit Philippe les lieu, moulin et étang de Sambris, à Pruillé-l'Éguillé, les Salles de Mayet, certaines portions de vigne et droits d'usage en la forêt de Berçay, le tout pour 19 livres de rente annuelle. Ledit seigneur cède, en outre, sa taille de Vaas et celle de la Bruère pour 11 livres de rente ; ses faitages de Château-du-Loir jusqu'à concurrence de 15 livres de rente, etc., pour lesquelles choses, ainsi que pour son lieu de Coulaines, ledit Philippe devra foi et hommage et un cheval de service.

234. — 1318, 30 juin. — Constitution de rentes de grains, mesure de Mayet, faite au profit des religieux de Berçay par Jean de la Poissonnière, lesdites rentes sises en son fief. — Imprimé : *Archives du Cogner*, série II, art. 71, n° 13.)

235. — 1327, 8 mai. — Acquisition par Jeannot Le Marié d'une rente de seigle, mesure d'Outillé, sur le lieu de la Saulaye, paroisse de Saint-Mars-d'Outillé, au

---

1. La copie du Latin 9067 donne 1212, en chiffres arabes ; celle du Fr. 20.691, MCCXI. La date véritable, 1311, est celle imprimée par M. le comte de Broussillon, d'après une copie du xive siècle des Archives Nationales, P 1344, n° 605.

FIEF DES MOINES DE GRANDMONT. — (Imprimé : *Archives du Cogner*, série II, art. 71, n° 14.)

236. — 1329. — ROBERT V, COMTE DE DREUX ET SEIGNEUR DE CHATEAU-DU-LOIR, MANDE A SÉGUIN II LENFANT, SEIGNEUR DE POILLÉ, QU'IL AIT A ENTRER EN LA FOI ET HOMMAGE DE PIERRE GROUSSEAU. LA MÊME ANNÉE SÉGUIN II REND FOI ET HOMMAGE A LA BARONNIE DE CHATEAU-DU-LOIR POUR LA CHATELLENIE DE POILLÉ. — (Abbé A. Foucault : *Histoire de Poillé*, dans la *Revue du Maine*, t. XLV, p. 124, d'après A. N., P. 358².)

237. — 1330, novembre, Saint-Germain-en-Laye. — LETTRES DE PHILIPPE VI DÉCIDANT QU'AMAURY III DE CRAON ET SES ENFANTS, NÉS DE BÉATRIX DE ROUCY, POUR LEUR TENIR LIEU DU TIERS DE LA MOITIÉ DE LA BARONNIE DE CHATEAU-DU-LOIR, RECEVRAIENT 440 LIVRES DE RENTE. — (Comte Bertrand de Broussillon : *La Maison de Craon*, t. I", p. 292, n° 486 bis, d'après Du Chesne : *Histoire de Dreux*, p. 290.)

238. — 1331, 31 décembre. — ACTE PAR LEQUEL JEAN III DE DREUX, SEIGNEUR DE CHATEAU-DU-LOIR, DONNE A LA CONFRÉRIE DE SAINT-JULIEN DE PRUILLÉ TRENTE LIVRES TOURNOIS DE RENTE SUR LES FORÊTS DE LA BARONNIE DE CHATEAU-DU-LOIR. — (A. N., JJ 82, fol. 31, n° 49 ; B. N., D. Housseau, n° 3612.)

Pour la confrarie Saint Julien de Pruillé l'Aguillier.

A touz ceulx qui verront ces présentes lettres, Jehan, conte de Dreux, sire de Montpancier, de Saint Wallery et du Chasteau du Loir, salut en Nostre Seigneur.

Sachent touz que, comme nous aions fait et fait faire deux autels en l'église de monsieur Saint Julian à Pruillé, c'est assavoir : un de Saint Michiel, et l'autre de Saint Fiacre, et seent les diz autelz triez le grant autel, un par haut et l'autre par bas, c'est assavoir : celui d'en haut de Saint Michiel, et celui dou bas de Saint Fiacre, et o tout ce nous aions ordenné et ordenons encore que desores en avant et à touzjours maiz par chascune sepmaine il ara chanté à chascun des diz autelz trois messes, ainsi que après nostre mort l'en fera touzjours, et dira l'en à la messe collette des mors pour le remède de nostre âme ; et, comme segont Dieu et raison, qui autel sert d'autel doit vivre : nous, pour Dieu et en pure et perpétuel aumosne et pour miex maintenir le devin office qui sera fait et célébré en ladite église, et espécialement les messes dessusdites, qui seront célébrées ès autelz dessusdiz, si comme dessus est dit, et pour avoir greigneur participation en toutes les choses qui sont et seront, l'aians ordenées à la louange de Dieu, de sa glorieuse mère, de monsieur saint Julian et de toute la court de paradis, et ou fondement desdiz hostels, avons donné et octroyé, donnons encore et octroyons, par donaison effical et valable faite entre les vis, aus frères et à la frarie de monsieur Saint Julian faite et foudée en l'église dessusdite, et à leurs successeurs, trente livres tournois de annuel et perpétuel rente, à avoir et à percevoir desdiz frères et de leurs successeurs dores en avant à touzjours maiz sur touz noz bois et forez et ventes d'iceulx de toute nostre baronnie du Chasteau du Loir, par la main de un des boucherons ou de plusieurs qui aroient ventes ès diz bois, lequel boscheron ou boscherons sera ou seront quietes envers nous et envers noz successeurs et qui cause aura de nous, touzjours et à touzjours, en monstrant lettres de recepte des diz frères seellées du seel de ladite frairie par chascun an des paiemens ainssi faiz, comme dessus est dit. Et sera fait le premier paiement au jour de nostre obit, et les autres ensuite au jour de la Toussaint annuelment. Et est ce fait en telle manière et en telle condicion que, se nous paions ausdiz frères à présent trois cens seze livres tournois ou de monnoie courante aujourdui, ou nos hoirs ou exécuteurs, dedenz l'an du jour que nous serions mors, en autelle monnoie, comme dessus est dit, et touz les arrérages, se aucuns en y avoit, que tantost et des ylors nous, noz hoirs et la terre dessus dite serions deschargiez de la rente dessus dite, et demourroient lesdiz frères et leurs successeurs chargiez de faire chanter et célébrer les messes dessusdites, si comme dessus est dit, et de acquerre des deniers dessusdiz la rente dessusdite : laquelle acquisicion nous voulons et ottroyons que les diz frères et leurs successeurs la puissent faire en noz fiez et rereliez de toute nostre baronnie dou Chasteau dou Loir, lesquelles choses ainsi acquises, et oultre ce toutes les autres choses que ilz y ont presté ou acquises, nous voulons et octroions que ilz tiengnent et poursient paisiblement et à touzjours en tant comme à nous, à noz hoirs et noz successeurs en porroit toucher, sanz ce que nous ne noz hoirs, ne nos successeurs, ne autre qui ait cause de nous, les puissons pourforcier de rien en mettre hors de leur main, et sanz rien y retenir à nous ne à noz hoirs, ne à qui cause aura de nous, fors garde souveraine. Et ne rappellons rien par ceste lettre de nulles autres lettres que ilz aient de nous ne de noz devanciers, que elles ne demeurgent touzjours en leur vertu.

Item, comme nous aions chargié et chargons encore lesdiz frères et leurs successeurs de faire et faire faire chanter, sonner et célébrer solempnelment les aniversaires de nostre très cher seigneur et père et de nostre chière dame et mère, que Diex absoille, en ladite eglise à touzjours mès et dès ores en avant par chascun an : nous avons donné et octroyé, donnons encore et octroions aus frères dessusdiz et à leurs successeurs la maison et la place de la Tieulerie, de nouveau faite au dessusdit Pruillé, séant ou chemin par où l'en va de Pruillé à Jupiles, et un arpent et demy du gasteis de nostre forest de Burcay, au plus prez de ladite Tieulerie, et o tout ce cinquante charretées de bois à ardoir à prendre par chascun an en nostre forest de Burçay à touzjoursmes, lesquelz toutes choses nous voulons que ilz tiengnent et poursuivent o les choses dessusdites, si comme dessus est dit ; ainsi toutevoies que nous ne noz hoirs ne noz exécuteurs, ne qui cause aura de nous, les puissons pourforcier de en prandre deniers, ne de mettre hors de leur main.

Et quant à toutes les choses dessusdites et chascune par soy sievre, entériner, garir et garandir touzjours et à touzjours et sanz ce qu'il puisse estre rappellé de nous ne de noz hoirs ne de qui cause aura de nous, nous en obligons ausdiz frères et à leurs successeurs nous et noz hoirs, et les bois dessusdiz, et les ventes d'iceulx, et les bocherons qui y sont et seront ou temps à venir, et touz noz autres biens meubles et immeubles présens et avenir, à prendre et à vendre quant à tout ce qui dessus est dit, et renonçons pour nous et pour noz hoirs et pour qui cause aura de nous à tout droit escript et non escript, à toutes coustumes vielles et nouvelles, à touz privillèges de pape, de roy, d'ampereur et de autres quelconques, à tout appleigement et à toutes autres raisons, allégacions, barres, deffenses et toutes autres choses quelconques qui nous pourroient valoir à venir contre les choses dessusdites ou contre aucune d'icelles, et promettons en bonne foy de non venir encontre.

En tesmoing de laquelle chose, et que ce soit ferme et estable, nous en avons donné et à leurs successeurs ces présentes lettres seellées de nostre seel, faites l'an de grâce mil trois cens trente et un, le mardi après la Nativité Nostre Seigneur.

239. — 1331/1332, 6 janvier. — Acte par lequel Jean, comte de Dreux et seigneur de Chateau-du-Loir, donne a la collégiale de Saint-Julien de Pruillé la maladrerie de Chateau-du-Loir. — (Archives de l'Hôtel-Dieu de Château-du-Loir. *Copie parch.* de 1385.)

A tous ceulx qui... Jehan, comte de Dreux, sire de Montpantier, de Saint Wallery et du Chastel du Loir, salut en Notre Seigneur.

Savoir faisons à tous que nous, considérant le divin office et les autres biens spirituels qui sont et seront faiz de jours et de nuiz en l'église fondée... en l'onnour de Dieu et de sa trés glorieuse mère et de mons' Saint Jullien de Pruillez l'Aguillé... en notre baronnie du Chastel du Loir... avons donné et octroions, donnons onquores et octroyons, par donnaison effical et vailable faite entre les viz, c'est assavoir, aux frères et aux chappellains et à la frarie et colleige de mons' Saint Julien de Pruilliez et à leurs successeurs, à tousjoursmes, perpétuellement et héritamment, nostre maladerie du Chastel, tant fonz de héritage comme habergement, féages, homonages, obbéissances, serviges, cens, devoirs, rentes de blez, vins et deniers... appartenans à ladite maladerie, sans rien y retenir, et comme nostre très cher et amé seignour et frère Robert, jadis compte de Dreux, que Diex absolve, eust piéça... donné la maladerie de Mayet ovecques la chappellenie fondée de Notre Dame... aux dessusdits frères et chappelains. (Il y ajoute le droit de prendre dans ses forêts de Berçay et de Bois-Corbon tout le bois dont les chapelains auront besoin) pour édiffier, mesonner, faire et ferre refaire les hébergemens et pressouers, cuves et tonneaux, et pour maintenir ladite église de mons' Saint Julien en toutes réparacions... la mestayrie de Sambris avec le moulin... en faisant ce que a esté accoustumé à faire aux meseaux et les devoirs accoustumez anciennement deuz par raison desdites maladeries.

Donné le lundi après la Circoncision Notre Seigneur, en l'an de grâce mil trois cens trente et un.

240. — 1332, 22 octobre. — Aveu de Huet de Morney au prieur de Chateau-l'Hermitage, pour ce qu'il tient a foi et hommage et a trois sols tournois de service requérables a l'hébergement de Chantelou. — (Imprimé : *Archives du Cogner*, série H, art. 51, n° 1.)

241. — 1335, octobre, la Suze. — Acte par lequel Philippe VI confirme aux religieux de Grandmont l'usage de la forêt de Berçay, déjà confirmé par une charte d'Henri II Plantagenet. — (A. N., JJ 69, fol. 121 verso, n° 292.)

Confirmacio sive renovacio cujusdam carte propter vetustatem sigilli antiquitus concesse ab rege Anglie religiosis Grandi Montis.

Philippe, par la grâce de Dieu roys de France, savoir faisons à touz présenz et à venir que nous avons veu unes lettres de noble prince jadiz Henry, roys d'Engleterre, duc de Normandie et d'Acquitaine et conte d'Angiers, contenant ceste fourme :

[Ici le texte du n° 85.]

Et pour ce que le scel duquel lesdites lettres sont et estoient seellées estoit dépéciez d'une partie, lesdiz religieux, doubtanz que en aucun temps à venir leur droit ès choses contenues et espécifiées ès dites lettres, lesquelles autrement que oudit scel estoient saines et entières, ne peust dépérir, nous aient fait supplier que sur ce leur voussissions pourveoir de remède convenable, nous, enclinanz à leur dite supplicacion, pour le salut de nostre âme, lesdites lettres innovons par la teneur de cestes. Toutevoies nous ne voulons pas que, pour cause de ceste innovacion, aucun droit nouvel ès choses dessus dites ou en aucunes d'ycelles ores ou autrefoiz soit acquis ausdiz religieus ou à leur église, ne aucun préjudice fait à nous ne à noz successeurs ne à aucuns autres, maiz bien nous plaist et voulons que leur droit ancien, se aucun y ont, duquel il auront joy et usé paisiblement jusques aujourdui leur soit sauf et gardé.

Donné à la Suze, l'an de grâce mil CCC XXX V, ou mois d'octobre.

Par le roy
Barr[ere]?

242. — 1337, 12 mai, Paris. — Contrat par lequel Pierre de Dreux vend a Philippe VI de Valois, roi de France, la baronnie de Chateau-du-Loir et ses dépendances. — (B. N., D. Housseau, n° 3569.)

A tous ceulx qui ces lettres verront, Pierre Belagent, garde de la prévosté de Paris, salut.

Sçavoir faisons que, par devant Jean de Rueil et Gervaise Le Danois, clercs notaires jurés et establis de par le roy, nostre sire, ou Chastellet de Paris, auxquels quant aux choses qui ensuivent et en plus grans faire passer et à nous loiaument rapporter, mettre et rédiger en forme publique, nous adjoutons foy pleine, et especiaument quant à ce de par nous et en nostre lieu commis et député, fut pour ce personnellement establis tout aussi comme en figure de jugement par devant nous, noble homme et puissant Pierre, comte de Dreux, disant et affermant en bonne vérité que, pour ce qu'il étoit moult chargiez de moult grans quantités de debtes de ses prédécesseurs et de leurs testamens, qui contiennent moult grans lez et ordennances, lesquelles il étoit et est tenu d'accomplir, lesquelles choses il ne pouvoit bonnement, si comme il disoit, sans vendre de ses héritages qui de la succession et eschoitte de ses dits prédécesseurs lui estoient advenus et descendus : il sur ce avoit requis et fait requerre, si comme il disoit, à très excellent et très puissant prince nostre très cher et redouté seigneur monsieur Philippe, par la grâce de Dieu roi de France, qu'il voulsist achapter de lui la terre et baronnie dou Chasteau dou Leir o toutes ses appartenances, à laquelle requeste nostre dit seigneur, pour les causes dessus dites, se inclina par le traitié et délibération de son conseil ; et sur ce reconnut et confessa ledit comte, par devant lesdits notaires jurez, que, par devant nous, que il a de son bon gré, de sa bonne volenté et certaine science, eue sur ce bonne délibération, avoit vendu et octroié, et encore vendoit et octroioit, par nom et par titre de vente pure et absolue, au roi, nostre devant dit seigneur, pour lui, pour ses hoirs et successeurs et ceulx qui cause auront de luy, héritablement à toujoursmais, le chastel, la ville, la chastellenie et la baronie dou Chasteau dou Leir, avec tous les bois et les forêts grans et petits appartenans et appendans à ladite chastellenie et baronnie, et avec toutes les appartenances et appendances desdites choses et de chacunes d'icelles, et toutes les autres choses immeubles et héritables, tant villes, chasteaux, chastellenies, habergemens, maisons, bois, forêts, rivières, molins, estangs, rentes, revenues, justices, juridictions, fiefs, domaines, seigneuries et autres choses qui lui estoient venues et descendues de la succession et eschoete messire Jean de Dreux, son frère, jadis comte de Dreux, darrenier mort, comme en chastel, chastellenie, ville et baronie dessus dites, et toutes les autres choses que il avoit et pouvoit avoir ou comté du Maine, par quelconque titre ou raison que ce fût, avec toutes les appartenances et appendances d'icelles et de chacune d'icelles, sans riens y retenir à luy ni à ses héritiers, et s'en dessaisit dou tout en tout par devant lesdits notaires jurez comme par devant nous, et en transporta ou roy, nostre dit seigneur, pour luy, pour ses hoirs et successeurs et ceux qui de luy auront cause, la saisine, la seigneurie, la propriété et la possession, et luy cessa, quitta et délaissa tous les droits, les auctions réaulx et personnelles que il avoit et povoit avoir, comment que ce fust, sans riens y retenir à luy ne à ses hoirs, en fons ne en fruit, ne en saisine, ne en propriété, ne en quelconque autre chose ne manière que ce peut estre. Et laquelle dite vente iceluy comte confessa, par devant lesdits notaires jurez comme par devant nous, avoir faitte au roy, nostre dit seigneur, en la forme et manière que dessus est dit, pour le prix et la somme de trente et une mille livres tournois de la monnoie courante à présent, francs et quittes audit comte de toutes ventes et quinz deniers, laquelle somme d'argent ledit comte connut et confessa avoir eue et receue en purs deniers secs comptans dou roy, nostre très chier seigneur dessus dit, par la main de ses thrésoriers à Paris, et s'en tint dou tout en tout pour bien payé entièrement et parfaitement, et sur ce renonça à toute exception et pecunne non nombrée, non eue et non receue de luy, si comme dit est. Et parmi ce ledit comte promit et s'obligea, par devant lesdits notaires jurez comme par devant nous, par espécial et par exprez mos, à garantir, délivrer et deffendre qui de luy auront cause envers les hoirs de feu monsieur Amalric, jadis sire de Craon, toutes les choses dessus dites et chacune d'icelles de toutes conventions, demandes, assignations, de toutes obligations et charges, de tous autres empeschements selon droit et selon coustume, les en garantira, si comme dit est, sauf toutesfois que se les prédécesseurs doudit comte, avant que la succession et eschoette venist audit comte, avoient sur lesdites choses ou sur aucunes d'icelles donné ou assigné rentes ou autres choses héritaux pour messes ou pour chapelleries fonder ou pour autres causes, feust à religieux ou à gens séculiers, ou mis hors de leur main à perpétuité, ledit comte n'en soit point tenu d'en faire garantie, fors que tant que se aucunes aliénations héritables ou obligations ont été faites des prédécesseurs doudit comte, feust à religieux ou à autres pour quelconques causes, qui n'eust été ou n'est apparant à plusieurs, par testaments ou par lettres ou autrement deuement avant icestes lettres, ledit comte seroit et est tenu en cestui cas de garantir et, pour toutes les choses dessus dites et chacune d'icelles, garder, tenir, entériner, garantir et loyaument accomplir de point en point en la manière que dit est, sans corrompre. Ledit comte de Dreux en ce obligia, sans exception aucune, soy, ses hoirs et tous ses biens et les biens de ses hoirs, meubles et immeubles, présens et advenir, à justice et contraindre par toutes justices pour entériner dou toutes ces lettres selon leur forme; et renonça en cest fait ledit comte par son serment fait aux saints évangiles de Dieu, la main mise sur le livre, et par la foy de son corps bailliée de luy corporellement ez mains desdits notaires jurez comme en la mienne, à toutes exceptions de mal, de fraude, de barat, de tricheries, de lésion, de circomvention, à toutes exceptions de devances, d'oultre la moitié dou juste prix, ou autres, quelles qu'elles soient, à tout ce que luy ou autres peussent dire plus ou moins avoir esté cy dedans écrit, canon ou civil, us, stile ou coustume de pays ou de lieu, aidier et valoir, lui peust ou temps advenir en aucune manière contre la teneur de ces présentes lettres en tout ou en partie, et au droit disant générale renonciation non valloir.

En tesmoing de ce, nous, à la relation desdits notaires jurez, avons mis en ces lettres le scel de la prévosté de Paris, l'an de grâce mil trois cens trente sept, le lundy douziesme jour de may.

Sic signatum : G. Le Danois; Jean de Rueil.

Et nous, comte de Dreux dessus nommez, ladite vente faite par nous et toutes les choses cy dessus contenues et chacune d'icelles confessons estre vraies, et icelles pour nous, pour nos hoirs et successeurs, avons et promettons à avoir perdurablement, sans venir encontre, fermes et estables, et les loons, ratifions, approuvons et conformons. Et en tesmoing d'icelles choses avons appousé à ces lettres nostre scel avecques le scel de la prévosté de Paris, l'an et le jour dessusdits.

A tous ceulx qui ces présentes lettres verront, nous, Pierre, comte de Dreux, seigneur dou Chastiau dou Leir, salut.

Nous faisons sçavoir à tous que, comme nous avons vendu et transporté à toujoursmez héritablement à très excellent et très puissant prince nostre très chier et très redouté seigneur monsieur Philippe, par la grâce de Dieu roy de France, le chastel, la ville, la chastellenie et baronnie doudit lieu dou Chastiau dou Leir, avec toutes ses appartenances et appendances, et avec toutes les choses que nous avons, comment que ce fust, en la comté dou Maine, et nous en sommes dessaisis pour certaine somme d'argent contenue et expressée ez lettres de la vente faite sur ce, scellées dou scel de la prévosté de Paris et de nostre grant scel :

Pour quoy nous, par la teneur de ces lettres, nous mandons à tous nos sujets, terriers et vassaux, tant nobles comme non nobles, de ladicte baronnie et choses dessus dites, soit en fiefs, rerefiefs, arrierefiefs ou ressors, que à nostre dit seigneur le roy et à ceux qui de lui auront cause ils obéissent doresnavant en la manière qu'ils faisoient à nous, et entrent en sa foy et hommage, saisines et possessions, esquelles ils étoient à nous entrez ou devoient entrer, et par eux transportant envers nostre dit seigneur le roy, si comme dit est, nous les quittons à toujoursmez de toutes les choses en quoy ils nous en pouvoient ou devoient être tenus pour raison desdites choses.

Et promettons en bonne foy sur l'obligation de nous, de nos hoirs et de tous nos biens, à non venir jamais encontre la teneur de ces lettres, lesquelles nous avons scellées de nostre grant scel, mil trois cens trente sept, le lundy douziesme jour de may.

Sic signatum : Dou commandement monsieur le comte dessus nommé, icy ay mis mon nom : G. Le Danoys, notaire de Chastellet.

243. — 1337, après le 12 mai. — LETTRES DE PIERRE DE DREUX EN FAVEUR DE GUILLAUME Ier DE CRAON, AUQUEL IL ABANDONNE MILLE LIVRES DE RENTE VIAGÈRE SUR DOMART, EN PONTHIEU, AFIN DE LE DÉDOMMAGER DE SES DROITS D'UN SIXIÈME SUR LA BARONNIE DE CHATEAU-DU-LOIR, VENDUE AU ROI. — (Comte Bertrand de Broussillon : *La Maison de Craon*, t. II, p. 133, n° 941, d'après Du Chesne : *Histoire de Dreux*.)

244. — 1337, juin. — LETTRES PATENTES PORTANT DON DE CHATEAU-DU-LOIR A JEAN DE FRANCE, DUC DE NORMANDIE. — (Note : Du Tillet : *Apanages*.)

245. — 1337, décembre, et 1342, juin. — (A. N., P 344¹, n°⁸ 1150¹ et 1150².)

Aveux à Château-du-Loir, au moyen de la châtellenie de Mayet, par Philippot de Ponçay, pour son « espave et vaerie » en sa « terre de Sarceau ».

246. — 1337. — AVEU A JEAN DE FRANCE, DUC DE NORMANDIE, COMTE D'ANJOU ET DU MAINE ET SEIGNEUR DE CHATEAU-DU-LOIR, PAR SÉGUIN II LENFANT, SEIGNEUR DE POILLÉ, POUR SON DROIT DE VOIRIE ET CE QU'IL A A MAYET. — (Note : *Revue du Maine*, t. XLV, p. 125, d'après A. N., P 344¹, n° 51.)

247. — 1338/1339, 17 février. — ACTE PAR LEQUEL PIERRE DE DREUX, COMTE DE MONTPENSIER, AFIN DE SE DÉCHARGER DE 784 LIVRES DE RENTE QU'IL DEVAIT A GUILLAUME Ier DE CRAON POUR LES DROITS D'UN SIXIÈME SUR LA BARONNIE DE CHATEAU-DU-LOIR QUE CELUI-CI TENAIT DE SA GRAND'MÈRE, JEANNE DE DREUX, LUI ABANDONNE DOMART ET BERNARVILLE ET CONSTITUE LES EXPERTS CHARGÉS D'ESTIMER LESDITES TERRES. — (Imprimé : Comte Bertrand de Broussillon : *Documents inédits pour l'histoire du Maine au XIV° siècle*, p. 23, n° 62.)

248. — 1340, juillet, Arras. — LETTRES PAR LESQUELLES, A LA REQUÊTE DE BAUDOUIN DES ROCHES, FILS DE SON CHAMBELLAN BAUDOUIN DES ROCHES, PHILIPPE VI CRÉE A PONTVALLAIN UN MARCHÉ HEBDOMADAIRE, FIXÉ AU JEUDI. — (Imprimé :

Comte Bertrand de Broussillon : *Documents inédits pour servir à l'histoire du Maine au XIV° siècle*, p. 26, n° 63.)

249. — 1342, 30 juin. — (A. N., P 344¹, n° 1152¹.)

Aveu à Château-du-Loir par « Hubert Vendosmays », pour son « habergement de Ourne ».

250. — 1342, juin. — (A. N., P 344¹, n° 1120¹.)

Aveu à Jean de France, baron de Château-du-Loir, par « Huet Quarrel », pour son « habergement de la Quarrelière », à Mayet.

251. — 1342, juin. — (A. N., P 344¹, n° 1159.)

Aveu à Château-du-Loir par « Jehan Bouschet, seigneur de la Roche Bouchet », pour choses à Vaas, « à la Tufyère, sur le Loir ».

252. — 1342, juin. — Aveu a Jean de France, comte d'Anjou et du Maine et seigneur de Chateau-du-Loir, par Baudouin des Roches, pour son hébergement de la Faigne, ou il a justice haute, moyenne et basse. — (A. N., P. 344¹, n° 1103⁵.)

253. — 1342. — Hommage a la baronnie de Chateau-du-Loir par Hubert Vendomois, pour l'hébergement de l'Isle et d'Ourne, domaine, fiefs, arrière-fiefs et droits de pacage en la forêt de Berçay. — (F. Legeay : *Recherches sur Aubigné et Verneil*, p. 182.)

254. — 1343, juillet, Gidy (Loiret). — Lettres de Jean, comte d'Anjou et du Maine et seigneur de Chateau-du-Loir, décidant, au nom du roi, que les causes de l'hopital de Chateau-du-Loir ressortiront sans moyen de la juridiction dudit siège. — (A. N., JJ 74, fol. 56, verso, n° 90.)

Gratia facta dicto preceptori quod dictum hospitale sit omnino subjectum dicto Castro du Lair.

Jehan, ainsné filz du roy de France, duc de Normendie, conte d'Anjou et du Maine, savoir faisons à touz, présenz et avenir, que, comme dès le temps que nostre amé et féal le conte de Dreux tenoit la terre du Chastiau du Lair, laquelle est nostre à présent, débat soit meuz entre nostre procureur de la conté de Dreux, du Maine, et le commendeur de l'ospital du Chastel du Lair, d'une part, et le procureur dudit conte de Dreux, d'autre, pour cause de ce que nostre dit procureur et ledit commendeur disoient ledit hospital estre exempt de la juridiction dudit conte, et subgiet, senz moien, à nous pour cause de nostre conté du Maine, ledit procureur dudit conte disant au contraire, lequel débat, qui longuement a duré, ne soit encore mis à fin, et pour ce nous ait supplié ledit commendeur que, ou cas que il nous plaira que ledit hospital soit subgiet à nostre dit Chastel du Lair, nous li vuillions octroier que, se il arrivoit que nous ou noz hoirs ou temps à venir meissons hors de noz mains ladite terre du Chasteau du Lair, il nous plaise que ledit hospital reveigne subgiet à nostre dit conté du Maine, nous, oye sadite supplication, avons ordené et ordenons par ces présentes, de grâce espécial, de certaine science, du commendement dudit commendeur, ledit hospital estre subgiet à nostre dit Chastel du Loir à touzjours, tant comme la terre d'icelui lieu sera ès mains de nous ou de noz hoirs. Et, se il avenoit que nous ou noz diz hoirs meissons hors de noz mains ou temps avenir lesdiz chastel et terre, nous voulons, de nostre dite grâce, ledit hospital arretes revenir à estre subget à nostre dit siège du Mans si comme il povoit faire avant nostre présente ordenance : donnanz en mandemenz à touz noz justiciers et subgez présenz et avenir que contre la teneur de nostre présente ordenance et volenté ne contraignent ou molestent en riens ledit commendeur ne ses successeurs ou temps avenir en aucune manière.

Et, que ce soit ferme chose et estable à touzjours, nous avons fait mettre à ces présentes lettres nostre nouvel scel en l'absence du grant, sauf en autres choses nostre droit et en toutes l'autrui.

Donné à Gidy en Orlénoys, l'an de grâce mil ccc xliii ou moys de juillet.

Par monsieur le duc, du commendement le roy,

Lorriz.

CARTULAIRE DE CHATEAU-DU-LOIR

255. — 1343/1344, janvier, Trainel en Champagne. — Lettres par lesquelles Jean de France, comte d'Anjou et du Maine et seigneur de Chateau-du-Loir, mettant fin au procès commencé authrefois entre le comte de Dreux et le prieur de Saint-Jean-de-la-Motte, décide que le prieuré relèvera directement du siége du Mans et non de la baronnie de Chateau-du-Loir. — (Imprimé : *Documents pour l'histoire du Maine au XIVᵉ siècle*, p. 38, n° 74.)

256. — 1344/1345, 25 février, Saint-Christophe en Halatte[1]. — Acte par lequel Jean, comte d'Anjou et du Maine, donne a l'Hotel-Dieu de Chateau-du-Loir l'usage du bois mort en la forêt de Bois-Corbon. — (Archives de l'Hôtel-Dieu de Château-du-Loir. *Copie parch.* du lundi après Pâques fleuries 1371/1372.)

Johan, ainsnez filz du roy de France, duc de Normandie, conte de Poitou, d'Anjou et du Maine, savoir faisons à touz présens et avenir que, considéré la povreté et la petite fondacion de l'oustel Dieu du Chastel du Loir, avons octroié en aumosne et octroions de grâce espécial aux mestres, frères et serours dudit houstel Dieu, que ilz aient et puissent prendre par main de servant chacune sepmaine une charrestée de boys mort, baoul, tremble et autre boys qu'en doit appellé boys mort, en nostre forest de la baronnie dudit Chastel du Loir apellé Boys Corbon, desoresmais, perpétuellement, à touzjours, pour leur chauffer et autres leurs nécessitez, sans vendre, à prendre une foiz ou à plussours, si comme bon leur semblera.

Si mandons à touz les maistres de noz forests présens et à venir et à touz les verdiers et segraiers d'icelles que lesdites charrestées ils facent desoresmais délivrer auxditz religioux ou à leurs gens par la manière dessus dite, sanz difficulté et sanz autre mandement atendre, nonobstant autres dons que faiz leurs aions.

---

1. Saint-Christophe, commune de Fleurines, canton de Pont-Sainte-Maxence, arrondissement de Senlis (Oise).

En tesmoing de ce, nous avons fait mettre notre seel en ces lettres, sauf notre droit en autres chouses et en toutes l'autruy.

Donné à Saint Christophe en la Halate, le xxv° jour de février l'an de grâce mil trois cens quarante et quatre.

257. — 1345, juin, Bauné (Maine-et-Loire). — LETTRES DE JEAN, COMTE D'ANJOU ET DU MAINE, EN FAVEUR DE L'ABBAYE DE VAAS. — (Analyse de M. l'abbé A. Ledru : *Province du Maine*, t. IX, 1901, p. 230, d'après A. N., JJ 68, fol. 62, n° 108.)

Jean, comte d'Anjou et du Maine, fait savoir que les religieux et abbé du monastère de Notre-Dame de Vaas, au Maine, lui ont remontré « comme, pour occasion des guerres de Bretaigne et autrement », ils avaient été « si grevez et dommaigez qu'ils n'ont de quoy avoir leur nécessitez ». Pour leur venir en aide, il leur accorde l'usage de sa « forest de Boyscorbon », lequel usage ils possédaient déjà en partie grâce à la libéralité de feu Jean, comte de Dreux, alors seigneur de Château-du-Loir. Cette concession était faite à la condition d'une messe par semaine.

258. — 1345, août, Sablé. — LETTRES PAR LESQUELLES PHILIPPE VI ORDONNE QUE LES ASSISES DE LA BARONNIE DE CHATEAU-DU-LOIR SE TIENDRONT A CHATEAU-DU-LOIR, ET QUE SES SUJETS DEVRONT PLAIDER EN APPEL AU PARLEMENT DE PARIS ET NON AU MANS. — (B. N., Fr. 14.538, fol. 15.)

Philippe....

Sçavoir faisons à tous présens et à venir que, comme pour contemplation de nostre très cher et amé fils le duc de Normandie, conte d'Anjou et du Maine, nous ayons acquis pour luy et de son nom et à son proffit, de nds. Gousaussy et de ceux qui de luy auront cause tant seulement, du comte de Dreux, la baronnie du Château du Loir, laquelle estoit tenue en fié de nostre dit fils pour cause de ladite comté du Mans et du ressort d'icelle, pour mettre en pur et propre domaine de ladite comté, et nous avons entendu que depuis ladite acquisition sur ce faicte les gens qui gouvernent au païs pour nostre dit fils ont tousjours gouverné et encore gouvernent ladite baronnie et les sujets d'icelle ou telle juridiction comme elle estoit gouvernée de par ledit comte de Dreux avant ladite acquisition et contrats des assises de ladite baronnie qui sont tenus pour nostredit fils par le séneschal d'Anjou et du Maine, l'on apelle audit séneschal mesme en l'assise du Mans, et au de ce qu'en ladite terre et baronnie a sergent souverain et par nostredit fils sergentant en tous cas de souveraineté de ce ressort et faict adjournement de poursuite et empesche la cognoissance des causes pendans par devant le séneschal au siège de ladite baronnie et par devant les autres officiers d'icelle baronnie de faire venir les parties en cas de poursuite par devant iceluy séneschal en ladite assise du Mans, si comme l'en fait aux terres suretez des barons qui ne sont pas de nostredit fils, fors qu'au ressort de souveraineté de comme l'en faisoit avant ladite acquisition : pourquoy nous, qui nous voudrons de toutes les choses dessusdites, du conseil de délibération sur ce, avons ordonné et ordonnons par ces lettres que doresnavant toute ladite baronnie sera gouvernée comme propre domaine de nostre fils, et tenra ledit séneschal assises chacun an tant de foy comme bon luy semblera audit lieu de Château du Loir, qui seront de telle authorité de nertre comme les autres assises de ladite séneschaussée du Maine qui sont tenues par nostredit fils ; sans ce que l'en en puisse d'ores en avant apeller en assise du Mans, fors tant seulement à nous, à notre parlement, en la manière que l'en fait en ladite assise du Mans et aux autres sièges de ladite séneschaussée, à laquelle assise viendront tenir les sujets de ladite baronnie qui y auront à faire, soit en cas de ressort de souveraineté ou autre en droit, et deffendons que doresnavant on ne face adjournement en cas de poursuite ne autres exploits de souveraineté en ladite terre et baronnie ; touchant ladite baronnie et sujets préviendra notredit fils ne au siège de ladite assise, fors tant seulement en icelle assise de nous, autrement, laquelle chose nous voulons estre ainsi faite et l'avons octroyée à nostredit fils de certaine science de grâce spéciale de nostre pleine puissance et autorité royale.

Et pour ce que ce soit ferme chose et estable à tousjours, nous avons fait mettre notre sceel à ces lettres, sauf nostre droit et l'autruy en toute chose.

Donné à Sablé au Maine, l'an de grâce M CCC XL cinq, au mois d'aoust.

259. — 1348/1349, février. — (A. N., P 344¹, n° 1155³.)

Aveu à Château-du-Loir par « Geuffroy de Chennaie, chevalier », pour usage en Berçay et Cloipas, à cause de son hébergement de Vaux.

260. — 1350, 28 mai, Paris. — ACTE PAR LEQUEL PHILIPPE VI, POUR METTRE FIN AU LITIGE PENDANT ENTRE LE PROCUREUR DE JEAN, COMTE D'ANJOU ET DU MAINE ET SEIGNEUR DE CHATEAU-DU-LOIR, QUI S'EFFORÇAIT DE FAIRE RESSORTIR AU SIÈGE DE CHATEAU-DU-LOIR LE FIEF DE SAINT-CENART ET LA CHATELLENIE DE MONTREUIL-LE-HENRI, D'UNE PART, ET PIERRE II D'ÉCHELLES, SIRE DE LUCÉ, D'AUTRE PART, DÉCIDE QUE LES SUJETS DE CES DEUX SEIGNEURIES PLAIDERONT EN APPEL AU SIÈGE DE BAUGÉ ET NON A CELUI DE CHATEAU-DU-LOIR. — (Imprimé : V. Alouis : *Les Coesmes*, première partie, p. 7.)

261. — 1350. — AVEU A LA BARONNIE DE CHATEAU-DU-LOIR PAR SÉGUIN II LENFANT, SEIGNEUR DE POILLÉ, POUR SON DROIT DE VOIRIE ET CE QU'IL A A MAYET. — (Note : *Revue du Maine*, t. XLV, p. 125, d'après A. N., P 344¹, n° 51.)

262. — 1351, 25 mai, Paris. — ACTE PAR LEQUEL LE PARLEMENT CONDAMNE GUILLAUME DE CRAON A CINQ CENTS LIVRES D'AMENDE ET A DES DOMMAGES ET INTÉRÊTS EN FAVEUR DE PIERRE D'ÉCHELLES, DANS UN LITIGE PENDANT ENTRE EUX AU SUJET DE LUCÉ ET DE PRUILLÉ-L'ÉGUILLÉ. — (Imprimé : Comte Bertrand de Broussillon : *Documents inédits pour l'histoire du Maine au XIV° siècle*, p. 55, n° 91.)

263. — 1351, 16 juillet, Paris. — ARRÊT DU PARLEMENT

DANS LA CAUSE ENTRE PIERRE D'ÉCHELLES ET GUILLAUME DE CRAON, QUI, PAR COUP DE MAIN, S'ÉTAIT EMPARÉ DE LUCÉ ET DE PRUILLÉ. — (Imprimé : *Documents inédits pour l'histoire du Maine au XIVe siècle*, p. 56, n° 92.)

264. — 1352, mai, Paris. — LETTRES PAR LESQUELLES LE ROI JEAN CONFIRME UNE DONATION DE TRENTE LIVRES TOURNOIS DE RENTE FAITE A LA CONFRÉRIE DE SAINT-JULIEN DE PRUILLÉ PAR JEAN III DE DREUX. — (B. N., D. Housseau, n° 3612; A. N., JJ 82, fol. 31, n° 49.)

Confirmatio fundationis confrateriæ ordinatæ ad Sanctum Julianum de Pruillé.

Johannes, Dei gratia Francorum rex.

Notum facimus universis, tam presentibus quam futuris, nos infra scriptas vidisse litteras, formam quæ sequitur continentes :

[Ici le texte du n° 238.]

Nos autem, supra scriptas litteras et omnia et singula in eis contenta ratas et gratas habentes, ipsas volumus, laudamus, approbamus, et de speciali gratia et authoritate nostra regia tenore presentium confirmamus, dantes presentibus in mandatis magistris forestarum nostrarum, senescalloque et receptori nostris Andegavensi et Cenomanensi modernis et qui pro tempore erunt et eorum locum tenentibus, quatinus predictos magistros et fratres dictæ confratriæ seu fraternitatis ecclesiæ Sancti Juliani de Pruilliaco a contentis in predictis litteris, prout alias uti consueverunt, uti et gaudere pacifice faciant et permittant, dictasque triginta libras turonenses, modo in dictis litteris contento, eisdem et successoribus suis persolvi faciant annuatim, quas eis sic solutas in solvendis compotis allocari, et de sua deduci recepta, per dilectas et fideles gentes compotorum nostrorum Parisius, volumus et jubemus, ordinationibus seu mandatis contrariis non obstantibus quibuscumque.

Quod ut firmum et stabile perpetuo perseveret, sigillum nostrum litteris presentibus duximus apponendum, salvo in aliis jure nostro et in omni quolibet alieno.

Datum Parisius, anno Domini millesimo trecentesimo quinquagesimo secundo, mense maii.

265. — 1352, Paris. — LETTRES DU ROI JEAN RELATANT UNE SENTENCE RENDUE PAR LE PARLEMENT DE PARIS AU PROFIT DES RELIGIEUX DE CHATEAU-L'HERMITAGE CONTRE ADAM DE BARDILLÉ, BAILLI DES EAUX ET FORÊTS ROYALES, ET MAINTENANT AUX RELIGIEUX LEURS DROITS D'USAGE DANS LA FORÊT DE DOUVRE. — (Imprimé : *Documents sur Château-l'Hermitage*, p. 55.)

266. — 1356/1357, 29 mars, Jupilles. — JUGEMENT DE L'ASSISE DE JUPILLES CONSTATANT QU'IL Y AVAIT LIEU DE RENVOYER SANS JOUR PLUSIEURS PERSONNES ACCUSÉES DE DIVERS DÉLITS DANS LA FORÊT DE CHATEAU-DU-LOIR. — (Imprimé : Beautemps-Beaupré : *Coutumes et Institutions de l'Anjou et du Maine*, 2ᵉ partie, t. IV, p. 64.)

267. — 1356/1357, 30 mars, Jupilles. — JUGEMENT RECONNAISSANT AUX TENANCIERS DE LA HURELIÈRE, DE LA LOUVETIÈRE ET DE LA SAULAIE, ÉTAGERS DE GRANDMONT, LE DROIT D'USAGE EN LA FORÊT, PROCHE GRANDMONT. — (B. N., Latin 9067, fol. 328 verso.)

Transcript pour les trois mestairies de Grandmont. 1373.
Nous en avons envoié sans jours Johan et Johan les Martins, et Benoiste, fame feu Robin, de la Saulaie, demourant c'est asscavoir : lesdis Martins à la Huillière, et l'autre à la Loutière, et ladicte fame en l'estre de la Saullaye, qui fut feu Robin Huraut, de la demande que nous leur fesions d'avoir fauché et cueilly bruières ez bruières de la forest et pastures à leurs bestes ou leu monstre qui est jouxte Granmont, entre le molin de Grantmont et les mesons dessusdictes et le gué Daace, parce que ils ont prové suffisamment par fin d'enqueste que eux et lors prédécesseurs en sont en saisine et poussession par l'espace de quarante ans et de plus soubz l'ombre d'un privilège que les religious de Grantmont en Burçay nous ont monstré aujourdhuy, et parce que les dessusdis sont demourans et estagers soubz lesdictz religious et tiennent lesdictes chouses desdictz religious à chière rente, et est

l'héritage desdis religious anciennement, qui fu baillé à celle rente, et parce que nous avons demandé et enquis en jugement à Guillot Eveillart, a Blezot, sergens en ladicte forest de Burçay, et à Cone, qui en fut sergent, se ils virent ne seurent oncques que les dessusdis ne les devanciers paiassent avenages par reson des leus dessusdis, lesquiex ont respondu par leurs seremens que ils n'en virent oncques paier avenages, ainçois ont tosjours oy dire que ils n'en devoient point, et parce que nous avons demandé à Aubelet de Garmaincourt, procureur de monsieur le comte en la baronnie dou Chastel du Loir, s'il savoit que li eust chouse par quoy nous deussons juger en cause pour eux, lequel nos a respondu que non, et que, se il le sceust, que il ne l'eust pas à dire.

Et est ce faict en la présence de Johan Pignau, lieutenant de séneschal en ladicte baronnie, et de Johan de la Forest, chastellain du Chastel du Loir, et de Jeuffroy Morin, André Chevalier, juré de la forest, et de Pierre La Guine et de plusieurs autres ausquieux nous avons demandé par leurs seremens se il y avoit chouse par quoi nous deussons tenir en plait les dessusdictz, lesquelz nous ont respondu que, veu et regardé les chouses devantdictes, nous en devons envoier sans jour les dessusdis Johan et Johan les Martins et ladicte Benoiste.

Donné en l'assise de Jupilles, tenue par Juliot Quentin, à Jupilles, le juedy emprés que l'en chanta en saincte Eglise Judica me, l'an 1356.

Ainsi signé, acord par les remembrances : P. Richier pour J. dou Pont.

Cette copie escrite le mardy veille de la Cheire Sainct Père, l'an 1373.

268. — 1358, 12 mai, Chinon. — ACTE PAR LEQUEL LOUIS Ier, COMTE D'ANJOU ET DU MAINE, CHARGE NICOLAS PERRIGAULT DE TENIR LES ASSISES DE L'ANJOU, DU MAINE ET DE CHATEAU-DU-LOIR, AUX GAGES DE 150 LIVRES. — (Imprimé : Beautemps-Beaupré : *Coutumes et Institutions*, 2e partie, t. II, p. 480.)

269. — 1360, octobre, Calais. — ACTE PAR LEQUEL LE ROI JEAN DONNE A LOUIS, SON DEUXIÈME FILS, LES COMTÉS D'ANJOU ET DU MAINE ET LA BARONNIE DE CHATEAU-DU-LOIR. — (B. N., D. Housseau, n° 3636.)

Jean, par la grâce de Dieu roy de France.

Sçavoir faisons à tous, présens et advenir, que, comme l'estat et honneur du fils soit gloire et vie du père, adonc pour son bon gouvernement que nos fils ont par raison et par amour paternel debvons estre plus curieux et intentif à croistre l'estat et advancer honneur et dignité d'iceulx nos dicts fils, et pour ce, considérans en nostre teneur la vraie amour, parfaicte honneur et féal obéissance que Louis, nostre très cher second fils, nous a tousjours porté, à bon gouvernement de lui, et que à toute nostre ordonnance il s'est de grande volonté exposé et offert mettre son propre corps en l'hostage pour nous et pour nostre délivrance de prison où nous avons esté pour long temps en Angleterre, et avons ferme espérance que tousjours en ensuivra son bon propos et sommairement il s'efforcera de soy tousjours advancer en honneur et en bien et à nous servir et obéir de tout son pouvoir, et la bonne amour que nous lui portons et avons de voir de bonne volonté et grande affection nostre dict fils estre advancé de nostre royale libéralité en toutes grâces, dignités et honneurs, et pour plusieurs autres causes qui à ce nous ont esmeu ; nous, de nostre certaine science, autorité roiale et grâce espéciale, pour nous et pour tous nos successeurs, avons donné et octroié, donnons et octroions par ces présentes, par donation pure et simple volonté[1] entre les vifs, à perpétuité, audict Louis, nostre second fils, à héritage perpétuellement tenir, pour lui et pour ses enfans, nés ou à naistre, masles, ses hérittiers ou engendrés de ses enfans masles nais ou créés de loyal mariage, le comté d'Anjou, le comté du Mans et le chastel, chastellenie et baronie du Chastel de Leir, assis audit comté du Mans, et le chastel et chastellenie de Chasteauciaux, à tenir et perpétuellement posséder et exploicter, et ses enfans

---

1. *Valable.*

masles, si comme dessus est dit, paisiblement, avec toute haute, moyenne et basse justice, et toutes les cités, villes, chasteaux et forteresses, rentes, fiefs, arrière-fiefs, droicts et patronages et collations des bénéfices, forests, bois, terres, prés, vignes, estangs, garennes, moulins, eaues, pescheries, ports, et tous et singuliers droits que nous avons ou pouvons avoir ès dicts comtés, baronnies, chastels, chastellenies et chacuns d'iceux, pour nous et pour nos successeurs, audict Louis, nostre fils, pour lui et pour ses héritiers masles, comme dit est ; laissons perdurablement et donnons toutes les devant dictes choses et chacunes d'icelles transportons en nostre dict fils de plain droict, nonobstant droits, loix, usages, coustumes et statuts quelconques au contraire, lesquels nous voulons que en ce faict cassés et irrités et annullés ne puissent avoir aucun lieu, sauf toutesfois retenu et réservé à nous les droicts de régale et les exemptions des églises catédraux et autres quelsconques desquelles la cognoissance appartient à nous seulement et à la couronne de France et à nostre cour de parlement, et aussi réservé la féauté, l'hommage, et le ressort, et les monnoies et autres droicts de souveraineté, lequel hommage ledit Louis, nostre cher fils, nous a faicte le jour de la date de ces lettres, auquel hommage nous l'avons receu, sauf dommage en nostre droict et en l'autruy.

Et avec ce ledit Louis, nostre fils, par devant nous personnellement présens, dedits comté, baronie, et chastellenie, et de toutes les choses dessus dictes et de chacune d'icelles, avons investi réalement et de fait, et avons donné en mandement par ces présentes à tout et un chacun vassal homme de foy et à tous autres à qui il peut appartenir, que, pour cause desdits comtez, baronie et chastellenie, nous sont tenus faire foy et hommage, et que lesdicts hommages et sermens de féauté facent à nostre dict second fils et à ses fils et hoirs masles, si comme dessus est dict, et desdicts hommages, sermens de féauté, en quoy nous sont tenus, nous les quittons par ces présentes et les en voulons estre quittes sans attendre autre mandement. Et donnons avec ce et octroions, par la teneur de ces présentes, autre pouvoir et espécial mandement audit nostre second fils que, toutesfois qu'il lui plaira, il puisse prendre la possession corporelle desdits comtés, baronnies et chastellenies et de tous leurs droicts et appartenances quelsconques, par lui ou par son procureur, de son auctorité propre, et ladite possession prinse puisse retenir paisiblement.

Et outre ce donnons en mandement à tous et un chacun les subgects desdicts comté et baronnies et à tous ceux que il pourra appartenir que des choses dessus dites et de chacunes d'icelles fassent audit Louis et à ses fils et hoirs masles, comme dit est, hommage, et respondent et satisfacent des deniers que ils doivent pour cause desdicts comté et baronnie et chastellenie, et que ils obéissent audit nostre second fils de ci en avant perpétuellement et à ses fils hoirs mâles, comme dit est, et entendent diligemment. Et avec ce donnons en mandement à nos amés et féaulx les gens de la chambre de nos comptes à Paris que les choses devant dictes et chacune d'icelles à nostre dict second fils donnés et transportées desduisent des comptes de ceux à qui il appartiendra, sans aucune difficulté, non obstant autres dons et grâces faictes à nostre second fils et quelconques ordonnances faites au contraire.

Et affin que ces choses dessus dictes demeurent perpétuellement en leurs forces et vertus au temps advenir, nous avons fait mettre nostre seel à ces présentes, sauf nostre droict en autres choses et en toutes l'autruy.

Donné en la ville de Calais, l'an de grâce 1360, au mois d'octobre.

Ainsy signé : Par le roy, J. Le Rogier.

270. — 1366, août, le Mans. — ACTE PAR LEQUEL PIERRE D'AVOIR, SIRE DE CHATEAUFROMONT ET DE VEREZ, LIEUTENANT GÉNÉRAL DU COMTE D'ANJOU ET DU MAINE, RATIFIE L'ACCORD ÉTABLI AVEC LE PRIEUR DE CHATEAU-L'HERMITAGE, AU SUJET DES ARRÉRAGES DE LA RENTE DUE AU PRIEURÉ PAR LE DUCHÉ D'ANJOU ET DES DROITS DE FRANCS FIEFS POUR LES BIENS

ACQUIS DEPUIS SOIXANTE ANS PAR LE PRIEURÉ [1]. — (Imprimé : *Documents pour l'histoire du Maine au XIV° siècle*, p. 143.)

271. — 1367/1368, 11 février, Château-du-Loir. — ACTE PAR LEQUEL LE BAILLI DE CHATEAU-DU-LOIR, SUR LE VU DES LETTRES DE PIERRE D'AVOIR, CHAMBELLAN DU DUC D'ANJOU, DATÉES D'ANGERS LE 20 JANVIER PRÉCÉDENT, REÇOIT LE SIRE DE LUCÉ A LA FOI ET HOMMAGE ET LUI FAIT CONNAITRE LES DEVOIRS RENDUS AUTREFOIS PAR LES SIRES DE LUCÉ ET DE PRUILLÉ [2]. — (B. N., Latin 9067, fol. 284.)

Transcript pour le sires de Lucé.

Nous avons receu les lettres de très puissant signour messire Pierre d'Avoir, sire de Chasteaufromont, chambellan du roy et de monseigneur le duc d'Anjou, conte dou Maine, sire de Guise, lieutenant général de mondict seigneur èsdis duché et conté, contenant la forme qui s'ensuit :

« Pierre d'Avoir, sire de Chasteaufromont, chambellan du roy et de monseigneur le duc d'Anjou, conte dou Maine, sire de Guise, lieutenant général de mondict seigneur èsdictes duchée et comtée, au bailly dou Chasteau dou Loir et à Aubelet de Germaincourt, salut.

« Nous avons oye l'humble supplication dou sire de Lucé, contenant que, comme il soit au Chasteau dou Loir, à cause de sa femme, homme de foy de mondict seigneur, par reson des chastellainies de Lucé et de Pruillé, et de l'usage à toutes ces chouses en la forest de Burçay, et l'en li demande à bailler par avou les chouses de sa féauté, ce qu'il ne sçauroit se, par les escris anciens ou aveuz que mondict seigneur ou vos avez, il n'en estoit advisé, ausquex, comme il dit, il vieust croire : pourquoy nous vous mandons et commettons que en

---

1. Parmi les nouveaux biens du prieuré, ce document mentionne : la métairie d'Ourne, à Yvré-le-Polin, acquise d'Habert Vendosmois et tenue de lui à foi et hommage ; l'hébergement de la Ronsière, autrement le Plesseiz, à Saint-Ouen-en-Belin, acquis du sieur de Souvré et tenu à foi et hommage de Château-du-Loir ; la métairie du Bois, à Saint-Biez-en-Belin, tenue en partie à foi et hommage de Château-du-Loir, etc.

2. Le ms fr. 20.691, p. 532, assigne la date du 22 juin 1372 aux lettres de Pierre d'Avoir, et celle de 1377 à l'acte de réception en foi.

prenant le serment doudict sire et solemnitez qui en tel cas sont accoustumez, qu'il n'ait lettre ny cognoissance, que il se doit avouer dou fet des chouses dessusdictes, que vous li monstrez lidis avouz et la cognoissance que vous avez doudict fet, et si par lesdis avous vous trouvez qu'il ait droict oudict usage, si le souffrez et donnez congé et licence de user et exploictier de son droict dessusdict.

« Donné à Angers, soubz nostre seel, le vingtiesme jour de janvier l'an mil trois cens soixante sept, par monsieur le luitenant, ou conseil ouquel estoient messieurs les abbez de Sainct Aubin, du Lerouer, de Vaus, Johan Auvé et plusieurs autres. Signé : Ja. Le Masleu. »

Par vertu dequelles lettres nous avons prins et receu dudict sire de Lucé le serment o la solemnité qui au tel cas appartient et accoustumé, et o tout ce nous avons veu et trouvé ou livre territoire de la baronnie dou Chasteau dou Loir, touchant le faict dudict sire, ce qui s'ensuit, c'est assçavoir :

« Domina Burgonia, quondam domina de Pruillé, de hoc quod tenet apud Behier (*sic*) et Forges. Guido de Luceyo, miles, ad quadraginta dies garda, ut dicit. Item, le sires de Lucé a son usage en Burçay emprés pié à sa maison de la Mote de Lucé, et dou pont d'icelle Mote à la vue dou seignour de la forest, et a son chauffage au fié au forestier à la meson d'icelle Mote, et pasnage des poires de son norry de la meson de Lucé. Item, le sires de Pruillé a son usage au fié au forestier et le pannage de son nourry à sa meson de Pruillé et de ses hommes de Pruillé et d'environ d'iceluy fié de lour nourry, et a une fosse à deux cognées et à un portour aux tressilliers, et de ce le sire de Pruillé doit s'il a bus haubert au sire de la forest toutesfois que le sires mue.[1] »

Donné par devant nous, André Le Creux, baillif dou Chasteau du Loir, et Aubelet de Germaincourt, commissaire en cette partie doudict monsieur le lieutenant dessusdict.

Donné soubz nos seaux, le onziesme jour de febvrier l'an mil trois cens soixante sept.

1. Ces textes ont déjà été donnés ci-dessus, pp. 141, 142 et 203.

272. — 1367/1368, 19 février, Paris. — Lettres par lesquelles Pierre d'Avoir contraint les habitants de Chateau-du-Loir a faire le guet. — (Arch. de la Sarthe, arch. municipales du Mans, *Inventaire des titres du château du Mans*, liasse 23-25, fol. 21 recto.)

Lettre touchant le guet de Chasteau du Loir.

Item, unes lettres données par Pierre d'Avoir, sire de Château Fromont, lieutenant général d'Anjou et du Maine, par lesquelles il ordonne, commect et establist Guillaume du Pont, cappitaine de Chasteau du Loir, au puissance de contraindre les habitants de fere le guet.

Donné à Paris, le XIX° de février CCC LXVII.

273. — 1371, 9 juin, Paris. — Lettres par lesquelles Louis Ier, duc d'Anjou et de Touraine et comte du Maine, maintient aux religieux de Chateau-l'Hermitage le droit de prendre du bois dans ses forêts pour réparer le préjudice causé à leurs tonneaux et cuves par les ennemis du royaume et autres gens d'armes français. — (Imprimé : *Documents sur Châteaux-l'Hermitage*, p. 56.)

274. — 1371, 5 novembre. — Aveu en date du mercredi après la Toussaint 1371, rendu au baron de Chateau-du-Loir par Jean de Crénon, pour sa chasse de Boessay, dont le service se rend chaque année a Montaglenet le lendemain de Pâques. — (F. Legeay : *Recherches sur Aubigné et Verneil*, p. 121.)

275. — 1375, 4 novembre, Château-du-Loir. — Enquête faite par Aubelet de Germaincourt, enquêteur des eaux et forêts de la baronnie de Chateau-du-Loir, de laquelle il résulte que le sire de Lucé a droit d'usage en la forêt de Berçay, hormis les deffais. — (B. N., Latin 9067, fol. 285 verso.)

C'est la délivrance de l'usage pour le sire de Lucé.

A tous ceux qui ces présentes lettres verront, Aubelet de Germaincourt, M° et enquestour des eaues et fourès de la baronnie dou Chasteau dou Loir pour monseigneur le duc, salut.

Sçavoir vous fesons que nous avons autresfois receu les lettres et mandemens de monseigneur le duc d'Anjou, de Touraine et comte dou Maine, lesquelles nous, Aubelet, avons par devers nous, et ledict sire de Lucé en a copie [1]. Par vertu desquelles lettres et pour accomplir le contenu d'icelles, nous feismes austresfois appeller par devant nous ledict sire de Lucé, présent en jugement et protestant que pour sa présence il ne rappelloit point le premier de ses procureurs, lequel nous présenta plusieurs tesmoins, et depuis nous en a faict présenter plusieurs autres par ses procureurs, ausquels nous jugeasmes la monstrée, et ausquelz tesmoins ledict sire monstra et fit monstrer ladicte forest de Bureçay, en la présence de Estienne Haubert, sergent de mondict seigneur en ladicte forest, commis de par nous à ce, lesquelz nous avons faict jurer et iceux avons examinez, et par lours dépositions nous avons trouvé que ledict sire, ou nom et à cause de sadicte famme et de ses prédécesseurs, ont droict d'avoir, prendre et esploicter les usages en ladicte forest, hors les deffaix, telz et en la somme et manière que esdictes lettres et mandemens de mondict seigneur est contenu, et par vertu doudict mandement et par la déposition des tesmoins dessusdis, nous avons mis au délivre audict chevalier et à sadicte fame les usages dessusdis, et lour avons donné congié et licence d'iceux esploicter et faire esploicter par lours gens en la somme et en la manière que esdictes lettres et mandemens est contenu, et osté et mis hors de tout procez, et ley en avons envoié sans jour.

Et est ce faict en la présence de Jehan d'Outeillay, baillif dou Chasteau dou Loir, et a dict constant.

Et nonobstant nous avons déclaré et décerné par droict audict sire qu'il ne ses prédécesseurs *(sic)* ou temps advenir ne puissent user ne esploicter èsdis usaiges o lassée ne à louer aucun droict ès deffais de ladicte forest, et en est jugé.

Donné au Chasteau dou Loir, soubz nostre seel, le dimanche après la Toussaint, l'an mil trois cens soixante et quinze.

1. Le copiste a écrit : *compté*.

276. — 1375, 4 novembre, Château-du-Loir. — Lettres par lesquelles Aubelet de Germaincourt, maitre enquêteur des eaux et forêts de la baronnie de Château-du-Loir, donne acte a Brisegaud de Coesmes, sire de Lucé a cause de sa femme, de ce qu'il a avoué n'avoir aucun droit d'usage en la forêt de Berçay pour raison de l'église de Pruillé et de son hébergement dudit lieu. — (B. N., Latin 9067, fol. 286.)

Pour la désavou dou sire de Lucé à ceux de Pruillé.

A tous ceux qui ces présentes lettres verront, Aubelet de Germaincourt, M^e et enquestour des eaues et forestz en la baronnie du Chastiau dou Loir pour monseigneur le duc d'Anjou, de Touraine, et comte dou Maine, salut.

Sçavoir vous fesons que nous avons receu les lettres de mondict seigneur, lesquelles nous avons par devers nous, et ledict sire en a copie, à cause de son hébergement et de l'église de Pruillé. Par vertu desquelles lettres et pour accomplir le contenu d'icelles, nous en avons envoié sans jour monsieur Bricegautier de Coaymes, sire de Lucé à cause de sa femme, et osté et mis hors de tous procez à cause des chouses contenues oudict mandement, parmy ce que ledict monsieur Bricegautier, présent en jugement, a désadvoué qu'il n'advoue nul droict d'usage en la forest de Burçay à cause de l'église de Pruillé ne pour son hébergement doudict leu.

Et a esté ce faict en la présence dudict Johan d'Outeillay, baillif dou Chasteau dou Loir.

Donné au Chasteau dou Loir, soubz nostre seel, le dimanche après la Toussainctz, l'an de grâce mil trois cens soixante et quinze.

277. — 1378, 18 septembre, la Réole. — Mandement par lequel Louis Ier d'Anjou prescrit a son sénéchal de Château-du-Loir de ne pas donner suite contre Brisegaud de Coesmes a l'instance ouverte contre lui a cause de la rixe qui avait eu lieu a Lucé entre Robert Macé, sergent des forêts de Château-du-Loir, et Guillaume Estrie,

SERGENT DE LUCÉ. — (Imprimé : V. Alouis : *Les Coesmes*, première partie, p. 66.)

278. — 1384/1385, 8 janvier. — (*Journal de Jean Le Fèvre*, publié par H. Moranvillé, t. I*er*, p. 82.)

Dimenche viii* jour, seellé une lettre de l'office de forestier en la forest de Bourçay, donné par Madame à Gilet Nicoul, ou cas que Jehan Legaut n'i auroit aucun droit. — Item, une lettre pour messire J. Pèlerin, où Madame li conferme cent livres de rente à sa vie, à prendre sur la recepte du Chasteau de Ler. Item, L livres à vie à prendre comme capitainne dudit Chastel. Item, XL livres à vie, à cause de l'office des eaues et forès de la baronnie dudit Chastel. Somme : IX^{xx} et X livres.

279. — 1385, 28 décembre. — (*Journal de Jean Le Fèvre*, t. I*er*, p. 215.)

Jeudi XXVIII* jour, seellée... une lettre pour un nommé Jehan de Boullon, sergent en la chastelerie du Chasteau de Ler, à qui Madame donne congié de vendre sa serganterie pour paier Geffrin Le Vasseur.

280. — 1387, 17 septembre. — (*Journal de Jean Le Fèvre*, t. I*er*, p. 417.)

Le xvii* jour,... une lettre pour Jehan Bourdon, sergent en la chastellenie du Chasteau de Ler, qu'il puisse vendre sadite sergenterie.

281. — 1387-1388. — EXTRAIT DES HOMMAGES REÇUS PAR MARIE DE BLOIS, DUCHESSE D'ANJOU ET COMTESSE DU MAINE [1]. — (B. N., Fr. 9501, fol. 289.)

Ce sont les homaiges receus par noble princesse Marie, reyne de Hiérusalem et de Sicile, duchesse d'Anjou et comtesse du Maine, ayant le bail, garde et administration de Louys, roy desdits royaumes, et de Charles, ses enfans, etc., ès années 1387 et 1388.

. . . .

1. Cette pièce mentionne les hommages reçus pour Angers, Châteauroux, Saumur, Baugé, Mirebeau, Loudun, le comté du Maine, Château-du-Loir, Mayenne, Sablé, etc.

Les hommages liges de la baronnie de Chasteau du Loir.
Pierre Carreau, etc.
Guil. Vendômais, à cause de son hostel de Chourses.
Jean de Maugé, etc.
Gaudin de Vesins, etc.
Juon de Daron, etc.
Guill. du Pont, etc.
Pierre Bodineau, etc.
Macé Hardiau, etc.
Jean Le Croich, etc.
Jean Belot, etc.
Guill. Martre, etc.
Guill. Morin, chev., sire de Lodon, etc.
Jean de Morie, etc.
Jean des Roches, chev., à cause de la terre de la Feigne, etc.
Jean Vendômais, chev., à cause d'Orne, etc.
Loys de la Chevrie, etc.
Parseval de Coulongne, chev., à cause de Jeanne de la Grésille, sa femme, etc.
Les hommages simples de la baronnie du Chasteau du Loir.
Guion du Boschet, etc.
Guill. Bourreau, etc.
Marion de Montblanc, etc.
Phil. Morin, etc.
Robin Ogier.
Jean Martel.
Clément Ferrant et autres.

282. — 1387/1388, 1er mars. — (A. N., P 1344¹, fol. 86.)
Hommage lige à la baronnie de Château-du-Loir par Jean des Roches, chevalier, pour sa terre de la Faigne, à Pontvallain.

283. — 1391, 15 mai. — (A. N., P 344¹, n° 1134.)
Aveu à Château-du-Loir par « Parceval de Culloygne, sire

de Paçau, à cause de Jehenne de la Grésille », sa femme, homme de foi lige pour son « habergement de Paçau ».

284. — 1391/1392, 20 mars. — (A. N., P 344¹, n° 1128.)

Aveu à la dame de Château-du-Loir, au regard de sa châtellenie d'Oizé, par « Marion, jadis femme de feu Macé de Montblanc », pour son « habergement de Bussay ».

285. — 1393, 9 avril, après Pâques. — (A. N., P 344¹, n° 1109¹.)

Aveu à Château-du-Loir par « Gillette la Boujue, jadis fame de feu Jehan Quarré, bourgeois du Mans », femme de foi et hommage lige pour son domaine de « la Queurie ».

286. — 1393, 14 avril, après Pâques. — (A. N., P 344¹, n° 1171¹.)

Aveu à Château-du-Loir par « Jehan Guillon », pour sa métairie de la Querole, à Flée.

287. — 1393, 25 mai. — (A. N., P. 344¹, n° 1103³.)

Aveu de Jean des Roches, seigneur de la Faigne, pour son château et terre de la Faigne, à Pontvallain, relevant à foi et hommage lige de la baronnie de Château-du-Loir.

288. — 1393, 27 mai. — (A. N., P 344¹, n° 1151³.)

Aveu à Château-du-Loir par « Guillaume Vendousmoys », pour Haute-Perche.

289. — 1393, 20 juin. — (A. N., P 344¹, n° 1152².)

Aveu à Château-du-Loir par « Johan Vendoumays, chevalier », pour son habergement d'Ourne.

290. — 1393, 26 juin. — (A. N., P 344¹, n°ˢ 1140¹ et 1153³.)

Aveu à la baronnie de Château-du-Loir par Jean Martel, chevalier, pour son « habergement et terre de Beaumont de Pié de Buef » et pour sa métairie de « Gresseude (Aigresoude) ».

291. — 1393, 26 juin. — (A. N., P 344¹, n° 1125.)

« Payen d'Averton, seignor de Belin », homme de foi lige de Château-du-Loir.

292. — 1393, 12 octobre et 1395, 18 décembre. — (A. N., P 344¹, n° 1137² et 1137³.)

Aveux à Château-du-Loir, au moyen d'Outillé, par Jean Bodin, pour son hébergement de la Fouaye, en la châtellenie d'Outillé.

293. — 1393/1394, 3 avril. — (A. N., P 344¹, n° 1105¹.)

Aveu à Château-du-Loir par Guillaume du Pont, à cause de sa femme, pour son « habergement de Burçay », avec droit d'usage dans la forêt.

294. — 1393/1394, 8 avril. — (A. N., P 344¹, n° 1107¹.)

Aveu à Château-du-Loir par « Jehan de Crenon, chevalier, seigneur de Boessay », homme de foi simple à cause de sa « chace à grousses bestes appellée la chace de Boessay, en la chastellenie d'Oesé », et de sa haute et basse justice en ladite terre de « Boessay ».

295. — 1393/1394, 14 avril. — (A. N., P 344¹, n° 1131.)

Aveu à Château-du-Loir par « Hardouyn de Fontaines, chevalier, sire de Fontaines Guérin et de l'Isle sur le Loir », homme de foi lige pour son « habergement dudit lieu de l'Isle ».

296. — 1394, 1ᵉʳ juillet. — (A. N., P 344¹, n° 1105³.

Aveu à Château-du-Loir par « Gillot Tibergeau », homme de foi simple à cause de son « habergement de la Testerie ».

297. — 1394, 12 juillet. — (A. N., P 344¹, n° 1126.)

« Gillot Tibergeau », homme de foi simple de Château-du-Loir, pour son « féage de Villate ».

298. — 1394, juillet. — (A. N., P 344¹, n° 1120³.)

Aveu à Château-du-Loir par « Pierre Quarreau », pour son « habergement de la Quarrelière ».

299. — 1394, juillet, et 1403, 25 juillet. — (A. N., P 344¹, n°ˢ 1127¹ et 1127².)

Aveux à Château-du-Loir par « Pierres Quarreau », homme de foi lige, pour son « habergement de la Roche Maupetit ».

300. — 1394, 20 septembre, et 1407/1408, 7 février. — (A. N., P 344¹, n⁰ˢ 1161¹ et 1161².)

Aveux à Château-du-Loir par « Johan de Vezins », au regard de Mayet, pour sa « simple voirie, » en sa terre et féage de Vezins, et pour son « espave » et son féage de « Vaulogier ».

301. — 1396/1397, 11 avril, et 1403, 8 août. — (A. N., P 344¹, n⁰ˢ 1150³ et 1150⁴.)

Aveux à Château-du-Loir, au moyen de la châtellenie de Mayet, par « Jehan Le Mareschal », pour la terre de Sarceau.

302. — 1397, 26 juin, Angers. — LETTRES PAR LESQUELLES MARIE DE BLOIS, DUCHESSE D'ANJOU, AYANT LE BAIL DE SES ENFANTS MINEURS, RATIFIE LA DONATION FAITE AUTREFOIS PAR JEAN DE DREUX, SEIGNEUR DE CHATEAU-DU-LOIR, A L'ÉGLISE DE SAINT-MARTIN DE TOURS, DE QUARANTE LIVRES DE RENTE SUR LA PRÉVÔTÉ DE MAYET ET LA BARONNIE DE CHATEAU-DU-LOIR, D'AUTANT QUE PARTIE DU CORPS DE SON MARI DÉFUNT, LOUIS Iᵉʳ D'ANJOU, REPOSE EN LADITE ÉGLISE. — (B. N., Latin 9067, fol. 290 verso ; Fr. 20.691, p. 542.)

La lettre de quarante livres de rente au chappellain et au chapitre de Tours.

Marie, par la grâce de Dieu reine de Jiérusalem et de Sicile, duchesse d'Anjou, comtesse de Provence, de Fourcalquier, du Maine, de Piedmont et de Roucy, aiant le bail, garde et administration de Loys, roy desdis royaumes, et Charles, prince de Tarente, nos enfans maindres d'aage, et de toutes leurs terres, à nos bien amez nos recevours et prévoustz de Mayet et dou Chasteau du Loir, présens et advenir, salut.

De la partie de honnorable et discrettes personnes les doyen, thrésorier et chapitre de l'église de Sainct Martin de Tours, nous a esté exposé que, comme feu Johan, jadis comte de Dreux et de Montpencier, seigneur de Sainct Valery et du Chasteau du Loir, eust donné et laissé à ladicte église quarante livres tournois d'annel et perpétuelle rente, c'est asscavoir : trente livres de rente pour la fondation d'une chapellenie, et dix livres pour un anniversaire estre faict par chacun an en ladicte église, laquelle rente il eust assise et assignée sur nostre prévousté de Mayet, les rentes et revenues d'icelle, et sur nostre baronnie dou Chasteau dou Loir... auxdis doyen et thrésorier et chapitre et chapellenie à Tours, à la feste Sainct Urbin, et soit ainsy que ladicte rente ilz ayent eus tant par eux que par leurs prédécesseurs bonne et saisine partant et si longtemps qu'il n'est mémoire du contraire..., excepté puis peu de temps en çà que entre nous et lesdictz doyen, thrésorier et chapitre a esté sur ce meu plait et procez en la cour de parlement, en nous humblement suppliant que, pour éviter toute occasion de plait et débat, nous voussissons venir et visiter leurs tiltres, droictz et lettres de fondation d'icelle rente et sur ce bien à plein nous informer et leur en fère de nous mesmes ce qu'il appartiendroit par reson : pour ce est-il que nous, ces choses considérées et autres ad ce nous mouvans, avons faict voir et visiter leurs tiltres, droictz et lettres de la fondation de la rente dessusdicte, desquelz nous avons esté et somes pleinement acertenée et informée, et en avons faict retenir la copie en nostre chambre des comptes à Angers. Désirans de tout nostre cueur la voullenté dudict feu comte estre accomplie et le divin service estre faict et augmenté en ladicte église, et aussy pour la très grande dévotion et singulière affection que nous avons au glorieux confesseur monsieur sainct Martin, et que partie du corps nostre cher et bien amé seignour et espoux Loys, roy de Jérusalem et de Sicile, que Dieux absoille, repose en icelle, volons et nous plaist les quarante livres dessusdictes de rente leur estre de cy en avant paiées et continuées sans aucun empeschement et destourbier.

Sy nous mandons et commandons et à chacun de vous que icelle rente de quarante livres vous paiez et assignez ausdis doyen et thrésorier et chapitre et au chapellain qui est à présent et qui sera cy après pour le temps advenir en ladicte chapellenie, au jour et feste de Sainct Urbain, tout ainsy que en la fondation d'icelle rente est contenu, nonobstant quelconques ordonnances, mandemens ou deffences par nous faictes ou à faire au contraire, et par rapportant une fois ces présentes ou vidimus d'icelle soubz seel authentique avec quittance desdictz doyen et thrésorier, chapitre et chappellain, des quarante livres de rente dessusdictes par chacun an, nous voulons et mandons icelles sommes estre allouées en vos comptes et rabbattues de vos receptes par nos amez et féaux conseillers les gens de nos comptes à Angers ou à autres à qui il appartiendra, sans aucune difficulté ou contredict.

En tesmoing de ce, nous avons faict mettre nostre seel à ces présentes.

Donné en nostre chastel d'Angers, le vingtsiziesme jour du mois de juing, l'an de grâce mil trois cens quatre vingt et dix sept.

Ainsy signé : Par la Reine en son conseil, auquel vous, le doyen d'Angers, M° Johan Le Bègue, messire Johan de Trice, Guillaume Aignan et M° Jehan du Brueil et plusieurs autres estiez.

303. — 1397, 6 juillet. — (A. N., P 344¹, n° 1119¹.)

Aveu à Château-du-Loir par « Thévenot Neveu », homme de foi simple pour son « habergement de Coulaines,... sis en la chastellenie de Mayet ».

304. — 1397/1398, 1ᵉʳ mars. — (A. N., P 344¹, n° 1124.)

Aveu à Château-du-Loir, au regard de la terre « d'Ouaizé », par « Johan de Mellay », homme de foi simple, à cause de Jeanne, sa femme, pour « le Petit Linnays, qui fust feu Joulain de Semur ».

305. — 1398. — Obéissance féodale a la comtesse du Maine, baronne de Chateau-du-Loir, par Séguin III Lenfant, seigneur de Poillé, pour ce qu'il tient de la chatellenie de Mayet. — (Note : *Revue du Maine*, t. XLV, p. 128, d'après A. N., P 344¹, n° 51.)

306. — 1400, 6 octobre. — Aveu rendu au comte du Maine, baron de Chateau-du-Loir, par Jean Feude, pour l'hébergement de la Guegnerie de Verneil-le-Chétif et le moulin de Gaschereau, lesdites choses parties de la terre de Champmabin. — (F. Legeay : *Recherches sur Aubigné et Verneil*, p. 174.)

307. — 1402, 4 août. — (A. N., P 344¹, n° 1151².)
Aveu à Château-du-Loir par « Jehanne, veufve de feu Guillaume Vendosmais », pour son habergement de Haute-Perche.

308. — 1402, 15 novembre. — (A. N., P 344¹, n° 1104¹.)
Aveu à Château-du-Loir par « Ysabeau d'Ingrande, veufve de feu Johan de Verneuil, escuier », femme de foi et hommage simple pour la moitié de son « herbergement de la Chevecière, parmi le lonc du fest de l'oustel, du cousté devers la forest de Berçay », avec terres « joignant d'un cousté à la forest de Berçay, et d'autre cousté as choses Guillaume Le Taillandier, et d'autre cousté as terres Johan du Lorouer, appellées la Mancelière ».

309. — 1402, 1ᵉʳ décembre. — Aveu rendu a Louis II d'Anjou, roi de Jérusalem, baron de Chateau-du-Loir, par Isabelle de Germaincourt pour Oizé et Foulletourte. — (Imprimé : Beautemps-Beaupré : *Coutumes et Institutions de l'Anjou et du Maine*, 2ᵉ partie, t. IV, 99, d'après A. N., P 344, n° 42.)

310. — 1402, 1ᵉʳ décembre. — (A. N., P 344¹, n° 1108¹.)
Aveu à Château-du-Loir par « Ysabeau de Germaincourt », femme de foi simple, pour son « habergement et appartenances de Launoy Brien, en tant et pour tant comme il y a d'icelles choses qui furent messire Hugues d'Aubemare, chevalier ». Bois, étangs, etc.

311. — 1402, 3 décembre. — (A. N., P 344¹, n° 1171².)
Aveu à Château-du-Loir par Robin Le Boucher, à cause de sa femme, pour la métairie de la Querole, à Flée.

312. — 1403, 25 juillet. — (A. N., P 344¹, n° 1101.)

Aveu à Château-du-Loir par « Perceval de Couloigne, chevalier », pour son hébergement de Passau.

313. — 1403, 25 juillet. — (A. N., P 344¹, n° 1120².)

Aveu au comte du Maine, au regard de sa châtellenie de Mayet, en la baronnie de Château-du-Loir, par « Pierre Quarreau, » homme de foi lige, pour son « habergement de la Quarrelière ».

314. — 1403, 30 juillet. — (A. N., P 344¹, n° 1123¹.)

Aveu à Château-du-Loir par « Guillaume de Martre », homme de foi simple pour choses diverses.

315. — 1404, 9 décembre. — (A. N., P 344¹, n° 1106¹.)

Aveu à Château-du-Loir par « Ysabel de Verneil », femme de foi simple, pour son « habergement de la Thibergerie ».

316. — 1404, 9 décembre. — (A. N., P 344¹, n° 1121.)

Aveu à Château-du-Loir, au regard de la terre de Villaines, en ladite baronnie de Château-du-Loir, par « Ysabel de Verneil », pour son « habergement et appartenances de Champeaux ».

317. — 1405, 4 juin. — (A. N., P 344¹, n° 1155⁴.)

Aveu à Château-du-Loir par « Guillemète d'Arquené, veufve de feu Guillaume de Grazay, jadis escuier », bail de ses enfants mineurs et dudit feu Guillaume, pour l'usage en Berçay, appartenant à l'hébergement de « Vaulx ».

318. — 1405, 11 septembre. — AVEU A CHATEAU-DU-LOIR PAR JEAN LE MOULNIER, PRÊTRE. — (A. N., P 344¹, n° 1173.)

Ce sont les chouses que je, Jehan Le Moulnier, prestre, à présent recteur de Champaigné, tiens de mons' le baron du Chastel du Loir, par les moïens de mons' de Lucé, à cause d'une place sise en la ville de Champaigné, entre l'église dudit lieu et le pont de Champaigné, et du signour de Ryveillon, lequel tient de Champaigné, et Champaigné de Lucé, et Lucé de vous... Rendue ceste desclaracion à l'assise du Chastel du Loir, tenue par Yvon de Montblanc. Présent : maistre Robert Le Maczon...

319. — 1406, 25 mai. — (A. N., P 344¹, n° 1172.)
Aveu à Château-du-Loir « par le moyen de monseigneur de Coaymes, au regard de sa chastellenie de Lucé », par « Jehan de Vaulogier », pour son féage de « Rosay,... en la paroisse de Changé », et son « moulin... en la rivière de Yaingne, près la ville de Champaigné ».

320. — 1406, 9 août. — Aveu rendu a la baronnie de Chateau-du-Loir par Michel Tibergeau. — (Archives du Cogner, E 105, n° 1.)
De vous, très excellent et puissant prince le roy de Jhérusalem et de Sicille, duc d'Anjou, conte du Maine, seigneur de la baronnie du Chasteau du Loir, ge, Michel Tibergeau, seigneur de Préaux, tiens et avoue à tenir, au regard de voustre dicte baronnie du Chasteau du Loir, le pasturaige à mes bestes nourries en mon dit aistre de Préaux, en la forest de Burçay et de Cloypas, hors les deffays anxiens et hors les tailles qui n'ont troys ans et un moy, excepté le moys de may, et le pasturaige à mes porcs du nourry de mon dit habergement de Préaux et à ceulx que ge achactez ou pourré achacter avant la Saint George, et en puis achacter depuis la Saint George douze et un ver et les mettre en la pesson et les garder le moys de may ; item, mon chauffaige en Burçay et en Cloypas, du boys mort, et puis prendre l'arbre scec qui ne porte pesson, et l'arbre peccaye sans vimaire et arachié sans vimaire, hors les deffays anxiens, et les remaign de vous, monsieur, et de voz grans estaigers, puis que le rageau ou la cullée en est ousté et laisié qu'il aura esté en ladicte forest un an et un jour, et les souches et branches du tremble, du charme, du baoul, et la tasse en lessant le maistre syon, et l'arrable, le saulle, le marsaulle, la bourdaine, le preffust, la bruière, le genest et la fougère, tout emprès pié, et suy franc de coustumes par toute voustre baronnie du Chastel du Loir.

Par reson desquelles choses, mondit seigneur, ge vous doy

et suy tenu fère foy et hommaige lige et vingt jours de gardes à rendre en la ville du Chastel du Loir pour le besoing du chastel dudit lieu, quant j'en seret suffisamment requis et en temps avenant, et vous doy pleige, gaige, service et obéissance de fié et de foy lige. Et ce fait sauf ne tenir à moy, mondit seigneur, à vous déclairer plus à plain lesdites choses par monstre, de bousche ou autrement, deuement, sellon reson.

Et en tesmoing desquelles choses, mondit seigneur, je vous en rend cest présent escript pour mon avou, scellé de mon propre seel.

Ce fut fait et donné le ix° jour d'aougst l'an de graice mil quatre cens et six.

321. — 1407, 1ᵉʳ avril, après Pâques. — (A. N., P 344¹, n° 1119².)

Aveu à Château-du-Loir par « Aliz Gautière, veufve de feu Estienne Nepvou », femme de foi simple, à cause de son « habergement de Coulaines ».

322. — 1407/1408, 1ᵉʳ mars. — (A. N., P 344¹, n° 1155¹.)

Aveu à Château-du-Loir par « Johan de Grazay, escuier », homme de foi simple pour l'usage appartenant « au habergement de Vaulx », relevant de Château-du-Loir. Il relate un acte de donation d'usage, fait le mercredi après la Purification Notre-Dame, 1315 (v. s.), en la forêt de « Burçay et de Cloipais », par Robert, comte de Dreux, à son « amé compaignon monssour Pierre de Chesnaye, chevalier », pour ses bons services.

323. — 1409, 31 juillet. — (A. N., P. 344¹, n° 1104².)

Aveu à Château-du-Loir par « Johan de Vernueil », pour la moitié de la Chevecière.

324. — 1416/1417, 11 janvier. — (A. N., P 344¹, n° 1108².)

Aveu à Château-du-Loir par « Jehannin de Germaincourt », pour Launay-Brien.

325. — 1416/1417, 14 janvier. — (A. N., P 344¹, n° 1122.)

Aveu à Château-du-Loir, au regard de Mayet, par « Robin

de Daron, seigneur de Daron », pour choses diverses et particulièrement pour son droit d'usage en Berçay pour son « habergement de Daron ».

326. — 1429, 4 avril, après Pâques, Angers. — LETTRES PAR LESQUELLES YOLANDE D'ARAGON FAIT SAVOIR QU'ELLE A REÇU LA FOI ET HOMMAGE LIGE DE GUILLAUME DE LA CROIX POUR LA TERRE DE POILLÉ, ACQUISE RÉCEMMENT PAR LEDIT DE LA CROIX, COMME PROCUREUR DE LADITE DAME, DE SÉGUIN III LENFANT. — (Imprimé : *Revue du Maine*, t. XLV, p. 134.)

327. — 1440, 4 août. — (B. N., Fr. 20.691, pp. 415-416.)
Par lettres du 4 août 1440, René, roi de Sicile, passe procuration à Isabel, sa femme, pour faire partage à son frère Charles, comte de Mortain, des successions de Louis II, roi de Sicile, père d'iceux frères, et de la succession de Louis III, roi de Sicile, leur frère décédé, et pareillement de la future succession d'Yolande, leur mère, laquelle [Isabel] a délaissé, en vertu de cette procuration, audit comte de Mortain le comté du Maine, Château-du-Loir, la Ferté-Bernard, Mayenne la Juhez et la baronnie de Sablé, laquelle, étant de l'acquêt du roi Louis, ayeul de René, retournera audit Charles après son trépas pour ressortir du duché d'Anjou. Et au lieu dudit Sablé auront lesdits hoirs la châtellenie de la Roche-sur-Yon.

328. — 1452, 24 septembre. — LETTRES PAR LESQUELLES CHARLES IV D'ANJOU, COMTE DU MAINE, ÉRIGE EN CHATELLENIE LA TERRE DE LA FAIGNE. — (Note : Beautemps-Beaupré : *Coutumes et Institutions*, 2ᵉ partie, t. IV, p. 200, d'après A. N., P. 335, ancien 149.)

329. — 1475. — LETTRES DE CHARLES D'ANJOU, COMTE DU MAINE ET BARON DE CHATEAU-DU-LOIR, ÉRIGEANT EN CHATELLENIE LA TERRE DE MANGÉ, EN FAVEUR DE JEAN DE BAÏF. — (F. Legeay : *Recherches sur Aubigné et Verneil*, p. 326.)

330. — 1488-1492. — FRAGMENTS DE COMPTES DE LA BARONNIE DE CHATEAU-DU-LOIR. — (Archives du Cogner.)
Rentes muables de la prévosté du Chasteau du Loir,

baillée et affermée le deux° jour de novembre mil cccc iiij^{xx} et huit, en la présence des officiers du roy, notre sire, audit lieu du Chasteau du Loir, à Guillaume Moreau, comme plus offrant et derrenier enchérisseur, pour trois ans commencez au jour et feste de Toussains mil cccc iiij^{xx} et huit, parmy la somme de ij^c x livres tournois pour lesdits trois ans payables par esgal porcion par chacune desdites trois années, dont le premier terme de payement a commencé ou compte prouchain précédent au jour de Toussains, comme par le bail de ladite ferme, signé des seing manuelz desdits officiers, rendu sur semblable partie dudit compte prouchain précédent appert, servant cy, et pour le compte ensuivant. Pour cecy, pour l'an de ce compte escheu au jour et feste de Toussains cccc iiij^{xx} et six, deux°, trois^{me} année de ladite ferme, la tierce partie de ladite somme de ij^c x livres tournois, montant lxx l. t.

Du molin à blé de la Pautonnerye, baillé et affermé à Jehan Blanchet le trois^{me} jour de juillet mil cccc iiij^{xx} et quatre,... ix l. t.

De l'erbe et tonture des prez de Prepecoul,.... ix l. vj s. viij d. t.

Du molin à blé de dessoubz la salle du Chasteau du Loir... *(lacune).*

A Douvre, rachaptz.

Du droit de rachapt deu au roy, notre sire, par Olivier de Froumentières, escuier, seigneur des Estangs, à cause de ladite seigneurie des Estangs, à lui advenue et escheue à cause de ses prédécesseurs, à quoy il a finé et composé en jugement à la somme de lxx s. t., et aussi a juré la féaulté de la foy et hommaige telle que ses précesseurs ont de coustume faire d'anciannété pour raison de ladite seigneurie des Estangs, au moyen de laquelle seigneurie il dit avoir droit d'usaige dedens la forest de Beurçay, comme bien au long est déclairé en l'acte ou appointement de ladite finaison fait ès assises des forestz de Beurçay tenues par maistre Robert Corbin, licencié en loix, bailly, le ix° jour de février l'an mil cccc iiij^{xx} et neuf, cy rendue, appert. Pour cecy ladite somme de lxx s. t....

Ventes de héritaiges...

De Jacques Le Royer, la somme de l s. t., à quoy a esté finé et composé pour les ventes deues au roy, notre sire, à cause de l'acquisicion par luy faicte le xxv° jour de novembre l'an mil cccc iiij^{xx} et neuf, de Jaquete, vefve de feu René Le Haier, tant en son nom comme tutaire naturelle de Loys, François et Katherine, enffans d'elle et de sondit feu mary, laquelle, oudit nom la a vendu et transporté à tousjours par héritaige le dommaine, fief et seigneurie de la Gasnerye, ainsi qu'il se poursuit et comporte, tant en fief comme en dommaine, assis en la seigneurie dudit Chasteau du Loir et tenu à foy et hommaige simple et à quinze jours de garde ; ladite vendicion faicte parmy la somme de xxx l. t., comme déclaré est plus au long en l'acte ou registre donné ès assises royaulx dudit Chasteau du Loir le derrenier jour de juing cccc iiij^{xx} et dix, cy rendu. Pour cecy, pour ledit droit de ventes audit pris de xx d. t. pour livre, ladite somme de l s. t...

Autres réparacions faictes par l'ordonnance du roy, notre sire, et de messieurs les trésoriers de France, lesquelz ont ordonné ceste présente année le chasteau de la ville du Chasteau du Loir estre refait et réparé des deniers venuz et yssus de la vente des boys escorbelez et rompus par teste des forests de Beurçay et Douvre, desquelz recepte est faicte cy devant ès deuxiesme et troisiesme chappitres de la recepte de ventes de boys, icelles réparacions faictes et payées en la manière qui s'ensuit :

Et premièrement, à Jehan Vincent, maistre ouvrier de maçonnerie, auquel a esté fait marché le xvj° jour d'avril après Pasques l'an mil cccc iiij^{xx} et dix par noble homme Jehan de Tardre, escuier, eschançon du roy, notre sire, et capitaine dudit chasteau, Jehan Bodineau, lieutenant en office de sénéschal audit lieu... de faire... les ouvraiges qui s'ensuivent : Primo, de réparer et reprendre l'une des tours dudit chasteau, laquelle est ou bout de la grant maison devers les estables, et icelle haulser à la raison de l'autre tour estant au dessus icelle, et en laquelle tour soit fait et édifié une

demye luquarne à rempans et à reprise. Item, et en laquelle
tour doit avoir une canonnière du costé devers le prioré, et
une veue ou fenestre ou lieu plus propice, et sur le mur droit
deux huys en voulte pour passer au travers de ladite tour et
entour la muraille. Item, en une autre tour estant au bout de
ladite grant maison, qui sert de coing, haulcera icelle tour à
la haulteur du premier estaige d'un porche de boys qui est
fait entre les deux tours, et en icelle édifiera une cheminée sur
le mur droit de ladite tour, et deux huys pour aler par icelle
tour, avec une demye luquerne. Item, et ou millieu de ladite
tour et d'une autre tour dont cy après sera parlé, sera édifiée
une croisée entre, de la largeur de cinq piez et demy, en
façon de luquerne, ou, selon la largeur qui se pourra trouver,
garnie de reprinses, rempans et espy, et espiée et feullée bien
et deuement, et non point à faulce d'eau, à la raison de ce
que la besoigne en requerra. Item, en la seconde tour qui
sera joingnant ladite croisée, sera faicte et édifiée de la haulteur et à la raison de l'autre tour, sans y faire cheminée.
Item, et au regard de la petite tour, elle sera haulcée de unze
marches et rayée à la raison. Item, entre ladicte viz et la tour
édifiée ou vivant du feu conte du Maine, sera faicte une
luquerne à rempans et crestes, ainsi et par la manière que est
déclarée l'autre luquerne. Item, et que pour faire les choses
dessusdictes, sera rendu en place aux maçons toutes matières
et choses à eulx nécessaires, tant cordages, cables, palles,
seilles, boys à faire chaufaulx, que autres choses. Et pour
tous lesdits ouvraiges faire rendre prest et parachevé dedens
la feste sainct Jehan Baptiste prochain ensuivant, en luy
rendant lesdites matières en place, ainsi que il est dit dessus,
luy a esté promis et faire payer par cedit receveur la somme
de vj^{xx} l. t. des deniers de sa recepte, comme ces choses et
autres sont contenues en ung roole de parchemin signé en la
fin desdits de Tardes, Bodineau et Guillart... au dos duquel
est escripte la certificacion desdits Bodineau et Guillart, le
iij^e jour d'aoust l'an mil cccc iiij^{xx} et treize, par laquelle ilz
certiffient que lesdits ouvraiges et autres... sont bien et deue-

ment faitz et parachevez, selon le devis... Pour ce, payé audit Jehan Vincent, par sa quitance signée de deux notaires royaulx, le premier jour de septembre l'an mil cccc iiij^{xx} et unze, cy rendue, ladite somme de v$^{j xx}$ l. t.

A Guillemin Lyart et Mathurin Lepelletier, maistres charpentiers, la somme de vij^{xx} l. t., à laquelle a esté avec eulx marchandé... les choses qui s'ensuivent, c'est assavoir de faire la charpenterie des trois tours cy devant déclarées et les accompaignemens d'icelles selon le devis fait avec Jehan Vincent, maistre maçon... et en oultre de faire la charpenterie nécessaire à une grosse tour prochaine de la tour en laquelle sont les prisons, et avec ce une petite galerie pour passer entre les deux tours du pignon devers le prieuré... moyennant que on leur bailleroit le bois en la forest de Beurçay ès lieux qui leur seroyent monstrez, et les charrettes pour charroyer icelluy bois... (Quittance du 15 juillet 1492.)

A René Fronteau et Jehan Valuet, couvreurs d'ardoise, la somme de lx l. t., à laquelle a esté... marchandé... de couvrir d'ardoise les quatre tours dessus déclarées... et de recouvrir et réparer ou corps de la grant maison ce que y estoit descouvert et désolé, et qui estoit nécessaire estre réparé, et oster la tuile qui estoit sur ladite maison et le bardeau, et y mettre de l'ardoise; et leur devoit estre baillé le bois en ladite forest pour faire la late à ce nécessaire, laquelle ilz ont deu faire à leurs despens, fors qu'elle leur devoit estre charroyée et amenée jusques audit chasteau... et le tout rendu prest dedens la Sainct Michel ensuivant... (Quittance du 25 août 1491.)

(Suivent les noms des quinze manœuvres ayant aidé les maçons, à raison de 2 sols 3 deniers tournois par journée; puis, les comptes des charrois du bois pris en la forêt de Berçay.)

A Jehan Blouet et Vincent Haren, perriers, la somme de lj l. t. à eulx deue par marché fait avec eulx par lesdits officiers de fournir du tuffeau... à raison de lxij s. vj d. t. pour chacun cent de piarre, lesquelz en ont fourny le nombre de xvj^c xxxj piarre... rendu oudit chasteau... (Quittance du 8 janvier 1490/1491.)

A Denis Rogier, chaussymier, la somme de xxviij l. x s. t...
pour xxviij muys et demy de chaulx acheptez de luy pour le
pris de xx s. t. chacun muy... (Quittance du 25 octobre 1490.)

A Pierre Gaillart, marchant, demourant au lieu de Mathefelon, la somme de lxxv l. t., à luy deue pour l'achapt de trente milliers d'ardoise fine... au pris de l s. t. chacun millier, rendu au port à la Guye pour employer oudit chasteau... (Quittance du 25 octobre 1490.)

A Martin Moreau, la somme de xl l. t., à luy deue pour xvj milliers d'ardoyse fine... à icelle rendre au port de Courthamon... (Quittance du 25 mai 1492.)

A Jehan Bommart, la somme de iiij l. t. à luy deue pour xij marches de viz de pierre acheptées de luy chacune marche au pris de vj s. viij d. t... (Quittance du 15 août 1490.)

A Jehan Lenormant, marchant, demourant au Chasteau du Loir, la somme de xxxj l. xv s. vij d. t., à luy deue pour iiij^{xx} ix milliers de clou à ardoise, tant grand que petit, et autre ferronnerie pour mettre et employer en la couverture dudit chasteau... (Quittance du 10 mai 1492.)

A Martin Moreau devant nommé, la somme de lxxiiij l. v s. xj d. obole, à luy deue pour deux milliers vj^{xx} iij lb. plomb, achettées de luy par lesdits officiers au poix du roy, au pris de lxx s. t. chacun cent prins en la ville de Tours...

A luy encores, la somme de lxxv s. t., à luy deue pour vingt lbs d'estaing à soulder ledit plomb...

A Jehan Baudouyn, serrurier, la somme de dix livres treizes solz sept deniers tournois, à luy deue pour avoir livré quatre espis de fer et autres choses de son mestier par luy faictes oudit chasteau...

A luy, la somme de xxx s. t., à luy deue pour besoigne de son mestier par luy faicte oudit chasteau, tant à la réparacion des huys et fenestres que autres choses...

A Jehan Le Roy, Meignen et Paillet, la somme de soixante sols tournois pour quatre grans escussons de cuivre faitz et mis sur les espis de quatre des tours dudit chasteau...

A Mathurin Le Pelletier, charpentier, la somme de cvj s. t.

à luy deue pour avoir vacqué certaines journées, luy et ses serviteurs, à faire partie des treillis du petit jardin dudit chasteau...

A Mathurin Le Pelletier et Guillaume Lyart, charpentiers, pour xxiiij journées qu'ilz ont vacqué à faire l'un des pontz leveys dudit chasteau...

(Suivent divers paiements pour différents objets, tels que : échafauds, pelles de bois pour les maçons, engins à mettre les pierres à monter avec le diable sur les murailles, mouton, briques pour la cheminée de la grosse tour, peinture des écussons, oiseaux à porter le mortier, cuves à bras, etc.)

A Martin Moreau, marchant, demourant à Tours, la somme de xxvj l. xviij s. t. à luy deue pour avoir baillé et livré par l'ordonnance de Jehan Alixandre, lieutenant de noble homme Jehan de Tardes, maistre des eaues et forests du Maine et capitaine du Chasteau du Loir... les choses cy après déclarées pour le bien et utilité d'icelluy chasteau... c'est assavoir : quatre papiers d'or fin de la grant sorte, achettez par marché fait avec ledit Moreau par iceulx officiers, à cv s. t. chacun papier, qui est pour les quatre papiers xxj l. t., iceulx quatre papiers baillez par ledit Moreau à René Fronteau et Jehan Valuet, couvreurs d'ardoize besoignans oudit chasteau, et a esté par eulx mis en œuvre en deux grans fleurs de liz mises et assises sur le pavillon et couverture de la grant viz dudit chasteau... (Quittance du 27 mai 1491.)

A Martin Bourbonnoys, la somme de xxx s. t. pour estre alé quérir lesdites fleurs de liz à Tours...

Despense commune pour fraiz de justice.

A maistre Pierre Chauvin, exécuteur de la haulte justice de ceste baronnie, la somme de lx s. t., pour ses gaiges par luy desservis durant l'année de ce présent compte commençant le jour sainct Martin mil cccc iiij^{xx} et neuf et finissant la veille d'icelle feste l'an révolu mil cccc iiij^{xx} et dix...

A maistre Jehan Boursart, licencié ès loix, lieutenant de monsieur le séneschal du Maine, la somme de xxiiij escus d'or valant xlij l. t., à laquelle somme le xviij^e jour d'octobre l'an mil cccc iiij^{xx} et dix par noble homme Jehan Alixandre, lieutenant du maistre des eaues et forests du Maine, René Guillart, procureur du roy en ceste baronnie et ce présent receveur, a esté appointé tant pour son salaire que de maistre Loys Tiercelin, aussi licencié ès loix, son adjoint, d'avoir fait, par vertu de certaines lettres royaulx émanées de la court de parlement à Paris... l'enqueste pour la partie dudit procureur du roy à l'encontre des habitans et branchers de la forest de Beurçay touchant le droit d'usaige prétendu par lesdits habitans...

Gaiges extraordinaires.

A noble homme Jehan de Tardes, eschançon ordinaire du roy, notre sire, capitaine et gouverneur dudit Chasteau du Loir, la somme de xxxvij l. x s. t., seulement, pour les trois quars de l l. t. qu'il prent de gaiges ordinaires par an, comme par les comptes précédents appert, pour ce que l'autre quart a esté prins par le roy comme des autres offices et des... fiefz et aulmosnes... (Quittance du 27 novembre 1490.)

A Jehan Bodineau, lieutenant et commis par le roy, notre sire, en office de séneschal audit lieu de Chasteau du Loir sur le fait de sa justice, la somme de lxxv s. t. pour les trois quars de c s. t. qu'il prent de gaiges ordinaires par an... (Quittance du 8 janvier 1490/1491.)

Deniers payez au trésor.

Audit trésor, par descharge escripte en icelluy le xviij^e jour du mois de juillet l'an mil cccc iiij^{xx} dix, cy rendue, la somme de lxxv l. t. sur ce que ce présent receveur doit ou pourra devoir à cause de sa recepte... par François de la Jaille, seigneur de Mathefelon, pour le parfait de la somme de iij^c xv l. t. à luy ordonnée par le roy, nostre dit seigneur, sur sa pencion de ceste dicte année, qui est de iiij^c l. t. par an...

Voyaiges et tauxacions...

Pour despense faicte par Jehan Bodineau, lieutenant commis par le roy, notre sire, en office de séneschal en ceste baronnie du Chasteau du Loir, et Jehan Alixandre, lieutenant du maistre des eaues et forests du Maine... visant eulx et les autres officiers des forests de Beurçay et de Douvre par l'ordonnance du roy, notre dit seigneur, qui leur avoit envoyé ses lettres missives d'eux transporter en icelles pour savoir quelz bois et arbres par la fortune du grant vent qui avoit couru et traversé esdictes forests, décimé et desbranché grant nombre et quantité d'arbres le jour et feste de monsieur sainct Michel l'an mil cccc iiij^{xx} et huit, laquelle visitacion lesdits officiers ont faicte et envoyé au roy, notre dit seigneur, et a monsieur du Plessiz Bourré, chevalier, trésorier de France...

(Paiements divers.)

A Mayet.

Aux religieuses, abbeesse et couvent de Bonlieu, la somme de vij l. x s. t., pour le quart de xxx l. t. qu'elles prennent sur ceste prévosté...

Au prieur du prioré de Notre Dame du Boisrayer lez Tours, de l'ordre de Grantmont, la somme de xij l. x s. t. pour le quart de l l. t. qu'il prend sur cette prévosté...

Au chappellain de la chapelle du Chasteau du Loir, desservie en l'esglise Sainct Guingalois, la somme de cinquante solz tournois, quarte partie de x l. t., par quictance signée de messire Bertrand Nourry, chapellain d'icelle chapelle, le xxe jour de janvier l'an mil cccc iiij^{xx} et dix...

Au prieur du prioré de Chasteaulx en l'Ermitaige, la somme de xxx l. t., faisant le quart de vj^{xx} l. t.

(Au prieuré du Houx, dix sols, faisant le quart de quarante sols.)

Aux religieuses, abbeesse et couvent de Bonlieu, la somme de xxx s. t., quarte partie de vj^{xx} s. t. qu'elles preignent chacun an audit lieu du Houx, oultre les sommes dessusdictes...

A la prieuse de la Fontaine Sainct Martin, pareille somme de xxxvij s. t., pour les trois quars de cinquante solz tournois qu'elle a droit d'avoir et prendre de rente chacun an sur ladite prévosté le jour et feste monsieur sainct Martin...

Aux malades de lespre de la maladerie du Chasteau du Loir, la somme de xv s. t., pour les trois quars de xx s. t.

qu'ilz ont droit d'avoir et prendre chacun an sur icelle prévosté audit jour et terme sainct Martin d'iver...

Aux religieuses... de Bonlieu... x s. vj d. t., pour les trois quars de xiiij s. t. à eulx due de rente chacun an sur ceste dite prévosté ledit jour et terme sainct Martin d'iver...

Au prieur conventuel de Notre Dame de Grantmont en Bourçay, la somme de xv l. t., pour les trois quars de la somme de xx l. t., qu'il a droit d'avoir et prendre chacun an de rente sur ladite prévosté au terme sainct Martin d'iver, pour tout l'an payé par quitance signée de frère François de Sainct Mars, prieur dudit prioré, le xxv° jour de novembre l'an mil cccc iiij^{xx} et dix...

Au commendeur du Temple de Jérusalem de la commenderie du Chasteau du Loir, la somme de xxxvij s. vj d. t., pour les trois quars de l s. t. de rente que ledit commendeur a droit d'avoir et prendre de rente chacun an sur la prévosté dudit Mahiet audit jour et feste de Sainct Martin d'iver, payé par quitance signée de frère Jehan Blezot, procureur et receveur de ladite commenderie...

331. — 1489, 19 octobre. — QUITTANCE D'AVEU DONNÉE AU NOM DU ROI CHARLES VIII, BARON DE CHATEAU-DU-LOIR, A JEAN DE BAIF, POUR RAISON DES TERRES ET SEIGNEURIES DE MANGÉ ET DE LA CHALOPINIÈRE, TENUES DU ROI A CAUSE DE SON FIEF ET TERRE DE VILLAINES, MEMBRE DÉPENDANT DE LA BARONNIE DE CHATEAU-DU-LOIR. — (F. Legeay : *Recherches sur Aubigné et Verneil*, p. 392.)

332. — 1495/1496, février, Lyon. — LETTRES PATENTES PORTANT DON A JEAN-JACQUES TRIVULCE DE LA CHATELLENIE, TERRE ET BARONNIE DE CHATEAU-DU-LOIR. — (A. N., *Ordonnances de Charles VIII*, t. II, fol. 208.)

333. — 1496, 16 novembre, Lyon. — LETTRES PATENTES CONFIRMANT LE DON DE CHATEAU-DU-LOIR A JEAN-JACQUES TRIVULCE. — (A. N., *Ordonnances de Charles VIII*, t. II, fol. 214.)

334. — 1498, juin, Senlis. — LETTRES PATENTES, ENREGISTRÉES LE 8 FÉVRIER 1499, QUI CONFIRMENT CELLES DE février 1495/1496 et du 16 novembre 1496 portant don a Jean-Jacques Trivulce des chatellenie, terre et seigneurie de Chateau-du-Loir. — (A. N., *Ordonnances de Louis XII*, t. J, fol. 35.)

335. — 1500, 17 septembre, Orléans. — Lettres patentes par lesquelles Louis XII confirme le contrat par lequel Pierre de Rohan, seigneur de Gié, maréchal de France, cède la seigneurie de Castelarqua a Jean-Jacques Trivulce en échange de la baronnie de Chateau-du-Loir. — (A. N., *Ordonnances de Louis XII*, t. J, fol. 128.)

336. — 1506, 16 novembre. — (Arch. du Cogner, E 74, n° 1.)

Acte par lequel Nicole d'Argouges, licencié ès lois, reconnait devoir à Pierre de Rohan, chevalier, maréchal de Gié, baron de Château-du-Loir, trois fois et hommages liges pour les terres et seigneuries de Vaux, Malitourne et la Querolle.

337. — 1517/1518, 12 janvier. — (B. N., *Cabinet de d'Hozier* 196, dossier 5022, n° 10.)

Offre de foi et hommage à Charles de Rohan, comte de Guise, seigneur de Gié et baron de Château-du-Loir, par Romaine de Cintray, femme de Louis d'Illiers, seigneur du Mesnil-Madame-Rousse et de Villeneuve, tant pour elle que pour Olive de Cintray, sa sœur, veuve de Charles d'Illiers, seigneur de Chantemesle, pour les terres et seigneuries de Beaumont-Pied-de-Bœuf, Aigresoude et Griêche.

338. — 1533, 19 mai, Moulins. — Édit par lequel François Ier supprime l'office de juge ou bailli de Château-du-Loir et réunit cette juridiction a celle de lieutenant du sénéchal du Maine au même lieu. — (Imprimé : Beautemps-Beaupré : *Coutumes et Institutions de l'Anjou et du Maine*, 2e partie, t. IV, p. 374, d'après A. N., JJ 246, n° 254.)

339. — 1533, 29 mai, Paris. — Enregistrement par le parlement de l'édit supprimant l'office de juge et bailli

A Château-du-Loir, par manière de provision, a cause du procès pendant entre les officiers du Mans et ceux de Château-du-Loir. — (Imprimé : Beautemps-Beaupré : *Coutumes et Institutions*, 2ᵉ partie, t. IV, p. 376, d'après A. N., X¹ᵃ 4894, fol. 189.)

340. — 1545, 2 juillet. — (Arch. du Cogner, E 104.)
Aveu rendu au roi et à « monsieur messire François de Rohan, seigneur de Gyé et seigneur prenant les fruictz du Chasteau du Loir a reéméré perpétuel », par Christoflette Lenfant, dame de Varennes-Lenfant et de Poillé, veuve de Jean de la Chapelle, pour la châtellenie de Poillé, relevant à foi et hommage lige de la baronnie de Château-du-Loir.

341. — 1550. — Acte par lequel Henri II, roi de France, confirme l'érection en chatellenie de la terre de Mangé, avec droit d'usage dans la forêt de Berçay. — (F. Legeay : *Recherches sur Aubigné et Verneil*, p. 326.)

342. — 1563, 16 octobre. — Arrêt par lequel le Conseil privé ordonne le paiement de quarante-cinq mille livres sur la vente de Château-du-Loir par dame Éléonor de Rohan, et prescrit la réunion de la terre au domaine. — (B. N., Fr. 22.310, fol. 180.)

343. — 1563, novembre. — Édit portant suppression de l'office de sergent collecteur des amendes des eaux et forêts du Maine et union de cet office à celui du receveur ordinaire de la baronnie de Château-du-Loir. — (A. N., *Ordonnances de Charles IX*, t. II, fol. 115.)

344. — 1567, 6 août. — Déclaration décidant que les appels des sentences et jugements des officiers de la baronnie de Lucé, érigée en août 1539, seront portés à Château-du-Loir. — (A. N., *Ordonnances de Charles IX*, t. IV, fol. 36.)

345. — 1569, 10 octobre, Plessis-lès-Tours. — Lettres patentes portant don a Catherine de Médicis du duché d'Orléans, du comté de Gien, des vicomtés de Rouen, de Pont-de-l'Arche et de Pont-Audemer, et des seigneuries de Beaugency et de Chateau-du-Loir, au lieu des duchés, comtés et baronnies dont elle jouissait et qui ont été donnés en apanage a Henri de France, duc d'Anjou, et François de France, duc d'Alençon, par lettres du 8 février 1566. — (A. N., *Ordonnances de Charles IX*, t. V, fol. 205.)

346. — 1571, 11 février. — Lettres par lesquelles Catherine de Médicis, « dame par dot et usufruit de la baronie et chastellenie de Chasteau du Loir », fait remise a François de la Chapelle du rachat du pour la seigneurie de Poillé. — (*Revue du Maine*, t. XLV, p. 247.)

347. — 1575, 14 juin. — Déclaration d'Henri III portant union de l'office de lieutenant criminel a Chateau-du-Loir a celui de lieutenant civil au même siège. — (A. N., *Ordonnances d'Henri III*, t. II, fol. 58.)

348. — 1576, 24 novembre. — Lettres de François, fils de France, frère unique du roi, duc d'Anjou et d'Alençon, comte du Maine et baron de Chateau-du-Loir, certifiant que Marie d'Argouges, veuve de Jean Gourbault, a fait foi et hommage pour la seigneurie de la Querolle, mouvant de Chateau-du-Loir. — (Archives du Cogner, E 74, n° 2.)

349. — 1576, 24 novembre. — Lettres de François, comte du Maine et baron de Chateau-du-Loir, certifiant qu'Ysabeau de Villemar, veuve de Nicole d'Argouges, a fait foi et hommage pour Malitourne. — (Archives du Cogner, E 74, n° 3.)

350. — 1576. — Hommage a François, duc d'Alençon, comte du Maine et baron de Chateau-du-Loir, par François de la Chapelle, pour la seigneurie de Poillé et autres terres. — (Note : *Revue du Maine*, t. XLV, p. 251.)

351. — 1578, 6 août. — (Arch. du Cogner, E 78, n° 6.)

Aveu au comte du Maine, à cause de sa baronnie de Château-du-Loir, par Isabelle de Villemar, veuve de Nicole d'Argouges, pour son fief de Malitourne, à Flée.

352. — 1585, 21 janvier. — LETTRES PAR LESQUELLES HENRI III FAIT SAVOIR QU'IL A REÇU LA FOI ET HOMMAGE DE FRANÇOIS DE LA CHAPELLE POUR LA CHATELLENIE DE POILLÉ, RELEVANT DE CHATEAU-DU-LOIR. — (Note : *Revue du Maine*, t. XLV, p. 252.)

353. — 1603, 14 octobre. — (Arch. du Cogner, E 71, n° 8.)

Vente du fief et seigneurie de Malitourne, à Flée, par d^{lle} Marie d'Argouges, à Pierre Massue, greffier des eaux et forêts de la baronnie de Château-du-Loir, ledit lieu tenu du fief du roi à cause de sa dite baronnie de Château-du-Loir.

354. — 1616, 18 septembre. — (Arch. du Cogner, E 74, n° 7.)

Déclaration de Pierre Massue pour partie du lieu de Malitourne, relevant du roi à cause de sa baronnie de Château-du-Loir.

355. — 1654, Paris. — LETTRES DE LOUIS XIV PAR LESQUELLES IL ÉRIGE EN MARQUISAT LA TERRE DE VENNEVELLES, MOUVANT DE SA BARONNIE DE CHATEAU-DU-LOIR, EN FAVEUR D'HENRI D'ESPAGNE, CHEVALIER, BARON DE VENNEVELLES. — (Imprimé : Arch. du Cogner, E 98, n° 21.)

356. — 1666, 12 novembre. — (F. Legeay : *Recherches sur Vaas*, pp. 30-77.)

Aveu au roi par Louis-François de Laubespin, abbé de Vaas, pour l'abbaye de Vaas, relevant de la baronnie de Château-du-Loir.

357. — 1674, juin-juillet, et 1676, mai-juin. — (Arch. du Cogner, E 106.)

Déclarations rendues au roi, à cause de sa baronnie de

Château-du-Loir, dont jouissent Mmes les princesses de Carignan et de Nemours par engagement à réméré perpétuel, pour certaines terres situées paroisses du Lorouer, de Chahaignes, de Sainte-Cécile et de Thoiré.

358. — 1706, 22 février. — Règlement entre le procureur du roi et les officiers de l'élection de Château-du-Loir. — (Imprimé : *Recueil* d'Augeard, I, 856.)

359. — 1712, 7 septembre. — Arrêt de règlement pour la sénéchaussée de Château-du-Loir. — (Imprimé : *Journal des Audiences du Parlement*, VII, 224.)

360. — 1724. — (*Revue du Maine*, t. XLVI, p. 58, d'après A. N., P 353³.)

Hommage au roi Louis XV par Louis, marquis de la Chastre, comte de Nançay, pour la châtellenie de Poillé, tenue de Château-du-Loir.

361. — 1727, 8 avril. — (*Revue du Maine*, t. XLVI, p. 59, d'après A. N., P. 426¹.)

Hommage à Louis XV par Charles-Louis de la Chastre, comte de Nançay, pour la châtellenie de Poillé, mouvant du roi à cause de sa baronnie de Château-du-Loir.

362. — 1748, 24 septembre, Paris. — Enchère de quarantaine de la baronnie du Château-du-Loir et dépendances. — (Imprimé : *Province du Maine*, t. X, 1902, p. 259.)

Les maistres des requestes ordinaires de l'hôtel du roy, à tous ceux qui ces présentes verront, salut.

Sçavoir faisons qu'aujourdhuy est comparu au grefe des décrets de la cour Me Claude Soquet, procureur en ycelle, en son nom pour ce dispensé, poursuivant le décret volontaire de la terre et baronnie du Château-du-Loir et dépendances cy-après expliquées, sur dame Marie-Sophie de Courcillon, épouse séparée, par son contrat de mariage, de Mre Hercule de Mériadek, prince de Rohan et de Soubise, pair de France, gouverneur pour Sa Majesté des provinces de Brie et Champagne ; comme l'ayant acquise des s^r et dame de Clermont-Gallerande, lequel, en conséquence de la sentence de congé d'adjugé du..., a enchéri et mis à prix le fond, tresfond, superficie, propriété, possession et jouissance de la dite terre et baronnie du Château-du-Loir et dépendances, comprises dans la saisie réelle qui en a été faite le cinq février dernier, enregistrée au bureau des commissaires aux saisies réelles à Paris, au greffe des décrets de la cour, et au bureau du conservateur des décrets volontaires, les quinze, vingt et vingt-trois dudit mois de février dernier, et dont la teneur suit :

1° Le château, donjon et principal manoir dudit Château-du-Loir, étant en ruine, et dans lequel s'est trouvé des vestiges de plusieurs bâtiments, chapelle et prison, caves, plusieures toures et forteresses, cours et jardins, plusieurs places vuides du château, et fossés dudit château, ayant titre de baronnie, droit de nomination à la chapelle dudit château et à celle fondée en l'église de Saint-Martin de Tours, terres, fiefs et seigneuries en dépendantes, cy après expliquées, qui sont la ville du Château-du-Loir, dans laquelle sont les parroisses de Saint-Guingallois et de Saint-Martin d'ycelle ville, s'étendant dans les parroisses de Luceau et Vouvray, les halles dudit lieu, droit de prévosté et billette dans la dite ville et au bout des ponts de Courtamont, avec les droits d'étalage, mesurage, minage, languayages, places et étaux, places de bancs, boutiques, échopes, tant dessous qu'au contour des dittes halles, rues et autres endroits de ladite ville, places vuides, fossés à fumier et engrais autrement dits cloacques, tant au dedans de la ville qu'au dehors d'icelle, les fossés, remparts, jardins et places où il y en avoit cy devant ; poids, mesures et droits d'étalage en la dite ville du Château-du-Loir, tous les droits de justice, nomination aux offices et de toutes les baronnies et parroisses dont les appels relèvent au Château-du-Loir, ensemble tous les droits honorifiques qui peuvent être attachés à la baronnie du Château-du-Loir, sur les autres baronnies et parroisses circonvoisines qui en relèvent, sans aucune exception ni réserve, cens, rentes, droits et devoirs seigneuriaux dont sont tenus et chargés envers la dite baronnie du Château-du-Loir les fiefs et parroisses dont sera cy après parlé, requérables aux jours et lieux y expliqués.

2° Item, le sort principal et arrérages de soixante livres de rente foncière dues par la veuve et les enfants du sieur Jean-François Allard, et, à la charge de laquelle rente, le moulin de la Pontonnerie, consistant en maison et étable, issues devant et derrière, jardins, prez et pâtures et le droit de poser les roettes et chapiteaux et autres pièces de bois servant aux portes dudit moulin, dans le mur de la maison voisine des dites portes, et de passer par dessus les issues de la maison et tannerie pour aller aux jardins et prez dudit moulin, ont été donnés par M. le marquis de Clermont-Gallerande, en qualité d'engagiste, moyennant les dites soixante livres de rente et un denier de cens.

3° Item, le droit de pesches, de bacques, bateaux, charrières, roues et chalons, tant pour exercer le dit droit de pesche que pour passer et repasser les particuliers et marchands, et généralement tout ce qui peut se présenter sur la rivière du Loir, à prendre depuis les ponts de Trechet [1] jusqu'au gué de la Falaise, scitué parroisse de Vaas, les dits droits scitués ez parroisses dudit Trechet, Châtillon, Saint-Vincent et la Madelaine de la Chartre, L'home, Marçon Chahaigne, Sainte-Cécile, Vouvray, Banne, Nogent, Montabon, la Bruène [2] et Vaas, à l'exclusion de tous autres, avec les isles et islots, et atterrissement de la dite rivière, et le droit de pesche dans tous les ruisseaux qui fluent et qui descendent de la forêt de Brossey [3] dans ladite rivière, aussi à l'exclusion de tous autres.

4° Item, neuf arpens de prez situés ès prez de Presterons et de Berlibon, susdite parroisse de Montabon, avec le fond, tresfond, superficie, herbes, herbages des chemins tendans dudit Montabon et dudit Château-du-Loir au pont de Nogent.

---

1. Trehet (Loir-et-Cher).
2. *Sic, pour* la Bruère.
3. La forêt de Berçay.

5° Item, le sort principal et arrérages de cent vingt livres de rente foncière due par les bénédictins du Mans, et, à la charge de laquelle rente, les trois étangs nommés de la Chouanne, Clair-Fontaine et du Milieu, avec trois cens arpens ou environ de prés, poissons, marais, palus et terres vaines et vagues, aux environs desdits étangs, qui sont scitués ès parroisses de Saint-Brié, Saint-Ouen, Yvré-Lespalin [1] et autres, et ont été donnés par M. le marquis de Dangeau au nommé Roger, qui en a fait transport aux dits religieux bénédictins.

6° Item, la moitié de la prévosté et billette de Doisé [2], Foultourte et Guisclard [3].

7° Item, la prévosté et billette de Mayet.

8° Item, la prévosté et billette de Mareille et Jupille.

9° Item, la châtellenie dudit Mayet avec le reste des murailles et la tour du château dudit lieu, et les droits qui en dépendent, entre autres les droits de péage, minage, étalonage, languayage, et autres droits de prévosté et billette, tant sur les marchandises qui y passent que sur celles qui sont vendues au dit Mayet, et foires qui y tiennent, avec la seigneurie directe de la dite parroisse de Mayet et Haute-Perche, ou tels autres droits qui pouroient être nouvellement imposés pour tenir lieu de ce que dessus, et à telle charge que ce puisse être. Le tout en ce qui ne peut être préjudiciable à la dite dame princesse de Rohan et de Soubise.

10° Item, la châtellenie d'Outillé avec les restes des murailles du château, les bâtiments, édifices, sur partie des dites murailles et des ruines du surplus, par les défunts sieur et dame de Leurnalier (sic), et autres, la prée et bois de haute futaye et génerallement toutes les autres choses exprimées et réservées au roy seul par la transaction de 1301, avec le droit de nommer à la chapelle du bourg dudit Outillé, et à la sei-

---

1. Yvré-le-Pôlin.
2. Oizé.
3. Guécelard.

gneurie directe de l'église et parroisse dudit lieu de Saint-Mars-d'Outillé.

11° Item, la seigneurie haute justice de la parroisse de Challe et de Marigné, à cause de la seigneurie dudit Outillé.

12° Item, la châtellenie, fief et seigneurie de Montagenet, avec toutes les circonstances et dépendances, et entre autres les seigneuries des parroisses du Pont-aux-Hermites, autrement du Château-l'Hermitage, Saint-Brié, Saint-Ouen-en-Beslin et Yvré-Lepalin.

13° Item, la châtellenie d'Oisé et Foultourte, avec les circonstances et dépendances, entre autres la seigneurie des parroisses de Cérans et de Parigné-le-Paslin[1].

14° Item, le comté de la Suze, en ce qui a été donné par Béatrix de Dreux, comtesse de Montfort, dame du Château-du-Loir, à la charge de reversion, à défaut d'enfants mâles, de la maison de Champagne, comte de la Suze.

15° Item, toutes les terres vaines et vagues, landes, pâtures, marais, palus et places vuides des dites baronnies et châtellenies cy dessus.

16° Item, la seigneurie haute justice de la parroisse de Dissé-sous-Courcillon.

17° Item, la seigneurie haute justice de la parroisse de Coulongé.

18° Item, la seigneurie haute justice de la parroisse de Sarcé.

19° Item, la seigneurie haute justice de la parroisse et ville de Vaas.

20° Item, la seigneurie haute justice de la parroisse de Lavernat.

21° Item, la seigneurie de l'église et parroisse de Luceau.

22° Item, la seigneurie de la parroisse de Beaumont-Pied-de-Bœufs.

23° Item, la seigneurie de l'église et parroisse de Montabon.

24° Item, la seigneurie de l'église et paroisse de Banne.

1. Parigné-le-Pôlin.

25° Item, la seigneurie de l'église et parroisse de Vouvray-sur-Loir.

26° Item, la seigneurie de l'église et parroisse de Sainte-Cécile.

27° Item, la seigneurie haute justice de la parroisse de Flée.

28° Item, la seigneurie haute justice de la parroisse de Thoiré.

29° Item, la seigneurie haute justice de la parroisse de Jupille.

30° Item, les hommes, sujets, vassaux et moutaux, cens, rentes féodalles, corvées, rachapts, ventes, amendes, déshérance, déport de minorité, circonstances et dépendances, des dittes baronnies et châtellenies, sans en rien réserver, conformément à la coutume.

31° Item, les places des bancs dans les églises des dittes parroisses, prières nominalles, littres, et autres honneurs dus aux seigneurs.

32° Item, les droits de poteaux, pancartes, fourches patibulaires, gibets et potences dans les lieux accoutumés.

33° Item, autres cens et rentes seigneuriales et féodalles dues au Château-du-Loir au jour de Saint-Martin d'hiver et autres jours, et entre autres une poêlée de vin, contenant cinquante pintes, tel qu'il vient à l'anche, sur les vignes de Cour-Pèlerin, susdite parroisse de Vouvray, deux poeslées de pareil vinage sur le clos des vignes de Voltard, joignant celle cy-dessus, et une poêlée aussi de vinage sur demi-arpent de vigne au clos des Rochettes, à proximité de la ville du Château-du-Loir, et trente-six boisseaux d'avoine, le tout mesure du Château-du-Loir, par le détempteur des lieux et maiteries de Cesne, la Poevrière, les Ormeaux, situés en la parroisse de Villebourg, jadis Villeboureau, en Touraine, suivant le registre et ceuilloir dudit jour de Saint-Martin.

34° Item, autres cens et rentes dues au bourg dudit Mayet, au quartier de Saint-Nicolas, au jour de Saint-René.

35° Item, les cens et rentes dues au jour de Saint-Martin sur la butte de Montagenet.

36° Item, les cens et rentes dues au château d'Outillé le dimanche d'après la Saint-Martin.

37° Item, les cens et rentes dues au Château-du-Loir au jour de Saint-André.

38° Item, les cens et rentes dues au bourg de Jupille au dimanche d'après Noel, et entre autres deux septiers de seigle par le chapitre et chanoines de Saint-Pierre du Mans, à cause de leur grange dîmeresse et four à ban de Marigné.

39° Item, les cens et rentes dues au bourg de Saint-Vincent-du-Loir [1] le 22 janvier, jour de Saint-Vincent.

40° Item, autres cens et rentes dues au jour de Saint-Jean-Baptiste au Château-du-Loir.

41° Item, les cens et rentes dues au jour de Saint-Jean-Baptiste à Chahaigne, et autres lieux, à cause des terres nouvellement aliénées et vendues à la charge de douze deniers de cens par arpent à ladite baronnie du Château-du-Loir, et entre autres de quarante livres de rente seigneuriale et féodale due par les représentants M. Lepoultre, maître des requestes, seigneur de Rouzeray et Marigné.

42° Item, les cens et rentes dues au dimanche d'après la Saint-Jean-Baptiste au lieu et à cause du fief de Vilaine, susdite parroisse de Vaas, et entre autres vingt-sept livres dix sols de rente féodale, par les propriétaires et détempteurs dudit lieu de Vilaine.

43° Item, les cens et rentes dues au bourg de Chahaigne, et, entre autres choses, trente-trois boisseaux de seigle à la susdite mesure, six chapons et six sols de censive pour les propriétaires et détempteurs de la Grande et Petite-Simardière et les Brosses, scituées audit Chahaigne, et généralement tous autres droits seigneuriaux et féodaux, cens, rentes, appartenants et dépendants desdites seigneuries et châtellenies, conformément à la coutume du Maine.

44° Item, le droit de faire un triage et vente chacune année par M. le grand maître et autres officiers des eaux et forêts du dit Château-du-Loir, juques à concurrence de mil

---

1. Saint-Vincent-du-Lorouer.

livres, à laquelle messieurs les commissaires de Sa Majesté ont fixé et arbitré le dommage que souffre l'engagiste du Château-du-Loir pour la privation des droits d'usage, champéage, paccage, poréage, haumage, chablis, amendes et autres droits à luy engagés ès forêts de Douvre et Bois-Courbon, depuis vendus et aliénés par Sa Majesté, le dit triage de 1.000 livres, conformément et en exécution de la sentence de réformation de la forêt de Barcey et arrêts sur ce intervenus.

45° Item, le prêt et annuel, avec le droit de nommer à tous les offices, tant de judicature que des procureurs, notaires, huissiers audienciers et sergents royaux de la sénéchaussée, siège royal et ressort dudit Château-du-Loir, et aux offices du siège de la maîtrise particulière des eaux et forêts dudit lieu, aussi engagés par Sa Majesté.

46° Item, le pré des Forterées, contenant à recueillir douze charetées de foin ou environ, situé sur la parroisse de Saint-Vincent-du-Loroir.

47° Item, les amendes des folles appellations qui ressortissent audit siège du Château-du-Loir, tant civiles que criminelles, conformément à la coutume du Maine, ensemble les autres amendes qui sont jugées ès dits sièges tant au civil qu'au criminel, sans aucune réserve.

48° Et généralement toutes les appartenances et dépendances de la dite baronnie, terre et seigneurie du Château-du-Loir, sans en rien excepter ni réserver, ainsi que le tout est plus amplement détaillé et énoncé dans les procès verbaux de la consistance de la dite terre et seigneurie, des 24 décembre 1586 et 18 aoust 1585.

Le tout appartenant à la dite dame princesse de Rohan et de Soubise, ainsi qu'il est cy-devant dit, au moyen de l'acquisition qu'elle en a faite de M⁽ʳᵉ⁾ Pierre-Gaspard de Clermont, marquis de Gallerande, chevalier, commandeur des ordres du roy, lieutenant général des armées de Sa Majesté et gouverneur du Neuf-Brisac, et dame Gabrielle-Françoise d'O, son épouse, demeurant à Paris au Palais-Royal, par contrat passé devant ledit Mᵉ Camuset et son confrère, notaires au Châtelet de Paris, le 24 novembre 1747, auxquels sieur et dame de Clermont-Gallerande la dite baronnie, terre et seigneurie du Château-du-Loir, avec tout ce qui est cy-dessus désigné et saisi réellement, appartenoient comme l'ayant acquis par deux contracts passés, ensuite l'un de l'autre, par devant maitre Dejean et son confrère, notaires à Paris, les 14 mars et 24 juillet 1725, insinués au bureau du Château-du-Loir le 12 juillet 1736 : 1° de dame Sophie de Bavière de Levinstein, veuve de Mʳᵉ Philippes de Courcillon, chevalier, marquis Dangeau, baron de Sainte-Hermine et autres lieux, chevalier des ordres du roy et d'honneur de feu Madᵉ la Dauphine, conseiller d'état d'honneur ; 2° de messire Charles-Philippes d'Albert, duc de Luynes et de Chevreuse, héritier en partie, par bénéfice d'inventaire, dudit seigneur Dangeau, son ayeul maternel, par représantation de dame Marie-Anne-Jeanne de Courcillon de Dangeau, sa mère, à son décès veuve de messire Charles-Honoré d'Albert, duc de Monfort et de Chevreuse, pair de France, laquelle étoit seule enfant du premier lit dudit seigʳ marquis de Dangeau ; 3° de dᵉ Jeanne-Marie Colbert, veuve de Mʳᵉ Charles-Honoré d'Albert, duc de Chevreuse et de Luines, pair de France, chevalier des ordres du roy, gouverneur et lieutenant général de la province de Guyenne, au nom et comme tutrice honoraire de Mᵉ Paul, abbé d'Albert et de Monfort, son petit-fils, et Mᵉ Simon Berson, procureur au Châtelet, au nom et comme tuteur onéraire dudit seigneur abbé d'Albert ; et 4° de dame Françoise de Pompadour, vᵉ de Mʳᵉ Philippes-Egon de Courcillon, marquis dudit lieu, brigadier des armées du roy, au nom et comme tutrice de ladite dame princesse de Rohan et de Soubise, sa fille, lors mineure, et de Julien Lageau, écuyer, conseiller secrétaire du roy, tuteur onéraire de ma dite dame ; les dites dames duchesse de Chevreuse, de Courcillon, le sʳ Lageau, autorisés en leurs dites qualités, et led. Mᵉ Barson, élu en la sienne spécialement, pour la vente de la terre et baronnie du Château-du-Loir, par avis de messieurs les parens et amis des dits seigneur abbé d'Albert et dame princesse de Rohan, homologué par sentence du Châtelet de Paris, du 28 février 1725, après la visite, prisée, estimation, publications, affiches et remises faites, ainsi qu'il a été ordonné par les dites sentences, et mentionnées aux dits contrats de vente ; lesquelles dames marquise de Dangeau, seig^r duc de Luines, abbé d'Albert et dame princesse de Rohan, étoient propriétaires de ladite baronnie, terre et seigneurie du Château-du-Loir, appartenances et dépendances cy-dessus saisis réellement, sçavoir : la dite dame marquise Dangeau, de la moitié en toute propriété et usufruit en sadite qualité de commune en biens avec ledit seigneur marquis Dangeau et en usufruit de l'autre moitié suivant la coutume du Maine ; ledit seigneur duc de Luines d'un sixième en l'autre moitié, faisant un douzième au total ; ledit seigneur abbé d'Albert d'un pareil sixième en ladite moitié, comme héritier en partie par bénéfice d'inventaire dudit seigneur marquis Dangeau, son ayeul maternel, par représentation de ladite dame Marie-Anne-Jeanne de Courcillon de Dangeau, sa mère, au jour de son décès veuve dudit seigneur Charles-Honoré d'Albert, duc de Monfort et de Chevreuse ; et ladite dame princesse de Rohan, des deux tiers de ladite autre moitié, en qualité d'héritière, aussi par bénéfice d'inventaire, en partie dudit seigneur marquis Dangeau, son ayeul, par représentation dudit feu seigneur marquis de Courcillon, son père, dont elle étoit seule enfant, lequel étoit aussi seul enfant du second lit du dit seigneur marquis de Dangeau, lesquelles portions formoient la totalité de la dite baronnie, terre et seigneurie du Château-du-Loir, que ledit seigneur marquis de Dangeau avoit acquis, avec autres biens, pendant sa seconde communauté, de très haut et très puissant sérénissime prince Mgr Émanuel-Philbert-Amédée de Savoye, prince de Carignan, par contrat passé devant Me Bru et son confrère, notaires à Paris, le 27 juillet 1701, suivi d'un décret volontaire adjugé sans aucune opposition subsistante aux requestes de l'hôtel à Paris, clos et fini le 27 octobre 1712, à la charge par l'adjudicataire de payer les frais ordinaires de criées, plus des droits et devoirs qui pourroient être dus à Sa Majesté à cause de ladite acquisition seulement.

Plus, des charges réelles et foncières, et autres charges telles qu'elles puissent être, si aucunes sont dues, de la dite baronnie, à compter du 24 novembre 1747.

Plus, d'entretenir les baux de ladite baronnie, terre et seigneurie, pour les temps qui en restent à expirer, si mieux n'aime indemniser les fermiers et locataires en cas de dépossession.

Plus, de demeurer chargé de l'événement et poursuite de deux procès pendants, l'un au bureau des finances de Tours contre le sieur de Neuvy, et l'autre au parlement de Paris contre le sieur Beduet, pour raison de mouvances de ladite seigneurie, et de payer les frais qui peuvent être dus aux procureurs qui ont occupé.

Plus, de fournir au procureur poursuivant copie correcte et lisible de la sentence d'adjudication, et ce, huitaine après la dite adjudication, et outre, moyennant le prix et somme de 20.000 livres une fois payée, et à délivrer à qui il appartiendra, dont le dit M⁰ Socquet a requis acte, et a élu domicile en sa demeure rue Sainte-Croix-de-la-Bretonnerie, parroisse Saint-Jean-en-Grève.

Fait à Paris aux dites requestes de l'hôtel et sous le scel de la cour. Ce 24 septembre 1748.

TABLE ALPHABÉTIQUE

(Les chiffres désignent les numéros des pages.)

A

A., dapifer Henrici, regis Angliæ. 50.
Aace (le gué d'). Voir Daace.
Aace (Girardus), juratus de foresta de Doure. 73.
Aalee, censualis de Mayeto. 124.
Aalicia, filia Guillelmi de Fontana. 145.
Abalais (terra). 138. — Peut-être les Allets, à Rahard (Loir-et-Cher).
Abelin, chanoine de Saint-Pierre-de-la-Cour, Abelinus, 8, 10, 11.
Abresel (Petrus). 123, 125.
Absoluta, censualis de Mayeto. 125.
Abyoth (Guytonus). 118.
Acebergerie (l'), fief mouvant de la Suze ou de Château-du-Loir. 194.
Achardus, pater Harduini. 10.
Achéron (l'). Voir Ascheron.
Acra Silva (de), Acre Salve (de), Acri Silva (de). Voir Aigresoude (d').
Acre (Blanche, fille de Jean d'), femme de Guillaume de Fiennes, 151, 152.
Acre (Jean d'), bouteiller de France. 151, 152.
Ada, dame de Brains, veuve de Baudouin des Roches et de Geoffroy de la Ferté-Bernard. 97.

Adelini Campo (vicaria alodii de). 12. — Peut-être l'Alleu, commune de Luché-Pringé.
Adel... (Vualterus, filius). 50.
Adelardus, vicarius. 28.
Adradus, monachus. 16.
Agathe, femme de Jean Martinelli. 149.
Agathe (Gaufridus). 123.
Agathe (Hamelinus). 124.
Agathe (Julianus). 98, 123.
Agnel, censitaire de Mayet. 123.
Agnès, femme de Jean d'Estouteville. 134-138.
Agnès, femme de Pierre Hugues. 166.
Agon, Agun. 95, 103. — Agon (Manche).
Aignan (Guillaume). 246.
Aigresoude, fief à Beaumont-Pied-de-Bœuf, mouvant de Château-du-Loir. 194, 242, 261. — Voir Martel (Jean).
Aigresoude (Hubert d'), Hubertus, filius Roberti de Acri Silva. Hubertus de Acri Silva. 26, 30, 32.
Aigresoude (Pierre d'), Petrus de Acre Salve, de Acri Silva. 39, 41, 43.
Aigresoude (Robert d'), Robertus

de Acri Silva, de Acra Silva. 16, 22, 24-26.
Aimeris (Guarinus, filius). 17.
Alanus, abbas de Gastineta. 46.
Alba Terra. Voir Aubeterre.
Albatra (M. de), juratus de Maieto. 98. — Albatra équivant évidemment à Albaterra (Aubeterre).
Albericus, frater Castelliensis ecclesie. 47.
Albericus, pater Gervasii. 11.
Albericus, pater Rotgerii. 11.
Albert (Charles-Honoré d'), duc de Chevreuse et de Luynes, gouverneur de Guyenne, mari de Jeanne-Marie Colbert. 273.
Albert (Charles-Honoré d'), duc de Montfort et de Chevreuse, seigneur en partie de Château-du-Loir, mari de Marie-Anne-Jeanne de Courcillon de Dangeau. 273, 274.
Albert (Charles-Philippe d'), duc de Luynes et de Chevreuse, seigneur en partie de Château-du-Loir. 273, 274.
Albert (Paul d'), abbé d'Albert et de Montfort, seigneur en partie de Château-du-Loir. 273, 274.
Albertus, pater Johannis. 11.
Albigeois (les), heretici Albigenses. 87-89.
Alboin (Bernard), correcteur du prieuré de Berçay. 151.
Alençon (duc d'). Voir François de France.
Alençon (Richardus, Richard de), miles de castellaria Castri Lidi. 40, 42, 44.
Alexandre II, pape. 13, 17, 18.
Algerius, scutarius. 11.
Alixandre (Jean), lieutenant de Jean de Tardes. 257, 258.
Allard (Jean-François). 267.
Allemagne (l'). 55.
Allets (les). Voir Abalais (terra).
Alleu (l'). Voir Adelini Campo (vicaria alodii de).

Alluye (Hugues d'), Hugo, filius Hugonis de Aluia. 29.
Alneto (Johannes de). 111.
Alneto (Petrus de). 72.
Alneto (Stephanus de). 72.
Alneto (heres de). 75. — Cf. Anetum et Aunay-Briant (l').
Aloini (Hardoinus). 70.
Alouis (Victor). 55, 141, 142, 151, 191, 206, 228, 240.
Alta Pertica. Voir Haute-Perche.
Alta Ripa, Altæ Ripæ. Voir Hauterives.
Altenaise (de). Voir Anthenaise (d').
Aluia. Voir Alluye.
Ameine, Ameigny (Bartholomeus, Barthelot de), miles de castellaria Castri Lidi. 42, 44.
Ameni, Amens (Gervasius de), vavassor de Castro Lidi. 39.
Amicitia, uxor Herberti de Nemeia, seu de Verneia. 27.
Anchiæ (Rainaldus, filius). 11.
Andilly. Voir Audilhee.
Andreas, telonearius. 17.
Anetum. 35. — Peut-être l'Aunay, à Mayet, ou l'Aunay-Briant, à Saint-Jean-de-la-Motte. — Cf. Alneto (de), et Aunay-Briant (l').
Angers, Andegavi. 8, 32, 56, 59, 62, 103, 235, 236, 240, 244-246, 251. — Voir les articles Ronceray, Saint-Aubin, Saint-Martin, Saint-Nicolas, Saint-Serge.
Angers (l'évêque d'). 83. — Voir Gosfridus Hugonis, Guillaume, Hubert.
Angers (le doyen d'). 246.
Angleterre (l'), Anglia. 53, 232. — (le roi d'). 39. Voir Henri II Plantagenet, Jean-sans-Terre, Richard-Cœur-de-Lion. — (reine d'). Voir Bérengère.
Anglia, Anglici, Anglicus, Anglus (Gilebertus), serviens bosci de Doura. 106-110.
Angot (l'abbé A.). 26.
Angoulême (évêque d'). Voir J.

Anion. Voir Avion.
Anjou (l'). 45-47, 54, 76, 77, 80, 91-94, 172, 175, 181, 227, 229, 231-234, 251.
Anjou (le comte, le duc d'). 152. — Voir Anjou (Charles Iᵉʳ, Charles II, Charles IV, Louis Iᵉʳ, Louis II, Louis III et René d'). Bretagne (Artur de), Foulques III, Foulques IV, Foulques V, François de France, Geoffroy II, Geoffroy III, Geoffroy IV, Henri II Plantagenet, Henri III, Jean II, Jean-sans-Terre, Richard-Cœur-de-Lion et Valois (Charles de).
Anjou (Charles Iᵉʳ d'), roi de Jérusalem et de Sicile, comte d'Anjou et du Maine. 165, 175, 176.
Anjou (Charles II d'), roi de Jérusalem et de Sicile, comte d'Anjou et du Maine. 199.
Anjou (Charles III d'). Voir Valois (Charles de).
Anjou (Charles IV d'), fils de Louis II d'Anjou et d'Yolande d'Aragon, d'abord comte de Mortain, puis comte du Maine et baron de Château-du-Loir. 251, 254.
Anjou (Charles d'), fils de Louis Iᵉʳ d'Anjou et de Marie de Blois, prince de Tarente. 240, 244-246.
Anjou (Louis Iᵉʳ d'), second fils du roi Jean, roi de Jérusalem et de Sicile, duc d'Anjou et de Touraine, comte du Maine, sire de Guise et baron de Château-du-Loir. 231-235, 237-239, 244-246, 251.
Anjou (Louis II d'), roi de Jérusalem et de Sicile, duc d'Anjou, comte du Maine et baron de Château-du-Loir. 240, 244-249, 251.
Anjou (Louis III d'), roi de Sicile et baron de Château-du-Loir. 251.
Anjou (Marguerite d), femme de Charles de Valois. 199.
Anjou (René d'), roi de Sicile, duc d'Anjou, comte du Maine et baron de Château-du-Loir. 251.

Ansegilus, filius Abelini. 10.
Ansegisus, monachus. 16.
Ansgerius, pater Hugonis. 11.
Antenatus (Philippus). 128.
Anthenaise (Fulcran d'), Fulcherandus de Antenesia, testis. 66.
Anthenaise (Hamelin d'), Hemmelinus, filius Savarici de Antenesia. 111.
Anthenaise (Savari d'), Savaricus de Antenesia, miles. 110, 111.
Antiquis Molendinis (de). Voir Vieux-Moulins.
Anus (Die), miles. 72.
Anvers (Gervasius d'). 132.
Anvers vel Auvers (Hugo d'). 71, 101.
Aquitaine (l'), Aquitania. 54. — (duc d'). Voir Henri II Plantagenet, Jean-sans-Terre, Richard-Cœur-de-Lion.
Aragon (Yolande d'), femme de Louis II d'Anjou. 251.
Archiepiscopi (terra, honor). Voir Château-du-Loir.
Archiepiscopus. Voir L'Archevêque.
Aremburgis. Voir Eremburge.
Arenai. Voir Atenay.
Arenya. 95. — Forme défectueuse probable.
Argenton (Hugo de). 100.
Argentré (Mayenne), Argentrada. 8.
Argouges (Marie d'), dame de la Querole et de Malitourne. 263, 264.
Argouges (Nicole d'), seigneur de Vaux, Malitourne et la Querole. 261, 263, 264.
Arnaud, évêque du Mans. 13-17, 20.
Arnoul, archevêque de Tours. 5.
Arondellus (Vilhelmus, comes). 50.
Arquenay (Guillemette d'), veuve de Guillaume de Grazay. 248.
Arraby (Geoffroy), paroissien de Château-du-Loir. 182, 183.
Arrete (dominus de). 38.
Arthezé, Artisiacus. 6.
Arturus, dux Britanniæ. Voir Bretagne (Artur de).

Asceio (Herbertus, filius Herberti de). 11.

Ascelini, Ascelin (Fulcherius, Folcheir). 110, 139.

Ascheron (Wauterius de), et Warinus, nepos ejus. 20. — Le lieu de l'Achéron est à Thoiré-sur-Dinan.

Asnières (Sarthe). 4.

Asnières (Gaufridus de). 208.

Atenay, Atenai, Arenai (Hugo de). 38.

Atenay (Margarita domina d'). 142.

Aubemarc (Hugues d'), chevalier, 247.

Auberce, paroissien de Pontvallain. 176.

Aubeterre (Guillaume d'), censitaire de Mayet, Guillelmus de Alba Terra. 128. — Le lieu d'Aubeterre est à Mayet. Cf. Albatra (M. de).

Aubigné. 209.

Aucheriau, censitaire de Mayet. 121.

Audilhec (prata de). 52, 53. — Ce nom semble désigner un lieu-dit, sur la mer, vers la Rochelle ou Marans. Peut-être Andilly (Charante-Inférieure).

Aula de Burceyo. 78, 81, 82. — Le prieuré des Salles, à Beaumont-Pied-de-Bœuf.

Aunay (l'). Voir Anetum.

Aunay-Briant (l'), fief à Saint-Jean-de-la-Motte, mouvant de Château-du-Loir, Launoy Brien, Launay Brien. 247, 250. — Cf. Alneto (de), et Anetum.

Aurifolium (rivulus qui vocatur). 68.

Aute Perche. Voir Haute-Perche.

Auteresche, fief mouvant de Château-du-Loir. 193.

Auteresche (Guillaume d'), seigneur de fief en Quincampoix, Guillaume d'Autrèche. 202.

Auteresche (Macé d'), vassal de Château-du-Loir. 193. — La femme feu Macé d'Outeresche. 197.

Auterive (d'). Voir Hauterives (d').

Autru (Ragerus), juratus de Doure. 108.

Auvé (Jean), conseiller de la duchesse d'Anjou. 236.

Auvers (d'). Voir Anvers (d').

Auverucia vel Averrucia (Gaufridus de), clericus. 52, 80.

Averius (magister). 47.

Averton (Payen d'), seigneur de Belin. 242.

Avesgaud, évêque du Mans. 1-3, 6, 7, 10, 26.

Avion vel Anion (Pascherius). 70.

Avoir (Pierre d'), sire de Châteaufromont et de Verez, chambellan du roi, lieutenant général d'Anjou et du Maine. 234-237.

Azé (Loir-et-Cher). 136-138.

Azzon, marquis de Ligurie. 31.

B

Bacon (Herbert). Voir Herbert Bacon.

Baïf (Jean de), seigneur de Mangé. 251, 260.

Bais, fief mouvant de Château-du-Loir. 195.

Balgeius (mons). Voir Baugé.

Banneolis (terra de). 12. — Baigneux, à Mayet ou à Saint-Mars-d'Outillé.

Bannes, ancienne paroisse, réunie à Dissay-sous-Courcillon, Bonne. 141. — Bennes. 203. — Banne. 207, 209.

Bannes (le sire de), li sires de Bennes. 203.

Bannes (Édouard de), Hedoart de Bona. 71.

Bannes (Guillaume de), Guillermus de Bona. 43.

Bannes (Hamelin de), Hamelinus de Bona. 27.

Bannes (Rager de), Ragerus de Bonne. 144.
Barbot (Guido). 70.
Barbotinelle (Isabel de). 119.
Barcey. Voir Berçay.
Bardillé (Adam de), bailli des eaux et forêts royales. 230.
Bardol (feodum). 59. — A Mayet ou environs.
Barelière (la). Voir Borrelière (la).
Barfleur (Manche). Barcefluctuum. 47.
Barra Cordis. 35.
Barratus (Silvester), miles. 27.
Barrau (Petrus). 75.
Barré (Fulcherus). 122.
Barrère, greffier. 217.
Barson. Voir Berson.
Barthélemy (Rainaud), vassal de Mayet, seigneur de fief en Belin, Raginaldus, Raginardus, Ragener, Ragerus Bartelemer, Bartholomei, Barthelemer, Barthol. 75, 115, 117, 142.
Bartholomeus, abbas Majoris Monasterii. 15-17.
Bartholomeus, camerarius. 91. — Barthélemy de Roie.
Bataille (la), fief mouvant de Château-du-Loir. 192. — Pesche, VI, 638, nomme le fief de la Bataillère, à Yvré-le-Polin, relevant de Château-du-Loir.
Bataille (Gaufridus), vavassor de Corcellis. 72.
Bataille (Philippus), miles. 70.
Battestam (Gualterius). 17.
Baucé, Baucelum. Voir Beauçay.
Baucry vel Brancen (Girard), vassal de Château-du-Loir. 197.
Baudoineria, la Beaudouinière, fief mouvant de la Suze. 64. — Probablement la Bodinière, à la Suze.
Baudouyn (Jean), serrurier. 256.
Baudren, censitaire de Coulaines. 128.
Baugé (Maine-et-Loire), Baugi. 77, 78, 228, 240.

Baugé (le coteau de), au Mans, Balgeius mons, Cenomannis. 11.
Bauné (Maine-et-Loire). 226.
Bavière de Levinstein (Sophie de), femme de Philippe de Courcillon, 273, 274.
Beauçay, lieu dans la mouvance de Château-du-Loir, Biaucé. 202. — Peut-être Baucé, à Écommoy.
Beauçay (le sire de), li sires de Biaucé. 202.
Beauçay (Foulques de), Fulco de Baucé. 73. — Cf. Bence (Fulco de).
Beauçay (Gaudin de), vassal de la Suze, Gaudinus de Baucé vel de Bocé. 69.
Beauçay (Guillaume de), Guillelmus de Baucelo. 105, 106, 143.
Beauçay (Jean de), Johannes de Biaucé. 115, 144.
Beaudouinière (la). Voir Baudoineria.
Beaufort (Maine-et-Loire). 77, 78.
Beaufort, census de Bello Forti. 103. — Probablement Beaufort (Maine-et-Loire).
Beaufort (Évrard de), Evrardus de Belloforte, notarius. 46.
Beaugency (la seigneurie de). 263.
Beaugency (Jean de). Voir Flèche (Jean de Beaugency, dit de la).
Beaugency (Lancelin de). 31.
Beaugency (Landri de). 5.
Beaulieu (l'abbaye de), au Mans, le couvent de Beauleu dou Mans. 164, 165.
Beaumont (Guillaume de), Guillelmus de Bellomonte. 125.
Beaumont (Richer de), Richeir de Bellomonte. 126.
Beaumont-Pied-de-Bœuf (Sarthe), Bellus Mons, Biaumont, Beaumont, Beaumont de Pié de Buef. 37, 41, 59, 141, 202, 242, 261, 269. — Li sires de Biaumont. 202.
Beautemps-Beaupré. 230, 231, 247, 251, 261, 262.
Beauvoir. — Herbergamentum de

Beauvier. 64 ; — feodum de Beauvair. 101 ; — feodum de Biauvoare, Beauvair. 143. — Peut-être Beauvais, à Marigné.

Beauvoir (Guillaume de), Guillelmus de Bellovillari. 147.

Beauvoir (Philippe de), Philippus de Biauver. 71.

Beduet (le sieur). 275.

Begno, Beigno (Gaufridus de). 42, 43.

Beinvenu (Guillelmus). 130.

Belagent (Pierre), garde de la prévôté de Paris. 217.

Belaudin (de). Voir Brillaudin (de).

Belemere (Foque). 131.

Belet (Michael de). 50.

Belhomo (Johannes). 132.

Belin (terra de). 117, 142 ; — la terre de Belin. 192, 242. — (seigneur de). Voir Averton (Payen d').

Belin (Guillelmus), juratus de Burcelo. 144.

Belin (Herbertus de), miles, vavassor de Castro Lidi (vers 1100). 30, 44.

Belin (Herbertus vel Hubertus de), miles, vavassor de Susa et censualis de Maieto (1239). 116, 126.

Belin (Hugo de), miles, vavassor de Susa (vers 1100 et XIIe s.). 36, 40, 67, 75.

Belin (Hugo de), miles, vavassor de Oiseio et de Susa (XIIIe s.). 131, 143.

Belin (Mathé de), chevalier. 171, 172.

Belin (Stephanus de), censualis de Maieto. 118.

Belismense (feodum). Voir Bellême.

Belissent, Bellissent (Gaufridus), juratus de foresta de Doure (XIIe s.). 73 ; — miles, vavassor de Oiseio (vers 1239). 130.

Bellalanda. 136. — Bellelande, en Épuisay et le Temple.

Bellargire (dominus de). 38.

Bellay (Hugues de), Hugo de Berleio, de Bellai. 80, 103.

Bellême (le fief de), feodum Belismense. 65.

Bellême (Avesgaud de). Voir Avesgaud, évêque du Mans.

Bellême (Godehilde de), Godehilda, soror Avesgaudi episcopi. 1.

Bellême (Guillaume de). 10.

Bellême (Hildeburge de), femme d'Haimon de Château-du-Loir, Hildeburgis, Hyldeburgis, Hildeburga. 1, 6-8, 15, 26.

Bellême (Yves de), père et fils. 10.

Bellissent. Voir Belissent.

Belloforte (Evrardus de), notarius. 46.

Bello Forti (census de). Voir Beaufort.

Bellomonte (de). Voir Beaumont (de).

Bellovillari (de). Voir Beauvoir (de).

Belot (Jean), vassal de Château-du-Loir. 241.

Belsiovennus (Tetbaldus). 17.

Belun (Johannes), vavassor de Oiseio. 129. — Il faudrait peut-être lire : Belini.

Benais. 6. — Peut-être Bener, à Yvré-l'Évêque.

Bence (Fulco de). 61. — Il faut probablement lire : Fulco de Baucé, comme à la p. 73. Voir Beauçay.

Bencelinus, senescalcus. 17, 21, 24, 27, 28.

Bencet (Gaufridus). 121.

Benciot (Christianus). 121.

Benecort (Gaufridus). 125.

Bénéhart, Bernehart. 202. — Il s'agit probablement de la terre de Bénéhart, à Chahaignes.

Bénéhart (Herbert de), Hébert de Bernehart. 192.

Bénéhart (Renaud de), monsor Regnaut de Bernehart. 202.

Bennes. Voir Bannes.

Benoit VIII, pape. 2.

Benoîte, Benoiste, fame feu Robin, de la Saulaie. 230, 231.

Berçay, fief à Marigné, mouvant de

Château-du-Loir, feodum Burcelli, Burçay. 142, 203, 243.

Berçay (la Cour ou la Salle de), Aula de Burceyo. 78, 81, 82. — Le prieuré des Salles, à Beaumont Pied-de-Bœuf.

Berçay (la forêt de), foresta, nemus, boscus de Burceio, de Burceyo, Burçai, Burçay, Bursay, Buresay, Burcey, Burças, Beurçay, Bourçay, Barcey, Brossey. 20, 23, 50, 51, 58, 76-78, 82, 87, 92, 95, 96, 140, 144, 146-148, 156-158, 160-162, 172, 173, 185, 186, 192-197, 200-204, 211, 214, 216, 217, 223, 228, 230, 231, 235-239, 243, 247-253, 255, 258, 259, 262, 267, 272.

Berçay (le prieuré de), de l'ordre de Grandmont, à Saint-Mars-d'Outillé, domus, locus de Burceyo, Boni Homines Grandimontis de Burceyo, N.-D. de Grandmont en Beurçay. 50, 51, 82, 114, 131, 140, 141, 149, 151, 174, 175, 207, 211, 212, 216, 217, 230, 231, 260.

Berçay (Achard de), Achardus de Burceyo. 64, 73, 75.

Berçay (Borrel de), Borellus de Burçay. 202.

Berçay (Chrétien de), Christianus de Burceio. 144 ; — Chrestien de Burçay. 203.

Berçay (Foulques de), Fulco de Burceyo. 64.

Berçay (Guillaume de), Guillaume de Burçay. 203.

Berçay (Haton de), Hato de Burceyo. 75.

Berçay (Michel de), Michael de Burceyo. 128.

Berée (David). 123.

Bérengère (la reine), Beringaria, regina Angliæ. 80, 81.

Berleio (de). Voir Bellay (du).

Berlibon (le pré de), à Montabon. 267.

Bern... (Th., fil). 50.

Bernardus, major. 17.

Bernart (Johannes). 118.

Bernaville (Somme), Bernarville. 222.

Bernéhart. Voir Bénéhart.

Bernos. 61. Ce mot ne semble pas être un nom propre.

Berra (Erardus de). 30.

Berrengeria, de feodo Susæ. 64. — La Bérengerie, ou la Bellangerie, dans la mouvance de la Suze.

Berson ou Barson (Simon), procureur au Châtelet de Paris. 273.

Bertelot (Johannes). 85.

Berzil (foresta quæ vocatur). 65. — Dans la forêt de Longaunay.

Besague (Girardus, Girart). 67, 70.

Besague, Besagne (Guillelmus). 115, 144.

Beucasii (pons). 49.

Beudeny (Vilhelmus de). 50.

Beurçay. Voir Berçay.

Biaucé. Voir Beaucay.

Biaufis (ruella Roberti). 100.

Biauver, Biauvoare. Voir Beauvoir.

Bignon (Foulques du), Fulco de Bungnun. 26, 27.

Bigot, Biguot (Herbertus). 42, 44.

Bigoteries (les), à Danzé. 136.

Bigotière (la), à Saint-Mars-d'Outillé. 133, 134.

Blacarue, paroissien de Pontvallain. 176.

Blanche (André). 121.

Blanchet (Jean). 252.

Blazon (Th. de). 103.

Blezot (Jean), receveur de la commanderie de Château-du-Loir. 260.

Blezot, sergent de Berçay. 231.

Blois (comte de). Voir Thibault VI.

Blois (Marie de), femme de Louis Ier d'Anjou, reine de Jérusalem et de Sicile, duchesse d'Anjou, comtesse de Provence, de Forcalquier, du Maine, de Piémont et de Roucy, baronne de Château-du-Loir. 240, 241, 244-246.

Bloolin (Johannes). 131.

Blouet (Jean), perrier. 255.
Bocé. Voir Beauçay.
Bocel (Alermus). 39.
Bocellus (Hugo). 33.
Bocellus (Paganus). 41, 43.
Bochart (Hugo). 101, 129.
Bocheri (Johannes). 128.
Bocheti (Gaufridus). 127.
Bochin (Gaufridus). 98.
Bochin (Johannes). 98, 120, 125.
Bocin (Guido). 98, 123.
Bocinel, censitaire de Coulaines. 128.
Bodin (Hugo). 130.
Bodin (Jean), clerc, garde du doyenné de Château-du-Loir. 191.
Bodin (Jean), seigneur de la Fouaye. 243.
Bodineau (Jean), lieutenant de Château-du-Loir. 253, 254, 258.
Bodineau (Pierre), vassal de Château-du-Loir. 241.
Bodinière (la). Voir Baudoineria.
Boel (Bernardus et Julianus). 125.
Boel (Johannes). 124.
Boessay, fief mouvant d'Oizé. 237, 243.
Bogeri (Girardus et Petrus), censuales de Maieto. 118.
Boiau (Herveus). 146.
Boice (Garinus, Hamelinus et Morel de), vavassores de Susa. 71, 72.
Bois (le), métairie à Saint-Biez-en-Belin. 235.
Boiscorbon (la forêt, les deffais de), nemus quod dicitur Boscorbon, Boscocorbon, Boscus Corbonis, nemus Corbonis, Boys Corbon, Bois Corbon. 87, 95, 140, 148, 156-158, 200, 201, 204-207, 216, 225, 226, 272. — La forêt de Boiscorbon, annexe de celle de Berçay, était dans la partie sud de cette dernière, entre Lavernat et Luceau. Le fief de Boiscorbon a pris le nom de Pavillon.
Bois-Corbon (Bérard de), Berardus de Bosco Corbonis. 30.

Bois-Oger, Boscus Ogerii, prope Loschis. 47-50. — Cf. Carré de Busserolle : *Dict.*, I, 274.
Bois-Rahier, prieuré de Grandmont, à Saint-Avertin (Indre-et-Loire), Boscus Raherii, le prioré de N.-D. du Boisrayer lez Tours. 47-50, 259.
Bois-Renoul (les religieux du). 82. — Cf. *Province du Maine*, V, 357 et suiv.
Boissière (l'abbaye de la), à Denezé-sous-le-Lude, Sancta Maria de Busseria, abbatia de Buxeria. 52, 79, 80, 95, 96.
Boloria, Boleria. Voir Bouloire.
Bomer (Henricus). 145.
Bomer. Voir Bonnier.
Bommart (Jean). 256.
Bona, Bonna. Voir Bannes.
Bonavalle (heres de). 74. — Il s'agit probablement de la terre de Bonneval, à Mayet.
Boneteire, Bonneteire (terra de la). 128. — Probablement à Mayet.
Bonlieu (l'abbaye de), dans l'ancienne paroisse de Bannes, abbatia de Bono Loco. 94, 97, 102-104, 106, 140, 148-150, 199, 259, 260.
Bonnier vel Bomer (Gaufridus). 70.
Bonpooul (Gaufridus de). 209.
Boran (feodum castrorum Rageri). 208. — Cf. Castrum Rageri.
Boraut (Guillelmus). 125.
Bordeaux (archevêque de). Voir E.
Bordeaux (les), fief à Saint-Biez-en-Belin, mouvant de Mayet. 197.
Bordeaux (Guillaume des), seigneur des Bordeaux. 197.
Bordel (Julianus dou). 141.
Bordelaiche (Matthias vel Matheus de la). 144, 145.
Bordelesche (Symon). 116, 132.
Bordello (Guarinus de). 75, 118.
Borderie (la), en la châtellenie de la Suze. 178, 179. — Peut-être la Borderie, à Laigné-en-Belin.
Borgil, censitaire de Mayet. 121.

Borgouil (Robertus). 66.
Bormaut (Gervasius). 130.
Bornellus (Rotbertus). 30.
Bornicort (Johannes). 118.
Borrel (Guillelmus). 142, 144.
Borrel (Paganus). 37.
Borrelière (la), fief mouvant de Château-du-Loir, la Borrellière, la Barelière ou la Borrolière, la Borreleire ou la Borelleure. 142, 193, 202. — Peut-être la Bourelière, à Écommoy ou à Yvré-le-Pôlin.
Borresel, censitaire de Mayet. 121.
Boruer. Voir Botuer.
Boschain (Gaufridus). 120.
Boschet. Voir Bouchet.
Bosci (domus). 145. — Fief mouvant de Louplande.
Bosco (Gervasius de). 145.
Bosco (Matheus de). 145.
Bosco Herardi, Bosco Erardi (Symon de). 42, 43.
Boscus Corbonis, de Bosco Corbonis. Voir Boiscorbon.
Boscus Ogerii. Voir Bois-Oger.
Boscus Raherii. Voir Bois-Rahier.
Boselinus, clericus. 16.
Boslart (Robertus). 118.
Bossel (Gillebertus). 73.
Bossenex (Stephanus de). 118.
Bostia. 64. — Ce mot n'est sans doute pas un nom propre.
Boter, Botir (Guillelmus). 90, 133.
Boter, Botier (Poulinus). 69, 101.
Botigné, medietaria de Botineio, prope Sanctum Christophorum. 83. — Le lieu de Boutigné, à Bannes. Guillaume des Roches y établit l'abbaye de Bonlieu.
Botuer, Boruer (Fulco). 132.
Bouchet (le fief). Voir Fiot-Bouché.
Bouchet (Érembourg du), vassal d'Oizé, Erembore de Boschet. 130.
Bouchet (Étienne du), vassal d'Oizé, Stephanus de Boschet. 130.
Bouchet (Gauzbert), vassal de Mayet. Josbertus Boschet, miles. 74, 116.
Bouchet (Guillaume), vassal de Mayet, Guillelmus Boschet, miles. 74, 116.
Bouchet (Guyon du), vassal de Château-du-Loir, Guion du Boschet. 241.
Bouchet (Jean), seigneur de la Roche-Bouchet, Jehan Bouschet. 223.
Bouchet (Mathieu), terra Matthaei Boschet. 36.
Bouchet (Mathieu), seigneur de la Roche-Bouchet, Mattheus Bouchet. 141; — Mathé Bouchet. 202.
Bouchet (Raoul du), vassal d'Oizé, Raul de Boschet, miles. 131.
Bouchet-Touteville (le), à Crucheray (Loir et Cher). 135, 137, 138.
Boucquetière (la), dépendance du prieuré de Château-l'Hermitage, à Château-l'Hermitage. 209.
Bouer... 193. — Il y a un lieu du Bouet (Cassini : le Bouer) sur la lisière de la forêt de Berçay à la limite de Pruillé et de Jupilles.
Bouier (Henricus). 145.
Bouin (Nicolaus). 130.
Boujue (Gillette la), femme de Jean Quarré, dame de la Queurie. 212.
Boullon (Jean de), sergent en la baronnie de Château-du-Loir. 240.
Bouloire, Boloria, Boleria. 21, 131, 135.
Bouloire (Alexandrie de), femme d'Hugues de Château-du-Loir. 21.
Bouloire (Bourguignon de), Burgundio de Boloria. 36.
Bouloire (Mathieu de), Matheus de Boleria, de Bouloir. 103, 125.
Bouloire (Rahier de), Raherius de Boloria (1039). 4. — Raherius de Buloria (vers 1085). 26.
Bouquet (dom). 1.
Bourbonnoys (Martin). 257.
Bourçay. Voir Berçay.
Bourdon (Jean), sergent de Château-du-Loir. 240.
Bourg-Robert, Burgus Roberti, vers Azé (Loir-et-Cher). 136.

Bournaye (la), à Sainte-Cerotte. 135.
Bourreau (Guillaume), vassal de Château-du-Loir. 241.
Boursart (Jean), lieutenant du sénéchal du Maine. 257.
Bousse, Comburniacus. 6, 12.
Boutier (Johannes). 146.
Boutigné. Voir Botigné.
Boux (le), à Mayet, Bouxtum. 139, 140.
Boveri (Petrus). 116.
Bovus (Mainardus). 30.
Boyce (Hamelinus de). 130.
Boyce (Hugo de). 131.
Bozeria (Fulco de). 11.
Bozzelesche (Radulphus). 72.
Braau, Breau (feodum de). 101. — Peut-être le Bray, à Écommoy. — Cf. Braiel.
Braau (Johannes de). 101.
Braelle (Guillelmus de). 71.
Braie (Johannes de). 47.
Braiel, fief. 202. — Peut-être le Bray, à Écommoy. — Cf. Braau.
Braiel (le sire de). 202.
Brailandin. Voir Brillaudin.
Brains (dame de). Voir Ada.
Braitel (Guillaume de). 30.
Brancen. Voir Bauery.
Brelandino (de). Voir Brillaudin (de).
Brellei, Brellai (Hugo de). 115, 144, 145.
Breolio (hæres de). 116.
Breselle, Bresole (la), censitaire de Mayet. 123, 125.
Bretagne (la). 226.
Bretagne (Artur de), Arturus, dux Britanniæ, comes Andegavensis et Richemundiæ. 76.
Bretel (Stephanus). 126.
Bretonnières (les), à Danzé. 136.
Breuil (Gervasius de). 72.
Brice (Johannes). 121.
Brie (la). 205.
Brien (Girardus). 131.
Brienne (Blanche et Jean de). Voir Acre.
Brifé (Hugo de). 142.

Brillaudin (Mathieu de), Matthæus de Brelandino. 115.
Brillaudin (Philippe de), Phelippes de Belaudin. 197.
Brillaudin (Robert de), Robertus de Brelandino (xiie s. et vers 1230). 74, 117. — Robertus de Bruillandin (1250). 142. — Robert de Brailandin, de Bruilandin (1283-1293). 195.
Briollay (Maine-et-Loire), Brioletum, Briolai. 76, 88, 89, 95, 103.
Brion (Maine-et-Loire), Brium. 88, 89, 95.
Brito (Maino). 11.
Broncen (Hersent de), miles, vavassor de Oiseio. 132.
Broncen (Petrus de), miles, vavassor de Oiseio. 131.
Broarer (Guillelmus de). 208. — Forme défectueuse, probablement pour Guillelmus de Broacen.
Brochange (Habertus de). 69.
Brochart (Hamelinus). 130.
Brocin (Guillelmus). 143.
Brosses (les), à Chahaignes. 271.
Brossey. Voir Berçay.
Brote (David). 120.
Broussillon (le comte Bertrand de). 2, 4, 6, 7, 30, 91, 148, 209, 211, 212, 222, 223, 238.
Bru, notaire de Paris. 274.
Brueil (Jean du). 246.
Bruère (la). 211, 267.
Bruère (Eudes de la), Odo de Brueria. 39, 42, 43.
Bruère (Geoffroy de la), Gaufridus de Brueria, monsior Giefré de la Bruère. 143, 203.
Bruère (Girard de la), Girardus de Brueria. 106.
Bruère (Goffar de la), Goffarius vel Goffrerius de Bruaria. 46.
Bruère (Jean de la), Johannes de Brueria (1228). 111. — Johan de la Bruière (1283-1293). 193.
Bruillandin. Voir Brillaudin.

Brulé (Stephanus). 131.
Brullon (Guillelmus), presbyter. Voir Buisson.
Brun (Stephanus). 121.
Bruslon, Brulon (Helias). 34, 40.
Bufa (Guillelmus de). 70.
Bufa (Hugo de). 68.
Bufa (Raginaldus, Ragerus de). 110, 131.
Bufaut (Stephanus). 122.
Bufere (Hubertus). 122.
Buillon (Odo). 90, 122, 125.
Buillon (Robertus). 121.
Buissay, fief à Requeil, mouvant de Château-du-Loir. 179, 180. — Voir Bussay.
Buissenvaux (foresta de). 48.
Buisson (Guillelmus), presbyter. 115, 143. — La variante Brullon, p. 115, paraît être une mauvaise lecture.
Buissun (Guarinus). 69.
Buloria. Voir Bouloire.
Bungnun (de). Voir Bignon (du).
Burain (Raginaudus). 70.
Burceium, Burçay, etc. Voir Berçay.
Burdelius (Radulfus). 30.
Burel (Gaufridus). 116.
Burgonia, domina de Prulli, de Pruillé. 141, 236.
Burguce (Johannes). 119.
Burrau (Borrel et Chrestien de). 205.
Bussay, fief mouvant d'Oizé. 242. — Probablement Buissay, à Requeil. — Voir Buissay.
Busseria. Voir Boissière (la).
Busson (l'abbé G.). 1.
Buxeria. Voir Boissière (la).

C

C... (V., episcopus). 50.
Cadurcis (de). Voir Sourches (de).
Calais. 232-234.
Calcar (Raginaldus). 30.
Calvus (Durandus). 17.
Calvus (Suavis). 16.
Camberlainco (Ingelgerius de). 6.
Campania (Angerius de). 27.
Campania (Garnerus de). 73.
Campo Marino (de). Voir Champmarin (de).
Camuset, notaire de Paris. 273.
Cange (du). 40, 75.
Canavella (Algerius). 30.
Candé (Maine-et-Loire). 31.
Cantalupo (de). Voir Chantelou (de).
Cantuariensis (Radulphus, archiepiscopus). 49.
Capella (Joslenus, Jocelinus de). 40, 41, 43.
Carcer. Voir Chartre (la).
Carcey. Voir Curcey.
Carenyon, paroissien de Pontvallain. 176.
Carignan (Emmanuel - Philibert - Amédée de Savoie, prince de). 274.
Carignan (la princesse de), dame en partie et à réméré de Château-du-Loir. 265.
Carnotensis (Guillelmus). 13.
Carpentarius (Renulphus, Ranulphus, Renulf). 99, 119, 126.
Carré de Busserolle. 48, 92.
Carreau. Voir Quarreau.
Carrel, Carriau (Ernaudus), vavassor de Susa. 71, 75.
Carrel (Hubertus), vavassor de Maleto. 116.
Carrel. Cf. Quarrel et Quarreau.
Carrelière (la). Voir Quarrelière (la).
Cassé (Foquet de). 72.
Castelarqua (la seigneurie de). 261.
Castellis (Fulcherus de). 126. — Ce nom et le suivant s'appliquent à Château-l'Hermitage.
Castellis, Chastellis (Gifardus, Gyfart, Gifart de). 39, 42, 43.
Castellis (heremite de). 122. — Probablement l'ermite de Château-l'Hermitage.

Castello (Morinus de). 30.
Castoscinco (Hugo de). 27.
Castrum Rageri. 146. — Feodum castrorum Rageri Boran. 208.
Caumessin vel Taumassin (heres de). 132.
Célestin II, pape. 46.
Cementarius (David). 119.
Cenomannis (cheminum de). 73.
Centon (Symo de). 37.
Cérans, Cerens. 173, 209.
Cesne (la métairie du), à Villebourg. 270.
Cestriæ (Radulfus, comes). 78.
Chacelin, censitaire de Mayet. 120.
Chaegniaco (Hamericus de). 80.
Chahaignes. 265, 267, 271.
Chahaignes (la dame de), la dame ed Chohennes. 192. — Voir Hersende.
Challerio (Hugo de). 69.
Challes, vicus de Challe. 64, 209.
Challes (Guy de), Guido de Challe. 64.
Chalons (Henri de), receveur d'Anjou et du Maine. 175-177.
Chalopin (terra). 36. — Peut-être la Cholopinière. Voir ce nom.
Chalopin, Challopin (Gaufridus), miles, vavassor de Maieto. 75, 117.
Chalopin (Guillelmus), miles, vavassor de Oiseio. 129.
Chalopin (Matheus), vavassor de Castro Lidi. 40.
Chalopinière (la), fief à Verneil-le-Chétif, mouvant de Villaines. 260. — Il y a aussi un lieu de la Chalopinière à Vaas, sur la rive gauche du Loir. — Cf. Chalopin (terra).
Chamaillart (P.), seigneur de fief en Saint-Jean-de-la-Motte. 192.
Chambon (Guillaume de), écuyer. 180.
Champagne (la). 265.
Champagne (la maison de). 269.
Champagné (Sarthe), la ville de Champaigné. 248, 249. — (curé de). Voir Le Moulnier (Jean).

Champchevrier (Hugo de). 80.
Champchevrier (Jocelin de), Joscelinus de Champchevrier, Jausselinus de Campo Chevræolerii. 103.
Champchevrier (Jocelin de), seigneur de la Motte. 192.
Champeaux, fief à Vaas, mouvant de Villaines. 248. — Voir *Revue du Maine*, XXIV, 215.
Champignié. 142. — Fief mouvant de Château-du-Loir.
Champ-Lambert, medietas Campi Lamberti. 143. — Probablement à Voivres.
Champ-Lambert (Julienne de), Juliana de Campo Lamberti. 133.
Champ-Lambert (Raoul de). 71.
Champmarin, fief à Aubigné, mouvant de Château-du-Loir. 203, 247.
Champmarin (Josbert de), Jobertus de Champmarin, Josbertus de Campo Marino. 39, 43.
Champmarin (Robert de), Robertus de Campo Marini, Robertus de Champmarin. 32, 42.
Chancey (Guillelmus de). 146.
Chancis (de). Voir Chaucis (de).
Chandeau (Geoffroy). 191.
Changé (Sarthe). 249.
Chantelou, terre fieffée à Requeil, dépendance du prieuré de Château-l'Hermitage. 216.
Chantelou (Herbertus de). 73.
Chantelou (Rainaud de), Rainaldus de Cantalupo. 27.
Chantemesle, seigneurie à Logron (Eure-et-Loir). 261.
Chantiau (Pasqueir, Palcheir). 98, 124.
Chantoceaux (Maine-et-Loire), Chasteauciaux. 232, 233.
Chanviçay. 140. — Lieu inconnu, dont la lecture semble mauvaise, écrit Champuisay et Chauviray dans les *Bulletins de la Société Dunoise*, VII, 406 et VIII, 109.
Chaorces, Chaources, Chourses, Chorces. Voir Sourches.

Chapallel (Barthelot). 127.
Chapallel (Julianus). 122, 127.
Chapelle (François de la), seigneur de Poillé. 263, 264.
Chapelle (Jean de la), seigneur de Varennes-Lenfant et de Poillé. 262.
Chapentarius (Guillot). 129.
Chapin (Hamelinus). 131.
Chapin (Johannes). 70.
Chardonneux, fief à Saint-Biez-en-Belin, mouvant de Château-du-Loir. 192.
Charles (l'abbé R.). 2, 14.
Charles VIII, roi de France et baron de Château-du-Loir. 252-260.
Charles IX, roi de France. 262, 263.
Charruain (David). 129.
Chartein (Richard). 126.
Chartre (la), Carcer. 35, 267.
Chartres (le chapitre de). 137. — (évêque de). Voir Le Fèvre (Jean), Lèves (Geoffroy de), Thierry.
Chaselles, Cheselles (Guillelmus de), vavassor de Lopelande. 132, 145.
Chaselles (Hubertus de), Herbertus de Chasselel, vavassor de Lopelande. 101.
Chaselles (Robert de). Voir Chesselles.
Chasteauciaux. Voir Chantoceaux.
Chasteau-le-Darrenier. 187, 189. — Forme fautive pour Château-l'Hermitage.
Chastre (Charles-Louis de la), comte de Nançay et seigneur de Poillé. 265.
Chastre (Louis, marquis de la), comte de Nançay et seigneur de Poillé. 265.
Château-du-Loir, Castrum Lidi, Castrum Lid, Castrum nomine Lith, Castellum Lid, Castellum Lith, Castellum Lit, Liger, Castrum quod dicitur Ledi, Castrum Ledi, Castrum Ligdi, Castrum dou Leir, Châtiau dou Leir, Chetiau dou Leir, Chasteau de Leir,
Chestiau dou Leir, Chasteau du Leer, Chastel du Lair, Chasteau de Ler, Chastel du Loir. 1, 4, 7, 9, 14-20, 24, 25, 28, 29, 31-36, 38, 39, 41, 42, 50, 52, 61, 77-81, 83-90, 92-96, 103, 139-143, 146, 149, 151, 154-156, 159-167, 172, 177, 179, 181-187, 191-197, 209, 211, 215-228, 237-240, 248-262, 266-275.
Château-du-Loir (la terre, la baronnie de), honor Castelli Lid, Castelli Ledi, Castri Ledensis ; terra Archiepiscopi ; feodum de Castrolidi ; honor Archiepiscopi ; castellaria Castri Lidi ; honor Archiepiscopi Gervasii. 14, 21-23, 33-38, 41, 43, 55-60, 81, 87-89, 139-143, 149, 152, 167-170, 191-199, 212-215, 217-221, 228, 231-236, 240-275.
Château-du-Loir (la confrérie des prêtres de). 163, 164, 166, 199. — Cf. *Province du Maine*, X, 101-103, art. de M. l'abbé L. Froger.
Château-du-Loir (l'élection de). 265.
Château-du-Loir (la maladrerie, l'hôpital de), la maladerie dou Chasteau dou Leir, l'ospital, l'oustel Dieu du Chastel du Lair, 191, 215, 216, 223-226, 259, 260. — Cf. *Annales Fléchoises*, t. VI, pp. 57 et 81, art. de M. l'abbé L. Froger.
Château-du-Loir (la prévôté de). 251, 252.
Château-du-Loir (Saint-Guingalois, Saint-James, Saint-Martin de). Voir Saint-Guingalois, etc.
Château-du-Loir (la viguerie de), villicaria de Castrolidi. 150.
Château-du-Loir (archidiacre de). Voir Jean. — (doyen). Voir Guillaume, Michel.
Château-du-Loir (le bailli de). 235, 236.
Château-du-Loir (le commandeur du Temple de Jérusalem de la commanderie de). 260.
Château-du-Loir (Adam de), fils de

Robert, Adam, filius Rotberti de Castro Ledi, nepos Gervasii archiepiscopi. 12, 16, 17, 21, 22, 25-28, 30, 32.

Château-du-Loir (Avesgaud de), fils d'Haimon. Avesgaudus, frater Gervasii. 3.

Château-du-Loir (Gervais de), fils d'Haimon et d'Hildeburge, seigneur de Château-du-Loir, évêque du Mans, puis archevêque de Reims ; Gervasius ; Gervasius senior ; Gervasius presul ; Gervasius, sedis Cenomannice episcopus, deinde Remense archiepiscopium adeptus. 1, 3-10, 12-17, 19-26, 29, 31.

Château-du-Loir (Gervais de), fils de Robert et neveu de l'évêque Gervais, seigneur de Château-du-Loir ; Gervasius, filius Roberti de Castro Lidi, etc. 11, 13-34.

Château-du-Loir (Gervais de), fils de Robert et d'Élisabeth : Gervasius clericus ; Gervasius, canonicus Sancti Martini Andegavensis. 16, 17, 24, 25.

Château-du-Loir (Guillaume de), fils d'Haimon et d'Hildeburge. Guillelmus, frater Gervasii. 3-6.

Château-du-Loir (Haimon de), premier seigneur de Château-du-Loir ; Haimo de super Litus ; Hamelus de Leido Castello ; Haimo, miles ; Hamelinus de Castro Ledi ; Haimo de Castro Lit ; Hamelinus de Castro Lid. 1-3, 6-9, 12, 15, 20, 26.

Château-du-Loir (Hamelin de), fils d'Adam, Hamelinus, filius Adam de Castro Ledi. 26, 27.

Château-du-Loir (Hugues de), neveu de l'évêque Gervais et peut-être fils de Guillaume (1056-1072) ; Hugo, nepos Gervasii episcopi. 8, 21. — Hugo de Castello Lidi (vers 1090). 26, 30.

Château-du-Loir (Jean de), peut-être fils ou petit-fils d'Adam, Johannes de Castello Ledi. 26, 44, 45.

Château-du-Loir (Mainier de), peut-être fils ou petit-fils d'Adam, Mainerius de Castro Lid. 26, 45.

Château-du-Loir (Mathilde de), fille de Gervais et d'Éremburge et femme d'Hélie, comte du Maine ; Mathildis, Mahildis, filia Gervasii, conjux Helie. 31-33.

Château-du-Loir (Robert de), fils d'Haimon et d'Hildeburge ; Robertus, frater Gervasii, Rotbertus, filius Hamelini ; Rotbertus cognomento Brochardus. 3, 4, 6, 8, 10-12, 15, 17, 19-21, 23, 25, 31.

Château-du-Loir (Robert de), fils de Robert et d'Élisabeth ; Rotbertus. 16, 17.

Château-du-Loir (Rotrude de), fille d'Haimon et d'Hildeburge, et seconde femme de Guy Ier de Laval ; Rotrudis, uxor Widonis de Valle. 7, 24.

Châteaudun, Castridunum. 136, 137, 139, 140.

Châteaudun (le vicomte de), en 1284. 176. — Raoul de Clermont. Voir Dreux (Robert de), Roches (Clémence des), etc.

Châteaudun (Clémence de), fille de Geoffroy V et de Clémence des Roches, femme de Robert de Dreux. 139, 140.

Châteaudun (Geoffroy V de), vicomte de Châteaudun, Gaufridus, vicecomes Castriduni. 99, 103-106, 114-117, 132-140, 146-148, 150, 166.

Châteaudun (Jeanne de), fille de Geoffroy IV et femme de Robert d'Estouteville. 135.

Châteaudun (Jeanne de), fille de Geoffroy V et de Clémence des Roches, femme de Jean de Montfort et de Jean de Brienne, dit d'Acre, Johanna, comitissa Montisfortis, Jeanne de Montfort. 139, 140, 148-152.

Châteaufromont (sire de). Voir Avoir (Pierre d').
Château-Gontier (Renaud de), Rainaldus de Castro Gunterii. 32.
Château-la-Vallière. 29.
Château-l'Hermitage, ecclesia Castelliensis, locus de Castelliensibus, Beata Maria de Castelliensibus, de Chastelleriis, les frères de Chastiaux, Notre-Dame de Chasteaux-l'Hermitage, Chasteaulx en l'Hermitage, le Pont-aux-Hermites, autrement Château-l'Hermitage. 45, 46, 96, 97, 161, 162, 173, 174, 187-190, 209, 216, 230, 234, 237, 259, 260. — Voir Castellis (de) et Thibaut.
Châteauneuf-sur-Sarthe (Maine-et-Loire), Castrum Novum super Saltam. 88, 89, 95.
Châteauroux (Indre). 240.
Châtelet (le), à Paris. 217-221, 273, 274.
Châtillon (la paroisse de), à la Chartre. 207.
Chaucis (de). Voir Sourches (de).
Chaure... (Philippus de). Voir Sourches (Philippe de).
Chausecher (Gaufridus de). 70.
Chauvigny (Loir-et-Cher), Chauvigné. 135-137.
Chauvin (Pierre), exécuteur de la haute justice de Château-du-Loir. 257.
Chavaigne, Cheveigne (Philippe de), chevalier. 176.
Cheausé. 103. — Peut-être la Chaussée, à Mazé (Maine-et-Loire), Chaucé (1222). Voir Port : *Dict.* 1, 652, col. 2.
Chehenare (Paganus de). 103.
Chehenare (P. de). 104.
Chelles (Pierre de). Voir Eschelles (Pierre Ier d').
Chemure (Richard de). 197.
Chennaie (Geuffroy de), seigneur de Vaux. 228.
Chenu, censitaire de Mayet. 120.

Chenucia (Gaufridus de), vavassor de Castro Lidi. 142.
Chera (Willelmus de). 111, 112.
Cheselles. Voir Chaselles.
Chesnaye (Pierre de), chevalier. 250.
Chesne (André du). 212, 222.
Chesneau (Guillaume de). 176.
Chesneie (Girardus de la). 119.
Chesrie Crois (Johannes de). 118.
Chesselles (Robert de), vavassor de Susa. 71. — Ce nom est peut-être le même que Chaselles ou Cheselles.
Chevalier (André), juré de Berçay. 231.
Chevalier (Guillermus), juratus de Doure. 73. — Cf. Miles.
Chevalier (Radulphus), vavassor de Susa. 72.
Chevecière (la), fief mouvant de Château-du-Loir. 247, 250. — Peut-être la Chevesserie, à Marçon.
Cheveigne (de). Voir Chavaigne (de).
Chèvre (Hubertus *vel* Herbert la), vavasssor de Susa. 70.
Chevrel (Robertus de), vavassor de Susa. 71.
Chevreuse (duc de). Voir Albert (Charles-Honoré et Charles-Philippe d').
Chevri (Robertus de), vavassor de Castro Lidi. 142.
Chevrie (Loys de la), vassal de Château-du-Loir. 241.
Chevrière (hameau de la), seigneur de la Roche-de-Vaux. 198.
Chimilliaco (Rainaldus Bonus Homo de). 27.
Chinon (Indre-et-Loire), Caynon, Cahaynon, Chinon, foresta de Caynone. 47-49, 77, 78, 81, 231.
Cho (Matheus), vavassor de Castro Lidi. 39.
Choan (Raginaldus), pretor de Maeto. 47.
Chopart (Johannes). 90, 121, 126.

Chouanne (l'étang de la), à Saint-Biez-en-Belin. 208.
Chouenne (la forêt de la). 209.
Chourses. Voir Sourches.
Christiana. 92.
Christianus (Robertus). 128.
Cigno (Gervasius de). 124.
Cigno (Guido de). 124.
Cigno (Johannes de). 59, 122.
Cintray (Olive de), veuve de Charles d'Illiers. 261.
Cintray (Romaine de), femme de Louis d'Illiers. 261.
Citeaux (l'ordre de). 149, 175, 190.
Claeriis (de). Voir Clefs (de).
Claire-Fontaine (l'étang de), à Saint-Ouen-en-Belin. 208.
Clara (Gw., comes de). 50.
Clarembaut (Simon). 78, 79.
Claris Vallibus (de). Voir Clervaux (de).
Claro. 115, 117. — Variante de Daro. Cette dernière forme paraît être la véritable.
Claromonte (de). Voir Clermont (de).
Claroy (le). Voir Cleray (le).
Clefs (Geoffroy de), Gaufridus de Claeriis. 46, 71.
Clefs (Guillaume de), Guillelmus de Claeriis. 70.
Clefs (G. de), G. de Clehers. 103.
Cléophas (la forêt de), foresta de Cloypas, Cloipas, Cloipa, Cloipais, Cloispas. 118, 195, 201-208, 228, 249, 250. — Canton de la forêt de Bercay. Ce nom vient de Cléophas de Nouâtre et désigne quelquefois la forêt tout entière. Cf. p. 20, n° 34.
Cleray (le), alias le Claroy, dépendance du prieuré de Château-l'Hermitage. 188, 209. — Probablement le Cleret (Cassini) ou le Clairet (Triger), à Château-l'Hermitage.
Clericus (J.). 124.
Clermont (Guerri de), Guerri de Claromonte, vavassor de Susa. 115.

Clermont (Hubert de), Hubertus de Claromonte, vavassor de Susa. 70.
Clermont (Hugues de), Hugo de Claromonte, vavassor de Susa. 70.
Clermont (Pierre-Gaspard de), fils de Charles-Léonor de Clermont et de Madeleine de Mormez de Saint-Hilaire, marquis de Gallerande, alias Clermont-Gallerande, baron engagiste de Château-du-Loir, gouverneur de Neufbrisach. 265-267, 272, 273.
Clermont (Raoul de), vicomte de Châteaudun (1284). 176.
Clermont (Robert de), Robertus de Claromonte, vavassor de Susa. 143.
Clermont-Gallerande (dame de). Voir O (Gabrielle-Françoise d').
Clervaux (Payen de), Paganus de Claris Vallibus. 46.
Clignart (Mathis). 126.
Cloipas, Cloypas, Cloispas, etc. Voir Cléophas.
Coaymes. Voir Coesmes.
Cocheriau (Odo). 119.
Cocon, paroissien de Pontvallain. 176.
Cœnomanis (Novella de), femina vavassor de Lopelande. 101.
Coesmes (Brisegaud de), seigneur de Lucé, Bricegautier de Coaymes, sire de Lucé. 237-239.
Cohémon, prieuré du Ronceray d'Angers, à Vouvray-sur-le-Loir, Curtis Hamonis, domus de Cohemon, de Curia Hamonis. 21, 25, 35, 104, 105, 147, 148.
Cohémon, à Vouvray-sur-le-Loir, le port de Courthamon. 254; — les ponts de Courtamont. 266.
Colans, Collent. Voir Coulans.
Colbert (Jeanne-Marie), femme de Charles-Honoré d'Albert, duc de Chevreuse et de Luynes. 273.
Colderia. Voir Coudraie (la).
Colemnis, Colenes, Colonnis, Columnis. Voir Coulaines.

Collis (Gervasius de). 124.
Colombœuf, feodum de Cullo Bovis. 142. — Il y a un lieu de ce nom à Villaines-sous-Lucé.
Colombœuf (Bencelin de), Bencelin de Cullobovis, vavassor de Castro Lidi. 40.
Colombœuf (Herbert de), Herbertus de Cullobovis, vavassor de Castro Lidi. 37, 41, 43.
Colongiacus, Colongeium, Collungeium. Voir Coulongé.
Colonp (Hubertus de), vavassor de Susa. 71.
Columbel, Columblau (Durandus, Durant), juratus de Maieto. 98, 123.
Columbel, censitaire de Mayet. 126.
Columnel (Rogerus de). 128. — Ce nom doit peut-être se lire : Columnes (Coulaines).
Comburniacus. Voir Bousse.
Conc, sergent de Berçay. 231.
Conive (Robert, fils d'Herbert). 151.
Constantia (Gauterius de), cancellarius. 51.
Coperia (Guarinus et Richart de), vavassores de Oiselo. 130.
Coqui (terra Gaufridi). 36.
Coquus (Garnerius). 40, 42, 44.
Corberaut (terra Gileberti de). 10.
Corbiau (Gaufridus dou). 146.
Corbin (feodum Guillelmi), de feodo Susie. 61.
Corbin (Robert), bailli de la forêt de Berçay. 252.
Corbine (la), censitaire de Coulaines. 128.
Corbonis (nemus). Voir Boiscorbon.
Corcellon, Corcillon, Corcellum, Corcullon, etc. Voir Courcillon.
Corcellæ. Voir Courcelles.
Corbe (Gervasius de la), vavassor de Susa. 72.
Cornille (Gaufridus), vavassor de Susa. 69.
Cornillon. Voir Courcillon.

Cornu (Guido), vavassor de Lopelande. 132.
Cornu (Herbertus, Herbert ou Hubert). 142, 143, 146.
Cornu (Johannes), vavassor de Lupilande. 145.
Cornu (Mathieu, Macé). 151, 193.
Cornu (Thibaut), vavassor de Susa. 71.
Corpin (Robinus). 98. — La vraie forme de ce nom doit être Torpin. Voir Turpin (Robinus).
Corrant (le gendre feu Jehan), vassal de Château-du-Loir. 197.
Cortirant, Cortiran. Voir Courtirant.
Costentin (Gerun). 41, 43.
Coudraie (la), Colderia. 65. — Peut-être la Coudraie, à Saint-Ouen-en-Belin.
Coudray (le), en Jupilles et Thoiré. 134.
Coulaines, fief à Mayet, mouvant de Mayet, Colenes. 127-129, 194, 211, 246, 250.
Coulaines (Gervais de), Gervasius de Colemnis. 74; — de Colonnis. 117.
Coulaines (Rainard de), Raginardus de Columnis. 115.
Coulaines. Cf. Columnel.
Coulans (le seigneur de), vassal de Louplande, dominus de Collent, de feodo de Beauvair. 101.
Coulans (Guillaume de), vassal de Louplande, Guillelmus de Colans. 133.
Coulogne (Perceval de), seigneur de Passau, Parceval, Parseval de Coulongne, de Culloygne, de Couloigne. 241, 242, 248.
Coulongé, Colongiacus, Colongeium, Collungeium. 5, 117, 153, 154, 260.
Coupetière (medietaria de la). 145. — Vers Louplande.
Courcelles (Indre-et-Loire), Curcella. 29.
Courcelles, Corcellæ. 72, 73. —

Feodum de Curcellis. 144. — Probablement Courcelles, à Requeil.

Courcillon, à Dissay-sous-Courcillon, terra de Corcillon, Corceillon, Coursillon. 37, 103, 141, 166-170, 194.

Courcillon (le seigneur de), dominus de Corcillon, vavassor de Castro Lidi. 38.

Courcillon (Eudes de), Odo de Corcellum, vavassor de Susa. 71.

Courcillon (Eustachie de). 106.

Courcillon (Geoffroy de), sire de Courcillon et des Étangs-l'Archevêque, fils de Guillaume de Courcillon (1277-1293). 163-172, 185, 186, 194.

Courcillon (Guillaume de), Willelmus, filius Hatonis de Curcellon, Guillermus de Curcilio, Wuillelmus de Curcilio, Guillelmus de Curcillon, vavassor de Castro Lidi (XIe s.). 21, 26, 30, 43.

Courcillon (Guillaume de), chevalier, seigneur de Courcillon et des Étangs-l'Archevêque, Guillelmus de Corcillon, de Courcillon, de Corcullon (XIIIe s.). 117, 141, 143, 146, 166-170, 208.

Courcillon (Hato de), Hato de Curcellon, de Corcillon, vavassor de de Castro Lidi. 20, 21, 42.

Courcillon (Hugues de), chevalier, 151.

Courcillon de Dangeau (Marie-Anne-Jeanne de), fille de Philippe de Courcillon et première femme de Charles-Honoré d'Albert, duc de Montfort et de Chevreuse. 273, 274.

Courcillon (Marie-Sophie de), fille de Philippe-Égon de Courcillon et femme d'Hercule-Mériadek, prince de Rohan et de Soubise, baronne de Château-du-Loir, princesse de Rohan et de Soubise. 265-275.

Courcillon (Philippe de), marquis de Dangeau, baron de Sainte-Hermine et de Château-du-Loir. 268, 273.

Courcillon (Philippe-Égon de), marquis de Courcillon. 273, 274.

Courcillon (Robert de), Robertus de Corciellun (XIIe s.). 75.

Courcillon (Robert de), Robert de Cornillon (1283-1293). 107.

Cour-de-Berçay (la), Aula de Burceyo, de Burcey. 78, 81, 82. — Le prieuré des Salles, à Beaumont-Pied-de-Bœuf.

Courdemanche (Sarthe), Curia Dominici, Curtis Dominica. 10, 22-24, 28.

Courdemanche (Guiscelin de), Wiscelinus de Curia Dominica, Guiscelinus de Curia Dumenchii. 28, 32.

Courgains. 30.

Courmarcel, Curia Marcelli, in parrochia Sancti Guingaloei, in feodo domini de Castro Lidi. 149. — Le lieu de Courmarceau est à Luceau.

Courmarcel (Jean de). 149.

Cour-Pèlerin (les vignes de), à Vouvray-sur-le-Loir. 270.

Coursol (Geoffroy de), abbé de Marmoutier. 92, 93.

Courtamon, Courthamont. Voir Cohémon.

Courtirant ou Courtiran, fief à Luceau, mouvant de Château-du-Loir, Cortiran. 194, 202.

Courtirant (le sire de), li sires de Cortiran. 202.

Courtirant (la dame de), domina de Cortiran. 141, 143.

Courtirant (Adam de), Adam de Cortiran. 85.

Courtirant (Dreux de), Droco, Drogo de Curtiran, de Curtiranno, de Curia Tiranni, de Curia Tyranni, de Curtirant, de Cortiram, de Cortiran, de Cortirant. 16, 25, 27, 28, 30, 33, 40.

Courtirant (Foulques de), Fulco de Cortirant. 47.
Courtirant (Guy de), Guido de Cortirant, dapifer. 47 ; — Guido de Cortiran, senescallus. 85.
Courtirant, Cortiran (Simon de). 194.
Couture (l'abbaye de la), au Mans. 2. — (abbé de la). Voir Juhel.
Craive (Gaufridus). 72.
Craon (Amaury Ier de). 87-91, 94, 95, 103-105, 112.
Craon (Amaury III de), Amalric, sire de Craon. 212, 219.
Craon (Guillaume Ier de). 222, 228, 229.
Craon (Maurice II de). 51.
Craon (Maurice IV de). 138, 139.
Crelate (Fulco de). 101. — Cf. Trélazé (Fulco de).
Crembort, censitaire de Mayet. 122.
Crenon (Jean de), seigneur de Boessay. 237, 243.
Crez (Droco de). 115.
Crez (Richardus de). 69, 71.
Crocherie (la), fief à Beaumont-Pied-de-Bœuf, mouvant de Château-du-Loir. 196. — Il y a aussi à Luceau un lieu nommé la Crocherie ou la Crocheterie.
Crochin (Guido). 71.
Croc (Drogo de). 27.
Croix (Guillaume de la). 251.
Crosa (vinea de). 112. — Dans la région d'Oulillé.
Crota (Hubertus de la). 33.
Crucheray (Loir-et-Cher). 135.
Cunrt (Guilielmus). 117.
Cuer (Simon de). 197.

Cuissard (Ch.). 148.
Cullo Bovis (de). Voir Colombœuf (de).
Culloygne (de). Voir Coulogne (de).
Cultura (Johannes de). 130.
Cupanis (villa de), in parrochia Curtis Dominice. 24.
Curatus (Guillelmus). 106.
Curbegalli (Hélinand). 10.
Curcella, Curcellis. Voir Courcelles.
Curcellon, Curcillium, etc. Voir Courcillon.
Curcey (Geoffroy de), seigneur de Passau, Gaufridus de Curceio, de feodo terre Paceii. 143.
Curcey (Gervais de), seigneur de Passau, Gervese de Curcey vel de Carcey, home lige, de sa terre de Paceau. 196. — Ne pas tenir compte des notes 4 et 5 de la page 196.
Curefère (la), ou la Cufère, moulin et métairie dans la mouvance de Château-du-Loir. 209.
Curia Dominici, Cura Dumenchii, Curtis Dominica. Voir Courdemanche.
Curia Hamonis, Curtis Hamonis. Voir Cohémon.
Curia Marcelli. Voir Courmarcel.
Curia Tyranni. Voir Courtirant.
Curtiran, Curtirannum. Voir Courtirant.
Cuse (la châtellenie de). 197. — Mauvaise forme probable. Peut-être la Suze.
Cussé (Foque de). 72. — Peut-être Tussé.

D

Dance (le gué). 230. — Sur le Narais, entre le prieuré de Berçay et la Louvetière. On trouve encore le lieu des Gués-Brunets, sur la rive droite, en face de la Louvetière.

Daguenet (Guillelmus). 126.
Dain. Voir Daon.
Damiette (Égypte). 140.
Dangeau (marquis de). Voir Courcillon (Philippe de).
Daniel, censitaire de Coulaines. 128.

Danzé (Loir-et-Cher). 136, 137.
Daon (Olivier de), seigneur de Pocé, Oliverius de Dain. 103.
Dar (Guillelmus). 83.
Daro, Darron (Radulfus, Raoul). 115, 146, 202.
Daro, Darro (Robertus). 74, 117.
Daron, fief mouvant de Mayet. 251.
Daron (Juon de), vassal de Château-du-Loir. 241.
Daron (Robin de), seigneur de Daron. 250, 251.
Dauphine (Mme la). 273. — Marie-Thérèse d'Espagne, femme du dauphin Louis de France.
Deable (Johannes). 131.
Déconfiture (la). Voir Ville-aux-Clercs (la).
Dehaus (Johannes). 119.
Dejean, notaire de Paris. 273.
Deleert (Guido). 119.
Delert (Johannes). 117.
Delisle (Léopold). 76, 80, 81, 85, 87, 89, 90.
Diciseau (medietaria de). 103.
Dissay-sous-Courcillon, Dissé. 269.
Diuternus, presbyter. 30.
Doinces vel Domées (feodum). 141. — Mauvaises formes probables.
Doire (Gaufridus vel Gauter). 70.
Domart-en-Ponthieu (Somme). 222.
Domées. Voir Doinces.
Domete, Domeste (Robertus). 99, 125.
Domin (Ervil). 124.
Domura. Voir Douvre.
Dorce (Henricus). 144.
Dorille (Andreas). 117.
Doubleau (Hugues), père et fils. 2.
Douvre (la forêt de), paroisses de Mayet, Marigné, Saint-Biez, Saint-Ouen, Château-l'Ermitage et Requeil. Doura, Domura, Doure. 73-75, 109-110, 140, 142, 156-158, 161, 162, 195, 197, 209, 230, 252, 253, 259, 272.
Doyssa, censitaire de Mayet. 123.

Drapeir (Gaufridus). 124, 125.
Drapeir (Hubertus). 127.
Drapeir (Hugo). 118.
Drapeir (Richeir). 98, 118.
Dreux (le comté de). 224.
Dreux (le comte de). 223-225. — Pierre de Dreux. — Voir Dreux (Pierre de). — (comtesse de). Voir Montfort (Béatrix de).
Dreux (Béatrix de). 269. — Lire Béatrix de Montfort.
Dreux (Jean III de), fils de Jean II et de Jeanne de Beaujeu, comte de Dreux et de Montpensier, seigneur de Saint-Valery et de Château-du-Loir. 212-216, 218, 220, 229, 244.
Dreux (Jeanne de), comtesse de Roucy, fille de Robert IV de Dreux et de Béatrix de Montfort, femme de Jean IV de Roucy et de Jean de Bar. 209-211, 222.
Dreux (Pierre de), fils de Jean II et de Jeanne de Beaujeu, comte de Dreux et de Montpensier et seigneur de Château-du-Loir. 217-224, 226, 227.
Dreux (Robert de), fils de Robert III, comte de Dreux, et d'Éléonore de Saint-Valery, mari de Clémence de Châteaudun, vicomte de Châteaudun. 140.
Dreux (Robert IV de), fils de Jean Ier et de Marie de Bourbon, mari de Béatrix de Montfort, comte de Dreux et de Montfort et seigneur de Château-du-Loir; Robert de Droes; Robertus, comes de Drocis, comes Drocensis et Montisfortis et dominus Castrilidi; Robert, cuens de Dreues et de Montfort, signour dou Château dou Leir, dou Châtiadouloir. 96, 151-173, 211.
Dreux (Robert V de), fils de Jean II et de Jeanne de Beaujeu, comte de Dreux et seigneur de Château-du-Loir. 211, 212, 216, 250.

Drigum (Hamelinus). 120. — Cf. Druium.
Drogo, capellanus Remensis. 13.
Droin (Johannes). 124.
Droué (Loir-et-Cher). 135, 136.
Drudis, Druus (Hildulnus). 16, 29.
Druin (Robertus). 127. — Cf. Drujon.
Druium (Hamelinus). 125. — Cf. Drigum.
Drujon (Robertus). 129. — Cf. Druin.
Ducella (Philippus de). 38.
Duffus Hardy (Thoma). 77.
Duloeta (terra prepositi de). 37.

Dunelain, Dunelian (Gaufridus). 40, 41, 43. — La variante Clunelain, p. 40, est une mauvaise lecture.
Dubois (le), Dunense. 139, 140.
Durand (Geoffroy). 84.
Durandus, mariscalcus. 17.
Durant (Ernaudus). 126.
Durant (Guillelmus). 132.
Durant (Micho). 124, 125.
Durant (Stephanus). 145.
Duredent (Hugo). 126.
Durodente (Guillelmus). 47.
Durville (l'abbé). 30.

E

E., archiepiscopus Burdegalensis. 78. — Elie de Malemort.
Eboracensis (Rogerus, archiepiscopus). 50.
Échelles (d'). Voir Eschelles (d').
Écorpain (Sarthe). 135.
Églantine, femme de Jean de Montoire. 134.
Elbenne (le vicomte S. Menjot d'). 2, 8, 19, 151, 159.
Elcornart (Stephanus). 123.
Eliensis (G., episcopus). 50.
Elisabeth, femme de Robert de Château-du-Loir, Elisabet, Elisabeth, Elysabet, Helisabeth, mater Gervasii de Castro Lidi. 15-17, 21, 25, 32, 33.
Engolismensis (J., episcopus). 78. — Jean de Saint-Val.
Enjobaut, censitaire de Mayet. 124.
Ennet (terra). 40. — Peut-être l'Ente, à Écommoy. — Cf. Lenta.
Épau (l'abbaye de l'), le convent de la Pitié jouste le Mans. 170, 175-177.
Épuisay (Loir-et-Cher). 136.
Éremburge, première femme de Gervais de Château-du-Loir, Aremburgis, Eremburgis, uxor Gervasii de Castro Lidi. 15, 17, 23, 24, 29, 32, 33.

Erimbert (Droco). 123.
Ermitière (la rivière qui vient de l'). 185, 186. — Le ruisseau des Hayes, affluent de la Veuve (Triger). L'Ermitière ou l'Hermitière, à Saint-Vincent-du-Lorouer, à la source du ruisseau des Hayes.
Ernaldus, grammaticus. 11.
Ernaldus, monachus. 16.
Eschelles (Pierre Ier d'), seigneur de Lucé, Petrus de Scalis, dominus de Luceyo, monsieur Pierre d'Eschielles, Pierre de Chelles. 171, 172, 186, 187, 194.
Eschelles (Pierre II d'), seigneur de Lucé. 228, 229.
Esnegnetière (l'). 146. — En la châtellenie de Mayet. A comparer avec Lemesquetière, p. 117.
Espaigne (Aleaume d'), seigneur de Villaines. 192.
Espaigne (Henri d'), marquis de Vennevelles. 204.
Espaigne (Philippe d'), seigneur de Villaines, Philippus d'Espaigne, d'Espaigni. 113, 114, 141.
Espaigne (Turselin d'), seigneur de Vaux, Turselinus de Hespaigne,... in suis censibus de Vaux. 103.
Espéreuse (seigneur d'). Voir Saint-Martin (Guillaume de).

Espignière (l'). 197. — Ce nom paraît désigner un fief ou arrière-fief de Château-du-Loir, peut-être l'Espinardière, à Saint-Biez-en-Belin. Au lieu de : *fils madame*, il faut évidemment corriger : *homme Madame*.
Espinardus (Hamelinus). 16.
Espinart (Hamelinus). 122.
Espinart (hæres de). 68.
Esplanta (nemus in). 49. — La forêt de Plante, entre Tours et Chambray. Cf. Carré de Busserolle : *Dict.*, V, 87.
Esseline (Guillaume), paroissien de la Suze. 177, 178.
Esselinière (la métairie de l'), en la châtellenie de la Suze. 177, 178. — Les Elinières (Cassini) ; les Hélinières (État-major).
Estang (M. de l'). 33.
Estouteville (Jean d'), Johannes de Estoutevilla. 134-138.

Estouteville (Robert d'). 135.
Estrie (Guillaume), sergent de Lucé. 239.
Étangs-l'Archevêque (les), fief à Saint-Vincent-du-Lorouer, mouvant de Château-du-Loir. 168, 169, 185, 186, 252. — (seigneur des). Voir Courcillon (Geoffroy et Guillaume de), Fromentières (Olivier de).
Eustachius (magister), ordinis Grandimontis. 55.
Évaillé (Sarthe). 135.
Éveillart (Guillot), sergent de Bercay. 231.
Even, abbé de Saint-Mélaine. 8, 9.
Evriaco (Procolinus, sacerdos de). 46. — Evriacum paraît désigner ici Yvré-le-Pôlin.
Exempla. 37. — Probablement les Exemples, à Saint-Pierre-du-Lorouer.
Exportiaco (Mainardus de). 24.

F

Faaco (de). Voir Fay (de).
Faber (Galebrun). 123.
Faber (Galterius, Galtier). 121, 126.
Faber (Robertus). 123.
Faber (Stephanus). 131.
Faciens Stultitiam (Fulco). 37.
Faigne (la), fief à Parigné-le-Pôlin, le fié de la Feigne, séant en la parroisse de Parrigny. 200.
Faigne (la), fief à Pontvallain, mouvant de Château-du-Loir. 194, 223, 241, 242, 251. — Voir *Province du Maine*, X, 305 et 337, art. de M. l'abbé A. Ledru.
Faigne (le seigneur de la), dominus de la Faigne. 38 ; — de Fagnia, de Fegnia. 110 ; — de la Fouingne, de la Foingne. 141 ; — le fié au seignor de la Faigne. 173.
Faigne (Gilles de la). 171, 172, 194.
Faigne (Hamelin de la), Hamelinus

Fangia, Fangie, Fange. 59, 74, 125.
Faigne (Patri de la), Patri de Faigne, Patricius de Fange. 42, 43.
Falaise (le gué de la), à Vaas. 207.
Fay, fief à Mansigné. 173.
Fay (Ernaudus de), vavassor de Castro Ledi. 40, 41.
Fay (Geoffroy de), seigneur de la Roche-Ermenier. 202.
Fay (Guillelmus de), vavassor de Maleto. 75, 117.
Fay (Johannes de), vavassor de Maleto et de Oiseio. 115, 129.
Fay (Marsile de), Marsilius de Fayo *vel* Feyo (1157). 47. — Marsilius de Faaco *vel* Fayaco (1250). 142.
Fegerat (Hubertus). 107.
Fegnia, la Feigne. Voir Faigne (la).
Fellart. Voir Fessart.

Fercé (Philippus de), vavassor de Susa. 116.

Ferrant (Clément), vassal de Château-du-Loir. 241.

Ferraria, burgus Ferrariæ, pedagium de Ferraria. 37. — Probablement la Ferrière, à Jupilles, plutôt que la Ferrière (Indre-et-Loire).

Ferraria (Fouquetus vel Fougertus de). 143, 145.

Ferrière (la). 202. — Probablement la Ferrière, fief à Jupilles, mouvant de Château-du-Loir.

Ferrières, terre de l'abbaye du Ronceray. 4.

Ferté-Bernard (la). 159, 251.

Ferté-Bernard (le seigneur de la). 176.

Ferté-Bernard (Geoffroy de la). 97.

Ferté-Bernard (Hugues de la), Hugo, dominus de Feritate Bernardi. 103.

Fessart vel Fellart (Droco de). 120.

Feude (Jean), seigneur de la Gueguerie et de Gaschereau. 247.

Feyo (de). Voir Fay (de).

Fiennes (Enguerrand II de), Enguerran, seigneur de Fienles. 152.

Fiennes (Guillaume de), mari de Blanche de Brienne. 152.

Fier (André dou). 195.

Fillum, censitaire de Mayet. 120.

Fiot-Bouché et Fief-Bouchet, le fay Boschet, proche Romilly (Loir-et-Cher). 136.

Flacé (Mathias de). 72.

Flaé, Flaeiacum, Flaiacum. Voir Flée.

Flèche (la), Flechia castrum, Fissa. 31, 44, 77, 78.

Flèche (Éremburge de la), femme de Foulques V. 31, 44.

Flèche (Gauzbert, Énoch, Geoffroy, Lancelin, Milon et Guillaume de la), frères d'Hélie, comte du Maine. 31.

Flèche (Hélie de la), comte du Maine. 30-34, 44.

Flèche (Jean de Beaugency, dit de la), seigneur de la Flèche. 31.

Flée, Flaé. 201, 242, 247, 264, 270. — Cf. Floé.

Flée (Ernaud de), Ernaudus de Flaé, vavassor de Castro Ledi. 43.

Flée (Guillaume de), vassal de Château-du-Loir. 193.

Flée (Itaoys de), femme lige de Château-du-Loir. 193.

Flée (Hugues de), Hugo de Flaeiaco. 17.

Flée (Marsile de), Marsilius de Flaé, de Flaiaco. 64, 69, 81.

Flée (Pierre de), Pierre de Flaé. 201.

Fleurines (Oise). 225.

Flite. 196. — Ce nom semble désigner un fief mouvant de Château-du-Loir.

Floé (Fulco de). 131. — Ce nom et le suivant sont peut-être pour Flaé (Flée).

Floé (Garinus, Guarinus de). 120, 132.

Floric (Droinus). 119.

Floric (Gervasius). 120.

Foderre (terra de la). 128. — A Mayet ou aux environs.

Fode (Hamelinus). 128.

Fodeia, censitaire de Mayet. 121.

Fogerat (Herbertus). 119.

Foingne (la). Voir Faigne (la).

Fole (Guillot de). 128.

Folquin (Andreas). 127.

Fomucon (Huet de). 71.

Fontaine (la terre de). 30.

Fontaine (la Grande-), moulin et métairie. 166.

Fontaine-Guérin (Maine-et-Loire). 243.

Fontaine-Saint-Martin (le prieuré de la). 44, 259.

Fontaines (Hardouin de), seigneur de Fontaine-Guérin et de l'Isle-sur-le-Loir. 243.

Fontana (Guillelmus de), miles. 145.

Fontenailles, à Écommoy. 114.
Fontenas (vineæ apud). 103.
Fontenella (Radulfus de). 30.
Fontenelles (les), fief à Mayet, mouvant de Mayet. 37, 166, 167.
Fontenelles (Jean des), Johannes de Fontenellis. 126.
Fonteney (Étienne de). 195.
Fontgombault (l'abbé de). 128.
Fontibus (mansura de). 29.
Foque (Johannes). 121.
Forcalquier (comtesse de). Voir Blois (Marie de).
Foresta (feodum de). 100-102. — La Forêt, fief mouvant de Louplande.
Foresta (Guillelmus de), vavassor de Lopelande. 133, 145.
Foresta (Julianus de), vavassor de Lopelande. 133.
Foresta (de). Cf. Nemore (de).
Forêt (Jean de la), Johan de la Forest, chastellain du Chastel du Loir. 231.
Forges. 141, 236. — Les Forges, à Beaumont-Pied-de-Bœuf, à Jupilles ou à Thoiré.
Forgete (la maison à la), à Château-du-Loir. 181.
Forterées (le pré des), à Saint-Vincent-du-Lorouer. 272.
Fortin (Gaufridus). 125.
Fortin, Fortius (Gervasius). 73, 115, 117, 129.
Fortin (Raginaldus). 128.
Fossæ. 124. — Les Fosses, dans la censive de Mayet.
Fosse (Guillaume de la). 211.
Fosse (Payen de la), Paien de la Fousse. 194.
Fosse, Fousse (Paien, fils de feu Robert de la). 207, 208.
Fossis (Guitonus de). 121.
Foterel (Droinus). 127.
Foterel (Matheus). 126.
Fouage (la), fief mouvant d'Outillé. 213.
Foucault (l'abbé A.). 212.
Foulletourte. 247, 268, 269.

Foulques III Nerra, comte d'Anjou, Fulco, comes, pater Gauffredi comitis. 4, 6, 12, 19.
Foulques IV Réchin, comte d'Anjou, Fulco, comes. 31, 32, 44.
Foulques V le Jeune, comte d'Anjou et du Maine et roi de Jérusalem, Fulco Fulconis, comes Andegavensis, rex Jerosolymorum. 31, 41, 45, 162.
Fournition, paroissien de Pontvallain. 176.
France (la). 2, 233, 253, 259, 265, 273. — (roi de). Voir Charles VIII, Charles IX, Henri Ier, Henri II, Henri III, Henri IV, Louis VIII, Louis XII, Louis XIV, Louis XV, Philippe II, Philippe III, Philippe VI, Robert.
Franceis (Aucher le). 30.
Francescus (Herbertus). 10.
François Ier, roi de France et baron de Château-du-Loir. 261.
François de France, duc d'Alençon, d'Anjou et du Maine, baron de Château-du-Loir. 263, 264.
Frappin (Guillelmus). 125.
Fredonnière (la), au Temple (Loir-et-Cher). 136.
Freslun (Gaufridus). 90.
Fresneio (conventus de). 83. — Peut-être le prieuré de la Fresnaye, à Cléré (Indre-et-Loire). Cf. Carré de Busserolle, *Dict.*, III, 135.
Frigida Coralia (Hugo). 17.
Frodelenus, pellitarius. 17.
Froger (l'abbé Louis). 14, 166, 199.
Fromentières (Olivier de), seigneur des Étangs. 252.
Fronteau (René), couvreur d'ardoise. 255, 257.
Frovilla (domina de). 146.
Fulchardus, monachus. 16.
Fulcharius, forestarius. 23.
Fulcodius, canonicus. 16.
Fulcodius, scriba. 11.
Furnarii (terra Giraldi). 36.
Furneio (Guillelmus de). 129.

G

G., episcopus Eliensis. 50.
G., prior ordinis Grandimontis. 55.
Gabet (Johannes). 72.
Gaillart (Pierre), marchand. 256.
Galesendis, uxor Suhardi Tedholini. 27.
Galanderie (la). Voir Guarerande.
Galiena, censitaire de Mayet. 124.
Galiene (Andreas). 128.
Gallene (Bordoinus). 122.
Gallerande (marquis de). Voir Clermont (Pierre-Gaspard de).
Gallerande (Hamelin de), Hamelinus de Gualeranda, vavassor de Oiseio. 129.
Galop (Garnerus). 131.
Galteir (Guillelmus). 130.
Gambaiseuil (Seine-et-Oise), Gambesolium. 149, 150.
Gânerie (la), fief mouvant de Château-du-Loir, la Gasnerye. 253. — Il y a la Gânerie ou la Gasnerie à Flée et à Marçon. Peut-être est-ce ici le même lieu que la Guegnerie, à Verneil-le-Chétif. Cf. Guegnerie (la).
Gangier. Voir Gaugain.
Garan (Fulco). 129.
Garestin (Paganus). 118.
Garneir (Gaufridus). 118.
Garneir (Julianus). 129.
Garneir (Robertus). 66.
Garneir (Stephanus). 120, 126.
Garnier, frère de Rahier. 28.
Garnier. Garneir (Hugo). 67, 71.
Garnier (Robertus). 116, 143.
Garrain (Rudulphus). 125.
Garrel (Hubertus). 98, 124.
Garrel (Radulphus). 98, 124.
Garsende, seconde femme de Gervais de Château-du-Loir. 32, 33.
Gaschereau (le moulin de), à Verneil-le-Chétif, fief mouvant de Château-du-Loir. 247.
Gasnerie (la). Voir Gânerie (la).

Gâtines (l'abbaye de), à Villedomer (Indre-et-Loire), Beata Maria de Gastineta. 86, 87. — Alanus, abbas de Gastineta. 46.
Gâtines (la forêt de), forestaria Gastinae. 3, 144.
Gaudinus, dominus Baudoineriae. 64.
Gauffredus, pellitarius. 17.
Gaufridus, presbyter. 83.
Gaugain (Guillaume), bailli de Château-du-Loir et procureur du comte de Dreux. Guillaume Gaugaing, Gauguaing, alias Gangier. 78, 95, 96, 172, 191. — Les formes Gaugaing et Gangier paraissent provenir d'abréviations mal interprétées et s'appliquer au même personnage.
Gaugien (Galterus). 98.
Gaugucin (Egidius). 127.
Gaulart. Voir Goulart.
Gausbertus, forestarius. 20.
Gauscelinus, frater Abelini. 10.
Gauteir (Libaut). 120.
Gauteret, censitaire de Coulaines. 128.
Gautier, fils de Rotrude de Château-du-Loir. 7.
Gautier (Guarny cel Gouverni). 176.
Gautière (Aliz), veuve d'Étienne Neveu. 250.
Gavardé. 103. — Juvardeil (Maine-et-Loire).
Gayer (Richardus). 121.
Gayum (Petrus, filius). 100.
Gelin (Bocheir). 129.
Genis (la maison d'Étienne), à Château-du-Loir. 151.
Genne (Garinus de). 119.
Gennes (Mayenne), Gepna. 26, 27.
Gennes. — Gepna (Gosfridus Calvellus, filius Theolini de). 27.
Gennes. — Gepna (Leufredus, sororius Theolini de). 27.

Gennes (Thibaud de), Tetbaldus de Gepua. 27.

Geoffroy II Martel, comte d'Anjou, Goffridus, comes Andegavorum, Gauffredus comes, filius Fulconis. 4-6, 12, 19.

Geoffroy III le Jeune ou le Barbu, comte d'Anjou, Gauffredus, Gaisfredus comes, Gaufridus Junior. 15, 19.

Geoffroy IV le Bel ou Plantagenet, comte d'Anjou et du Maine, Gaufridus, comes Andegavensis, filius Fulconis, regis Jerosolymorum. 31, 45-47, 55-61, 97, 161, 162.

Geoffroy, comte de Nantes, fils de Geoffroy IV Plantagenet, Gaufridus, filius Gaufridi, comitis Andegavensis, et comes Nannetensis. 46, 47, 97, 161, 162.

Georgius (Hugo). 100.

Gereor (Robertus). 122.

Germaincourt (Aubelet de), enquêteur des eaux et forêts de la baronnie de Château-du-Loir. 231, 235-239.

Germaincourt (Isabelle de), dame d'Oizé et de Foulletourte. 247.

Germaincourt (Jeannin de), seigneur de l'Aunay-Briant. 250.

Gerreir (André). 122.

Gervasius, filius Alberici. 11.

Gervasius, vicarius. 32.

Gesne (Hugo de). 42, 43.

Gesneio (feodum de). 69. — Dans la mouvance de la Suze. — Il y a un lieu nommé Gesne à Mansigné.

Gesneio, Gesne (Gaufridus de). 72, 131.

Gessne (dominus de). 38.

Gidy (Loiret). 223, 224.

Gié (seigneur de). Voir Rohan (Charles, François et Pierre de).

Gien (le comté de). 263.

Giffart (Gaufridus). 113.

Gilduinus, miles. 16.

Gileberti (Stephanus). 121.

Gillebertus, magister ecclesie Castellensis. 45.

Ginargan (Robertus, filius). 37.

Giraldus, cellerarius. 17.

Girard (Geoffroy). 114.

Girardus, camerarius. 17.

Girardus, telonearius. 30.

Girart (tenementum feu). 118. — Dans la censive de Mayet.

Giraut (Johannes). 123.

Giraut (uxor feu Rachart). 119.

Girois (Fulco). 41, 43.

Girulfus, clericus. 16.

Glapione (Guarinus de), senescalcus de Normannia. 77.

Gloresteriensis (J. de Gray, archidiaconus). 77.

Gloseria, censitaire de Coulaines et de Mayet. 119, 128.

Gnovaut (Johannes). 128.

Godefroy (Guillaume). 134.

Godehilda. Voir Bellême (Godehilde de).

Godetière (la), la Godeterre, fief mouvant de Château-du-Loir. 192.

Goeures (Matheus de). 144, 145.

Goffredus, vicarius. 23.

Goion (Guido). 200.

Golias (Guillelmus). 122.

Gonnesse (Guillaume de), bailli d'Anjou et du Maine. 173, 174.

Gosfridus Hugonis, pontifex Andegavensis. 32. — Geoffroy de Mayenne.

Gouet (Guillaume II), Willelmus, Guillelmus Goietus. 22, 23.

Goulart, Gaulart (le manoir de). 208. — Probablement Goulart, à Vouvray-sur-le-Loir.

Gourdault (Jean), seigneur de la Querole. 263.

Gousaussy. 226. — Mauvaise lecture probable.

Graien (Guillelmus). 81, 85.

Granchia (vinea de), apud Castrumlidi. 92.

Grandmont (l'ordre de). 47-55, 212,

259. — (prieur de). Voir G., Pierre.

Grandmont (le prieuré, les Bonshommes de), en la forêt de Berçay. Voir Berçay (le prieuré de).

Grandmont, Grantmont (le moulin de). 230. — Proche le prieuré de Berçay.

Gratecuisse (Guy de). 44.

Gray (J. de), archidiaconus Glocesteriensis. 77.

Grazay (Guillaume de), seigneur de Vaux. 248.

Grazay (Jean de), seigneur de Vaux. 250.

Grece (Galterus). 101.

Grésille (Jeanne de la), femme de Parceval de Coulogne. 241, 242.

Grève (Hugo de la). 70, 101.

Grève (Johannes de la), Johannes de Gravia. 133, 145.

Grièche, fief à Lavernat, mouvant de Château-du-Loir. 194, 261.

Groget (Johannes). 120.

Grosle (Theobaldus). 128.

Grossin *vel* Grollin (Ragerus *vel* Raginard). 117, 119.

Grousseau (Pierre). 212.

Guaher (Droco). 121.

Gualeranda. Voir Gallerande.

Gualterius, canonicus. 16.

Gualterius, filius Arburgis. 17.

Gualterius, monachus. 16.

Guanguein (Gervasius). 121.

Guarerande (oscha de la), in parrochin de Ostilleio. 141. — Probablement la Galanderie, lieu voisin des trois métairies de la Louvetière, la Saulaie et la Hurelière, qui dépendaient du prieuré de Berçay.

Guariau, censitaire de Coulaines. 128.

Guarinus (Parvus). 122, 126.

Guarinus, clericus. 16.

Guarinus, filius Aimeris. 17.

Guarinus, filius Huberti. 17.

Guarnerius, camerarius. 17.

Guarnerius, major. 17.

Guarnerus, canonicus. 16.

Guaugain (Petrus). 128.

Gucherain, censitaire de Mayet. 124.

Guécélard, Gué Saalart. 143, 268.

Guegnerie (la), fief à Verneil-le-Chétif, mouvant de Château-du-Loir. 247. — Cf. Gânerie (la).

Gueignon (Guido). 130.

Guerreir (Gervasius). 129.

Guerreir (Hubertus). 122, 126.

Guerreir (Ragerus). 118.

Guiarde (la), paroissienne de Pontvallain. 176.

Guiburge, veuve de Guillaume Quinices. 151.

Guiclin (Guillelmus). 132.

Guido, buticularius. 91. — Guy III de Senlis.

Guido, canonicus. 16.

Guido, vicarius. 11.

Guidricus, decanus ecclesie Remensis. 13.

Guielin (Guillelmus). 132.

Guierche (la). 140.

Guierche (Herbert de la), Herbertus de Wirchia. 30.

Guig... (Hugo). 208.

Guillart (René), procureur du roi. 254, 258.

Guillaume, évêque d'Angers. 102-104.

Guillaume, doyen de Château-du-Loir. 163.

Guillebertus, capellanus Remensis. 13.

Guillelmus, dux Normannorum. 11. — Guillaume le Conquérant.

Guillelmus, episcopus Cœnomanensis. 51. — Guillaume de Passavant.

Guillelmus, frater Henrici, regis Anglie. 47.

Guillelmus, major. 83, 84.

Guillon (Jean), seigneur de la Querole. 242.

Guimont (Bernardus). 126.

Guinart (Raginaldus). 111, 112.
Guinart (Rosea, filia Raginaldi). 111, 112.
Gulomarus, capellanus. 47.
Guiscelin, chevalier. 25.
Guischet (Raginaldus). 131.
Guise (sire de). Voir Anjou (Louis Ier d'), Rohan (Charles de).
Guium (Petrus, filius). 100.
Gundramnus, forestarius. 17.
Guoceri (Guillelmus). 70, 123.
Guoheir, vassal d'Oizé. 130.
Guoliot (Johannes). 72.
Guolo (feodum de). 100. — Dans la mouvance de Louplande.
Guoylla, censitaire de Mayet. 121.
Guulardo (Gaisfredus de). 17.
Guy, évêque du Mans. 45.
Guye (le Port à la). Voir Port-à-la-Guye (le).
Guyenne (la). 273.

H

H., episcopus Xantonensis. 78. — Henri, évêque de Saintes.
Hadvisa, relicta Hilduini Drui, uxor Goslini de Semmur. 28, 29.
Haia (Gaufridus de). 143. — Cf. Haya.
Haie (Lambertus). 120.
Haie-Bergerie (la), à Danzé. 136.
Haimo, canonicus. 16.
Halatte (la forêt de). 225.
Hamelin, évêque du Mans. 85.
Hameline, fille de Jean Le Tort. 32.
Hamelinus, pater Abelini. 10.
Haoyl (Hugo). 118.
Hardiau (Macé), vassal de Château-du-Loir. 241.
Hardoin (Guillelmus). 129.
Hardoin (Odo). 129.
Harduinus, filius Achardi. 10.
Harduinus, forestarius. 23.
Haren (Vincent), perrier. 253.
Harenc (Vivianus). 39.
Hasart vel Harsart (Mattheus), juratus de Doure et vavassor de Maieto. 73, 116.
Haubert (Étienne), sergent de la forêt de Berçay. 238.
Haute-Perche, fief à Marigné, mouvant de Château-du-Loir, Aute Perche. 19, 202, 212, 247, 268. — Voir Vendômois (Guillaume de).
Haute-Perche (le sire d'), li sires d'Aute Perche. 202.
Haute-Perche (Barthélemy de), Bartholomeus de Alta Pertica. 41, 44.
Haute-Perche (Geoffroy de), Gaufridus de Alta Pertica. 115, 117.
Haute-Perche (Guillaume de), Guillelmus de Alta Pertica. 42, 44.
Hauterives, Altæ Ripæ. 110. — Fief à Argentré (Mayenne). Cf. Abbé Angot, Dict., II, 407.
Hauterives (Foulques d'), Fulquetus de Altis Ripis, Foque d'Oterive, d'Auterive. 110, 111, 202.
Hauterives (Guillaume d'), Guillelmus de Altaripa. 39.
Hay (Philippus). 64.
Haya (Richart de). 130. — Cf. Haia.
Haye (dominus de la). 38.
Hélie, comte du Maine. Voir Flèche (Hélie de la).
Hélie, fils de Foulques V et d'Éremburge de la Flèche. 31, 46.
Helie (Johannes). 98, 123.
Helie (Stephanus). 127.
Hélinand, fils d'Hugues. 23.
Helye (Girardus). 117, 119.
Hemery (Guillelmus). 130.
Henri Ier, roi de France, Henricus, Hainricus, rex. 3, 4, 8.
Henri II, roi de France. 202.
Henri III, roi de France, comte d'Anjou et du Maine et baron de Château-du-Loir, Henri de France. 263, 264.

Henri IV, roi de France et baron de Château-du-Loir. 264.
Henri II Plantagenet, roi d'Angleterre, Henricus, rex Angliæ et dux Normanniæ et Aquitaniæ et comes Andegavensis, Henry, roys d'Engleterre, duc de Normandie et d'Acquitaine et conte d'Angiers. 46-51, 55-61, 82, 87, 97, 106-110, 151, 161, 162, 216.
Henry (Petrus). 99.
Herbert 1er Éveille-Chien, comte du Maine, Herbertus, comes. 3, 31.
Herbert II, comte du Maine, Herbertus, comes Cinomannorum. 8.
Herbert Bacon, Herbertus, frater Hugonis, comitis Cenomannensis. 2 ; — Herbertus comes cognomento Bacone. 10.
Herbert, chevalier. 8.
Herbertus, canonicus. 16.
Herbertus, frater comitis Cenomannensis. 2. Voir Herbert Bacon.
Herbertus, nepos Isabac divitis. 11.
Herbertus, propositus. 17.
Herice (Robertus). 119.
Herimannus, filius Leunbli. 13.
Herimarus, abbas Sancti Remigii. 13.
Herlent vel Hersent. 118.
Hersende, fille d'Herbert 1er et femme d'Azzon. 31.
Hersende, dame de Chahaignes, Hersendis, domina de Chehennes. 180, 181.
Hersendis (domina). 83.
Hersent vel Herlent. 118.
Herveus, pater Obelini. 17.
Hespagné. 103. Voir Espaigne.
Hilaria, mater Philippe, uxoris Guillermi de Rupibus. 52.
Hildeburge, Hildeburgis. Voir Bellême (Hildeburge de).
Hildegarius, medicus. 29.
Hodeer (Stephanus). 119.
Hoël VI, comte de Nantes. 46.
Hoël, évêque du Mans. 26, 29, 30.

Homet, Humez (Willelmus de), constabularius Normanniæ. 77, 78.
Honorius, papa. 97.
Houssiau (Matheus). 142.
Houx (le), à Jupilles, manoir et prieuré de Marmoutier, Housum, Houxum, Hossum, Hussum, Hussium. 82, 91-95, 142, 259.
Hozier (d'). 29.
Hubaldus, vicarius. 17.
Hubaudi (Theobaldus, filius). 28, 40.
Hubert, bienfaiteur du Ronceray. 4.
Hubert, évêque d'Angers. 5.
Hubert, fils du vicomte Raoul. 11.
Hubertus, filius Cleope. 20.
Hubertus, pater Guarini. 17.
Hucher (Eugène). 45-47, 97, 162.
Huesgratière (la). Voir Vescontière (la).
Hugerie (la). 185, 186. — La Hugerie ou les Hugeries (Cassini), à Saint-Vincent-du-Lorouer.
Hugo, filius Ansgerii. 11.
Hugo, monachus. 24.
Hugo, pater Roberti. 22.
Hugot (Gervasius). 132.
Hugues Ier, comte du Maine. 2.
Hugues II, comte du Maine. 31.
Hugues III, comte du Maine. 31.
Hugues, chevalier d'Adam de Château-du-Loir. 12.
Hugues, père d'Hélinand. 23.
Hugues (Pierre). 166.
Huguot (Michot). 121.
Huisne (l'), fluvium Idonea, la rivière de Yaingne. 31, 249.
Humez. Voir Homet.
Huraut (Robin). 230.
Hurelière (la), la Huillière. 230, 231. — Métairie du prieuré de Berçay, à Saint-Mars-d'Outillé.
Hussum, Hussium. Voir Houx (le).
Hybernia (dominus). Voir Jean-sans-Terre.
Hyes (Geoffroy de), seigneur de Grièche et Aigresoude. 194.

I

Idonea. Voir Huisne (l').
Illiers (Eure-et-Loir). 135.
Illiers (Charles d'), seigneur de Chantemesle. 261.
Illiers (Geoffroy II d'), seigneur d'Illiers et de Maisoncelles. 135.
Illiers (Louis d'), seigneur du Mesnil-Madame-Rousse et de Villeneuve. 261.
Ingelbertus, cantor Cenomannensis. 11.
Ingrande (Ysabeau d'), veuve de Jean de Verneil. 247.
Innocent II, pape. 46.
Insulla Longa. 52. — C. Port, *Dict.*, II, 542, cite deux îles de ce nom : l'île de Blaizon, sur la Loire, et une île du Loir, vis-à-vis Boudré, à Seiches. Dans la charte de Guillaume des Roches il pourrait s'appliquer à une île du Loir vers le Lude ou Château-du-Loir.
Isaac, filius Arboini. 41.
Isabel, paroissienne de Pontvallain. 176.
Isabelle (la reine), femme de Jean-sans-Terre. 77, 78.
Isahac divitis (terra), Cenomannis. 11.
Isembertus, episcopus Pictavorum. 5.
Isle (l'), l'Isle-sur-le-Loir, fief à Flée, mouvant de Château-du-Loir. 223. 243.
Isle (Philippe de l'), écuyer, Phelippe de Lille. 106.

J

J., episcopus Engolismensis. 78. — Jean de Saint-Val.
J., episcopus Lemovicensis. 78. — Jean de Veirac.
J., episcopus Northamptonensis. 50.
Jachelin (Petrus). 39.
Jacquette, veuve de René Le Haier. 253.
Jaille (François de la), seigneur de Mathefelon. 258.
Jaille (Gaufridus de la),... apud Marson. 103.
Jaille (Guillaume de la), seigneur d'Outillé, Guillelmus, Willelmus de Jallia, de Jailla, dominus Ostilleii. 85, 86, 104, 111, 112, 133, 134.
Jaille (J. de la),... apud Otiliacum. 103.
Jaille (Mathieu de la), Matheus de Jalia, testis. 52.
Jajolai (le prieuré de), à Chahaignes, dépendance de Château-l'Hermitage. 209.
Jarlis (Chenu de). 124.
Jarrier (Pierre du), Pierre dou Jarrey. 195. — Le fief du Jarrier, à Verneil-le-Chétif, relevait de Château-du-Loir.
Jarrier (Richard du), Richart dou Jarrey. 195.
Jarrier (Robert du), Robert dou Jarrey. 195.
Jarto (pratum de). 34. — A Château-du-Loir.
Jassargire (dominus de). 38.
Jean II, roi de France, d'abord duc de Normandie, comte de Poitou, d'Anjou et du Maine et baron de Château-du-Loir. 222-230, 232-234.
Jean, archidiacre de Château-du-Loir. 149.
Jean-sans-Terre, Johannes, rex

Anglorum, dominus Hyberniæ, dux Normanniæ, Aquitaniæ, et comes Andegaviæ. 77, 78, 106-110.
Jeanne, femme de Guillaume de Chambon. 180.
Jeanne, femme de Jean de Mellay. 246.
Jeanne, veuve de Guillaume de Vendômois. 217.
Jectoscir (Petrus). 124.
Jérusalem. 4, 7. — (roi, reine de). Voir Anjou (Charles Ier, Charles II, Louis Ier et Louis II d'), Blois (Marie de), Foulques V.
Jobertus, miles. 113.
Johan (Raginaldus). 130.
Johannes, archiepiscopus Vicorniensis. 78.
Johannes, censualis de Mayeto. 122.
Johannes, filius Alberti. 11.
Johannes, testis. 13.
Johannis (Hubertus). 132.
Johannis (uxor defuncti). 127.
Joie (Johannes). 132.
Joie (Pasqueir). 118.
Jonchères, Jonchières. 160, 161. — Il y a un lieu de Jonchères à Marçon.
Jordain, censitaire de Mayet. 123.
Jornau (Petrus). 98, 122.

Josbert (Durandus). 99.
Joulendiéro (la), fief mouvant de Château-du-Loir. 196.
Jousselinière (seigneur de la). Voir Saint-Martin (Guillaume de).
Joy (le fié de). 202.
Judæus (Crebelmus). 119.
Jugleit (la maison). 196.
Juglet (Robin), paroissien de Château-du-Loir. 182, 183, 193.
Juhel, abbé de la Couture. 30.
Juifs (les), Judæi. 67.
Jullin (Guilelmus). 145.
Jupilles, Jupillum, parrochia de Jupillis, de Jupellis, Jupillez, Joupilles, Jupiles. 85, 92, 93, 134, 151, 192, 193, 195, 196, 202, 207, 214, 230, 231, 268, 270, 271.
Jupilles (Droco de), censualis de Maieto. 125.
Jupilles (Étienne de), chevalier, Estiennars de Jupilles, Estienne de Joupilles, Stephanus de Jupillis. 193, 196, 209.
Jupilles (Guillaume de) (1214). 85 ; — Guillaume de Jupillez, à sa meson de Jupillez (fin du XIIIe s.). 202.
Jupulus (Droinus). 120.
Juvardeil (Maine-et-Loire), Gavardé. 103.

L

La Barbe (Giraudus). 73.
Lablois (terra de). 36.
Laboratorium. Voir Saint-Pierre-du-Lorouer.
Lacunigro (feodum de). 146.
Lageau (Julien), conseiller-secrétaire du roi. 273.
Lagoliasse (Maria). 121.
La Guine (Pierre). 231.
Laigné (Hamelot de), Hamelotus de Laigné. 144.
Laigné (Robinus de). 70.

Laigné-en-Belin, vicus Sancti Martini de Laigné. 37.
Lancelline (Galterus). 122, 126.
Lanceraie (Gaufridus de). 141.
Lancien (Julianus). 127.
Landevi (Garinus et Hardoinus de). 130.
Landri (Guilelmus). 209.
Langeais (Hamelin de). 21.
L'Archevêque (André), Andreas Archiepiscopus, serviens foreste de Doure. 106-110.

L'Archevêque (Guillaume), sire de Parthenay. 172, 173.
Larron (la garenne le). 200. — Au sud de la Suze, se trouve le lieu dit le Mortier-Larron.
Latciose, censitaire de Coulaines. 128.
Laubespin (Louis-François de), abbé de Vaas. 264.
Launia, stagnum de Launia. 100. — Peut-être l'Orne Champenoise, qui se jette dans la Sarthe près de Roezé. — Cf. Lontia. — Voir Orne-Champenoise (l').
Launoy Brien, Launay Brien. Voir Aunay-Briant (l').
Lauuiij (feodum). 65. — Nom dont le copiste n'a pu établir la véritable forme.
Laval. 7.
Laval (Guy Ier de), Wido de Valle. 4, 6, 7, 24.
Laval (Guy II de), Guido de Lavalle, Wido de Walle. 26, 27, 30.
Laval (Hamon de). 7.
Lavardin (Loir-et-Cher). 135.
Lavardin (Salomon de), Salomo de Lavarzino. 4, 5.
Lavaré (Johannes de). 42, 44.
Lavernat. 269.
Lavesseta (Odelina). 121.
Ldenbarde, censitaire de Mayet. 126.
Le Barillier (Antoine). 191.
Le Barillier (Thomas). 162, 163.
Le Bègue (Jean), conseiller du duché d'Anjou. 246.
Le Bigot (Gervais), garde de la maladrerie de Château-du-Loir. 191.
Le Bigot (Odin). 127.
Le Bigot, Le Bignot (Stephanus). 59, 120.
Le Bordier (Jean), paroissien de Roezé. 178, 179.
Le Borgain (Belot). 208.
Le Boucher (Robin), seigneur de la Querole. 247.

Le Brebez (Johannes). 73.
Le Brun (Hugo). 98, 121, 125.
Le Brun (Robert, Robertus). 119, 127.
Le Coc (Robertus). 119.
Le Cordeinnier (André). 126.
Le Corne (Guillelmus). 83.
Le Corvaisier de Courteilles. 19.
Le Cou (Pierre). 202.
Le Creux (André), bailli de Château-du-Loir. 236.
Le Croich (Jean), vassal de Château-du-Loir. 241.
Le Danois (Gervais), notaire de Paris. 217-221.
Le Drapeir (Guillelmus). 127.
Ledru (l'abbé Ambroise). 1, 226.
Le Fèvre (Jean), évêque de Chartres et chancelier du duc d'Anjou. 240.
Le Folon (Isembart). 119.
Le Forestier (Mathias vel Matharus). 71.
Legaut (Jean), forestier de Berçay. 240.
Legeay (Fortuné). 211, 223, 237, 247, 251, 260, 262, 264.
Le Haier (Louis, François et Catherine), enfants de René Le Haier. 253.
Le Haier (René), seigneur de la Gânerie. 253.
Leiardis, censitaire de Mayet. 121.
Leicestrie (R., comes). 78.
Le Joy (Durandus). 118.
Le Maçon (Robert), Robert Le Maczon. 240.
Le Maignon (Johannes). 98.
Le Mareschal (Jean), seigneur de Sarceau. 244.
Le Marié (Jeannot). 211.
Le Masleu (Ja.). 236.
Lemerceir (Hubertus). 109.
Le Merceir (Stephanus). 120.
Le Mercier (Guillot). 128.
Lemesquetière. 117. — Dans la mouvance de Mayet. A comparer avec Esnegnetière (l'), p. 146.

Le Moulnier (Jean), prêtre, curé de Champagné. 248, 249.
Lemovicensis (episcopus). Voir J.
Lenfant (Christoflette), veuve de Jean de la Chapelle, dame de Varennes-Lenfant et de Poillé. 262.
Lenfant (Foulques), seigneur de Poillé, Fulco Lenfant. 143, 192.
Lenfant (Odo), miles. 146.
Lenfant (Séguin II), seigneur de Poillé. 212, 222, 228.
Lenfant (Séguin III), seigneur de Poillé. 246, 251.
Lenormant (Jean), marchand. 256.
Le Norriçon (Andreas). 40.
Lenta. 37. — Peut-être l'Ente, à Écommoy. — Cf. Ennet.
Leonart (Droco). 41, 44.
Le Paler (Radulphus). 126.
Le Paumier (Gervasius). 127.
Lepelletier (Mathurin), maître charpentier. 255-257.
Lepoultre (M.), seigneur du Ronceray et de Marigné. 271.
Le Prévost (Guillaume), vassal de Château-du-Loir. 195.
Leprosi (domus), la maison du Lépreux, à Danzé. 136.
Le Quou (Pierre), seigneur de la Queurie. 196.
Le Rogier (J.), greffier. 231.
Lerouer (l'abbé du). 236. — L'abbé du Louroux. — Voir Louroux.
Le Roy (Jean). 256.
Le Royer (Jacques), seigneur de la Gânerie. 253.
Le Saunier (Guillelmus). 130.
Lessargire (dominus de). 38.
Le Taillandier (Guillaume). 217.
Le Taillandier (Radulphus). 122.
Letencor (Girardus). 123.
Leter (Gaufridus). 71.
Le Tonneor (Radulphus). 69.
Le Torneor (Sylvester). 116.
Leublus, pater Herimanni. 13.
Leurnalier (les sr et dame de). 238.
Leuvinus, testis. 13.

Le Vasseur (Geffrin). 240.
Lèves (Geoffroy de), évêque de Chartres. 135.
Levinstein (Sophie de Bavière de), femme de Philippe de Courcillon. 273, 274.
L'Homme. 267. — Cf. Lommes.
Libois (Paganus de). 80.
Liboys (Michael de), vavassor de Oiseio. 131. — Le lieu de Libois est entre Cérans et Yvré-le-Pôlin.
Ligurie (marquis de). Voir Azzon.
Lille (de). Voir Isle (de l').
Limoges (évêque de). Voir J.
Linnays (le Petit-), fief mouvant d'Oizé. 246.
Liseia, domina Azeii. 138.
Lisiardus, filius Roberti Vestroilt et Hersendis de Susa. 68.
Locé (Hugo de). 103.
Loches (Indre-et-Loire). 48.
Lodon, Lodun. Voir Loudon.
Loges (Eudes des), Odo de Logiis. 209.
Loho (Gilebertus de). 124.
Loir (le). 193, 267.
Lommes (le manoir de). 168, 169. — Cf. L'homme.
Longa Insulla. Voir Insulla Longa.
Longa Landa (Robertus de). 73, 75, 125, 129.
Longaunay (la forêt de), Longum Alnetum. 64-66.
Longobardus (Constantius). 13.
Lonua. Voir Lovria.
Lontia. 65. — Mauvaise transcription. A rapprocher de Launia, p. 100.
Lonva. Voir Lovria.
Lopienn (Richardus). 99.
Lorens (Andreas). 119, 128.
Lorens (Durandus). 102.
Lorenz (Martinus). 131.
Lorin (Philippe). 211.
Lorouer (le), la maison de Loreors. 195. — Outre la paroisse de Saint-Pierre-du-Lorouer, autrefois appelée simplement le Lo-

rouer. Il y a un lieu nommé le Lorouer à Lavernat. — Cf. Saint-Pierre-du-Lorouer.

Lorouer (Isaac du), Isaac, Ysaac de Oratorio. 40, 44.

Lorouer (Jean du). 247.

Lorouer (Macé du), Macé dou Loreors, dou Lorouis. 195.

Lorouer (Pierre du), Pierre dou Leroer. 201.

Lorraine (Isabelle de), femme de René d'Anjou. 251.

Lorriz, greffier. 224.

Lorsi (Eremburgis de). 93.

Lostallo (Raginaldus de). 30.

Lotin (l'abbé). 20.

Loudon, à Parigné-l'Évêque, territorium Leddanense, Lodon. 6, 241.

Loudon (Gilon de), Gilo de Lodun. 117.

Loudon (Richard de), Richard de Lodon. 117, 198-200.

Loudun (Vienne). 240.

Loué, Loiacus. 1.

Louis VIII, roi de France, Ludovicus, primogenitus regis Francorum. 87, 88.

Louis XII, roi de France. 251.

Louis XIV, roi de France et baron de Château-du-Loir. 264, 265.

Louis XV, roi de France et baron de Château-du-Loir. 265-275.

Louna. Voir Lovria.

Loupes (Gauffredus). 17.

Louplande, Lupelanda, Lopelanda, Lopelende, Lopelande. 88, 89, 95, 99-102, 132, 133, 140, 144-146, 151, 152, 172, 199.

Louria. Voir Lovria.

Louroux (l'abbaye du), monachi de Oratorio. 110, 119. — (l'abbé du), l'abbé du Lerouer. 236.

Louva. Voir Lovria.

Louvetière (la), la Loutière. 230. —

A Saint-Mars-d'Outillé, métairie du prieuré de Berçay.

Lovria, Louria, Louva, Louna, Lonva, Lonna (Alnulphus de). 71.

Lucé (le Grand-), Luciacum castellum, Luccium, Luceyum. 4, 24, 31, 59, 61, 151, 166, 168, 171, 186, 187, 194, 203, 228, 229, 235, 236, 239, 240, 248, 249, 262.

Lucé (la maison de la Motte de). 203, 236.

Lucé (le sire de). 203, 235-237, 239, 248, 249. — Voir Coesmes (Brisegaud de), Eschelles (Pierre I et Pierre II d').

Lucé (Guy Ier de), Guido de Lucelo. 142, 151, 236.

Lucé (Guy II de), fils de Guy Ier. 151, 166.

Luceau, Lucellium, Sanctus Martinus de Luccel. 36, 113, 114, 196, 206, 209. — (prieur de), Voir Ménart (Macé).

Luceau (Foulques de), Fulco de Lucello. 41, 43.

Luceau (Hugues de), Hugo de Luccel. 40.

Lucella (Philippus de). 38.

Luché, Luchiacum, villa Luciaci. 12, 28.

Lucia, vidua. 93.

Lucques (Italie), Luca. 17, 18.

Lude (le), castrum Lusdi. 6.

Ludenses. 35.

Ludi (domina). 146.

Lupellus (Guillelmus). 145.

Lupellus (Hamo). 27.

Luti (Richardus, comes de). 50.

Luynes (duc de). Voir Albert (Charles-Honoré et Charles-Philippe d').

Lyam. 140.

Lyart (Guillemin), maître charpentier. 255, 257.

Lyon. 260.

M

Macé (Robert), sergent des forêts de Château-du-Loir. 239.

Macée, femme de Philippe de Sourches. 195.

Macoela, veuve d'Hébert de Vouvray. 197.

Madeleine (la paroisse de la), à la Chartre. 267.

Maet, Maetum, Magittum, Mahetum, Maietum. Voir Mayet.

Magière (la), fief mouvant de Château-du-Loir. 193.

Magneriis (Chotart de). 117.

Mahot, censitaire de Mayet. 122, 125.

Maieroles (Hubertus de). 130.

Mainardius, nepos Willelmi de Parronai. 26.

Maine (le), civitas Cenomannensis, pagus Cenomannensis. Cœnomania, comitatus Cenomannicus, le comté du Mans. 1, 2, 8, 14, 17, 44-47, 76, 77, 80, 161, 162, 168, 172, 175, 199, 218, 221, 224, 226, 227, 229, 231-234, 240, 251, 257, 258, 261, 262, 271, 272, 274.

Maine (le comte du), comes Cœnomaniæ, le signour dou Mans, 65-67, 171, 172, 175, 176, 181. Voir Anjou (Charles Iᵉʳ, Charles II, Charles IV, Louis Iᵉʳ, Louis II et René d'), Foulques V, François de France, Geoffroy IV, Henri III, Herbert Iᵉʳ, Herbert II, Herbert Bacon, Hugues Iᵉʳ, Hugues II, Hugues III, Jean II, Valois (Charles de). — (comtesse du). Voir Blois (Marie de), etc.

Maine (vicomte du). Voir Raoul, Roscelin.

Maisoncelles (Sarthe), domus, feodum de Mesuncellis. 134, 135.

Maladrerie (les vignes de la), vineæ de la Maladerie. 83. — Sans doute à Luceau, où se trouve le lieu de la Maladrerie.

Malandria (Fulco de). 26.

Malegayne, paroissien de Pontvallain. 176.

Malemouche (Aucher), Aucherius Mala Musca. 32.

Malemouche (Dreux), Drogo, filius Nihardi Mala Musca. 26 ; — Drogo Mala Musca. 32.

Malemouche (Foulques), Fulcoius, filius Nihardi Mala Musca. 26.

Malemouche (Geoffroy), Gaufridus Malamuscha. 42, 44.

Malemouche (Huc ou Hervé). 191.

Malemouche (Nihard), Nihardus Mala Musca. 26.

Malenuit (Andreas). 141.

Malet, Mallet, Malest (Bertrandus, Bertrannus, Bertrand), vavassor de Castro Lidi. 40, 42, 44.

Malicorne (le seigneur de), dominus de Maricorne. 38.

Malicorne (Gaudin de), Waldinus Vetulus de Malicornant. 6.

Malicorne (Gaudin de), Gaudinus de Malicorne. 42, 43.

Malicorne (Paumier de), Palmerius vel Palmertus de Maricorne. 70.

Malitourne, fief à Flée, relevant de Château-du-Loir. 261, 263, 264.

Mallevau (Johannes de). 129.

Mallevrer. Voir Maulévrier.

Malnorri (Guillelmus). 133.

Maloet (terra de). 40.

Malte (l'ordre de). 136.

Maltum (Gaufridus). 119.

Mancellière (les terres de la). 217.

Mancian (Laurentius). 69.

Mandavilla (Guillelmus, comes de). 51.

Mangé, à Verneil-le-Chétif, terra Mangiaci. 36, 191, 195, 251, 260, 262. — Mangé relevait de Château-du-Loir au moyen de la terre de Villaines.

Mangé (Guillaume de), Guillelmus,

Guillermus, Willelmus de Mangiaco, de Mangeio, de Mangeinco, de Mangi, de Mangé, vavassor de Castro Ledi (xɪᵉ s.), 16, 17, 24, 26, 28, 32, 39, 41, 43.

Mangé (Guillaume de), vassal de Château-du-Loir. 107.

Mangé (Guy de), chevalier. 52.

Mangé (Hamelin de), Hamelinus de Mangeio, de Mangé 115, 142.

Mangé (Jacquelin de), Jacquelinus, Jachelinus de Mangeyo, de Mangé. 42, 44.

Mangé (Jean de), Johannes de Mangeio, de Mangeyo (xɪɪᵉ s.). 59, 74.

Mangé (Jean ou Johel de), Johannes vel Johel de Mangeyo (vers 1239). 116.

Mangé (Jean de), vassal de Château-du-Loir (1387-1388). 241.

Mannorri (Herbertus). 145.

Mans (le), Cenomannis, Cynomannis, Cœnomani, Cœnomanum. 2, 3, 8, 10, 11, 30, 36, 44, 50, 51, 65, 80, 81, 103, 161, 172-179, 184, 188, 190, 198, 207, 209, 224-228, 231, 262, 268, 271.

Mans (l'église, la cathédrale, le chapitre, le diocèse du). 4, 5, 10, 11, 25, 31, 44, 85, 103, 108, 171, 186, 188, 189, 190, 210.

Mans (l'évêque du). 83. — Voir Arnaud, Avesgaud, Château-du-Loir (Gervais de), Guillelmus, Guy, Hamelin, Hoël, Maurice, Vulgrin.

Mans (archidiacre du). Voir Tescelinus. — (chantre du). Voir Ingelbertus. — (doyen du). Voir Rotbertus. — (l'official du). 113, 114.

Mans (les lépreux du), leprosi de Cenomano. 101.

Mans (le chemin du), cheminum de Cenomannis. 73.

Mansellus (Teodinus). 29.

Mansigné, domus de Martegniaco, de Martegneyo (pour Mancigniaco, Mancigneyo). 157, 158, 170, 173, 175, 176, 209.

Marans (Charente-Inférieure), Maraantum. 53.

Maraud (Guy), Guido Maraudi. 113, 114.

Marbodus, episcopus Redonensis. 32.

Marboe (Fulco de). 26.

Marca de... 209.

Marcello (census de). 125.

Marcelores ou Marcerores (le sire de). 202.

Marcesche, censitaire de Mayet. 124.

Marchegay (Paul). 4.

Marcigius (Johannes). 124.

Marcis (Goffridus ex). 47.

Marçon. 103, 267.

Marçon (Belin de), Belinus de Marson. 17.

Marçon (Guillaume de), Guillelmus de Marso. 103.

Mareil-sur-le-Loir, Mareille. 45, 268.

Marescallus (Willelmus), comes de Penbroca. 77 ; — de Pambroca. 78.

Maria, censitaire de Mayet. 122.

Maricorne. Voir Malicorne.

Marigné, Marrigneyum, Marigneyum, Marregnié, Marrigné, Sanctus Petrus de Marrignaeio. 36, 51, 59, 61, 81, 105, 202, 207, 269, 271.

Marion, femme de Macé de Montblanc. 241, 242.

Marlot. 13.

Marmoutier (l'abbaye de). 7, 8, 10, 11, 14-19, 22, 33-35, 91-93, 135. — (abbé de). Voir Barthélemy, Coursol (Geoffroy de), Villepreux (Hervé de).

Maron (Guillelmus). 146.

Marresche, censitaire de Mayet. 126.

Marsay (Stephanus de), seneschallus Andegavensis. 51.

Marsillian (Matheus). 111.
Marso, Marson. Voir Marçon.
Martegniacum, Martegneyum. Voir Mansigné.
Martel (Jean), seigneur de Beaumont-Pied-de-Bœuf et d'Aigresoude. 241, 242.
Martin (saint). 245.
Martin (Droinus). 126.
Martin (Hubert, Hubertus). 123.
Martin (Johannes). 122.
Martin (Ode). 202.
Martinelli (Jean). 149.
Martini (Petrus). 120.
Martins (Johan et Johan les), étagers du prieuré de Berçay. 230, 231.
Martinus (Stephanus). 133.
Martre (Guillaume de), vassal de Château-du-Loir. 241, 248.
Martre (Thibaut vel Libaut de), vavassor de Susa. 70.
Masille (Mist.). 196.
Mas Latrie (de). 18, 46.
Massue (Pierre), greffier des eaux et forêts de Château-du-Loir, seigneur de Malitourne. 264.
Matha (Foulques de), Fulco de Mastac. 103.
Matha (Philippe de), sœur de Marguerite de Sablé. 112.
Mathefelon, village à Seiches (Maine-et-Loire). 256. — (seigneur de). Voir Jaille (François de la).
Mathefelon (Foulques de), Fulco de Matefelon. 26, 30, 32.
Mathefelon (Geoffroy de), Gaufridus de Mathafelon, de Matefelon. 103, 145, 164, 165.
Mathilde, femme de Guillaume de la Jaille. 104.
Mathilde, fille de Foulques V et d'Eremburge de la Flèche. 31.
Mathildis, mater Eremburgis, uxoris Gervasii de Castello Lit. 29.
Matthæus, constabularius. 91. — Mathieu II de Montmorency.
Mauclou (Martinus). 130.

Maugné. 191. Il faut peut-être lire Montigné, ou encore Vieux-Moulins.
Maugort (Guillelmus). 122.
Mauldetus (Albericus). 69.
Maulévrier (Rainaud et Robert de), Raginaldus de Mallevrer et Robertus, frater ejus. 103.
Maunaurry (Herbertus). 115.
Maunorry (Polunus). 71.
Maurice, évêque du Mans. 102-104, 112, 113.
Mauriesse (Agnès la). 123.
Mayenne, Mayenne la Juhez. 240, 251.
Mayenne (Haimon de), Haymo de Medano, Huimo. 2.
Mayet, Magitum, Magittum, Maiatum, Maietum, Maetum, Mayetum, Mael, Maiet, Mahiet. 21, 22, 27, 28, 31, 35, 36, 45, 46, 48-50, 58, 59, 61, 76, 77, 87-90, 95, 98, 112-127, 139, 140, 146, 149, 150, 154, 159, 160, 166, 167, 172, 180, 195, 197, 202, 211, 222, 223, 228, 244, 246, 248, 250, 259, 260, 268, 270.
Mayet (la maladrerie de), leprosi de Maieto. 118. — Capellanus de leprosaria de Mayeto. 125. — La maladerie de Mayet. 216.
Mayet (la prévôté de). 244-246, 259, 260, 268.
Mayet (Guillaume de), Guillelmus, Guillermus, Willelmus de Maieto. 112, 113, 115, 129.
Mayet (Hamelin de), Hamelinus de Maieto. 41, 44.
Mayet (Hardouin de), Hardoinus de Maieto. 59, 74, 111-113, 116.
Mayet (Herlan de), Herlannus de Magitto. 28.
Mayet (Josbert de), Josbertus de Maeto. 37.
Maignen, artisan. 250.
Mélaine (saint). 8, 9.
Mélinais (l'abbaye de), abbatia de Mellinais, domus de Melinellis. 81, 82, 174, 175.

VI. 40

Mellay (Jean de), seigneur du Petit-Linais. 246.

Melleriis (Raginaudus de). 70.

Ménage. 66, 76, 80, 81, 83, 87-90, 94, 102, 140.

Menart (Macé), paroissien de Mayet. 167.

Ménart (Macé), prieur de Luceau. 191.

Meneray de Sampris (le bois du). 200. — « Le bois et landes des Mynerais de Sambris, dict de Chevenolles, siz en la parroisse de Lucé. » Cf. V. Alouis, *Lucé*, p. 163.

Merceir (Galterus). 126.

Merceir (Radulphus). 124.

Merceir (Robertus). 121.

Mereio (Huguetus de). 143.

Mergam (Droinus). 119.

Médicis (Catherine de), baronne usufruitière de Château-du-Loir. 262, 263.

Meseriis (Hubertus vel Herbert de). 68.

Mesnil-Madame-Rousse (le), seigneurie au comté de Dammartin en l'Ile-de-France. 261.

Métais (l'abbé Ch.). 3, 21, 139.

Michel, doyen de Château-du-Loir. 134, 140.

Migne (Foque de). 124.

Miles (Gervasius). 119, 128.

Miles (Guillelmus). 100, 126. — Cf. Chevalier.

Milesse (Hamelin de la), Hamelinus de Militia. 117.

Milesse (Herbert de la), Herbertus de Miletia. 22.

Milieu (l'étang du), à Saint-Ouen-en-Belin. 268.

Milleris (les), fief mouvant de la Suze. 64. — Peut-être les Milleries, à Saint-Mars-d'Outillé.

Millon (Gauguen). 118.

Minart (Droinus). 98, 124, 126.

Minart (Johannes). 98, 124.

Minutor (Theobaldus). 123.

Mirebeau (Vienne). 240.

Mirebeau (Payen de), Paganus de Mirebello. 32.

Moinerie (la), fief mouvant de Château-du-Loir. 142, 202. — Peut-être la Moinerie, à Jupilles.

Moinerie (le sire de la), li sires de la Moinnerie. 202.

Moiterie (le bordage de la), fief mouvant de Château-du-Loir. 196.

Monachus (Hubertus). 40.

Monachus (Hugo). 41, 43.

Monachus (Johannes). 127.

Monasteriolo (de). Voir Montreuil (de).

Mondoon (Guillelmus de). 116.

Mondoubleau, Monsduplex. 38, 135-140.

Moneir (Libo). 118.

Monrevel (de). Voir Montreuil (de).

Mons Cordis. 21.

Mons Escot. 103.

Monstreuel (de). Voir Montreuil (de).

Montabon. 36, 84, 164, 165, 267, 269.

Montabon (Rossel de). 72.

Montagenet, à Château-l'Hermitage, Montglenet, Monteglenet, Monteyglenet. 140, 187-190, 237, 269, 270.

Montaupin (Girardus et Johannes de). 131.

Montbazon, Mons Basonis. 49.

Montblanc (Macé de), seigneur de Bussay. 212.

Montblanc (Yvon de). 240.

Monte Camino (meditaria de). 100. — Vers Voivres.

Montengenaut (Petrus de). 70.

Monte Suro (Rodulfus de). 11. — Cf. Montseur.

Montfollet (Frede vel Frode de). 147.

Montfort (-l'Amaury). — (comte de). Voir Dreux (Robert IV de).

Montfort (Jean de). — (comtesse

de). Voir Châteaudun (Jeanne de), Montfort (Béatrix de). — (duc de). Voir Albert (Charles-Honoré d'). — (abbé de). Voir Albert (Paul d').

Montfort (Béatrix de), femme de Robert IV de Dreux, comtesse de Dreux et de Montfort et dame de Château-du-Loir, Béatrix, Beatris de Monteforti, comitissa Drocensis (seu Drocarum) et Montisfortis et domina Castrilidi, la comtesse de Dreues, de Droue. 152-170, 173-200, 208, 209. — P. 269, au lieu de : Béatrix de Dreux, lire : Béatrix de Montfort.

Montfort (Bertrade de), femme de Foulques IV. 31.

Montfort (Jean, comte de). 139, 140.

Montfort (Jeanne de), Johanna, comitissa Montisfortis. Voir Châteaudun (Jeanne de).

Montfort (-le-Rotrou), dominus Montisfortis. 38. — Feodum Montisfortis. 40.

Montfort (Rotrou de), Rotrochus de Monte Forti. 30.

Montigné (Hugo de). 71, 101.

Montigné. Voir Maugné.

Montlandon (Eure-et-Loir), Moulandum. 76, 77.

Montmirail. 22.

Montmorency (Mathieu II de), connétable de Philippe-Auguste, Matthaeus, constabularius. 91.

Montoire. 135, 138.

Montoire (le seigneur de), dominus Montis Aurei. 38.

Montoire (Jean de), comte de Vendôme. 134.

Montoire (Mathieu de), Matheus de Monte Aureo. 24, 25.

Montoire (Nihard de), Nihardus de Monte Aureo. 4, 5.

Montoire (Pierre de), comte de Vendôme, Petrus, comes Vindocinæ. 134-138.

Montpensier (comte de). Voir Dreux (Jean III et Pierre de).

Montququ (heredes de). 111.

Montreuil-le-Henri. 228.

Montreuil (Foulques de), Fulco, filius Ursionis de Monasteriolo. 23, 24.

Montreuil (Gervais de), Gervasius de Mosterol. 115.

Montreuil (Henri de), Henricus de Mosterol. 75, 86, 117, 192.

Montreuil (Roland de), Rolandus de Monstreuel, de Montreuel, de Monrevel. 105, 129.

Montreuil (Ursion de), Ursio, Urso de Monasteriolo, de Mosterol. 23, 38, 39, 42, 43.

Mont-Saint-Michel (l'abbaye du). 2.

Montseur (Hubertus de). 33. — Cf. Monte Suro.

Montsoreau (Gautier de), Wauterius de Monte Sorello. 28.

Mopin (Gaufridus). 72.

Moran (feodum). 64. — Vers Challes.

Morannes (Maine-et-Loire). 41.

Moranvillé (H.). 210.

Moreau (Guillaume). 252.

Moreau (Martin), marchand d'ardoises. 256, 257.

Morée (Loir-et-Cher). 137, 138.

Morehier (Herveus). 117. — Lecture plus probable que Berneus Morebier.

Morel (Hugo). 144.

Morel (Petrus). 127.

Morel (Rager, Ragerus). 122, 127.

Morenna (Augerius, frater Leuberti de). 27.

Morenna (Leubertus de). 27.

Moret ou Maret, métairie à Danzé. 135.

Morian (Garin). 140.

Morice (Herbertus). 118.

Morie (Jean de), vassal de Château-du-Loir. 241.

Morin (David). 123.

Morin (Gaufridus). 128.

Morin (Geoffroy), seigneur de la Bataille et de la Ripaudière. 192.
Morin (Guillaume), seigneur de Loudon. 241.
Morin (Jeuffroy), juré de Berçay. 231.
Morin (Petrus). 127.
Morin (Philippe), vassal de Château-du-Loir. 241.
Morin (Robertus). 59, 124.
Morin (Sanson). 120.
Morney (Huet de). 216.
Mortain (comte de). Voir Anjou (Charles IV d').
Mortain (Denise de), femme de Guy II de Laval. 26, 27.
Mortdoibt. 65.
Mosterol (de). Voir Montreuil (de).
Moter (Raginaldus). 133.
Motha Delpino (molendinum de). 103.
Motte (la), fiefs mouvant de Château-du-Loir. 192, 203.
Motte (Renaud de la), monsor Regnaut de la Mothe. 203.
Motte-Achard (la), à Saint-Jean-de-la-Motte, Mota Achardi, Mothe Acart, Moteachart. 12, 38, 59, 61, 110, 111.
Motte (Achard de la), Achardus de Mota. 25.
Motteux (les), Moteus, à Danzé (Loir-et-Cher). 136.
Moulin (André du), vassal de Mayet. 197.
Moulins (Allier). 261.
Mousteret (Simon). 166.
Moveir (Andreas). 119.
Mucart (Petrus). 127. — Cf. Muhart.
Mucia (Gauterus de). 47.
Muhart (Petrus). 122. — Cf. Mucart.
Multhart (Gervasius). 127.
Multor (Jean), chapelain du château de Lucé, Johannes Multor vel Multo. 171, 186.
Musière (Jeanne de la), femme de Geoffroy de Mathefelon. 164, 165.

N

Nançay (comte de). Voir Chastre (Charles-Louis et Louis de la).
Nantais (les). 46.
Nantes, Nannete. 57. — (comte de). Voir Geoffroy, Hoël VI.
Nemeia. Voir Verneia.
Nemore (Andreas de), censualis de Maieto. 118.
Nemore (Foquet de), vavassor de Susa. 70.
Nemore (Hubertus de), vavassor de Susa et de Lopelande. 71, 132.
Nemore (Jobertus de), vavassor de Lopelande. 101.
Nemore (Matheus de), vavassor de Lopelande. 115.
Nemore (Petrus de), vavassor de Castro Ledi. 39.
Nemore (Richardus de), vavassor de Lopelande. 133.
Nemore (de). Cf. Foresta (de).
Nemours (la princesse de), dame en partie et à réméré de Château-du-Loir. 265.
Neufbrisach (Alsace), Neuf-Brisac. 272.
Neuvy (le sieur de). 275.
Neveu (Étienne), seigneur de Coulaines, Thévenot Neveu, Estienne Nepvou. 246, 250.
Nicolaus, clericus. 80.
Nicoul (Gilet), forestier de Berçay. 210.
Niger (Johannes). 117.
Niort, Niortum. 77, 78.
Noel, abbé de Saint-Nicolas d'Angers. 26, 27.
Noer (Martinus). 119.
Noeriis (Gaufridus de). 141.
Noeriis (Le Duc de). 131.

Noeriis (Lucas de). 72.
Nogent-sur-le-Loir, Nogentum, Nogen, Nogent. 36, 41, 141, 203, 267.
Nogent (le sire de). 203.
Nogent (Gebertus de). 38.
Nogent (Guillaume de), Guillelmus de Nogen. 141, 192.
Nogent (Hamelin de). Hamelinus de Nogento. 41. 43.
Nogent (Hervé de). Herveus de Nogento. 39.
Noiers, seigneurie à Sainte-Gemmes (Loir-et-Cher). 138.
Noiers (Archembaudus de). 138.
Normandie (la), Normannia. 54, 81. — (duc de). Voir Guillelmus, Henri II Plantagenet, Jean II, Jean-sans-Terre, Richard-Cœur-de-Lion. — (connétable de). Voir Homet. — (sénéchal de). Voir Glapione (Guarinus de).
Normant (le fief), à Luceau. 113, 114.
Normant (la maison au). 200.
Normant (Philippus). 72.
Northampton. 47-50. — Northamptonensis (J., episcopus). 50.
Nouastres (Cléophas de), Cleopas, Malranni de Noviastro filius. 20.
Nouis (Guillaume de). 200.
Nourry (Bertrand), chapelain de la chapelle de Château-du-Loir. 259.
Novileta. 117. — Fief à Marigné, dans la mouvance de Mayet ou de Château-du-Loir.
Novovico (Guillelmus de). 86.

O

O (Gabrielle-Françoise d'), fille de Gabriel-Claude d'O et de Marie-Anne de Lavergne de Guilleragues, femme de Pierre-Gaspard de Clermont, dame de Clermont-Gallerande et de Château-du-Loir. 265-267, 272, 273.
Obelinus, filius Hervei. 17.
Odalricus, prepositus ecclesie Remensis. 13.
Odeburge, femme de Geoffroy Girard. 114.
Odeline, fille de Geoffroy Durand. 84.
Odo, cantor Remensis. 13.
Odo, testis. 13.
Odricus, canonicus. 16.
Ogier (Johannes). 142.
Ogier (Robin), vassal de Château-du-Loir. 241.
Oizé, Oiseyum, Oiseium, Oyseium, Oyseiacum, Oisé, Oesé, Oysé, Oyseyum, Ouizé. 59-61, 74, 97, 99, 105, 106, 129-132, 143, 172, 178-181, 198, 242, 243, 246, 247, 268, 269.
Oizé (la métairie au prieur d'), à la Suze. 178.
Oraire (Gaufridus). 72.
Oratorio (monachi de). 110, 119. — L'abbaye du Louroux, à Vernantes (Maine-et-Loire). Voir Louroux.
Orelart (Jollanus). 125.
Oriot (Tibaut). 120.
Orléans. 261.
Orléans (le duché d'). 263.
Orléanais (l'). 224.
Ormeaux (les), métairie à Villebourg. 270.
Orna, Orne. Voir Ourne.
Orne-Champenoise (l'), affluent de la Sarthe, l'eve que l'en appelle l'Orne. 178. — Cf. Launia.
Osen (Henricus). 147.
Osille (Salomon, filius). 30.
Otbran, abbé de Saint-Aubin. 12.
Oterive (d'). Voir Hauterives (d').
Otgerius, famulus. 17.
Ourne, Orne, fief à Sainte-Cécile, mouvant de Château-du-Loir. 192, 201, 223, 241, 242.

Ourne, métairie à Yvré-le-Polin. 235.

Ourne (le sire d'), le sire d'Orne. 201. — Voir Vendômois (Jean de).

Ourne (Fergon d'), Fergun de Orne. 39.

Ourne (Foulques d'), Fulco de Orna. 41, 43.

Ourne (Guillaume d'), Guillelmus, Guillermus de Orna, de Urne. 74, 86. 129. — Monsieur Guillaume d'Orne. 171, 172, 181-183, 192, 197.

Ourne (Rainaud d'), Raginaldus de Orna. 40.

Ourne (Richolde d'), Richoldis de Orna. 37.

Outeresche. Voir Auteresche.

Outillé, Ustilliacum, Otilliacum, Oustillé, Ostillé. 31, 103, 104, 140, 172, 211, 243, 268, 269, 271. — Voir Saint-Mars-d'Outillé et Jaille (Guillaume de la).

Outillé (Durand d'), Durandus de Oystilleio. 64.

Outillé (Guillaume d'), Guillelmus de Ostilleyo. 51. — Relicta Guillelmi de Otilliaco, de Oistilliaco. 115, 132.

Outillé (Jean d'), bailli de Château-du-Loir, Jehan d'Outeillay. 238, 239.

Oyleri (Galterus). 118.

Oyleri (Garinus). 98, 124.

P

P., filius Hugonis Guig... 208.

Paçau, Pacean, Paceium. Voir Passau.

Paganus (Ragerus). 118.

Paguot (Johannes). 132. — Cf. Paien, Paiot, Pajot.

Paien (Johannes). 116. — Cf. Paguot, Paiot, Pajot.

Paien (Oucher), prêtre. 197.

Paillet, artisan. 256.

Paiot (Johannes). 145. — Cf. Paguot, Paien, Pajot.

Pajot (Johannes). 71. — Cf. Paguot, Paien, Paiot.

Pajotaria. 145. — La Pajotière, entre Louplande et Flacé. — La variante Parotaria est une mauvaise lecture.

Palais-Royal (le), à Paris. 272.

Palmeria, censitaire de Mayet. 122.

Pambroca (comes de). Voir Murescallus.

Pamier (Morellus de), vavassor de Castro Lidi de feodo de Cullo Bovis. 142. — Ce nom paraît être le même que Panver (Morel de).

Panvert, fief à Mayet, mouvant de Mayet ou de Château-du-Loir, Panver. 202.

Panvert (Morel de), Morel de Panver, seigneur de Panvert. 202.

Papes. Voir Alexandre II, Benoît VIII, Célestin II, Honorius, Innocent II, Urbain II.

Papia (Vivianus de). 17.

Papillon (Guillaume), Guillelmus Papellon, Papelon. 75, 117.

Papillon (Guy), Guido Popolun. 117.

Papillon, Papellon, censitaire de Mayet. 121.

Papin (Robertus). 73, 119.

Parent (Guillelmus). 36.

Parigné-le-Polin. Parrigny. 200, 209.

Parigné-l'Évêque. Prorigniacus. 1. — Patriniacus, in territorio Leddunensi. 6. — Parrigneium. 37, 38.

Parigné (Geoffroy de), Gaufridus de Parrigneio. 99, 129.

Paris, Parisius. 151, 152, 217-221, 226-228, 230, 231, 237, 258, 261, 265-275.

Paris (monsor Gortelin de). 197.

Parné (Mayenne), Parronai, Perrenaium, Parriniacum. 26, 27.

Parné (Constantin de), Constantinus, filius Willelmi de Parronai. 26.
Parné (Eudes de), Odo de Parronai. 26.
Parné (Guillaume de), Willelmus de Parronai. 26.
Parotaria. Voir Pajotaria.
Parthenay (sire de). Voir L'Archevêque (Guillaume).
Parvulus (Johannes). 118.
Parvus (Guarinus). 122, 126.
Parvus Guido (Robinus). 127.
Pasqueir, censitaire de Mayet. 124.
Passau, fief à Coulongé, mouvant de Château-du-Loir, feodum Paceli, Paceau, Paçau. 143, 196, 242, 248. — Ne pas tenir compte des notes 4 et 5 de la page 196.
Pastel (Raboin). 37.
Pastis (de), vavassor de Lopelande. 101.
Pastoratu (Gaufridus). 122, 125. — Cf. Pasturel.
Pasturel (Gaufridus). 98. — Cf. Pastoratu.
Patri (Girardus). 130.
Patriniacus. Voir Parigné-l'Evêque.
Paucet (Hemmelinus). 110. — Cf. Pautet.
Paule, fille d'Herbert Ier et femme de Lancelin de Beaugency. 31.
Paule, fille d'Hugues II et femme de Jean de la Flèche. 31.
Paurier (Agatha de). 128.
Pautet (Hamelinus). 131. — Cf. Paucet.
Pautonnerie (la). Voir Pontonnerie (la).
Pede Bovis (de). Voir Pied-de-Bœuf (de).
Pediculi (vetitus). Voir Poel.
Peerrin (Radulphus). 122.
Peileoille (Barthelot). 117. — Cf. Poille Oeille.
Peille Oeile (Guillelmus). 115. — Cf. Poille Oeille.
Pèlerin (J.), capitaine de Château-du-Loir. 240.

Pelliparius (Herveus). 108.
Pellis (de), forme défectueuse, pour Praellis.
Pelois, paroissien de Château-du-Loir. 184.
Peloquin (Petrus). 127.
Peloquin, censitaire de Mayet. 120.
Peloquine (Fulcherius). 123.
Peloquine (G.). 123.
Penbroca (comes de). Voir Marescallus.
Pepin (André). 123.
Périgueux (évêque de), R., episcopus Petragoricensis. 78. — Raymond de Châteauneuf.
Peroe, Peroue (Guillelmus). 72.
Perray-Neuf (l'abbaye du). 82.
Perrier (Hugo dou). 142.
Perrière (la), à Château-du-Loir, Perreria. 79, 80, 95, 96.
Perrière (domina), femina vavassor de Susa. 145. — Probablement la Perrière, à l'ouest de la Suze (Cassini), ou la Perrière, à Voivres.
Perrière (Garin de la), Garinus de Porreria, vavassor de Susa. 71; — Garinus, vel Garrerius, vel Guerrerius de Perreria, vavassor de Lopelande. 101; — la métoierie Guarin de la Perrière, à la Suze. 178; — Guarin de la Perrère, juré de Berçay. 194.
Perrière (Raoul de la), vassal de Loupelande, Radulphus de Perreria, de Petraria. 132, 144, 145.
Perrignault (Nicolas). 231.
Perseigne (l'abbaye de). 86.
Pesse (la), censitaire de Coulaines. 128.
Petragoricensis (episcopus). Voir Périgueux.
Petrus, coquus. 17.
Petrus, miles. 113.
Petrus, subdiaconus ac bibliothecarius Sanctæ Romanæ Ecclesiæ. 18.
Philippa, uxor Guillermi de Rupibus. 52.

Philippe (uxor feu). 118.
Philippe II Auguste, roi de France. 76, 80, 81, 85, 89-91, 139.
Philippe III, roi de France. 176.
Philippe VI, roi de France. 212, 216-222, 226-228.
Philippi (Guillelmus). 72.
Philippus, presbyter, consanguineus Guillelmi de Rupibus. 92.
Picart (Radulphus). 127.
Pied-de-Bœuf (Eudes de), Odo de Pede Bovis. 74.
Pied-de-Bœuf (Guillaume de), Guillaume de Pié de Bof. 194.
Piel (Fulco). 40, 42, 44.
Pielle (la), fief mouvant de Château-du-Loir. 197. — A Clermont se trouve un lieu nommé la Piellière.
Piellus (Rotbertus). 17.
Piémont (comtesse de). Voir Blois (Marie de).
Pierre, prieur de Grandmont, Petrus, prior ordinis Grandimontis. 174, 175.
Pignau (Jean), lieutenant du sénéchal de Château-du-Loir. 231.
Pilet, Pillet (Jean). 103, 197.
Pincon vel Piticon (Radulphus). 133.
Pins (Hue des), chevalier, seigneur de la Cufère. 209.
Pinu (Robertus de). 70.
Pions (les), paroissiens de Château-du-Loir. 182, 183.
Pirmil (le seigneur de), dominus de Pillemil. 38.
Piscis (Johannes). 110.
Pitra (Robertus de). 70.
Plantas (vineæ quas vocant). 11. — Au Mans.
Plante (la forêt de la). Voir Esplanta.
Platea (Girardus de). 131.
Platea (Guillelmus de). 99, 131.
Plessein (Duxo de). 72.
Plesse (la), dépendance du prieuré de Château-l'Hermitage. 188, 209.
Plesse (Boguerius de la). 68.

Plessis (le), à Jupilles, le Plesseiz lès Jupilez. 201.
Plessis (le), à Saint-Ouen-en-Belin. Voir Ronsière (la).
Plessis (Geoffroy du), seigneur du Plessis-Barthélemy, Jouffroi de Plesseiz. 194.
Plessis (Roger du), seigneur de Courcelles, Ragerus de Pleissiaco. 141.
Plessis (Richard du), Richardus de Plesseiz, vavassor de Susa. 70; — Richardus de Pleissiaco, vavassor de Lupilande. 145.
Plessis-Barthélemy (le), fief à Saint-Biez-en-Belin, mouvant de Mayet. 195.
Plessis-Bourré (le seigneur du), trésorier de France. 259.
Plessis-lès-Tours (le). 202.
Pocé. 104. — Pocé, à Distré (Maine-et-Loire).
Poceyo (Robertus de). 45.
Pocin (Johannes). 108.
Poel (les deffais du), en la forêt de Bercay, vetitus Pediculi, le vié dou Poel, Poell, Poeell, Poiel. 148, 158, 200, 201, 204, 206.
Poelle (Guillaume de), chevalier. 176.
Poevilain (Jeuffroy). 160, 161.
Poher (Hugo). 122.
Poié (André). 120.
Poillé (Sarthe), châtellenie mouvant de Château-du-Loir, Poullé. 143, 192, 212, 222, 246, 251, 262-265. — Cf. Puillé. — Voir les articles Chapelle (de la), Chastre (de la) et Lenfant.
Poillé (André de), Andreas de Poilly. 36.
Poillé (Hugues de), Hugo de Poilé, de Poillé. 72, 131.
Poillé (Oger de), Ogerus de Poilly. 41.
Poille Oeille (Agnès). 142. — Cf. Peille Oeille et Pelleoille.
Poissonnière (Jean de la). 211.

Poissonnière (Philippot de la). 192.
Poitiers. 80. — (évêque de). Voir Isembertus.
Poitiers (Agnès de), femme de Geoffroy Martel. 5, 6.
Poitou (le). 54. — (comte de). Voir Jean II, Richard-Cœur-de-Lion.
Poivrière (la), la Poevrière, métairie à Villebourg. 270.
Pompadour (Françoise de), femme de Philippe-Égon de Courcillon. 273.
Poncé (Geoffroy de), Gaufridus de Ponsé. 103.
Poncé (Hugues de), Huet de Ponchal. 193.
Poncé, Ponçay (Philippot de), seigneur de Sarceau. 222.
Pons Richardi. 65.
Pont (Guillaume du), capitaine de Château-du-Loir. 237, 241, 243.
Pont (J. dou). 231.
Pont-Audemer (la vicomté de). 263.
Pont-aux-Hermites (le), à Château-l'Hermitage. 189, 190 ; — la paroisse du Pont-aux-Hermites, autrement du Château-l'Hermitage. 200. — Voir Château-l'Hermitage.
Pont-de-l'Arche. 89-91. — (la vicomté de). 263.
Ponte (Ingelbaldus de). 17.
Pontonnerie (le moulin de la), le molin à blé de la Pautonnerye. 252, 267. — On trouve à Montabon un lieu de la Pontonnerie (carte de Triger).
Pont-Sainte-Maxence (Oise). 225.
Pontvallain, Pontvalein, Pontvillein, Pont Villein, Pontvillain, Pontvilain. 59, 61, 170, 175, 176, 188, 190, 192, 209, 222, 242.
Pontvallain (Girard de), Girardus de Pontvilain, de Ponvalen. 98, 127.
Pontvallain (Guillaume de), Guillelmus de Pontvallien. 126.
Pontvallain (Marie de), Maria de Pontvalen. 127.

Pontvilein (Chevenor). 193.
Popolun. Voir Papillon.
Porcel (Matis). 121.
Porcherau, censualis de Maleto. 119.
Porreria (Garinus de). Voir Perrière (Garin de la).
Port (Célestin). 31.
Porta (Nicolaus de). 118.
Port-à-la-Guye (le). 256. — Nom perdu, qui peut s'appliquer au Port-Martineau (Cassini : le Port), sur le Loir, à Vouvray, à proximité de Château-du-Loir. A Montabon existe aussi, sur le Loir, un lieu nommé le Port (Cassini), ou le Port-l'Aumône.
Portus Galteri, 35. — Le Port-Gautier, sur le Loir, à Sainte-Cécile, commune de Flée.
Posterna (Gaufridus de). 137.
Potart (Foquet). 132.
Poupelot, censitaire de Mayet. 124.
Pouterne (la), fief à Azé. 137.
Poym (domus Andreæ), in castro Maieti. 59.
Praele (la). 65.
Praellis (de). Voir Préaux (de).
Præpositus (Petrus). 115.
Præsbyter (Giraudus). 121.
Præsbyter (Marsilius). 128.
Préaux, fief à Luceau ou à Thoiré, mouvant de Château-du-Loir, Priaus, Praiaux. 202, 249.
Préaux (Foulques de), Fulco de Préaus. 40.
Préaux (Gilot de), Gilotus de Praellis. 142. — Gelet de Priaus. 202.
Préaux (Guy de), Guido de Praiaus. 117.
Préaux (Simon de), Symon de Praiaus, de Priaux, de Praellis. 68, 72, 100, 133, 143.
Précigné, Precineium, Precigniacum. 88, 89, 95.
Prépecoul (les prés de). 252. — Dépendance du domaine de Château-du-Loir.

VI. 41

Presterons (le pré de), à Montabon. 267.
Prestreau, paroissien de Château-du-Loir. 191.
Priaus. Voir Préaux.
Prime (Durandus). 118.
Prime (Johannes). 129.
Prime (Theobaldus). 128.
Pringaut, censitaire de Mayet. 123.
Priste (Gaudin de). 197.
Proceris (uxor Guillelmi). 208.
Prochart (Guarinus). 120.
Procolinus, sacerdos de Evriaco. 46.
Prorigniacus. Voir Parigné-l'Evêque.
Provence (comtesse de). Voir Blois (Marie de).

Pruillé, Pruillé-l'Eguillé, Prulli, Prouilli, Prully, Prulliez l'Aguillé. 141, 146, 192, 203, 211-216, 228, 229, 235, 236, 239. — Voir Saint-Julien.
Pruillé (Gervais de), Gervasius de Prulliaco. 143, 144 ; — Gervasius de Prullé. 192, 208.
Prunellé (Guillelmus). 136.
Pruneriis (Ulgerius de). 27.
Puella, censitaire de Mayet. 121, 126.
Puellæ (Agnes, filia). 75.
Puillé (Guillelmus de). 111. — Peut-être Poillé.
Pullete (Petrus). 70.
Pullus (Hubertus). 126.

Q

Quadriganus (Herbertus), rector capellanie castri de Luceio. 171.
Quarré (Jean), bourgeois du Mans, seigneur de la Queurie. 242.
Quarreau ou Carreau (Pierre), seigneur de la Quarrelière et de la Roche-Maupetit. 241, 243, 248.
Quarrel (Buet), seigneur de la Quarrelière. 223.
Quarrel (Odo). 133.
Quarrel (Robert), de Sourches. 202.
Quarrel. Cf. Carrel.
Quarrelière, fief à Mayet, mouvant de Château-du-Loir. 223, 243, 248.
Quarriau (Robertus). 145, 146. — La forme Quarriau semble préférable à la variante Querrian.

Quentin (Juliot), bailli de Jupilles. 231.
Querole (la), à Flée, fief mouvant de Château-du-Loir. 242, 247, 261, 263.
Querrian. Voir Quarriau.
Queurie (la), la Querie, fief mouvant de Château-du-Loir. 195, 242. — Il y a des lieux de la Queurie à Flée, à Luceau et à Saint-Pierre-du-Lorouer.
Quincampoix, Quinquenpiet, Quiquenpert. 200.
Quinices (Guillaume). 151.
Quinteau (Geoffroy). 151.
Quintel (Grégoire). 133, 134.
Quintelière (la), à Saint-Mars-d'Outillé. 151.

R

R., comes Leicestriæ. 78.
R., episcopus Petragoricensis. 78. — Raymond de Châteauneuf.
R., episcopus Wanterfordensis. 78.
R., episcopus Wintoniensis. 50.

Rageri (castrum). 146. — Rageri Boran (feodum castrorum). 208.
Radulfus, comes Cestriæ. 78.
Radulfus, dapifer. 24.
Radulphus, archiepiscopus Cantuariensis. 49.

Rahard (Loir-et-Cher). 138.
Raherius, testis. 30.
Rahier. 28.
Rainaldus, filius Anchiae. 11.
Rainulfus, cocus Gervasii. 23.
Rambertus, episcopus Verdunensis. 7.
Rana (Hubertus). 123.
Rana (Isembart). 118.
Rancheir (Guillelmus). 40.
Rancheir (Philippus). 75, 131.
Rancher (le fief de). 194. — A Teloché.
Randonay (Guillelmus de), vavassor de Oiscio. 130.
Rangeit (pratum), in feodo de Colenes. 127.
Rannulfus, abbas Sancti Vincentii. 28, 29, 32.
Rannulfus, canonicus. 11, 16.
Ranz (Robertus). 121.
Raoul, vicomte du Maine. 10, 11.
Ratoine (Herbertus). 80.
Réauté (la), fief mouvant de la Suze. 64. — On trouve des lieux du nom de la Ruauté à Marigné, à Saint-Mars-d'Outillé et à Saint-Ouen-en-Belin.
Regina, censitaire de Mayet. 123, 125.
Regnart (Guillelmus). 128.
Reims. 1, 7, 13.
Relliaco (Guillelmus, monachus de). 16.
Relliaco (Ulricus de). 17.
Renart (Richart). 120.
Rennes (évêque de). Voir Marbodus.
Réole (la) (Gironde). 239.
Reondiau (Johannes). 130.
Requeil, Requel. 173, 179, 180.
Requeil (Girard de), Girardus de Resquel. 73.
Requeil (Hamelin de), Hamelinus de Resquel. 130.
Restivus (Walterius), gener Waldini Vetuli de Malicornant. 6.
Reuiau (Almandus de). 68.

Réveillon (le sire de), le signour de Ryveillon. 248. — Réveillon, à Champagné (Sarthe).
Revel (Almandus). 70.
Revel (Hugo). 116.
Riablé, à Château-du-Loir, vinea de Riablai. 82.
Riablé (André de), vassal de Château-du-Loir, Andreas de Riablei. 40.
Riablé (Foulques de), vassal de Château-du-Loir, Fulco de Riablei, de Riabley. 41, 44.
Ribolensium (feodum). 65. — Dans la châtellenie de la Suze.
Riboul (Foulques), chevalier, vassal de Château-du-Loir. 191.
Riboul (Hubert). 10.
Richard-Cœur-de-Lion, roi d'Angleterre, Richardus, rex Anglie, dux Normannie et Aquitanie, et comes Pictaviensis et Andegavensis. 52, 55, 81, 82, 87, 108-110.
Richardi (Pons). 65.
Richardus, comes de Luti. 50.
Richardus, nepos Abelini. 11.
Richart (heres feu G.). 130.
Richemont (Guarinus de). 131.
Richemundie (comes). Voir Bretagne (Artur de).
Richier (P.), greffier. 231.
Richilde, abbesse du Ronceray. 25.
Richot. 119.
Ricort (Petrus). 118.
Rigaudi (terra). 36.
Rillen (Guillelmus). 131.
Ripaudière (la), fief mouvant de Château-du-Loir. 192.
Ripaus (Gervasius). 129.
Ripennée (Johannes). 59, 98, 122, 125.
Rivellon (Radulphus de). 64.
Rivis (Habertus de). 73.
Robert, roi de France. 2.
Robert (Julianus). 122.
Robertus, filius Hugonis. 22.
Robertus, filius Walterii. 77.
Robertus, vicarius Gervasii. 20.

Robin (Benoiste, fame feu). 230.
Robin (dom), procureur de la maladrerie de Château-du-Loir. 191.
Robin (Micho). 120.
Roche (la), à Mayet, Rupi, Ruppis. 22, 123. — La Roche jouste Maiet. 202.
Roche (la), fief mouvant de Château-du-Loir. 193.
Roche (la). 202.
Roche (Dreux de la), Droco de Rupe. 115.
Roche (Eudes de la), Odo de Rupe. 115, 116, 142.
Roche (Guillaume de la), vassal de Château-du-Loir. 196, 197.
Roche (Jean de la), Johannes de Rupe. 127.
Roche-aux-Moines (la), actuellement la Roche-de-Serrant, commune de la Possonnière (Maine-et-Loire), Rupis Monachorum. 95. — Cf. Port, *Dict.*, III, 283.
Rochebec (Gaufridus). 126.
Roche-Bouchet (la), fief à Verneil-le-Chétif, mouvant de Château-du-Loir. 202, 223. — Voir Bouchet.
Roche-de-Vaux (la), à Requeil. 198.
Roche-Ermenier (la). 202.
Rochefort (Clérembaud de), Clarembaldus de Ruperforti. 26.
Rochelle (la), Ruppellis. 53.
Roche-Maupetit (la), fief à Écommoy, mouvant de Château-du-Loir. 243. — Voir Quarreau (Pierre).
Roches (Baudouin des), vassal de Château-du-Loir (vers 1100), Baldouinus de Rupibus. 40. — Baldoinus de Rupibus, pater Guillelmi de Rupibus. 86.
Roches (Baudouin des), Balduinus de Rupibus, nepos Guillelmi de Rupibus. 79, 80, 91-93, 95, 96.
Roches (Baudouin des), mari d'Ada, dame de Brains. 97.
Roches (Baudouin des), chambellan de Philippe VI. 222.

Roches (Baudouin des), fils de Baudouin des Roches. 222, 223.
Roches (Clémence des), fille de Guillaume des Roches et femme de Thibaud VI, comte de Blois, et de Geoffroy V, vicomte de Châteaudun, dame de Château-du-Loir et de Châteaudun. 88, 89, 94, 95, 104, 105, 138-152.
Roches (Guillaume des), sénéchal d'Anjou et du Maine et seigneur de Château-du-Loir, Willelmus, Guillelmus de Rupibus, miles, senescallus Andegavensis et Cenomanensis. 52, 61, 62, 76-110, 112, 139, 140, 148, 149.
Roches (Hardouin des), Harduinus, Arduinus de Rupibus. 5, 6.
Roches (Herbert des), vassal de Château-du-Loir (vers 1100). Herbertus de Rupibus. 41, 43. — Herbertus de Rupibus, pater Baldoini de Rupibus et avus Guillelmi de Rupibus. 86.
Roches (Jean des), seigneur de la Faigne. 241, 242.
Roches (Jeanne des), fille de Guillaume des Roches et femme d'Amaury de Craon. 88, 89, 94, 95, 104, 105.
Roche-sur-Yon (la). 251.
Rochette (la), censitaire de Coulaines. 128.
Rochettes (le clos des), proche Château-du-Loir. 270.
Rochère (la), fief mouvant de Château-du-Loir. 193. — Peut-être la Rochère, à Mulsanne.
Rocir (Costentinus). 124.
Rodgerius, cambiator. 17.
Rodulfus, medicus. 11.
Roezé. 178.
Rogeir (Raginaldus). 131.
Roger, donataire du marquis de Dangeau. 268.
Rogerus, archiepiscopus Eboracensis. 50.
Rogier (Denis), chaussumier. 256.

Rohan (Charles de), comte de Guise, seigneur de Gié et baron de Château-du-Loir. 261.
Rohan (Éléonor de), dame de Château-du-Loir. 262.
Rohan (François de), seigneur de Gié et baron à réméré de Château-du-Loir. 262.
Rohan (Hercule-Mériadek de), prince de Rohan et de Soubise. 265.
Rohan (Pierre de), seigneur de Gié, maréchal de France, baron de Château-du-Loir. 261.
Rohan (princesse de). Voir Courcillon (Marie-Sophie de).
Roichelle (cheminum de). 41.
Roie (Barthélemy de), chambrier de Philippe-Auguste, Bartholomeus, camerarius. 91.
Roissole (Symon). 70.
Rome. 2, 46.
Romilly (Loir-et-Cher). 136, 137.
Ronan (Gauterus, Galteir). 126, 127.
Ronçay (Robert de). 191.
Ronceray (l'abbaye du), à Angers. 4, 25, 32, 44, 45, 104, 105, 147.
Ronceray (le), fief à Marigné, mouvant de Château-du-Loir. 202, 271.
Ronceray (le sire du). 202.
Ronceray (Jean du), Johannes de Roncereio. 142.
Ronsière (la), alias le Plessis, le Plesseiz, à Saint-Ouen-en-Belin. 235.
Roorta (Hamelinus de). 83, 84, 86.
Rorans, avia Gervasii, archiepiscopi Remorum. 8.
Rosay, fief à Changé, mouvant de Lucé. 249.
Roscelin, vicomte du Maine. 2.
Rosserous (Aucherus de). 73.
Rotarii (Robertus). 99.
Rotarius (Guillelmus). 116.
Rotbertus, decanus Cenomannensis. 11.

Rotgerius, filius Alberici. 11.
Roucy (comtesse de). Voir Blois (Marie de), Dreux (Jeanne de).
Roucy (Béatrix de), fille de Jean IV de Roucy et de Jeanne de Dreux, et petite-fille de Robert IV de Dreux et de Béatrix de Montfort; seconde femme d'Amaury III de Craon. 209-212.
Rouen (la vicomté de). 263.
Rouesson, fief à Saint-Aubin (Indre-et-Loire). — Dominus de Roisson. 38.
Rouesson (Guillaume de), Guillelmus de Roissum. 42, 43.
Rouillis (le), ancien bourg à Rahard (Loir-et-Cher). 138.
Roulière (la), à Azé (Loir-et-Cher). 137.
Roune (Ragerus). 122.
Rous (les deffais des), en la forêt de Berçay, deffensus de Roux. 148, 158, 200, 201, 204, 206.
Roussière (Guillaume de la). 191.
Roussière (Henri de la), seigneur de Vieux-Moulins. 192.
Rouzeray. 271. Lire Ronceray.
Rubrum Sollorum. 65.
Rueil (Jean de), notaire de Paris. 217-221.
Rufus (Petrus), miles. 146.
Ruigné (Robertus de). 131.
Ruillians (Robertus de). 99.
Ruine (Johannes). 125. — Peut-être le même que Johannes Rumme. 98, 120.
Rumme (Johannes). 98, 120. — Voir Ruine (Johannes).
Rupeforti (de). Voir Rochefort (de).
Rupi, Ruppis. Voir Roche (la).
Rupibus (de). Voir Roches (des).
Rupis Monachorum. Voir Roche-aux-Moines (la).
Ruppellis. 53. — La Rochelle.
Ryveillon. Voir Réveillon.

S

S., archidiaconus Wellensis. 77.
Sablé, Sablolium, Sabolium. 77, 88, 89, 95, 226-228, 240, 251.
Sablé (Geoffroy de), Gaufridus. 66.
Sablé (Guy de). Guido de Sabolio. 101.
Sablé (Marguerite de), femme de Guillaume des Roches. 76, 82, 86-90, 94, 95, 101-106, 112, 139, 140, 148.
Sablé (Robert de), Robertus Vestroilt. 66.
Sablé (Robert de), Robertus de Sabolio. 66.
Sables, Sablez. 207. — Peut-être Sables, à Mayet.
Sach... (Giraudus). 107.
Saint-Aubin (l'abbaye de), à Angers. 6, 8, 12, 18, 19, 31, 32.
Saint-Aubin (l'abbé de). 236.
Saint-Avertin (Indre-et-Loire). 48, 49.
Saint-Avit (le monastère de), à Châteaudun. 136.
Saint-Benoît (l'ordre de). 153.
Saint-Benoît (Hugues de), vassal de la Suze, Hugo, Huguetus de Sancto Benedicto. 67, 72, 115.
Saint-Biez-en-Belin, Sanctus Bier. 197, 235, 268, 269.
Saint-Calais, Sanctus Karileffus, Sanctus Carilefus. 38, 103, 134, 135, 139, 140.
Saint-Cenart ou Saint-Siviard, chapelle et fief à Saint-Georges-de-la-Couée. 228.
Saint-Christophe, en Touraine. 83.
Saint-Christophe (le seigneur de), dominus Sancti Christophori. 35.
Saint-Christophe (Hugues de), Hugo de Sancto Christoforo. 28.
Saint-Christophe en Halatte, à Fleurines (Oise). 225, 226.
Saint-Eltinier. 200. — Au lieu de ce mot, qui n'est pas un nom propre, il faut rétablir le texte en le rapprochant du n° 174, p. 147.
Saint-Florent (l'abbaye de), à Saumur. 29.
Saint-Georges (Geoffroy de), Gofridus de Sancto Georgio. 39.
Saint-Germain-en-Laye. 212.
Saint-Gervais-en-Belin. 22.
Saint-Géry. 140.
Saint-Guingalois (le prieuré, l'église, la paroisse de), à Château-du-Loir, ecclesia in honorem sancti Guingaloei, locus Sancti Guingaloei, cenobium beatissimi Wingaloei, parrochia Sancti Guingaloei, prioratus Sancti Guingalis, l'église monseigneur Sainct Guingallois. 14-19, 22, 23, 25, 32, 33, 52, 83-85, 149, 156-158, 191, 259, 266.
Saint-James (la chapelle), à Château-du-Loir. 182.
Saint-Jean (la forêt de), nemus Sancti Johannis. 65.
Saint-Jean-de-la-Motte. 3, 26, 111, 112, 225.
Saint-Jean-en-Grève (la paroisse de), à Paris. 275.
Saint-Julien (la collégiale ou la confrérie de), à Pruillé-l'Éguillé, confratria Sancti Juliani de Pruilliaco. 212-216, 229.
Saint-Mars (le fief), feodum Sancti Medardi. 134, 135. — A Maisoncelles et environs.
Saint-Mars (François de), prieur de Bercay. 260.
Saint-Mars-d'Outillé (l'église, la paroisse de), Beata Maria de Ostilleio, Sanctus Medardus de Austilleio, parrochia de Ostilleio. 112, 114, 134, 141, 151, 211, 269. Voir Outillé.
Saint-Martin (l'église), à Angers. 25.

Saint-Martin (la paroisse de), à Château-du-Loir. 266. — Nemus, homines Sancti Martini. 34, 35. — Probablement la paroisse de Saint-Martin.

Saint-Martin (l'église, le chapitre de), à Tours. 112, 113, 171, 186, 187, 244-246, 260.

Saint-Martin (le fief de), feodum Sancti Martini. 41. — Voir Vouvray-sur-le-Loir.

Saint-Martin (Guillaume de), seigneur d'Espéreuse et de la Jousselinière. 138.

Saint-Mélaine (abbé de). Voir Éven.

Saint-Michel (René de), Renatus de Sancto Michaele. 103.

Saint-Nicolas (l'abbaye de), à Angers. 26, 27.

Saint-Nicolas (le quartier de), à Mayet. 270.

Saint-Ouen-en-Belin, vicus Sancti Audoeni. 37, 235, 268, 269.

Saint-Ouen, près Vendôme. 138.

Saint-Pierre-de-la-Cour (le chapitre de), au Mans. 8, 10, 11, 19, 20, 84, 207, 271.

Saint-Pierre-des-Ormes. 8.

Saint-Pierre-du-Lorouer, Laboratorium, le Lorouer. 22, 205. — Cf. Lorouer (le).

Saint-Remy de Reims (abbé de). Voir Herimarus.

Saint-Serge (l'abbaye de), à Angers. 30.

Saint-Valery (seigneur de). Voir Dreux (Jean III de).

Saint-Venant (le comte R. de). 131.

Saint-Victeur (le prieuré de), au Mans, prior de Sancto Victurio. 64.

Saint-Vincent (l'abbaye de), au Mans. 2, 5, 10, 19-21, 27-30, 32, 153, 154, 268.

Saint-Vincent (la paroisse de), à la Chartre. 267.

Saint-Vincent-du-Lorouer, Sanctus Vincentius. 19, 141, 271, 272.

Sainte-Cécile, ancienne paroisse, réunie à Flée. 265, 267, 270.

Sainte-Cerotte. 135.

Sainte-Croix-de-la-Bretonnerie (la rue), à Paris. 275.

Sainte-Gemmes (Loir-et-Cher). 138.

Sainte-Hermine (baron de). Voir Courcillon (Philippe de).

Saintes, civitas Xantonensis. 77, 78. — (évêque de). Voir H.

Salleia (Droinus de). 98, 121.

Salleia (Gaufridus de). 120.

Salles (le prieuré des), à Beaumont-Pied-de-Bœuf. Voir Aula de Burceyo.

Salles (les deffais des), en la forêt de Berçay, deffensus de Sallis, de Sales. 148, 158, 200, 201, 204, 206. — Le nom des Salles désigne actuellement un canton de la forêt, commune de Beaumont-Pied-de-Bœuf.

Salles (les), à Mayet. 211.

Salomon, filius Osille. 30.

Salvage (Guido). 131.

Sambris, métairie, moulin et étang à Pruillé-l'Éguillé. 211, 216. Voir Meneray de Sampris.

Sampris (le bois du Meneray de). Voir Meneray de Sampris (le bois du).

Sar... (W... comes). 78.

Sarcé, Sartiacus, Sarceyum. 5, 20, 22, 28, 32, 153, 154, 202, 269. — Page 196, il ne faut pas tenir compte de la note 4, relative à Sarcé.

Sarcé (Galterus de). 42, 44.

Sarcé (Hamelinus de). 39.

Sarcé (Renaud de), Raginaldus, Ragerus, Rogerus, Renaud de Sarcé, de Sarceio. 117, 132, 142, 197, 202. — Les formes Ragerus et Rogerus semblent provenir d'abréviations mal interprétées.

Sarceau, Sarclau, fief à Sarcé, mouvant de Mayet. 202, 222, 244. — Page 196, note 5, il n'y a pas lieu d'identifier Pacoau avec Sarceau. Voir Passau.

Sarceau (le sire de), li sires de Sarciau. 202.

Sarceau (Guillaume de), Guillelmus de Sarciau. 39.

Sarceau (Hamelin de), Hamelinus de Sarceel. 59, 74, 116.

Sarmazia. Voir Sermaise.

Sarrenel (molendinum de). 37.

Sarrenel (Paganus de). 40.

Sarthe (la), Sarta. 65.

Saulaie (la), à Saint-Mars-d'Outillé, l'estre de la Saullaye. 211, 230.

Saumur (Maine-et-Loire), Salmurum, Salmurium. 56, 59, 62, 77, 78, 240. — Voir Saint-Florent.

Saumur (Goslinus, Hugo de). Voir Semur.

Saussene (le pré de), en la châtellenie de la Suze. 177.

Savari (Petrus). 52.

Savigné-l'Evêque, Sauviniacus. 20.

Savigny-sur-Braye (Loir-et-Cher). 135, 136.

Savoie (Emmanuel-Philibert-Amédée de), prince de Carignan. 274.

Scalis (de). Voir Eschelles (d').

Scolastica, uxor Guillelmi Le Corne. 83.

Secondiau (Johannes). 130.

Secusa. Voir Suze (la).

Seglonaiu (Johannes). 120.

Ségrie (Guillaume de). 106.

Seleide (Étienne), chapelain du château de Lucé. 186, 187.

Selle (Gervasius de la). 69.

Selommes (Loir-et-Cher), Solomes. 137, 138.

Semblançay (dominus de). 38.

Semblançay (Alcaume de), Alaine de Seblencay. 42; — Alermus de Semblaciaco. 43.

Semur (Dreux de), Droco de Semuro, de Semmur, de Semmuro, de Silmuro (1067-1097). 16, 22-25. — Droco de Semur (1239-1250). 115, 141, 143, 144.

Semur (Geoffroy de), Gaufridus de Semuro (xii⁰ s.). 74. — Gaufridus de Semur (vers 1230). 117.

Semur (Gozlin de), Goslenus, filius Droconis de Semmuro. 23; — Gauscelinus, filius Drogonis. 24; — Goslinus, frater Hugonis de Saumur. 25; — Gauslinus, Goslinus de Semmur, de Saumur, de Selmuro. 27-29, 32, 33.

Semur (Herbert de), Herbertus de Semmuro. 11.

Semur (Hugues de), Hugo, filius Drogonis de Semmuro. 23; — Hugo de Silmuro, de Saumur, de Semmur, de Semur, de Semuro. 25, 27, 33, 36, 39, 41, 43, 74.

Semur (Hugues de), Hugo de Semur, de Semuro, cognatus Hugonis de Semur. 40, 41, 43.

Semur (Joulain de), seigneur du Petit-Linais. 246.

Senel (Alinant). 141.

Seneschallus, censitaire de Mayet. 124.

Senlis (Oise). 225, 260.

Senlis (Guy III de), bouteiller de Philippe-Auguste, Guido, buticularius. 91.

Septem Fratres. 65.

Serjant (Gaufridus). 130.

Sermaise (Maine-et-Loire), Sarmazia. 52. Cf. C. Port; Dict., III, 522. — M. Alouis, Lucé, p. 148, identifie Sarmazia avec Sermaise, en Pruillé-l'Éguillé.

Serven (Herbertus). 130.

Sevilly (feodum de). 41.

Sexter (Guillelmus). 70.

Sibylle, fille de Foulques V et d'Éremburge de la Flèche. 31.

Sicile (le roi de). 165. — Charles Iᵉʳ d'Anjou. — Voir Anjou (Charles Iᵉʳ, Charles II, Charles IV, Louis Iᵉʳ, Louis II, Louis III et René d'). — (reine de). Voir Blois (Marie de).

Sicile (Aubertus). 131.

Sienne (Italie). 140.
Silmuro (de). Voir Semur (de).
Simardière (la Grande et la Petite-), à Chahaignes. 271.
Simon (l'abbé). 21.
Soberan. Voir Souberan.
Socquet ou Soquet (Claude), procureur au parlement. 205, 275.
Soisy (Eremburgis de). 93.
Sons (Hardoinus de). 69.
Sores (Hugo), miles. 144. — La véritable forme paraît être Sorel. Cf. Soriau.
Soret (Johannes). 53.
Soriau (Hugo). 143. — Cf. Sores.
Souberan (Gervasius). 111. — Gervasius Soberan ou mieux Soberan. 129.
Soubise (prince de). Voir Rohan (Hercule-Mériadek de).
Soubise (princesse de). Voir Courcillon (Marie-Sophie de).
Souday (Loir-et-Cher). 138.
Souday (Jean de), Johannes de Soudaio. 138.
Soude (Gaufridus de). 66.
Sourches, Chaources, Chaorces, Chourses, fief à Mayet, mouvant de Mayet. 195, 202, 241. — Voir Vendômois (Guillaume de).
Sourches (Bouchard de), Buchardus de Cadurcis. 11.
Sourches (Geoffroy de), Gaufridus, frater Hugonis de Cadurcis. 11.
Sourches (Guillaume de), Guillaume de Chorces. 202.
Sourches (Hugues de), Hugo de Cadurcis. 11.
Sourches (Philippe de), Philippus de Chaucis cel Chancis. 74. — Philippus de Chauro... 116. — Les formes Chaucis, Chancis et Chauro... paraissent bien être des abréviations, non complétées par le copiste, de la forme Chaurcis.
Sourches (Philippe de), Phelippe de Chaorses, Felippe de Chaorces. 195.
Souvré (le sieur de). 235.
Spire (Allemagne). 55.
Stagno (Clemens de). 133, 145.
Stagno (Petrus de). 127.
Stagno (Raginaldus de). 71, 101.
Suavis, miles. 3.
Surchers (Girardus de). 130.
Suze (la), Lassuse, la Suse, Susa, Suza. 37, 38, 61-72, 88, 89, 95-97, 115, 116, 140, 143, 144, 146, 172, 177-179, 191, 197, 209-211, 216, 217, 269. — Cf. Cuse.
Suze (de la), Beuer de Susa. 116.
Suze (Herbert de la). 23. — Herbertus de Secusa. 30 ; — de Susa. 66.
Suze (Hersende de la), Hersendis de Susa, filia Huberti de Susa et uxor Roberti Vestroilt. 66.
Suze (Hugues de la), Hugo de Susa. 66.
Suze (Jean de la), Johannes de Susa. 116, 143.
Suze (Philippe de la), Philippus de Susa. 66, 68.
Suze (Rainaud de la), Rainaldus de Susa. 11. — Raginaldus de Secusa. 20.
Syderate (Johannes de). 118.
Sylva (Richeir de). 39.

T

Tace (Guillelmus de). 67.
Tardes (Jean de), ou Jean de Tardre, capitaine de Château-du-Loir. 253, 254, 257, 258.
Tarente (prince de). Voir Anjou (Charles d').
Taumassin. Voir Caumessin.
Tebet (Hamelin). 191.

Tedholini (Goffredus et Suhardus), fratres. 27.
Teduinus, canonicus. 16.
Téfolière (la), à Saint-Mars-d'Outillé. 133, 134.
Teiphaine (Libaut). 121.
Teloché, Thelocheium. 64.
Temple (l'ordre du), les Templiers. 55, 136, 260.
Temple (le) (Loir-et-Cher). 136.
Tercol (Stephanus). 130.
Terre Sainte (la). 139, 140.
Tertre (le), hameau au nord d'Azé (Loir-et-Cher). 136.
Tescelinus, archidiaconus Cenomannensis. 11.
Tessé (Lisiardus de). 71.
Tessua, Texua. 35, 40. — Tissue, à Aubigné ou aux environs. Lieu disparu. Cf. Legeay : *Aubigné*, p. 227.
Tessue (Charbonel de). 130.
Testerie (la), fief à Jupilles, mouvant de Château-du-Loir. 243.
Tetbaldus, coquus. 17.
Teulet (A.). 55, 80, 81.
Textor (Johannes). 130.
Th., fit Bern... 59.
Thibault VI, comte de Blois. 91, 95.
Thibaut, prieur de Château-l'Hermitage. 189, 190.
Thierry, évêque de Chartres. 5.
Thoiré-sur-Dinan. 134, 151, 265, 270. — Cf. Toere.
Thoue (terra de). 38.
Tibergeau (Gillot), seigneur de la Testerie et de Villate. 243.
Tibergeau (Michel), seigneur de Préaux. 249.
Tibergerie (la), la Thibergerie, fief à Montabon, mouvant de Château-du-Loir. 248.
Tiercelin (Louis), licencié ès lois. 258.
Ticulerie (la), à Pruillé-l'Eguillé. 214.
Tillet (du). 222.
Tissue. Voir Tessua.

Toere (le fié de). 196. — Peut-être Thoiré.
Toetus (Rodulfus). 17.
Torpin, Torpini. Voir Turpin.
Touche (de la). — Hamo de Toscha. 71. — Henricus de Tusca. 111. — Petrus de Tusca, miles. 147.
Touraine (la). 77, 80, 270. — (duc de). Voir Anjou (Louis Ier d').
Tours, Turones, Turonis, Turonum. 17, 29, 48, 49, 94, 95, 256, 257, 259, 275. — (archevêque de). Voir Arnoul.
Tours (Saint-Martin de). Voir Saint-Martin.
Traginus (Theobaudus). 24.
Trainel (Aube). 202.
Travers (Robertus). 123, 125.
Trehet (Loir-et-Cher), Trechet. 207.
Trelanzé (Hubertus de). 71.
Trelazai (Hubertus de). 133.
Trélazé (Fulco de). 71. — Cf. Crelate (Fulco de).
Trellazeio (Guillelmus de). 129.
Trice (messire Johan de). 246.
Trinité (l'abbaye de la), à Vendôme. 3-5, 21, 136-138.
Trivulce (Jean-Jacques), seigneur de Château-du-Loir. 260, 261.
Trochet, censitaire de Mayet. 121, 125.
Troci, Troce (Hubertus de). 36, 42, 44.
Troci (Gaufridus de). 40.
Troce, Troce, Terra, Torce (Paganus de), serviens bosci de Doura. 106-110.
Troö, Trou. 77, 78.
Troter (Costentinus). 119.
Troter (Hugo). 127.
Trulle (Gaufridus). 120.
Trulleta, censitaire de Mayet. 121.
Tucé, Tussé (le seigneur de). 173.
Tucé. Voir Cussé.
Tuffé. 2, 21, 22.
Tuflière (la), fief à Vans, mouvant de Château-du-Loir, la Tufyère. 223.
Turneio (Guillelmus de). 129.

Turpin (Guy), Guido Turpin. 84.
Turpin (Herbert), Herbertus Torpini. 79, 80.
Turpin (Robin), Robinus Torpin. 123. — Peut-être le même personnage que Robinus Corpin, p. 98.
Tusca (de). Voir Touche (de la).
Tuscheboz (Garner de). 118.
Tusse (dominus de). 133.

U

Urbain II, pape. 26.
Urne. Voir Ourne.
Ursus, canonicus. 16.
Ustilliacum. Voir Outillé.

V

V., episcopus C... 50.
Vaas, Vedastum, Vaast, Vaaz. 35, 41, 140, 149, 203, 211, 223, 267, 269, 271.
Vaas (l'abbaye de Notre-Dame de). 226, 264.
Vaaz (Gaufridus et Hugo de). 125.
Vaaz (Hubertus de). 126.
Vado (Guillermus de). 73.
Vado (Johannes de). 122.
Val Bohier, Val Bochier. 141, 236. — Vau-Boyer, *vulgo* Vaubouillet, à Saint-Vincent-du-Lorouer.
Valenis (Fulco de). 133.
Valer (Laurentius). 117.
Vallegaiet (terra de). 92. — A Château-du-Loir ou aux environs.
Vallibus (de). Voir Vaux.
Valois (Charles de), comte d'Anjou et du Maine. 198, 199, 210.
Valuet (Jean), couvreur d'ardoise. 255, 257.
Vançay, Venciacum, ancien nom de Saint-Avertin. 49.
Varennes-Lenfant (seigneur, dame de). Voir Chapelle (Jean de la), Lenfant (Christoflette).
Vassellor (Andreas). 125.
Vauloger, fief à Mayet, mouvant de Mayet. 244.
Vauloger (Jean de), Jehan de Vaulogier, seigneur de Rosay. 249.
Vaumoran, fief. 203. — Peut-être Vauxmoran, à Bousse.
Vaumoran (le sire de). 203.
Vaux, fief à Flée, mouvant de Château-du-Loir. — Dominus de Vallibus. 73. — La dame de Vaus,... de son hébergement de Vaus. 193. — Vaulx, Vaux. 228, 248, 250, 261. — Cf. Archives du Cogner, E 71, 74 et 76. — Voir Argouges (Nicole d'), Grazay (Guillaume et Jean de).
Vaux, à Moncé-en-Belin. — Dominus de Vaus. 38. — Turselinus de Hespagne,... in suis censibus de Vaux. 103. — Cf. Archives du Cogner, E 98.
Vaux (l'abbé de), conseiller de la duchesse d'Anjou, l'abbé de Vaus. 236.
Vaux (Foulques de), Fulco de Vallibus (XIIe s.). 68, 72, 73, 107-110 ; — (vers 1230), 119, 131.
Vaux (Guillaume de), Guillelmus de Vaus. 115.
Vaux (Hardouin de), Hardoinus de Vallibus. 111.
Vedastum. Voir Vaas.
Vegeia (Gaudinus de). 68.
Venator (Galterus), serviens bosci de Doura. 107-110.
Vendôme. 5, 134-138. — Voir Trinité (l'abbaye de la).
Vendômois (le), le comté de Vendôme, feodum Vindocinense. 36,

134-138. — (comte de). Voir Montoire (Jean et Pierre de).

Vendômois (Galleran de), Galleran, Gallerannus de Vindocino. 42, 43.

Vendômois (Guillaume de), seigneur de Sourches et d'Haute-Perche, Guillaume Vendômais, Vendousmoys, Vendosmais. 241, 242, 247.

Vendômois (Habert, Herbert ou Hubert de). — Hubertus Vindocinensis (XIIe s.). 66 ; — Hubertus vel Herbert Vindocinensis (XIIe s.). 68 ; — Habertus de Vindocino (XIIe s.). 75 ; — Hubertus vel Herbert de Vindocino (1239). 116 ; — Hubertus Vindocinensis (vers 1239). 131, 132 ; — Herbertus Vendomais (1250). 143 ; — Herbert Vendomays (1284). 176 ; — Habert Vendosmays (1312). 223 ; — Habert Vendosmois (1304-1306). 235.

Vendômois (Jean de), seigneur d'Ourne. Johan Vendômais, Vendoumays. 241, 242.

Vennevelles, fief et marquisat à Luché, mouvant de Château-du-Loir. 261. — Comparer les formes Vernecelles et Vernevelles.

Verdun (Meuse), Verdunis. 7.

Verez (sire de). Voir Avoir (Pierre d').

Verjus (Odo de). 116.

Vernecelles, Vernezelles, Vertenelles Guillelmus de . 75, 117, 129, 133. — Peut-être Vennevelles.

Vernecelles (Johannes de). 131. — Peut-être Vennevelles.

Verneia (Herbertus de , seu Herbertus de Nemeia. 27.

Verneia. Voir Verueia.

Verneil, fief à Dissay-sous-Courcillon, mouvant de Château-du-Loir ; Vernolum, dominus de Vernolio, Vernolii. 111, 114.

Verneil (Borer de), Boier, Borer de Vernolio. 98, 122.

Verneil (Huet de), Huet de Vernoil. 107.

Vernell (Isabelle de), dame de la Tibergerie et de Champeaux. 248.

Verneil (Jean de), Johan de Verneuil, seigneur de la Cheveclére. 247, 250.

Verneil (Pierre do), Pierre de Verneuil. 193.

Verneil-le-Chétif, Vernucil. 173, 195, 247.

Vernevelles (Hugo de). 116. — Peut-être Vennevelles.

Verny (Hue de), chevalier, seigneur de fief à Cérans. 173.

Verreilles. 144. — En la châtellenie de la Suze. — A Oizé se trouve un lieu du nom de Verreille.

Verrières (heredes de). 111. — Peut-être à Luceau.

Verrun, vel Verran, vel Verrau (Gaufridus de). 132.

Verueia (Hugo de). 132. Peut-être Verneia.

Ververa (Hugo de). 69.

Vervil (André de). 122.

Vescontière (la), alias Huesgratière, fief mouvant de Mayet. 195.

Vestroilt (Robertus). 66.

Veteris Molendinis (de), Veteri Molendino (de). Voir Vieux-Moulins.

Veuve (la), affluent du Loir. 24.

Vezins, fief à Mayet, mouvant de Mayet. 202, 244.

Vezins (Andreas de). 98.

Vezins (Gaudin de), Gaudin de Vesins. 241.

Vezins (Hamelin de). — Hemmelinus de Vezins. 115 ; — Hamelinus de Voisins. 141.

Vezins (Jean de) (1283-1293). 179, 180, 195.

Vezins (Jean de), seigneur de Vezins et de Vauloger (1394-1408). 244.

Vezins (Odo de). 74.

Via (Bonest, Bouet de). 98, 120.

Viau (Richeir, Richerus, Richardus). 98, 124, 128.

Vicorniensis (Johannes, archiepiscopus). 78.

Viel (Johannes). 109.

Vieux-Moulins, feodum de Viez Molins. 40 ; — Viez Molins. 192, 202. — Voir Maugné. — On trouve des lieux du nom de Vieux-Moulin à Luceau, à Mayet, à Pontvallain et à Vaas.

Vieux-Moulins (Hubert ou Herbert de), Herbertus de Veteribus Molendinis. 141 ; — Hubert ou Herbert de Viez Molins. 202.

Vieux-Moulins (Rainaud de). — Rainaldus, Raginaldus de Antiquis Molendinis. 20 ; — de Viez Molins. 40 ; — de Veiz Molins. 42 ; — de Veteri Molendino. 44.

Vignel (feodum dou). 141. — Dans la châtellenie de Louplande. — Peut-être les Vigneaux, à Spay.

Vill... 141. Voir Villaines, à Vaas.

Villaines, fief à Louplande, mouvant de Louplande : dominus, hæres de Villaines ; barra, nemus de Villanis. 99, 100. — Aujourd'hui Aux.

Villaines, fief à Vaas, relevant d'abord de Château-du-Loir, devenu plus tard une annexe de la baronnie. Vill... 141 ; — Villaines, Vilaine. 192, 248, 260, 271. — (seigneur de). Voir Espaigne (Aleaume et Philippe d').

Villaines (Geoffroy de), Gaufridus de Vilennis. 52.

Villaloet (domina de). 147.

Villate, fief mouvant de Château-du-Loir. 213. — Probablement Villate, à Chahaignes. Voir Villete (terra de).

Ville-aux-Clercs (la) (Loir-et-Cher), autrefois la Déconfiture. 137.

Villebourg, jadis Villeboureau (Indre-et-Loire). 270.

Villeclerc (Andreas de). 132.

Villedieu (Loir-et-Cher). 3, 4, 21.

Villefolet (Petrus de). 131.

Villemar (Isabeau de), veuve de Nicole d'Argouges, dame de Malitourne. 263, 264.

Villeneuve en Blésois (seigneur de). Voir Illiers (Louis d').

Villeporcher, fief à Saint-Ouen, près Vendôme, feodum de Villa Porchier. 138.

Villepreux (Hervé de), abbé de Marmoutier. 92.

Villere (Symon de). 43. — Cf. Villeta.

Villers (Garinus de). 71.

Villeta (Symon de). 41. — Cf. Villere.

Villete (terra de). 142. — Peut-être Villate, à Chahaignes. Voir Villate.

Villevieille (dom). 52.

Villiers (Guillelmus de). 145.

Vincent (Jean), maître maçon. 253-255.

Vincil (Gervasius de). 126.

Vindocinensis, de Vindocino. Voir Vendômois.

Vineis (Guillelmus des). 127.

Vintarius (Albericus). 126.

Vital (Orderic). 30.

Voisins. Voir Vezins.

Voivres. 2. — Haie de Vovreiis. 100.

Voivres (Mathieu de). — Matheus, Matthias de Voureux. 68 ; — de Voveriis. 72 ; — de Voureux. 100 ; — de Voures. 115 ; — de Vovre. 132.

Voltard (les vignes de), à Vouvray-sur-le-Loir. 270.

Vouvray-sur-le-Loir. — Sanctus Martinus de Voveria. 34. — Ruriacum, pour Vovriacum. 36. — Major de Vovreio. 39. — Vovroy. 41. — Vouvray. 266, 267, 270.

Vouvray (Herbert de). — Herbertus de Vovriaco (1067-1095). 23 ; — de Vovereio (1250). 141. — Herbert, Hébert ou Hubert de Vovery, de Voveri, de Vovroy, de Vovray (fin du XIIIe s.). 196, 197, 201.

Vouvray (Robert de). — Robertus de Vovrei, de Vovreio (vers 1100).

42, 43. — Robert de Vovray, chevalier (1288). 183, 184. — Robert de Vovroy, *ou* Rouroy, *ou* Roncay (1283-1293). 194.

Vualterus, filius Adel... 50.
Vulgrin, évêque du Mans. 11, 13.
Vulgrinus, nepos Vulgrini episcopi. 11.

W, X, Y

W., comes Sar... 78.
Walterius, pater Roberti. 77.
Wanterfordensis (R., episcopus). 78.
Wellensis (S., archidiaconus). 77.
Welles (Hugo de). 78.
Willelmus, artifex. 30.
Wintoniensis (R., episcopus). 50.
Wirchia (de). Voir Guierche (de la).

Witernus, canonicus. 16.
Xantonensis (H., episcopus). 78. — Henri, évêque de Saintes.
Yaingne (la rivière de). Voir Huisne (l').
Yvré-le-Pôlin, Yvré-Lespalin, Yvré-Lepalin. 235, 268, 269. — Voir Evriaco (de).

ADDITIONS ET CORRECTIONS

P. 12, ligne 8, au lieu de : *t. II*, lire : *t. Fr*.

P. 33, n° 67. Ajouter en note : Les synchronismes sont précieux, car ils établissent que le rédacteur de cet acte ne commençait pas l'année à Pâques. En 1099, Pâques était le 10 avril, soit exactement quinze jours après le 27 mars, tandis qu'en 1100 Pâques était le 2 avril.

P. 33, ligne 9, après les mots : *frater ejus,* mettre une *virgule* au lieu d'un *point-virgule*.

P. 35, ligne 20. Le mot *briantum* est une faute de scribe. La lecture probable est *biennium* ou *biannum*.

P. 64, ligne 14, au lieu de : *Bostiam,* il faut lire : *bostiam,* sans majuscule.

P. 64, lignes 33 et 34. Les mots : *de Bernos,* ne paraissent pas désigner un fief. Le sens en est inconnu. A comparer avec les expressions : *sicut bassi* et *de bassa,* que l'on rencontre dans les numéros 170, 171 et 173, pp. 144-146, et dont la signification est également inconnue.

P. 100, ligne 28, au lieu de : *Stagni,* lire : *stagni,* sans majuscule.

P. 103, ligne 19, au lieu de : *Hespagné,* lire : *Hespagne,* avec un *e* muet à la fin.

P. 136, note 5, au lieu de : *Bellande,* lire : *Bellelande*.

P. 148, lignes 1 et 2, au lieu de : *vivario* et *Vivarium,* lire : *vimario* et *Vimarium*. Cf. le texte français du n° 226, p. 201, et celui du n° 320, p. 249. Du Cange ne cite qu'un exemple du mot *vimarium* (procella, tempestas), à savoir la définition du *regestum Castri Lidi*.

P. 172, n° 202, sommaire, au lieu de : *avant le 14 novembre,* lire : *août*.

P. 181, note 1, rétablir ainsi les numéros entre parenthèses : 209 au lieu de 207 ; 201 au lieu de 199 ; 221 au lieu de 219 ; 222 au lieu de 220.

P. 196, note 4, supprimer les mots : *Peut-être Sarcé.* — Note 5, supprimer les mots : *Peut-être Sarceau.*

P. 197, ligne 27, aux mots : *fils madame de l'Espignière,* qui sont une faute du scribe, il faut substituer : *homme Madame, de l'Espignière.*

P. 200, ligne 34, au lieu de : *vers Sainct Ellinier,* corriger ce texte obscur en le comparant avec celui de la p. 147, n° 174, ligne 10 de la charte. Dans ce dernier texte, les mots : *sans escuier* sont peut-être une mauvaise lecture pour : *sans esciver* ou *eschuir,* qui signifie : *éviter.*

P. 201, ligne 12, au lieu de : *cuit,* il faut lire : *cint* (cinq). Ce texte est la traduction des lignes 2-4 de la p. 148, où le mot *quinque* ne laisse aucun doute.

P. 208 et p. 209, au n° 230, les mots : *bacuis, baci* et *bac* doivent être lus : *bacins.* — Bacin : armure de tête (Lacurne de Sainte-Palaye).

VOLUMES PUBLIÉS

PAR LA

Société des Archives historiques du Maine

Tome I, 1900. Comte Bertrand de Broussillon : **Cartulaire de l'Évêché du Mans**, 936-1790. Table dressée par E. Vallée ; in-8° de xv-368 pages. **15 fr.**

Tome II, 1901-1902. Abbés Busson et Ledru : **Actus pontificum Cenomannis in urbe degentium.** Table par E. Vallée ; in-8° de cxlvii-603 pages. **25 fr.**

Tome III, 1902. Comte Bertrand de Broussillon, du Brossay et A. Ledru : **Cartulaires d'Assé-le-Riboul, d'Azé et du Genéteil. Plaintes et doléances du chapitre du Mans en 1562** ; in-8° de 256 pages. **10 fr.**

Tome IV, premier fascicule, 1903. Vte Menjot d'Elbenne et abbé L.-J. Denis : **Cartulaire du chapitre royal de Saint-Pierre-de-la-Cour du Mans** ; in-8° de 294 pages.
Le second fascicule est sous presse.

Tome V, 1904. Comte Bertrand de Broussillon : **Documents inédits pour servir à l'histoire du Maine au XIVe siècle.** Table par E. Vallée; in-8° de xii-580 pages. **20 fr.**

Tome VI, 1905. Eugène Vallée : **Cartulaire de Château-du-Loir** ; in-8° de xv-336 pages. **15 fr.**

Tome VII, 1906. Abbés Busson et Ledru : **Martyrologe de la cathédrale du Mans** ; in-8° *(sous presse)*.

J. Chappée et L.-J. Denis : **Archives du Cogner**, série H, 1 vol. in-8° de iii-341 pages. **12 fr.**

J. Chappée et L.-J. Denis : **Archives du Cogner**, série E (art. 1-144), 1 vol. in-8° de 318 pages. **12 fr.**

www.ingramcontent.com/pod-product-compliance
Lightning Source LLC
Chambersburg PA
CBHW050746170426
43202CB00013B/2321